기업법무실무자를 위한

회사소송

會社訴訟

최상묵 著

혼자서도 회사소송을 잘 할 수 있게 도와주는

유일한 회사소송 실무서

법률실무가들과 회사의 법무팀에서

꼭 필요한 부분을 중심으로 가능한 한

쉽게 기술한 법률실무서

법률 & 출판

책 읽기에 앞서서

주식회사는 현대사회에서 보석 같은 존재이다. 유능한 경영자, 민주적이고 주주의 이익을 위한 회사운영, 회사의 독립된 법인격, 주주의 유한책임, 이사회의 전문성과 다양성, 이사회의 독립성이 잘 조화를 이룬 회사는 말 그대로 자본주의의 보석이다. 하지만 '회사의 성장, 발전'과 '주주들의 이익'은 항상 같은 곳을 바라보는 것은 아니다. 회사의 발전을 핑계로 주주들을 속이는 나쁜 경영자가 있을 경우는 그 사이가 더욱 멀어질 수 있다. 회사의 발전을 핑계로 주주를 무시하는 회사는 결국 발전도 이루지도 못하고 경영진은 횡령이나 배임으로 구속되고 회사는 그대로 무너지는 현상을 필자는 상당히 많이 보아왔다. 덕분에 기업사냥꾼은 돈을 번다. 취약한 지배구조와 약한 지지기반을 가지고 회사를 본인의 맘대로 운영하는 경영자는 기업사냥꾼의 좋은 먹이이다. 기업사냥꾼은 언론에서는 나쁘게만 표현하고 있지만 반드시 그렇지는 않다. 2006년 KT&G 인수를 시도했던 기업인 칼아이칸(Carl Celian Icahn)이나 과거 영화 프리티 우먼(Pretty woman)에서 리차드기어가 연기한 에드워드라는 사람도 우리말로 하면 '기업사냥꾼'으로 표현할 수밖에 없다. 브로커라는 단어가 우리나라에 들어와 사기꾼과 비슷한 의미로 사용되고, 인수합병 전문투자가가 한국에서 기업사냥꾼으로 매도되고 있는 현실은 주로 기득권 세력에 의해 만들어진 것이다. 필자는 '투자하라'라는 말이 '사기를 당해달라'고 인식되는 현상이 사실 많이 불편하다. 젊고 유능하고 정직한 투자전문가들이 기존에 사기꾼을 제대로 처벌하지 못하는 세태에 함께 매도당해 기를 펴지 못하기 때문이다. 후에 좀 더 이야기 하기로 한다.

현대사회는 끊임없는 변화를 요구하고 있다. 이러한 변화를 수용하지 못하는 경영자는 은퇴해서 그냥 여생을 자연을 보며 편히 살고 회사에는 관여하지 않는 것이 더 좋을 수 있다. 요즘 생각이 젊은 사람들이나 젊은 자본이 이러한 반열에 끼는 것을 국가는 장려한다. 그래서 각종 페이퍼컴퍼니의 설립을 유도하고 특히 사모투자전문회사 같은 것도 장려한다. 자세한 것은 후에 설명하기로 하고 필자는 우선 생각이 젊고 건강한 자본이 은행의 작은 이자율에만 의존하는 것이 아닌 회사에 대한 관심을 가졌으면 한다. 막연히 누군가의 기업평가에 의존하는 것이 아닌 적극적으로 주체가 되어 자본시장의 투사가 되길 바라는 마음이 있다.

이 책은 주로 필자의 강의경험과 현장경험을 바탕으로 쓴 책이다. 따라서 지금 현재의 상황을 있는 그대로 기술하고 되도록 쉽게 쓰려 많은 노력을 기울였다. 정작 회사에 관한 문제가 생겼을 경우 주주총회나 이사회에 관한 간단한 지식이 없거나 알아도 변호사에 자문을 구하는 등 약간의 시간만 낭비하여도 경영권 다툼 등에서 뒤로 밀려나기도 한다. 시간이 급박한 M&A 시장에서는 특히 그렇다.

되도록 쉽게 쓰자는 생각으로 썼다. 실무자들이 책을 전부 읽는 것이 아니라 해당부분만 찾아보는 경우가 많으므로 각 절과 장에 서로 중복되는 부분도 같은 내용이라도 다시 기재한 경우가 부분적으로 있다.

많은 교수님들과 석학들께서 '학문이 얕고 재주가 없음'를 말하고 계시다. 교과서와 논문을 읽으면서 이 문장을 많이 보아왔다. 그런데 이 문장이 지금만큼 그 말이 와닿는 때가 없었던 것 같다. 얕은 재주이지만 이 책은 되도록 쉽게 쓰자는 생각으로 썼다. 법률실무자들이 쉽게 볼 수 있도록 쓴 실무계의 강의교재로서 촘촘한 이론보다는 실무적인 부분에 중점을 두었다. 가능한 한 구어체를 더 사용하려 노력했다.

이 책으로 실무자들이 회사소송에 관한 법률실무를 쉽게 익힐 수 있는 교재가 되기 바란다. 교재 출판에 커다란 도움을 주신 양갑수 사장님과 어렸을 때 꿈이 개그맨이었다고 말할만큼 친근한 이광민변호사님, 중사모 친구들, 그리고 은사님이신 김민동 민법교수님, 영혼의 리더인 김종균목사님, 아들 새결이와 처에게 감사의 말씀을 드린다.

2020. 10. 10 저자 최상묵

조언하실 점이 있으시거나 궁금한 점이 있으시면 mooks610@naver.com 또는 010-5242-6688 로 문의 바랍니다.

법률실무자를 위한

회사소송

실무자를 위한 회사소송의 목차

참고문헌

1) 최기원, 신회사법론 제13대정판 -박영사-

2) 이철송, 회상법강의 제19판 -박영사-

4) 임재연, 회사소송 -박영사-

5) 김화진 송옥렬, 기업인수합병 -박영사-

6) 김병연, 권재열, 양기진, 자본시장법 제2판 - 박영사-

7) 김화진 송옥렬, 적대적 기업인수와 경영권방어, 서울대학교 금융법센터

8) 손재호 이태훈 나종호 적대적 M&A -매일경제신문사-

9) 회사법연구 - 사법연수원-

10) 김현채, 회사소송의 이론과 실무 - 법률정보센터-

11) 전형배, 회사관계소송 - 한국학술정보(주)-

14) 정영철, 기업인수 5G - 박영사-

13) 호문혁, 민사소송법 - 법문사-

14) 이영창, 보전소송 - 진원사-

15) 인지실무, 인지실무연구회, 대법원행정처

16) 실무제요, 사법연수원

17) 그 외 각종 논문과 판례

제 1 장

주식회사와 회사소송 일반론

제 1 절 법에서 말하는 사람이란 자연인과 법인을 말한다.

제 2 절 주식회사의 특징은 무엇일까

제 3 절 회사소송에서 경영권 다툼과 가처분의 중요성

제1절 법에서 말하는 '사람'이란 무엇일까

1. 법에서 말하는 사람이란 자연인과 법인을 말한다.

가. '사람'만 집이나 토지를 소유할 수 있다.

예를 들어 "아무개가 20억 원짜리 집을 소유하고 있다."는 문장에서 주체 또는 주어는 무엇인가. 당연히 이 문장에서 주체 혹은 주어는 '아무개'가 된다. 그렇다면 여기서 그 '아무개'가 될 수 있는 것은 무엇일까? 강아지나 송아지가 주체 즉 아무개가 될 수 없다는 것은 당연하다. 강아지나 송아지는 집이나 공장 같은 것을 소유할 수 없기 때문이다. 무엇인가를 소유할 수 있는 권리의 주체가 될 수 있는 것은 **사람**뿐인 것이다. 민법에서 권리・의무의 주체로서 인(人, 사람)에 관한 규정이 있는데, 그 사람이 바로 권리나 의무의 주체가 되는 것이다. 사람에는 자연인과 법인이 있다. 그러므로 법인도 권리와 의무가 귀속되는 법률상의 인격인 법인격(法人格)을 가진다.

나. 주식회사는 주주들에게 이익배당 하는 것을 주된 목적으로 하는 사람이다.

여러 종류의 법인 중 하나인 주식회사는, 돈을 벌어서 주식회사 자신의 주인(owner)인 주주들에게 이익을 많이 돌려주는(배당) 하는 것이 목적인 사람이다(영리성). 회사가 돈을 벌어 자신들에게 많은 이익을 돌려주게 하도록, 주주들은 이사(理事)들을 선임하고 이사들 중에 대표이사(代表理事)를 선임하여, 회사의 일상적인 일들은 이사들이 모인 이사회에서 결정하게 하고 중요한 것은 자신들이 모인 주주총회(株主總會)에서 결정하는 방식으로 회사를 경영해 나간다. 주주들 자신들이 모든 일에 직접 나서기에는 비용도 많이 들고 시간도 없는 등의 여러 이유 때문이다. 즉 회사의 소유는 주주들이 하되, 그 기본적인 운영은 이사회를 구성하는 경영진과 대표이사가 하게 되는 것이다. 그렇다면 회사의 이사나 대표이사는 결국 회사의 주인인 주주들의 돈을 벌기 위한 목적을 위하여 일을 해야 한다는 결론에 이르지만[1], 실제로는 그렇지 못한 이사나 대표이사도 많이 있는 것도 현실이다.

각 주식의 가치는 평등해야 하고, 그 의결권행사에 있어서도 주식마다 평등해야 하지만 실제에 있어서는 그렇지 못한 부분 역시 상당히 많다. 특히 여러 가지 측면에서 기업문화의 민주화는 우리나라에서는 반드시 해결해야 할 과제이다. 이것을 해결하지 못하고는 결코 진정한 선진국의 반열에 들어설 수 없다. 이 책에서는 주주들의 이익을 대변하지 못하는 경영진의 퇴출, 이들과 회사의 이익을 침해한 제3자에 대한 손해배상청구, 경영권 다툼 등과 회사 전반적인 소송형태를 볼 것이다.

먼저, 주식회사의 뜻과 특징을 알아본다.

2. 주식회사의 특징은 무엇일까.

가. 주주들이 주인인 회사

주식회사는 대중적으로 표현하면 '주식이 모인 회사'라고 할 수 있고 주식은 주주가 각기 자신이 투자한만큼 소유한다. 그러므로 주식회사는 '주주들이 주인인 회사'라고 할 수 있다. 물론 회사를 역동적으로 성장시키는 대표자가 필요하고 그에 걸맞는 대우도 해주어야겠지만, 회사가 대표이사 개인의 소유는 아니라는 말이다. 이것은 현대에 있어 회사의 운영에 있어서 가장 중요한 화두라 할 수 있다. 주식회사는 국가의 운영원리와 여러모로 닮아있다. 강력한 리더가 그의 뜻대로 회사를 운영하고 사원은 그냥 주는 떡이나 받아먹으라는 생각은 국가에서는 '개발독재'라는 말로 미화된다. 국민의 평등권은 주주평등의 원칙으로 의회민주주의는 이사회중심주의라는 모습으로 표현된다. 그 외 많은 것이 유사하지만 헌법의 기본 원칙인 주권으로 국민으로부터 나온다는 원칙은 회사에 있어서도 그 근본적인 주권(主權)은 주주들로부터 나온다는 사실을 항상 염두에 두어

---

1) 물론 회사의 사회적기능도 중요시되는 기능이기는 하지만, 여기에서는 논외로 한다.

야 한다. 책임면에서 설명하면, 주식회사란 전사원(社員)이 주식의 인수가격을 한도로 출자의무를 부담할 뿐, 회사 채무에 대하여는 아무런 책임을 부담하지 않는 상법상의 회사를 말한다. 소위 전형적인 물적회사이다. 슈퍼마켓(주식회사가 아닌)의 개인사업자는 슈퍼마켓을 운영하다가 채무를 지게 되면 그 책임을 주인이 모두 부담해야 한다(무한책임). 하지만 주식회사의 주인인 주주는 주식회사가 빚을 져도 직접적인 책임을 지지 않는다. 그것이 주식회사의 가장 큰 특징인 유한책임이다.

나. 주식회사의 특징

주식회사는 자본, 주식, 유한책임을 그 기본적인 특징으로 한다.

주식회사의 개념으로서 '사단(사람이 모인 단체)'으로 규정하는 학자들도 있고, 과거의 상법에서도 '본법에서 회사라 함은 상행위 기타 영리를 목적으로 하여 설립한 사단을 이른다.'고 규정하였으나 2011. 4. 14. 개정상법에서는 「이 법에서 "회사"란 상행위나 그 밖의 영리를 목적으로 하여 설립한 법인을 말한다」 라고 하여 사단성을 제외하였다. 주식회사는 주식들이 모인 자본의 단체이지 사람이 모여야 되는 것은 아니기 때문이다. 그러므로 주식회사를 물적 회사의 대표적인 형태라고 하며, 심지어는 주주가 한 사람밖에 없는 회사도 많이 존재하는 것이다(1인주주). 주주는 한 사람이라도 그가 가진 주식수는 수천 혹은 수만개가 되기 때문이다. 주식회사의 특징에 대해서는 나라마다, 학자들마다 조금씩 다르게 규정하고 있다.

주식회사는 자본금을 중심의 단체로서 물적회사의 대표적인 형태이다[2]. 물론 자본금은 주주들이 낸 돈으로 구성되는 것이다. 그래서 주식회사의 주인은 주주들인 것이다. 주주들은 친구들끼리 우정을 가지고 모이거나 신앙심 깊은 사람들이 신앙을 가지고 모이는 것이 아니라, 돈을 내고 그 돈의 단체를 운영해서 돈을 벌자는, 즉 '돈을 벌기' 위하여 만든 것이 회사인 것이다. 우스운 설명일 수 있지만 동네 아줌마들끼리 모이는 '계(契)'를 생각해본다. 계주는 계는 인간적인 유대관계를 가지는 부분도

---

2) 최기원. 2009. 『신회사법론』 제13대정판. 박영사 p116

상당히 크겠지만, 경제적인측면으로만 본다면 계원들의 돈을 모아서 사채업자나 다른 사업자 또는 금 같은 것에 투자하거나 금전거래를 통해 약간의 이자를 붙여 원금과 함께 낙찰계 또는 순번계의 방식으로 계원들에게 나누어 주는 형태이다. 이러한 계를 단체화시키고 법으로서 그러한 단체에 법인격(法人格)을 준 것이 주식회사라고 생각하면 이해가 쉬울 것 같다. 물론 양자는 판이한 차이가 있지만 쉽게 말하면 그렇다는 것이다.

주식회사의 기원은 처음 고대 로마에는 퍼블리카니(Publicani)라는 조직에서 유래한 것으로, 퍼블리카니는 일종의 법인체로서 조세기능 외에도 로마의 신들을 위한 신전 건립 등의 일도 담당하였다. 퍼블리카니에는 주식회사의 개념이 도입돼있어, 책임을 맡은 사람들이 업무를 담당하고 수시로 재무제표를 공개하는 등의 업무를 수행하여 주식회사의 기원으로 불 수 있다. 근대적 주식회사의 시작은 대항해시대의 동인도회사들로 그 기원을 찾는데, 근대 열강들은 아프리카 및 인도·동남아 지역을 개척하기 위한 자금을 끌어들이기 위해 투자자들을 모집했고, 특히 동남아 지역을 활발히 개척했던 네덜란드가 1602년 동인도회사를 설립하면서 최초로 주식회사 개념을 동인도회사에 적용했다고 알려져 있다.

아무튼, 주식회사는 다른 동업형태에 비하여 다음과 같은 다섯 가지 특징을 가지고 있다.[3]

① 법인격

② 유한책임

③ 주식의 양도가능성

④ 이사회에 대한 경영위임

⑤ 주주이익의 우위

다. 주식

주식은 위에서 말한 자본을 구성하는 단위이다. 그 액면가는 100원

3) 김건식, 노혁준, 박준, 송옥렬, 안수현, 윤영신, 최문희. 2010. 『회사법』 (제2판) 박영사. p1

이상이면 가능하다(상법 제329조 제3항). 주주들은 주식으로 분할된 자본을 1주 혹은 수백만 주를 소유함으로서 주식회사의 지분을 가지게 되고, 그 지분만큼 주주총회에서 의결권을 가지게 된다. 주주(株主)란 돈이나 다른 어떤 것을 투자하여 '주식을 소유하는 자'라는 뜻이다[4]. 주식은 원칙적으로 그 가치가 동일하며 같은 종류의 주식 사이에는 회사에 대하여 같은 권리를 갖는다. 그리고 주주의 권리의 크기는 회사의 주식을 얼마만큼 소유하고 있느냐에 따라 달라진다. 주주총회에서 소위 '표 대결'은 누가 주식을 많이 소유하느냐에 따라 승패를 달리하는 것을 생각해보면 쉽게 이해가 된다.

자본이란 회사에서 발행한 주식의 액면총액이다.

이를 수식으로 표현하면 자본 = 발행주식총수 × 1주의금액(액면가) 이다.
= 발행한 주식의 액면총액

자본은 법정사유(예를 들어 자본증자, 감자 등)에 의한 변동이 생기지 않는 한 일정 불변의 추상적인 개념으로서 회사의 상황에 따라 변동되는 자산과는 다른 개념이다. 자본과 자산은 엄연히 다른 개념이기는 하지만, 상법은 자본에 대응하는 현실적인 자산을 보유시키고자 하는 노력을 기울이고 있다. 즉 자본이 50억원이라면 자산도 50억원 혹은 그 이상을 가지고 있을 것을 요구한다[5]. 그런데 가끔 자본금은 50억원인데 실제 그 회사의 자산은 0이거나 마이너스인 경우가 있다. 이런 회사를 우리는 Paper Company 혹은 유령회사 등으로 부르고, 반드시 같은 개념은 아니지만 '자본이 잠식된 회사'라는 말을 쓰기도 한다.

주식회사의 사원은 회사에 지분을 가지는데 이러한 지분은 균등하게 분할된 주식으로 표현된다. 즉, 주식회사의 자본은 전부 주식으로 세분화되며 주식의 금액은 균일하여야 한다(상법 제329조 제2항, 제3항).

주식은 크게 두 가지 의미가 있는데 자본의 구성부분인 금액으로서

---

4) 이철송 2015. 『회사법강의(제19판)』 박영사. p178

5) 이러한 상법의 노력은 자본확정의 원칙(전액 인수·납입), 자본충실의 원칙(자산이 적어도 자본금과 같거나 많아야 한다는 것), 자본불변의 원칙(자본액을 임의로 변경하지 못하고, 자본감소절차에 엄격한 규정을 두는 것) 등으로 표현된다.

의 의미와 사원(주주)이라는 지위로서의 의미가 있다. 주식을 표창하는 유가증권을 주권(株券)이라 한다.

[주권의 모습]

- 주식
  - 자본구성단위로서의 금액
  - 주주의 지위(주주권)
    - 자익권 : 주로 이익배당
    - 공익권 : 의결권 ← 회사의 기관 구성

라. 유한책임

유한책임이란 말 그대로 한도가 있는 책임을 진다는 의미인데, 앞에서 말한 바와 같이 회사가 망하더라도 주주는 자신이 출자한 만큼의 돈(주식을 매입한 값)만 날리면 되고 그 이상의 책임은 지지 않는다는 의미이다.

예를 들어 슈퍼마켓(주식회사가 아닌)을 운영하는 A라는 어느 개인사업자가 장사를 못하거나 받은 어음이 부도가 나서 10억 원의 빚을 졌다고 하자. 그 주인인 A는 어떻게 할까. 문제를 잘 해결하는 것이 가장 좋겠지만 해결이 불가능하다면 일단은 채권자들의 독촉을 받아야 할 것이다. A는 슈퍼마켓이 망하면 자신의 개인재산까지 탈탈 털어서 채무를 해결해야 한다. 하지만 A가 슈퍼마켓을 주식회사로 만들고 그 주식을 100%를 몽땅 소유하였고 자신이 그 주식회사의 대표이사까지 맡았다고 생각해보자. 그리고 앞의 Case와 마찬가지로 슈퍼마켓이 10억 원의 빚을 졌다고 하자. A는 빚을 모두 떠 안아야 하는가? 답은 No이다.

원칙적으로 A는 주식회사의 채무에 대하여 전혀 책임이 없다. 주식회사도 그 자체가 사람이기 때문에 A가 회사에 대하여 연대보증 등을 서지 않는 한, 회사의 채무는 회사만 부담하고 A는 추궁당하지 않아도 된다. 회사와 A는 별개의 사람인 것이다. 이렇게 주주의 책임에는 한도가 있다. 주주는 회사에 대하여 주식의 인수가액만큼 돈을 낼 의무만 부담할 뿐, 회사가 망하거나 큰 빚을 지어도 주주로서는 자신이 회사에 투자한 돈만 날리면 될 뿐이고 자신의 개인 돈까지 들여서 책임을 지지 않는다는 것이다. 그것이 유한책임이라는 것이고 회사의 재산과 주주의 재산의 분리(재산분리, asset partitioning)를 뜻하는 것이다. 이러한 유한책임제도는 맘 놓고 주식회사를 설립하고 운영할 수 있게 하여 현재의 산업발전을 원동력이 되기도 하였지만 또 다른 한편으로는 이를 악용하는 사람들의 수단이 되기도 한다.

주식회사 제도를 이용하여 물의를 일으키는 대표적인 형태가 Paper Company(등기부에만 존재하는 회사, 유령회사)라고 불리는 것이다. Paper Company를 차려 놓고 가짜 세금계산서를 발행해 주거나, 회사 앞으로 세금을 잔뜩 밀려 놓고 대표이사 자신은 그 이익만 빼먹고 도망을 하거나, 카드깡 회사를 운영하는 게 그것이다. 또한 주식회사가 설립한지 5년이 지나면 부동산의 취득세 등이 중과세되지 않는데 이를 위하여 Paper Company를 미리 설립해 놓은 후 5년이 지나거나 혹은 설립하지 5년이 지난 휴면회사를 인수하여 부동산을 취득할 때 그 회사의 명의로 부동산을 매입하여 3배의 중과세를 면하게 되는 것이다6)(다만, 휴면회사는 중과하는 것으로 각주와 같이 법이 바뀌었다).

---

6) 구 지방세법 제13조 (과밀억제권역 안 취득 등 중과) ② 다음 각 호의 어느 하나에 해당하는 부동산을 취득하는 경우의 취득세는 제11조 제1항의 표준세율의 100분의 300에서 중과기준세

간단한 예를 들어본다. 1,000억 원의 건물을 취득하려면 대강 비용을 5%라고 할 때 50억 원의 비용이 든다. 하지만 중과세가 되면 15%인 150억 원의 비용이 든다. 이 때 3배의 중과세를 면하려면 설립한지 5년 후의 법인 명의로 매입하면 중과세를 면하게 되는데, 이를 위해 설립 후 5년이 지난 법인을 헐값에 사거나 설립해 두었다가 부동산을 취득할 때 사용하는 방법이다. 무려 100억 원의 세금을 아끼는 것이다. 이것은 2001년 미국계 사모펀드(PEF, Private Equity Fund)인 론스타가 강남에서 제일 좋은 빌딩이라는 스타타워(강남파이낸스센터)를 매입하며 중과세를 피하여 250억 원 정도를 절약한 방법이기도 하다.

율 -- 1. 대도시에서 법인을 설립[대통령령으로 정하는 휴면법인을 인수하는 경우를 포함한다] -- 하는 경우

[론스타펀드 대법원 판례의 요지]

대법원 2009.04.09. 선고 2007두26629 판결 등록세등부과처분취소

[1] 법인의 설립에 관한 민법과 상법의 각 규정에 의하면, 법인의 설립에는 기본적으로 설립행위와 설립등기가 필요하고, 법인은 설립행위를 거쳐 설립등기를 함으로써 성립함과 동시에 법인격을 취득하게 되어 그로써 법인의 설립은 완성되는 것이므로, 설립등기 없는 법인의 설립은 있을 수 없고, 일단 법인이 설립등기로써 성립한 이후에는 그 법인격이 소멸되지 않는 한 같은 설립등기에 의한 새로운 법인의 설립도 있을 수 없다. 위의 법리는 법인설립절차를 규율하는 기본법인 민법과 상법이 규정하는 바로서 법인설립에 관한 기본원칙이 되고 있고, 법인의 설립등기는 다른 법인등기 또는 상업등기와는 달리 창설적 효력을 가지며 그에 관한 규정은 강행규정인 점, 기타 관계 규정의 형식과 내용 등을 종합적으로 고려할 때, 구 지방세법(2001. 12. 29. 법률 제6549호로 개정되기 전의 것)에서 '법인의 설립'에 관하여 위와 같은 일반적인 법리와는 다른 별도의 정의 규정을 두고 있지 아니한 이상, 같은 법 제138조 제1항 제1호와 제3호에서 규정하는 '법인의 설립' 역시 '설립등기에 의한 설립'을 뜻하는 것으로 해석하여야 한다.

[2] 설립등기를 마친 후 폐업을 하여 사업실적이 없는 상태인 법인의 주식 전부를 제3자가 매수한 다음 법인의 임원, 자본, 상호, 목적사업 등을 변경하였다 하여 이를 위 조항이 규정하는 '법인의 설립'에 해당한다고 볼 수는 없고, 설령 그러한 행위가 등록세 등의 중과를 회피하기 위한 것으로서 이를 규제할 필요가 있다 하더라도 그와 같은 행위의 효력을 부인하는 개별적이고 구체적인 법률 규정을 두고 있지 않은 조세법 하에서 그 행위가 위 조항의 '법인의 설립'에 해당한다고 보아 등록세를 중과하는 것은 조세 법규를 합리적 이유 없이 확장 또는 유추해석 하는 것으로서 허용될 수 없다.

주식회사의 특징 중 주식의 양도가능성, 이사회에 대한 경영위임, 주주이익의 우위는 각각 해당하는 부분에서 다시 논하기로 한다.

제2절 회사소송 일반론

1. 회사소송

가. 이 책에서 회사소송의 뜻

1) 이 책에서 회사소송[7]이란 민사소송 등 인지규칙 제15조에서 말하는 회사등 관계소송과 회사법상 법률문제가 쟁점인 소송[8]을 포함하되, 용어는 쉽게 '회사소송'이라고 쓰기로 한다.

2) 회사소송에는 자연인도 당사자가 되는 소송인 대여금 소송 등 일반적인 소송형태 보다는 회사의 특수성에 기한 소송을 이야기하기로 한다. 이 책에서는 총설적인 설명은 과감하게 생략하고 실무에서 만나거나 만날 수 있는 소송을 개별적으로 설명하며 총론적인 설명을 더하기로 한다.

나. 회사소송

회사소송은 먼저 상법에 규정된 소송을 찾아볼 수 있다. 그러나 회사소송은 위 이외에도 상법에서 정한 소송의 피보전권리에 근거한 가처분을 하거나 일반 민사소송절차에 의하여 진행해야 할 소송도 있으며, 특히 M&A 나 경영권다툼 등에서는 급박한 진행상황 때문에 필요적으로 비교적 진행이 빠른 가처분의 방법을 이용해야 하는 경우가 많다.

이를 나열해보면 다음과 같다.

---

7) 소송의 종류로는 이행의 소, 확인의 소, 형성의 소가 있다. 이행의 소는 이행청구권의 확인과 피고에 대하여 이행을 명하는 판결을 구하는 소이고, 확인의 소는 실체법상의 권리 또는 법률관계의 존부를 확인하는 판결을 구하는 소송이며, 형성의 소는 법률관계의 변동을 선언하는 판결을 구하는 소이다. 중요한 것은 회사법상 대부분의 소송은 형성의 소송이라는 것이다.

8) 임재연. 2009. 『회사관계소송』 박영사. p3

소 송	
설립무효의 소	상법 제328조
주주총회결의취소의 소	상법 제376조
주주총회결의 부존재 확인의 소	상법 제380조
부당결의취소변경의 소	상법 제381조
위법행위유지의 소	상법 제402조
회사의 이사에 대한 손해배상청구의 소	상법 제399조
제3자의 이사에 대한 손해배상청구의 소	상법 제401조
주주대표소송	상법 제403조
신주발행시 불공정한 가액으로 주식을 인수한 자에 대한 반환청구의 소	상법 제424조의 2
주주의 권리행사와 관련하여 재산상의 이익을 공여 받은 자에 대한 반환청구	상법 제467조의 2
이사해임의 소	상법 제385조
신주발행유지의 소	상법 제424조
신주발행무효의 소	상법 제429조
전환사채발행유지의 소	상법 제516조에서 신주발행유지에 관한 상법 제424조 준용.
전환사채발행시 불공정한 가액으로 주식을 인수한 자에 대한 반환청구의 소	상법 제516조에서 신주발행시 불공정 가액인수자에 관한 상법 제424조의 2 준용.
신주인수권부사채발행유지의 소	상법 제516조의 10에서 신주발행유지에 관한 상법 제424조 준용.
신주인수권부사채발행시 불공정한 가액으로 주식을 인수한 자에 대한 반환청구의 소	상법 제516조의 10에서 신주발행시 불공정 가액인수자에 관한 상법 제424조의 2 준용.
감자무효의 소	상법 제445조
위법배당반환청구의 소	상법 제462조 제2항
회계장부열람청구의 소	상법 제466조
회사합병무효의 소	상법 제529조

회사분할무효의 소	상법 제530조의 11에서 합병무효의 소를 규정한 제529조 준용.
주식교환무효의 소	상법 제360조의 14
주식이전무효의 소	상법 제360조의 23
회사해산의 소	상법 제520조
설립비용청구의 소	
주주권확인의 소	
명의개서절차이행의 소	
신주발행부존재확인의 소	
전환사채발행무효의 소	
전환사채발행 부존재확인의 소	
신주인수권부사채발행무효의 소	
신주인수권부사채발행 부존재확인의 소	
회계장부 열람·등사의 소	

가 처 분	
이사직무집행정지 및 직무대행자선임 가처분	상법 제407조
감사·청산인직무집행정지 가처분	상법 제415, 상법 제542조에서 상법 제407조 준용.
회계장부 열람·등사 가처분	
주주명부 열람·등사 가처분	
의안상정가처분	
의안상정금지가처분	
신주발행금지가처분	
주주총회개최금지 가처분	
주주총회결의금지 가처분	
주주총회효력정지 가처분	
의결권행사금지 가처분	
의결권행사허용 가처분	
의결권 대리행사권유금지가처분	

자기주식 취득금지 가처분	
자기주식 처분금지 가처분	
정관 등 열람 및 등본·초본교부 가처분	
재무제표 등 열람 및 등본·초본교부 가처분	
이사·청산인의 위법행위금지 가처분	
이사·감사지위확인 가처분	
주권처분금지 가처분	
주식처분금지가처분	
명의개서금지 가처분	
예탁증권처분금지 가처분	
주식가압류	
신주발행금지가처분	
신주발행효력정지 가처분	
의결권행사금지가처분	
주권상장금지 가처분	
주식처분금지 가처분	
전환사채발행금지 가처분	
전환권행사금지 가처분(또는 전환금지 가처분)	
전환사채발행효력정지 가처분	
전환사채처분금지가처분	
전환권행사로 발행된 신주의 상장금지가처분	
신주인수권부사채발행금지 가처분	
신주인수권행사금지 가처분	
신주인수권부사채발행효력정지 가처분	
신주인수권의 행사로 발행된 신주에 대한 의결권행사금지 가처분	
신주인수권의 행사로 발행된 신주에 대한 상장금지가처분	

또한 회사관련 소송은 최근 신설된 「자본시장과 금융투자업에 관한 법률(이하 '자본시장법'이라 한다)」의 규정에 의한 소송도 이에 포함될

수 있다. 자본시장법은 과거 증권거래법, 선물거래법, 간접투자자산운영업법, 신탁업법, 종합금융회사에 관한 법률, 한국증권선물거래소법 등의 자본시장에 관한 법률들을 하나로 통합한 법으로, 투자성 있는 금융상품은 모두 '금융투자상품'으로 규율하고(포괄주의) 이에 관해 규정함으로써 자본시장의 공정성·신뢰성 및 효율성을 높여 국민경제의 발전에 이바지함을 목적으로 한 것이다.

자본시장법에는 금융투자회사나 사모투자전문회사(private equity fund ; PEF) 등 현대 자본시장에서 꼭 알아야 할 것이 포함되어 있다. 그 외 자산유동화에 관한 법률, 기업구조조정투자회사법, 부동산투자회사법 등 Paper Company 형태의 펀드형태 회사들에 관하여 후에 기회가 있는 데로 살펴보기로 한다.

다. 회사소송과 관련된 소송비용의 문제

회사가 원고 또는 피고가 되는 회사소송으로 판단이 되면, 변호사 선임비용 등 소송비용은 일반적으로 회사가 부담하게 된다. 즉, 법인 자체가 소송당사자가 된 경우에는 원칙적으로 그 소송의 수행이 법인의 업무수행이라고 볼 수 있으므로 그 변호사 선임료를 법인의 비용으로 지출할 수 있을 것이다.

그러나 그 소송에서 법인이 형식적으로 소송당사자가 되어 있을 뿐 실질적인 당사자가 따로 있고 법인으로서는 그 소송의 결과에 있어서 별다른 이해관계가 없다고 볼 특별한 사정이 있는 경우에는, 그 소송의 수행이 법인의 업무수행이라고 볼 수 없어 법인의 비용으로 이를 위한 변호사 선임료를 지출할 수 없다고 할 것이다(대법원 2008. 6. 26. 선고 2007도9679 판결).

예를 들어, 대표이사가 본인의 경영권을 방어하기 위하여 불법한 증자를 감행하는 등 법인으로서는 그 소송의 결과에 있어서 별다른 이해관계가 없고 오로지 대표이사 본인의 경영권 방어만을 하기 위한 불법한 행위였다고 볼 특별한 사정이 있는 경우에는, 그 소송의 수행이 법인의 업무수행이라고 볼 수 없어 법인의 비용으로 이를 위한 변호사 선임료를 지출할 수 없다고 할 것이다. 이렇게 판단된 경우 대표자가 법인의 돈으로 소송비용으로 지출한 부분은 자칫 대표자가 '횡령죄'로 처벌될 수도 있을 것이다.

이와는 반대로

대표자 개인이 당사자가 된 민·형사사건의 변호사 비용은 법인의 비용으로 지출할 수 없는 것이 원칙이고, 예외적으로 분쟁에 대한 실질적인 이해관계는 법인에게 있으나 법적인 이유로 그 대표자의 지위에 있는 개인이 소송 기타 법적 절차의 당사자가 되었다거나 대표자로서 법인을 위해 적법하게 행한 직무행위 또는 대표자의 지위에 있음으로 말미암아 의무적으로 행한 행위 등과 관련하여 분쟁이 발생한 경우와 같이, 당해 법적 분쟁이 법인과 업무적인 관련이 깊고 당시의 제반 사정에 비추어 법인의 이익을 위하여 소송을 수행하거나 고소에 대응하여야 할 특별한 필요성이 있는 경우에 한하여 법인의 비용으로 변호사 선임료를 지출할 수 있다(대법원 2006. 10. 26. 선고 2004도6280 판결).

2. 누가 원고가 되고 누가 피고가 되나? (소송당사자)

가. 원고

회사소송의 원고는 보통 주주·이사·회사채권자·제3자가 되는 경우가 많고, 공동소송이 되는 경우가 많다. 공동소송이 되는 이유는 ① 법에서 일종의 제한으로 둔 지분요건(예, 100분의 3 이상의 주주)을 갖추기 위한 경우와 ② 회사와 청산인 등 개인이 공동으로 피고가 되는 경우 등을 볼 수 있다. 공동소송이 되면 그 소송이 합일확정(소송에서 이기고 지는 게 같아야 한다는 것)의 필요가 있는 공동소송인지, 또는 여러 명이 반드시 함께 소송에 참여해야 하는 필수적 공동소송인지를 가려야 한다. 이 책에서 등장하는 각각의 개별적인 소송에서 그 소송의 형태를 구체적으로 보기로 한다.

나. 피고

회사소송에서 피고는 회사, 설립관여자, 이사·감사 등이 피고가 되거나 이들이 공동으로 피고가 되기도 한다. 각각의 소송절차에서 살펴보기로 한다.

다. 공동소송 (여러 사람이 같이 하는 소송)

Case) 주식회사 한별컴의 5% 지분을 가지고 있는 주주인 A와 3% 정도의 지분을 가지고 있는 주주 B는 자신들이 모르는 사이에 한별컴의 2015. 5. 10. 주주총회에서 회사의 중요한 자산을 매각하기로 했다는 이야기를 들었다. 알고 보니 한별컴의 대표이사는 주주총회 소집절차도 무시하고 그냥 자신에게 우호적인 사람 몇몇이 모여 주주총회를 하고 자산매각을 결의하였으며 마치 주주총회가 적법하게 이루어진 것처럼 주주총회의사록을 꾸민 것이었다.

이 경우 A와 B는 어떤 조치를 취할 수 있을 것인가?

(1) 통상공동소송

여러 명이 같은 날 회사에서 해고를 당하였는데 월급을 모두 받지 못하여 밀린 월급을 청구하는 소송을 함께 진행한다는 생각을 해보자. A라는 사람은 500만 원, B라는 사람은 300만 원, C는 1,000만 원을 청구하는 소송을 한다. 이 경우 어떤 사람은 충분히 이유가 있으므로 승소를 하여서 다 받을 수 있지만, 어떤 사람은 '재직할 당시 오히려 회사에 손해를 끼쳐서' 패소를 하는 경우도 있을 것이다. 이러한 소송은 함께 짤려서 소송을 함께 하기는 하지만, 소송에서 이기고 지는 문제는 개개인 별로 전혀 다르다.

또 나중에 D라는 사람이 자신도 이 소송 중간에 끼고 싶다고 했을 경우, 대부분의 소송에서 D를 끼워주지 않는다. 소송이 너무 길어질 염려가 있기 때문이다. 그러므로 똑 같은 회사에 밀린 임금을 청구한다 해도 D는 별개의 소송을 제기해야 한다. 또한 D가 제기한 소송을 기존의 A·B·C가 제기한 소송에 병합시키지도 않는다. 이렇게 A·B·C가 진행하는 일반적인 공동소송을 통상공동소송이라 한다.

(2) 필수적공동소송

1) 결론이 같아야 한다 (합일확정)

한편, 처음부터 소송을 같이 제기해야 하거나(또는 같이 피고가 되어야 하거나), 소송을 처음부터 같이 해야 하는 것은 아니지만 어찌어찌 함께 하게 되었다면, 함께 이기든지 함께 패소하든지 동일한 결론(판결)이 나야 하는 소송이 있다. 이것을 필수적 공동소송이라 한다.

> Case) 위 사례 상황에서, A와 B가 함께 주주총회결의 취소의 소송을 진행하였다. 이 경우
>
> 1. A와 B, C는 반드시 함께 소송을 제기했어야 하는가?
>
> 2. 법원은 A에게는 승소판결을, B에게는 패소판결을 할 수 있을까?

필수적 공동소송은 합일확정의 필요가 있는 소송을 말한다. 소송의 결론, 즉 해당 소송에서 이기고 지는 것이 같아야 한다는 것이다. 예를 들어 K회사의 2015. 5. 10.자 주주총회가 취소 또는 무효라는 재판을 구한 사건에서, A라는 주주가 원고가 되어 제기한 소송에서는 법원이 그 주주총회가 무효라고 판단하고, B라는 주주가 원고로서 제기한 소송에서는 법원이 그 주주총회가 유효라는 판단을 하게 된다면 좀 황당한 상황이 된다. 그러므로 이러한 판단은 할 수 없다는 것이다(합일확정의 필요).

위 사안에서 A라는 주주와 B라는 주주가 반드시 소송을 함께 해야 하는 것은 아니다. 쉽게 말하자면, A도 따로 소송을 제기하고 B도 따로 소송을 진행할 수 있다. 소송을 반드시 '공동으로' 진행해야 하는 것은 아니라는 것이다. 이와 같이 반드시 손을 잡고 같이 법정에 가야 하는 것은 아니지만, 이왕 공동으로 소송을 하게 되었다면 결론은 A에게나 B에게나 모두 같아야 하는 형태의 소송이 '유사필수적 공동소송'이다. 반면, 예를 들어 청산인해임의 소송에서 회사와 청산인 모두를 피고로 삼아야 하는 형태의 소송, 즉 소송을 할 때 반드시 회사와 청산인이 손잡고 같이 피고

가 되어야 하는 형태의 소송을 '고유필수적 공동소송'이라 한다. 어찌보면 당연하겠지만 일반 민사소송에서 효력은 원칙적으로 당사자사이에서만 효력이 있고 다른 사람에게는 미치지 않기 때문에 합일확정의 필요성이 별로 없다. 합일확정의 필요성은 일반적인 공동소송에 대해서 필수적공동소송을 특별한 취급을 하는 것이다.

2) 심리와 재판의 통일

회사소송이 필수적 공동소송으로 판단이 되면 소송절차에서 여러 가지 특별한 취급을 받는다. 각 공동소송인은 이기고 지는 것을 같이 해야 하므로(합일확정) 이를 보장하는 범위에서 심리와 재판의 통일이 요구된다[9]. 위 Case에서 A와 B는 반드시 손을 잡고 함께 소송을 진행해야 하는 것은 아니나 그 승패는 같이 해야하기 때문에 ① A와 B의 증거제출 등 소송행위는 A 또는 B 서로의 이익을 위해서만 효력이 있으며(민사소송법 제67조 제1항) ② 한 사람에 대한 소송행위는 A와 B 전원에 대하여 효력이 있다(민사소송법 제67조 제2항).

3) 병합심리

여러 개의 주주총회 결의취소의 소가 제기된 때에는 법원은 이를 병합심리 하여야 한다(상법 제188조, 소의 병합심리). 회사소송의 상당한 부분이 형성소송이고 특히 주주총회 결의취소의 소는 형성소송의 대표적인 Case이다.

> Case) 그런데 그 후, A와 B가 제기한 소송을 모르는 또 다른 주주 C는 별개로 주주총회결의가 취소라는 소송을 제기하였다.
> 법원은 이렇게 같은 사안을 다루는 여러 개의 소송에 대하여 어떤 조치를 취할 수 있을까?

형성소송은 새로운 법률관계를 형성하는 소송으로서 판결의 효력이 제3자에게도 미치는 소송이다. 위 사안에서, 2015. 5. 10. 자 주주총

---

9) 호문혁. 2014. 『민사소송법』 법문사. 제12판 p740

회는 소급적으로 무효라는 새로운 법률관계를 만듦으로, 그에 따라 이루어진 자산매각도 무효가 된다. 또한 A에게 법원이 내린 승소판결의 효력은 B에게도 미치고, C에게도 미친다. 법원은 A·B·C 모든 당사자에게 획일적으로 같은 결론을 내어야 하는 것이다. 이러한 요구 때문에 상법은 위 C의 소송과 A·B의 소송을 병합하여 심리할 것을 요구한다.

3. 아무 때나 소송을 제기할 수 있는가? (제소기간)

예를 들어, 상법 제429조는 「신주발행의 무효는 주주·이사 또는 감사에 한하여 신주를 발행한 날로부터 6월 내에 소만으로 이를 주장할 수 있다」고 규정하고 있다. 이것은 신주발행에 수반되는 복잡한 법률관계를 빠른 시간 안에 확정하고자 하는 것이다. 새로운 무효사유를 출소시간의 경과 후에도 주장할 수 있도록 하면 법률관계가 불안정하게 된다. 언제라도 항상 회사에 대하여 시비를 걸 수 있다면 회사의 운영은 그만큼 불안해지기 때문에 빠른 시간 안에 확정하고자 하는 것이다. 같은 이유로 상법 제429조의 유추적용 하여야 하는 전환사채발행무효의 소에 있어서도, 전환사채를 발행한 날로부터 6월의 출소기간이 경과한 후에는 새로운 무효사유를 추가하여 주장할 수 없다고 보아야 한다(대법원 2004.6.25. 선고, 2000다37326 판결).

이처럼 '복잡한 법률관계를 빠른 시간 안에 확정', '새로운 무효사유를 출소시간의 경과 후에도 주장할 수 있도록 하면 법률관계가 불안정하게 됨'의 이유에서 회사소송은 1월에서 2년까지 다양한 단기의 제소기간을 두어 회사의 복잡한 법률관계를 빠른 시간 안에 확정하고자 하였다.

4. 어느 동네 법원에, 어떤 재판부에서 소송을 제기할까? (관할)

가. 어느 동네 법원에 소송을 제기할까? (토지관할)

대부분 회사소송은 본점소재지의 지방법원의 관할에 전속한다. 전속관할 규정을 둔 것은 같은 청구원인을 이유로 여러 개의 소송이 제기되더라도 이것을 같은 법원에 한꺼번에 집중시켜 변론병합을 편리하게 하기 위함이다[10]. 전속관할이므로 합의관할이나 변론관할 같이 당사자의 임의로 정할 수 없다. 물론 회사와 관련된 소송이라도 상법에 규정된 소송이 아닌 일반 민사소송에 해당하는 경우에는 민사소송법의 원칙으로 돌아가 피고의 보통재판적이 있는 곳의 법원이 관할한다(주로 피고의 주소지 관할법원). 각각의 소송에서 자세히 보기로 한다.

나. 단독판사가 할까, 합의부에서 할까? (사물관할)

(1) 민사 및 가사소송의 사물관할에 관한 규칙 제2조

사물관할은 제1심 소송사건에 있어서 단독판사 재판부와 판사 3명의 합의재판부 사이에 그 경중에 따라 재판업무를 누가 나누어 맡느냐(재판권의 분장관계)를 의미한다.

민사 및 가사소송의 사물관할에 관한 규칙 제2조(지방법원 및 그 지원 합의부의 심판범위)에서는 「지방법원 및 지방법원지원의 합의부는 소송목적의 값이 2억 원을 초과하는 민사사건 및 민사소송등인지법 제2조 제4항의 규정에 해당하는 민사사건을 제1심으로 심판한다」고 규정하고 있다.

합의부	단독부
소송목적의 값이 2억 초과	소송목적의 값이 2억 이하

민사소송 등 인지법 제2조 제4항 : 재산권에 관한 소(訴)로서 그 소송목적의 값을 계산할 수 없는 것과 비(非)재산권을 목적으로 하는 소송의 소송목적의 값은 대법원규칙으로 정한다.

(2) 상법상 회사소송

---

10) 전형배. 2009. 『회사소송』 한국학술정보(주) p20

민사소송 등 인지규칙 제15조(회사등 관계소송 등) ① 주주의 대표소송, 이사의 위법행위유지청구의 소 및 회사에 대한 신주발행유지청구의 소는 소가를 산출할 수 없는 소송으로 본다. ② 제1항에 규정된 것을 제외하고 상법의 규정에 의한 회사소송은 비재산권을 목적으로 하는 소송으로 본다. ③ 회사 이외의 단체에 관한 것으로서 제2항에 규정된 소에 준하는 소송은 비재산권을 목적으로 하는 소송으로 본다. ④ 해고무효확인의 소는 비재산권을 목적으로 하는 소송으로 본다.

제18조의2(소가를 산출할 수 없는 재산권상의 소 등) 재산권상의 소로서 그 소가를 산출할 수 없는 것과 비재산권을 목적으로 하는 소송의 소가는 5천만 원으로 한다. 다만, 제15조제1항 내지 제3항, 제15조의2, 제17조의2, 제18조에 정한 소송의 소가는 1억 원으로 한다.

상법상 회사소송의 대부분은 민사소송등인지법 제2조 제4항의 '재산권에 관한 소(訴)로서 그 소송목적의 값을 계산할 수 없는 것과 비(非)재산권을 목적으로 하는 소송'으로 보며, 회사등 관계소송, 특허소송, 무체재산권에 관한 소에 정한 소송의 소송목적의 값은 1억 원으로 한다.

(3) 합의부

원칙적으로 소가가 1억 원 이하는 단독재판부에서 재판을 하게 되고, 가액을 산정할 수 있고 2억 원 이상인 사건은 판사 3명의 합의재판부에서 맡는다. 그러나 민사 및 가사소송의 사물관할에 관한 규칙 제2조(지방법원 및 그 지원 합의부의 심판범위)에서는 「지방법원 및 지방법원지원의 합의부는 소송목적의 값이 2억 원을 초과하는 민사사건 및 민사소송등인지법 제2조 제4항의 규정에 해당하는 민사사건을 제1심으로 심판한다」고 규정하고 있고, 민사소송등인지법 제2조 제4항에서 말하는 소송은 재산권에 관한 소(訴)로서 그 소송목적의 값을 계산할 수 없는 것과 비(非)재산권을 목적으로 하는 소송의 소송을 말하기 때문이다.

(4) 회사소송의 일반적인 인지액과 송달료

따라서 상법상 회사소송의 일반적인 인지액은 455,000원(계산 : 1억 원 × 0.004 + 55,000원)이고, 송달료는 단독사건이고 당사자가 2인 경우 153,000원(당사자수 × 1회분 송달료 5,100 × 15회)이며 합의사건인 경우에도 153,000원(당사자수 × 1회분 송달료 5,100 × 15회)이다.

각각의 소송에서 자세히 보기로 한다.

5. 돈을 법원에 맡겨 놓으라고? (담보제공)

회사소송에서 패소한 원고는 악의 또는 중과실이 있을 때에는 회사에 대하여 손해를 배상할 책임이 있다. 회사로서는 소송으로 인하여 영향을 받게 될 것이므로 회사관계의 불안정에 대한 책임을 묻는 것이다. 이러한 손해배상을 담보하기 위하여 법원은 피고의 신청에 의하거나 직권으로 원고에게 회사가 받게 될 불이익을 기준으로 비용을 담보제공 하게 할 수 있다(담보제공명령).

6. 원고가 승소한 판결, 원고가 패소한 판결 (판결의 효력)

Case) 이한돌은 주식회사 한별컴의 주주이다.

이한돌은 ㈜한별컴의 주주총회에서 '영업을 다른 회사에 양도하기로 한 결의가 의결정족수에 미달한다고 주장'하여 주주총회결의 취소의 소송을 제기하였다. 주주 이한돌이 승소하였고, 그 판결은 확정되었다.

한편, 다른 주주인 홍길동은 위와 같은 내용을 가지고 법원에 소송을 하였는데, 법원에서 심리해 보니 ㈜한별컴의 주주총회의 결의가 의결정족수에 미달하지 않고 정상적인 주주총회였다.

법원은 홍길동의 청구에 대해 어떤 판단을 하여야 하는가?[11]

가. 원고가 승소한 판결(대세적효력)

---

11) 호문혁. 2014. 『민사소송법』 제12판. 법문사 p742

(1) 대세적 효력

제190조 (판결의 효력) 설립무효의 판결 또는 설립취소의 판결은 제3자에 대하여도 그 효력이 있다. 단서 생략.

원고가 승소한 판결에는 대부분 당사자 뿐 아니라 다른 사람들에게도 그 효력이 미치는 대세적 효력이 인정된다. 판결의 효력이 소송을 하였던 원고와 피고 외 제3자에게도 미치는 효력을 대세적 효력이라고 한다(상법 제190조). 대세적 효력이 인정되는 경우 판결이 확정되면 원고 이외의 제3자에게도 효력이 미치므로 같은 사안에 있어서 누군가 불만이 있더라도 별개의 소송으로 또다시 다툴 수 없게 되는 것이다.

어느 한 사람이 회사를 상대로 소송을 해서 이겼는데 다른 사람에게는 판결의 효력이 미치지 않는다면 다른 사람은 또다시 똑같은 소송을 제기해야 하는 불편함이 있기 때문에 그것을 없애기 위한 것이다. 따라서 어느 사안에 관하여 법원의 판결이 있으면 다툴 수 없다. 이렇게 대세적 효력이 인정되는 이유는, 어느 사람은 소송에서 이기고 어느 사람은 같은 형태의 소송에서 진다면 단체법적인 법률관계인 회사법관계에서 혼란이 올 수 있기 때문이다.

(2) 형성소송

위와 같이 대세적 효력이 인정되는 이유는 회사법상 소송은 대부분 형성소송이기 때문이다. 형성의 소는 법률관계의 변동을 목적으로 하는 소송이다. 다시 말해 판결에 의해 직접 어떤 법률관계를 형성한다는 것이다. 형성판결이 확정되면 판결의 내용대로 권리관계가 변동되므로, 이러한 형성력에 의해서 당사자가 아닌 제3자에게도 그 효력이 미치는 것이다. 이렇게 해야 법률관계를 획일적으로 처리할 수 있다는 생각에서 나온 제도이다. 형성의 소는 원칙적으로 법률이 정하여야만 인정될 수 있다(형성소송 법정주의).

[형성소송의 일반적 특징]

1. 처분권주의의 적용을 배제
2. 불이익변경금지원칙 배제
3. 반드시 재판해야 한다.
4. 법원은 당사자의 주장범위나 내용에 구속되지 않고, 합목적적으로 재량적 판단을 할 수 있다.

(3) 당사자 마음대로 소송을 종료시키는 행위의 제한

예를 들어, 누군가 주주총회결의의 하자를 다투는 소송을 진행한다고 하자. 일반적인 소송이라면 그가 청구한 것을 포기하거나 화해를 해서 소송을 종료시킬 수 있다. 그러나 회사소송에서는 청구의 인낙이나 그 결의의 부존재 또는 무효를 확인하는 내용의 화해 및 조정 같은 것을 할 수 없다. 법원의 허가를 얻어야 한다.

제403조(주주의 대표소송) ⑥ 회사가 제1항의 청구에 따라 소를 제기하거나 주주가 제3항과 제4항의 소를 제기한 경우 당사자는 법원의 허가를 얻지 아니하고는 소의 취하, 청구의 포기·인락·화해를 할 수 없다.

그 이유는 주주총회결의의 부존재·무효를 확인하거나 결의를 취소하는 판결이 확정되면 당사자 이외의 제3자에게도 그 효력이 미쳐 제3자도 이를 다툴 수 없게 되는 결과를 만들어 버리게 되기 때문이다. 즉, 몇 사람이 모여 작정을 하고 어떤 특정한 결과를 만들어 버리면 다른 사람은 다툴 기회마저 잃어버리게 될 것이기 때문인 것이다.

그러므로 주주총회결의의 하자를 다투는 소에 있어서 청구의 인낙이나 그 결의의 부존재·무효를 확인하는 내용의 화해·조정은 할 수 없고, 가사 이러한 내용의 청구인낙 또는 화해·조정이 이루어졌다 하여도 그 인낙조서나 화해·조정조서는 효력이 없다(대법원 2004.9.24. 선고, 2004다28047, 판결).

나. 소급효의 제한

회사소송에서는 원고가 승소한 판결의 경우이더라도 그 소급효를 제한한다. 판결의 소급효란 판결의 효력이 과거로 거슬러 올라가 그 효력을 발생하는 것을 뜻한다.

제190조 (판결의 효력) 설립무효의 판결 또는 설립취소의 판결은 제3자에 대하여도 그 효력이 있다. 그러나 판결확정 전에 생긴 회사와 사원 및 제3자간의 권리의무에 영향을 미치지 아니한다.

쉽게 말하자면, 과거의 있었던 일들까지 현재 판결의 내용대로 뒤집어 놓는다는 것이다. 예를 들어, 2015. 5. 10. 자 주주총회를 무효임을 확인한다는 소송이 인용되면, 소급적으로 무효라는 새로운 법률관계를 만듦으로 2015. 5. 10. 자 주주총회에 따라 이루어진 자산매각도 무효가 되는 것이다.

일반 민사소송에서는 소급효가 인정된다. 예를 들어 누군가 5년 전의 소유권이전등기가 무효임을 주장하고 그 소송에서 이겼다면, 그 이후의 무효인 소유권이전등기에 기초해서 발생한 사항들은 모두 무효가 된다. 하지만 회사소송에서는 쉽게 소급효를 인정할 수는 없다. 예를 들어 회사의 설립이 취소가 되었다고 그 전에 있었던 모든 계약 같이 판결확정 전에 생긴 회사와 사원 및 제3자간의 권리의무가 모두 무효라고 판단하게 된다면 일대 혼란이 올 수 있기 때문이다. 주주나 제3자를 보호하기 위하여 그 판결이 확정되기까지 그것을 기초로 하여 이미 형성된 법률관계를 유효한 것으로 취급함으로써 회사에 관한 법률관계에 법적 안정성을 보장하여 주려는 법정책적인 판단의 결과이다(대법원 판결, 1992. 8. 18. 91다39924). 한편, 주주총회결의 무효, 결의취소, 결의부존재 확인의 소 같은 것은 소급효가 인정된다.

다. 원고가 패소한 판결

반면 회사소송을 제기하였다가 원고가 패소한 판결에 대하여는 원칙적으로 대세적 효력이 인정되지 않는다. 따라서 다른 사람은 새롭게 소송을 제기할 수 있는 것이다.

이와 함께 앞에서 보았듯이 회사소송에서 패소한 원고는 악의 또는 중과실이 있을 때에는 회사에 대하여 손해를 배상할 책임이 있다. 이 손해배상을 담보하기 위하여 법원은 피고의 신청에 의하거나 직권으로 원고에게 회사가 받게 될 불이익을 기준으로 비용을 담보제공 하게 할 수 있다(담보제공명령).

제3절 회사소송에서 경영권 다툼과 가처분의 중요성

1. 좀 더 빨리하는 소송형태는 없을까? (가처분의 필요성과 의의)

소송을 통해서 강제집행까지 가는 데는 시간이 정말 많이 걸린다. 그런데 본안소송이 시작하기 전이나 소송 중 채무자가 다툼의 대상을 멸실시키거나 팔아버리는 등의 처분해버린다면 자칫 채권자는 소송을 이기고도 '닭 쫓던 개' 꼴이 될 수 있다. 이런 경우를 대비해 소송을 하기 전이나 소송 중이라도 임시적이지만 채권자의 손해를 막는 방법으로 인정되는 것이 보전소송이다. 보전소송에는 가압류와 가처분이 있다.

회사소송에서는 가처분이 무척이나 중요한 역할을 한다. 회사소송, 특히 M&A 관련 소송에서는 신속한 경영권 장악이 최우선인 경우가 많다. 본안소송은 시간이 오래 걸리고 그 사이에 어떤 행위들이 이루어져도 판결의 소급효가 제한되는 부분이 있어서 승소를 하더라도 실효성이 없을 수 있기 때문에 신속한 가처분이 매우 중요한 역할을 하는 것이다.

민사집행법 제4편의 가처분(협의의 가처분)은 금전채권 이외의 권리 또는 법률관계에 관한 확정판결의 강제집행을 보전하기 위한 제도이다. 여기에는 다음의 두 가지 가처분이 있다.

민사집행법 제300조(가처분의 목적)

① 다툼의 대상에 관한 가처분은 현상이 바뀌면 당사자가 권리를 실행하지 못하거나 이를 실행하는 것이 매우 곤란할 염려가 있을 경우에 한다.

② 가처분은 다툼이 있는 권리관계에 대하여 임시의 지위를 정하기 위하여도 할 수 있다. 이 경우 가처분은 특히 계속하는 권리관계에 끼칠 현저한 손해를 피하거나 급박한 위험을 막기 위하여, 또는 그 밖의 필요한 이유가 있을 경우에 하여야 한다.

가. 다툼의 대상(계쟁물)에 관한 가처분(민사집행법 제300조 1항)

다툼의 대상의 현상을 동결시키는 보전처분을 말한다. 청구권을 보전하기 위한 제도인 점은 가압류와 같으나, 그 청구권이 금전채권이 아니라는 점과 그 대상이 채무자의 일반재산이 아닌 특정 물건이나 권리라는 점에서 가압류와 구별된다. 예를 들면 A가 B에게 토지를 매매하였는데 누군가가 그 토지 위에 건물을 짓고 있다면, B로서는 소송에 이기더라도 나중에 토지의 인도가 매우 곤란하게 된다. 이때 B는 누군가에 대하여 건물의 공사 중지하라는 가처분을 신청하는 것이다.

나. 임시의 지위를 정하기 위한 가처분(민사집행법 제300조 2항)

하지만 단순히 현상을 동결하는 것이 아니라 적극적으로 현상을 변경하여 잠정적이지만 새로운 법률관계를 형성해야 할 필요가 있는 경우가 있다. 그 때 하는 것이 임시의 지위를 정하기 위한 가처분이다. 어느 회사의 대표이사 등 집행기관이 회사를 망치고 있는 경우 우선 그 집행기관의 직무를 못하게끔 대표이사 등의 직무를 정지시키고 새로운 자로 하여금 일단 운영을 하게 해야 하는 경우가 있다. 직무집행정지가처분이 그것이다. 임시의 지위를 정하기 위한 가처분의 예를 들어보면 직무집행정지가처분이나 이사회개최금지 가처분, 결의의 효력정지가처분, 임금지급가처분 등이 있다.

이 종류의 가처분 중에서 본안판결을 통하여 얻고자 하는 내용과 실질적으로 동일한 내용의 권리 또는 법률관계를 형성하는 것이 있는데, 이것을 단행적가처분 또는 만족적 가처분이라고 부른다. 주권인도단행 가처분이 그 예이다.

2. 회사 관련 다툼에서 신속한 경영권 장악의 필요성

이를 위하여 실제 case를 하나 살펴보자.

Case) KCC 와 현대그룹의 경영권 분쟁

Ⅰ. 신주발행금지가처분

1 KCC(과거 금강고려화학, 회장 정상영, 고 정주영회장의 동생)가 현대그룹(회장 현정은, 고 정몽헌 회장의 배우자)의 경영권을 장악하기 위해 현대그룹의 지주회사인 현대엘리베이터와 핵심 계열사인 현대상선의 주식을 매집하여, KCC가 현대엘리베이터의 발행주식총수 560만주 중 44.39% 취득(약250만주) 하였다.

2 이에 대해 현대엘리베이터는 경영권 방어를 위해 즉시 이사회를 개최하여 발행주식총수의 2배에 가까운 1,000만 주를 일반공모증자방식으로 신주발행 결의[12]하였다.

3 KCC는 수원지방법원 여주지원에 현대엘리베이터의 신주발행금지가처분을 제기하였고, 법원은 인용[13]하였다. 결국 현대엘리베이터는 신주발행을 하지 못하게 되었다.

Ⅱ. 회계장부 및 주주명부 관련 가처분

4 이번에는 KCC측에서 의결권 대리행사 권유 및 우호세력 설득을 위해 현대엘리베이터와 현대상선의 주주명부 열람 및 등사 요청[14]하였으나, 당연히 현대측은 이를 거부하였다.

5 이에 KCC는 현대엘리베이터를 상대로 법원에 주주명부 열람 및 등사 가처분을 제기하고, 법원은 '주주명부를 보여주고 복사하게 하라'고 인용(수원지방법원 여주지원 2004. 2. 17 2004카합47 결정) 하였다. 또한 이와 함께 KCC는 현대상선의 회계장부 열람 및 등사가처분을 신청하였고 법원이 이를 인용하였다.

---

12) 1,000만주 신주를 발행할 경우 KCC지분율은 약 15.96%로 크게 희석되고, 반대로 현대그룹은 우리사주조합에 대한 우선배정·실권주의 처리 등을 통해 상당한 우호지분을 확보할 수 있게 된다.

13) 신주발행의 목적이 자금조달의 필요가 아닌 단지 경영권방어의 목적으로 이루어지고, 우호세력인 우리사주조합에 우선적으로 신주를 배정하는 것 등은 발행방법이 현저히 불공정-기존 주주의 신주인수권을 위법하게 침해한 것

14) 제396조 (정관 등의 비치, 공시의무) ① 이사는 회사의 정관, 주주총회의 의사록을 본점과 지점에, 주주명부, 사채원부를 본점에 비치하여야 한다. 이 경우 명의개서대리인을 둔 때에는 주주명부나 사채원부 또는 그 복본을 명의개서대리인의 영업소에 비치할 수 있다.
② 주주와 회사채권자는 영업시간 내에 언제든지 제1항의 서류의 열람 또는 등사를 청구할 수 있다.

6 그러나 현대엘리베이터와 현대상선은 법원의 결정에도 불구하고 이를 거부하였다.

7 이에 법원은 현대엘리베이터는 1일 5,000만 원의 이행강제금 부과(간접강제)하였고, 현대엘리베이터는 어쩔 수 없이 주주명부를 제공하였다. 그러나 현대상선은 1일 2억 원의 이행강제금을 부과했는데도 끝까지 이행을 거부하여, 결국 KCC는 현대상선의 주주명부에 대해서는 열람·등사를 하지 못하게 되었다.

III. 의결권 관련 가처분

8 의결권행사금지 가처분 : 현대엘리베이터는 KCC가 보유하는 현대엘리베이터 주식의 의결권를 제한하는 가처분 신청[15][16]하였다.

9 법원에서 이를 인용하는 가처분인용 결정을 하였다. 의결권행사 금지 가처분 신청이 인용(수원지방법원 여주지원, 서울중앙지방법원)하였다. 이와 함께 증권선물위원회가 KCC측에 대해 현대엘리베이터의 주식 12.87%에 대해 의결권제한 및 처분명령하였다.

10 결국 KCC측은 현대엘리베이터의 주주총회에서 불과 16.18%의 주식에 대해서만 의결권을 행사할 수 있는 상황이 되었고, 주주총회(표대결)에서 패배하였다.

KCC와 현대그룹 사이의 경영권분쟁은 현대그룹의 승리로 종결되었다.

---

15) 가처분신청 이유는 과거 증권거래법 200조의 2<현 자본시장법 제147조>가 규정하는 주식의 대량보유 등의 보고의무(이른바 5%룰)를 위반했으므로 KCC측 보유주식 상당 부분의 의결권이 제한되어야 한다는 주장

16) 자본시장법 제150조(위반 주식 등의 의결권행사 제한 등)

① 제147조제1항·제3항 및 제4항에 따라 보고(그 정정보고를 포함한다)하지 아니한 자 또는 대통령령으로 정하는 중요한 사항을 거짓으로 보고하거나 대통령령으로 정하는 중요한 사항의 기재를 누락한 자는 대통령령으로 정하는 기간 동안 의결권 있는 <u>발행주식총수의 100분의 5를 초과하는 부분 중 위반분에 대하여</u> <u>그 의결권을 행사하여서는 아니 되며</u>, 금융위원회는 6개월 이내의 기간을 정하여 그 위반분의 처분을 명할 수 있다.

② 제147조 제1항·제3항 및 제4항에 따라 주식 등의 보유 목적을 발행인의 경영권에 영향을 주기 위한 것으로 보고하는 자는 그 보고하여야 할 사유가 발생한 날부터 보고한 날 이후 5일까지 그 발행인의 주식 등을 추가로 취득하거나 보유 주식 등에 대하여 그 의결권을 행사할 수 없다.

③ 제2항을 위반하여 주식 등을 추가로 취득한 자는 그 추가 취득분에 대하여 그 의결권을 행사할 수 없으며, 금융위원회는 6개월 이내의 기간을 정하여 그 추가 취득분의 처분을 명할 수 있다.

위 Case를 소송으로만 진행하였다고 상상해 보자. 소송은 일반적으로 기간이 상당한 기간이 걸리므로, Case의 경우 여러 해가 족히 걸릴 것이다.

M&A를 시도하는 측에서 소송(예를 들어, 주주총회에서 의결권을 행사하기 위한 주주권확인청구의 소송)을 준비하고 시간을 소비하는 동안 이를 눈치 챈 상대방 회사의 경영진에서 먼저 주주총회를 개최하여 포이즌 필(poison pill)[17]과 같은 의결을 하였다면, 자칫 상당한 기간 동안 준비한 M&A를 시도하는 측의 노력은 물거품이 될 수도 있다. 또한 주주 등이 대표이사의 횡령 등으로 인하여 대표이사의 해임의 소송을 준비하고 진행하는 동안에, 대표이사가 추가적인 횡령과 배임행위를 하고 외국 등으로 도피한다면 그야말로 그동안의 주주 등의 노력이 거품이 되어버릴 수 있을 것이다.

회사소송은 신속하게 확정되어야 한다. 또한 신속한 경영권(이사회 결의, 대표권 등)의 장악이 실무적으로 요구된다. 그렇지 못하면 대부분 '소 잃고 외양간 고치기'가 될 수밖에 없다. 우스운 소리지만 실무에 있어서 대표이사가 가지고 있는 '법인인감도장'은 정말이지 강력한 힘을 발휘한다. 소규모회사(회사자본금 10억 미만의 회사)의 경영권 다툼이 있는 경우 대표이사가 법인인감도장을 들고 도망가는 경우도 있을 정도이다. 법인도장이 없는 경우 일단은 가까운 시일 내에 회사의 이름으로 행위 하거나 등기신청을 하기가 어렵다.

회사의 경영진(특히 이사회를 구성하는 이사, 그리고 감사)의 변동에 관하여는 임원변경등기 같은 상업등기를 하게 되어 있고, 상업등기부에 이사 등으로 등기가 되어 있는 사람은 일단 경영진이라는 사실상의 추정력을 받게 되므로, 그 추정력을 깨기 위하여는 많은 노력과 시간이 들기 때문이다.

3. 임시지위를 정하기 위한 가처분의 중요성

---

17) 기업의 경영권 방어수단의 하나이다. 상대방 기업의 의사에 반하여 회사를 인수하려는 적대적 M&A(기업인수·합병)나 경영권 침해 시도가 발생하는 경우를 대비하여, 기존 주주들에게 시가보다 훨씬 싼 가격에 지분을 매입할 수 있도록 미리 권리를 부여하는 제도를 말한다.

가. 신속성

예를 들어 '대표이사의 직무집행정지가처분' 같은 임시의 지위를 정하는 가처분은, 다툼 있는 권리관계에 대하여 현재의 위험을 피하고 다툼의 종결에 이르기까지 권리확정이 이루어지기 전에 임시로 신청인에게 권리자의 지위를 부여하는 것이다.

급박한 효력 발생이 요구되는 경우에 가처분신청을 하게 되면, 가처분결정은 비교적 빠른 시간 안에 회사법적 권리관계를 사실상 확정하게 되어 회사관계 분쟁이 본안소송보다는 가처분사건으로 끝나는 경향이 많다.

보전처분의 기본적인 특성 중 중요시 되는 부분이 '신속성'이기 때문이다. 하지만 임시지위를 정하기 위한 가처분은 신속성 외에도 **적정성**도 동시에 만족시켜야 한다. 단순히 현상을 동결하는 것이 아니라 적극적으로 현상을 변경하여 잠정적이지만 새로운 법률관계를 형성하는 경우이기 때문이다. 따라서 가처분의 재판에는 변론기일 또는 채무자가 참석할 수 있는 심문기일을 열어야 한다. 다만, 그 기일을 열어 심리하면 가처분의 목적을 달성할 수 없는 사정이 있는 때에는 기일을 열지 않고도 할 수 있다(민사집행법 제304조).

나. 임시지위를 정하는 가처분의 '피보전권리'

Case) 甲은 상법 402조 위법행위유지청구권을 근거로 주식회사 한별컴의 이사인 乙에 대해 위법행위유지청구의 소를 제기하려고 한다.

그런데 소송이 끝나면 오랜 시간이 걸리는 데 그 사이 이미 이사 乙은 할 짓을 모두 다해버려 결국 소송에서 이겨도 주식회사 한별컴에 회복할 수 없는 손해를 끼칠 상황이다.

심사숙고 끝에 甲은 乙을 상대로 비교적 빠른 시일 내 위법행위를 못하게 할 수 있는 방법으로 일단 위법행위유지가처분을 신청하였다.

위 케이스에서 甲은 소송에서 얻게 될 위법행위유지청구권을 보장받기 위하여 임시로 위법행위유지가처분을 먼저 신청해야 할 것이다. 이 때 보전되어야 할 상법 제402조 상의 위법행위유지청구권을 피보전권리라 한다.

임시지위를 정하는 가처분은 장래의 집행보전이 아닌 현존하는 위험 방지를 위한 것이므로 '현재의 다툼이 있는 권리관계'를 피보전권리로 하는 것이다(위 Case에서 '제402조 상의 위법행위유지청구권'). 민사집행법 제300조 제2항에서는 피보전권리를 가처분은 다툼이 있는 '권리관계'로 표현하고 있다. 권리관계에 다툼이 있다는 것은 권리관계에 관하여 당사자의 주장이 대립되기 때문에 소송에 의해서라도 권리보호가 필요한 것을 말한다.

다. 임시지위를 정하는 가처분의 '보전의 필요성'

(1) 민사집행법 제300조 제2항은 "가처분은 다툼이 있는 권리관계에 대하여 임시의 지위를 정하기 위하여도 할 수 있다. 이 경우 가처분은 특히 계속하는 권리관계에 끼칠 현저한 손해를 피하거나 급박한 위험을 막기 위하여, 또는 그 밖의 필요한 이유가 있을 경우에 하여야 한다."고 하여 '현저한 손해를 피하거나 급박한 위험을 막기 위하여'라는 사유를 가처분의 기본적인 요건으로 하고 있다. 하지만 이것은 예시규정으로 볼 수 있으며, 뒷 문장의 '그 밖의 필요한 이유가 있는 경우'라고 하는 일반조항을 두어 폭 넓게 법원의 재량을 인정하고 있다. 즉, 법원이 필요한 이유가 있다고 판단하는 경우에도 가처분을 할 수 있다는 것이다.

보전의 필요성은 원칙적으로 법원의 재량적 판단에 맡겨질 문제이나, 임시지위를 정하는 가처분에 있어서는 장부열람 및 복사의 긴급한 허용, 불법점유자들의 즉각적인 퇴거, 업무방해를 금지, 제조 및 판매의 금지, 연예활동의 금지, 방송 등에 출연하는 것을 금지, 신주발행금지, 단수 단전된 경우 수도나 전기를 긴급하게 공급하게 하는 처분 등 본안소송의 결과에 준하는 만족을 얻는 것이어서, 본안판결 전에 채무자에 주는 고통 또한 크다. 따라서 가처분의 필요성 인정에 신중해야 한다. 그러므로 법원은 당사자의 공격방어 기회가 주어질 수 있도록 그 심리에 있어서 원칙적으로 변론기일 또는 심리기일을 열고 있다. 또한 가처분의 필요성을 인정할 만한 특별한 사정의 소명이 없는 한, 가처분신청을 배척하는 경우도 많다.

(2) '현저한 손해'는 가처분의 신청자에게 본안판결의 확정까지 기다리게 하는 것이 가혹하다고 생각되는 정도의 불이익 또는 고통을 말하고, '급박한 위험'은 현재의 권리관계를 곤란하게 하거나 무익화 할 정도의 위험을 말한다. 급박한 위험으 예로는 '명예를 훼손하는 인쇄물의 배포될 위험'이나 '신청인의 전라사진 출판의 위험', '장부를 찾을 수 없게 숨기거나 훼손할 위험' 같은 것을 말한다.

라. 심리와 재판

임시지위를 정하는 가처분의 재판은 반드시 변론기일 또는 채무자가 참석할 수 있는 심문기일을 열어야 한다.(민사집행법 제304조). 당사자의 공격방어를 보장할 필요가 있기 때문이다. 하지만 그 기일을 열어 심리하면 가처분의 목적을 달성할 수 없는 사정이 있는 때에는 따로 기일을 열지 않고 가처분 결정을 할 수 있다.

가처분의 심리는 소명에 의하도록 하고 있으므로 증인신청이나 감정신청 등은 원칙적으로 채택하지 않는다. 그러나 실제는 실질적으로 본안판결의 증명에 가까운 상당한 정도의 소명을 요구한다. 심리종결 후 2~3주 후에 가처분결정이 내려지면, 가처분결정은 당사자들에게 송달된다. 통상의 가처분의 효과는 피신청인에 대한 송달되면 그 효력을 발생한다.

마. 인지액

(1) **민사소송 등 인지법 제9조 2항** 일반적인 민사집행법에 따른 가압류·가처분의 신청이나 가압류·가처분 결정에 대한 이의 또는 취소의 신청을 위한 신청서에는 1만원의 인지를 붙여야 한다. 하지만 여기에서 다루는 임시의 지위를 정하기 위한 가처분의 신청 및 그에 대한 이의 또는 취소의 신청은 그 본안의 소에 따른 인지액의 2분의 1에 해당하는 인지를 붙여야 한다.

(2) **인지액의 본안소송 인지액과 연동** 종전에는 다툼의 대상을 동결시키는 가처분신청과 임시의 지위를 정하기 위한 가처분신청 모두 정액

의 인지액을 첨부시켰다. 그러나 임시지위를 정하는 가처분이 점점 본안소송화 되어가고, 그 사안이 중대함에도 불구하고 싼 맛에 일단 신청하고 본다는 식의 남발되는 것을 방지할 필요가 있으므로, 임시지위를 정하는 가처분의 인지액을 본안소송의 인지액과 연동시킴으로써 인지액을 현실화 시키는 것으로 2011년 규정을 신설한 것이다

(3) **인지액의 상한선** 하지만 인지액이 너무나 고액이 되는 경우에는 자칫 보전소송 신청 자체를 제한할 수 있으므로 인지액의 상한액은 50만원으로 한다(민사소송 등 인지법 제9조 2항).

(4) **구체적인 계산** 따라서 예를 들어, 소송 목적의 값이 소가가 15억 원이라고 하면 인지액의 계산은 소가가 '10억 원 이상'의 구간에 해당하므로, '(15억 원 × 0.0035) + 555,000원'의 계산법으로 계산하면 인지액은 5,805,000원이다. 또한 이것의 1/2 이면 2,902,500원이 된다. 이 경우 인지액의 상한액은 500,000원의 제한을 받으므로 따라서 소가가 15억 원이라고 하여도 인지액의 상한선인 500,000원을 초과하므로 500,000원이다.

바. 등기의 촉탁과 집행기간이 지난 후 청구 금지

법원사무관등은 법원이 법인의 대표자 그 밖의 임원으로 등기된 사람에 대하여 직무의 집행을 정지하거나 그 직무를 대행할 사람을 선임하는 가처분을 하거나 그 가처분을 변경·취소한 때에는, 법인의 주사무소 및 분사무소 또는 본점 및 지점이 있는 곳의 등기소에 그 등기를 촉탁하여야 한다(민사집행법 제306조).

한편, 민사집행법 제292조 제2항에서는 '가압류에 대한 재판의 집행은 채권자에게 재판을 고지한 날부터 2주를 넘긴 때에는 하지 못한다.'고 규정하고 이를 가처분에서 원용한다(민사집행법 제301조). 2주 내에 가처분재판을 집행권원으로 하여 강제집행방법에 의하여 집행할 수 있으며, 집행기간이 지나버리면 가처분 인용결정문을 가지고 강제집행을 청구하지 못한다.

제 2 장

회사의 설립과 관련된 소송

제1절 주식회사는 어떤 과정으로 설립 되나

[간단한 주식회사 설립 과정 설명(모집설립의 경우)]

회사의 기틀 마련 / 사원의 확정 절차 / 출자의 이행

주식발행사항[18] 결정 / 주식인수계약의 체결: 주식인수인

발기인-----정관 작성--------주식의 인수// 청약[19] ↔ 배정[20]------주금납입---

* 1인 이상
* 절대적 기재사항[21]
* 배정통지서
* 주금납입 보관증명서

----------창립총회----------------이사회-------------------설립등기(신청)

[창립총회에서 논의되는 사항들]

* 창립사항 보고(창립사항보고서)
* 정관 승인
* 임원 조직
* 설립경과조사 (발기인 아닌 이사 또는 감사가 조사보고서 작성)
  1. 회사설립시에 발행하는 주식총수에 대한 인수의 정확여부
  2. 인수 주식에 대한 납입의 정확여부
  3. 현물출자 기타 조사사항
* 본점 설치장소 결정

---

18) 주식은 4종류가 있다. ① 보통주 ② 우선주 ③ 후배주 ④ 혼합주가 그것이다. 4종류의 주식은 이익배당과 잔여재산분배에 다른 점이 있다. 나라에 따라서는 포이즌필, 황금주, 복수의결권주 등을 인정하는 경우도 있으나 우리나라는 1주당 1의결권만을 인정한다.

19) 발기인 → 주식인수증에 의해 청약한다. 그러나 모집주주 → 방식이 정해져 있는(요식, 要式) 주식청약서에 의하여 청약하여야 한다. 모집주주의 주식청약서에 의한 주식청약은 요식행위이므로 주식청약서에 의하지 아니하는 청약의 효력은 무효이다. 이러한 주식인수는 주식인수인의 청약과 설립중회사의 승낙에 의하여 이루어지는 설립중회사로의 入社契約이다. 청약과 배정으로 인수계약이 완성된다.

20) 주식의 인수, 청약과 회사의 배정이라는 행위가 있으면 '주식인수인'의 지위에 있게 된다. 주식인수인은 주금납입의무를 지게 된다.

21) 상호, 목적, 본점, 공고방법, 수권자본, 1주의 금액, 회사가 설립시 발행하는 주식총수, 발기인의 성명·주민등록번호 및 주소

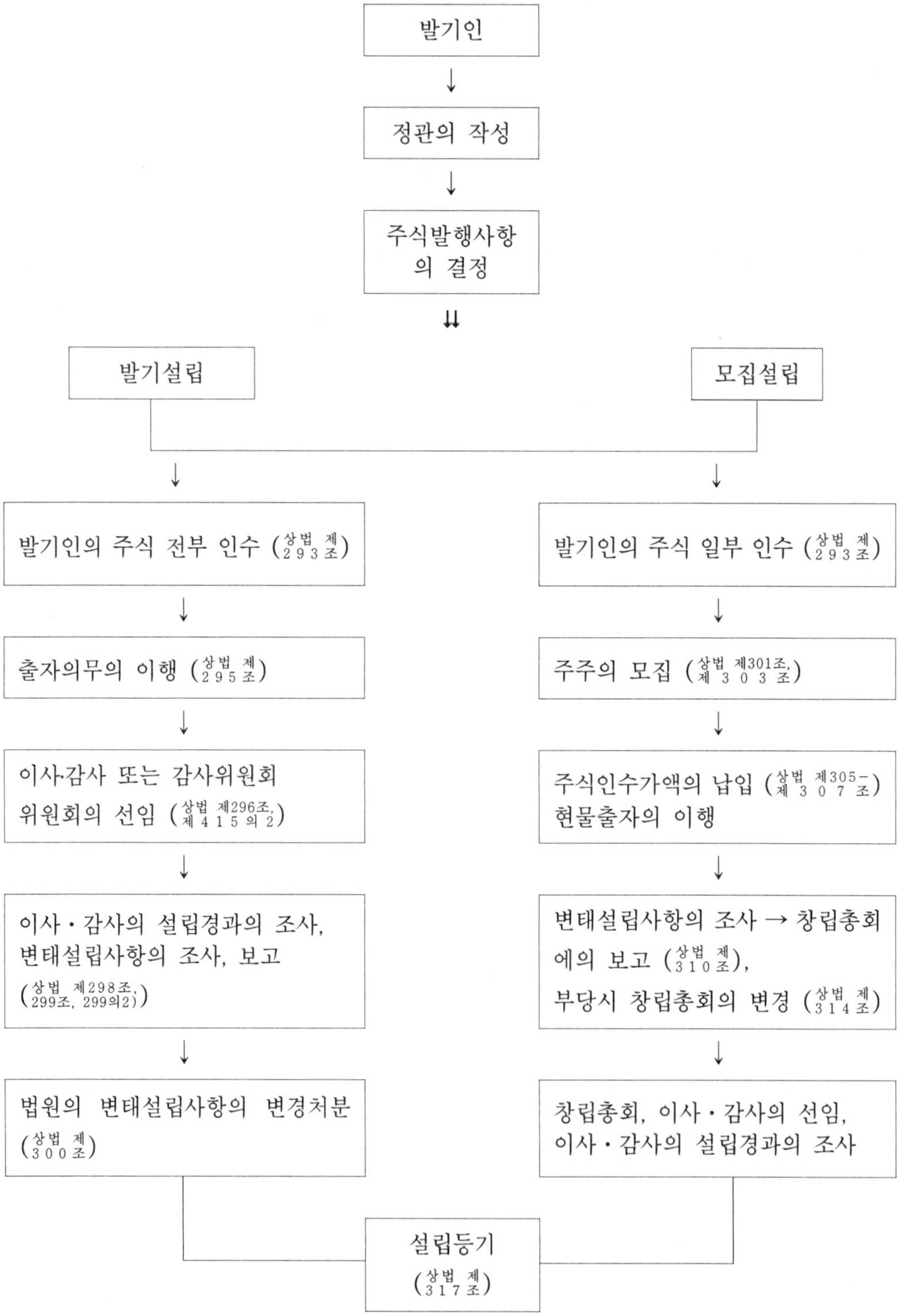
발기인
정관의 작성
주식발행사항의 결정
발기설립
모집설립
발기인의 주식 전부 인수 (상법 제293조)
발기인의 주식 일부 인수 (상법 제293조)
출자의무의 이행 (상법 제295조)
주주의 모집 (상법 제301조, 제303조)
이사·감사 또는 감사위원회 위원회의 선임 (상법 제296조, 제415의2)
주식인수가액의 납입 (상법 제305-제307조) 현물출자의 이행
이사·감사의 설립경과의 조사, 변태설립사항의 조사, 보고 (상법 제298조, 299조, 299의2)
변태설립사항의 조사 → 창립총회에의 보고 (상법 제310조), 부당시 창립총회의 변경 (상법 제314조)
법원의 변태설립사항의 변경처분 (상법 제300조)
창립총회, 이사·감사의 선임, 이사·감사의 설립경과의 조사
설립등기 (상법 제317조)

제2절 회사설립무효의 소

A는 주식회사 한별컴의 주주이다. 한별컴은 설립시에 모집설립의 형태로 회사를 설립하였는데, 대주주인 C는 자신이 납부할 주식대금을 사채업자에게 빌려서 납부하였다. 설립등기가 되자 당일 인출하여 사채를 상환하였으며 이와 함께 회사의 창립총회조차 개최하지 아니하였다. 이에 청약자 B는 어떠한 조치를 취할 수 있을까?

1. 회사설립무효의 소만 인정

상법 제328조(설립무효의 소) ① 회사설립의 무효는 주주·이사 또는 감사에 한하여 회사성립의 날로부터 2년 내에 소만으로 이를 주장할 수 있다.

주식회사가 아닌 합명회사·합자회사·유한회사는 설립무효의 소와 주관적인 하자(예를 들어, 행위자에게 행위능력이 없었던 경우 같은)를 원인으로 하는 설립취소의 소가 함께 인정되지만, 주식회사의 경우 객관적 하자(예를 들어, 창립총회를 열지 않았던 경우)만을 주장할 수 있는 설립무효의 소만 제기할 수 있다.

주식회사 회사설립 등기까지 마쳐서 회사가 성립하였으나 그 설립절차에 객관적인 하자(瑕疵)가 있을 때, 법원에 소를 제기하여 회사의 설립무효를 주장할 수 있는 것이다. 회사설립에는 많은 이해관계자가 참여하기 때문에 회사설립을 무효화하기 위해서는 소를 제기해야 하고, 이에 대해 판결이 있어야 회사의 설립이 무효로 된다.

이러한 회사설립무효의 소는 형성소송(이 책 앞부분 형성소송 참조)이다. 회사의 설립이 처음부터 효력이 발생하지 않았던 것으로 법률관계를 변동시키는 것을 목적으로 하는 소송이다.

2. 회사설립 무효의 사유 (객관적인 하자)

상법에는 회사설립 무효 사유에 대한 규정에 대해 따로 정한 바 없다. 논의되는 무효사유의 사례를 들어보면, 회사설립이 상법의 규정 또는 공서양속에 반하는 경우, 정관에 반드시 기재해야 하는 사항(절대적 기재사항)이 기재되지 않았거나 위법하게 기재된 경우, 주식발행사항의 결정이 없는 경우(상법 제291조), 공증인의 인증이 없는 경우(상법 제292조), 창립총회를 소집하지 않은 경우(상법 제308조) 등을 들 수 있다.

회사 설립의 무효의 소가 되는 사례를 좀 더 구체적으로 보면, ① 설립목적이 위법하거나 사회질서에 어긋날 때 ② 정관의 절대적 기재사항이 빠졌을 때 ③ 발기인이 아예 존재하지 않거나 정관에 발기인의 기명날인이 빠졌을 때 ④ 모집설립의 경우[22] 정관 등에 공증인의 인증이 없거나 무효인 때 ⑤ 주식발행사항의 결정이 없거나 또는 그 내용이 위법한 때 ⑥ 예를 들어 가장납입의 경우와 같이, 설립시 발행주식총수의 인수 또는 납입의 흠결이 현저하여 발기인의 인수, 납입 담보책임만으로는 자본충실을 기할 수 없을 때 ⑦ 창립총회를 소집하지 않았거나 조사, 보고를 하지 않은 때 또는 결의가 무효인 때[23]

[주식인수증의 예]

주 식 인 수 증	
상 호	알람경영컨설팅 주식회사
인수할 주식수	100주
금 액	금500,000원
한주의 금액	금5,000원
위 주식을 발기인으로서 인수합니다. 2019년 9월 27일 발기인 서문경 서울 서대문구 가좌로 123 (홍은동) **알람경영컨설팅 주식회사 귀중**	

---

22) 설립등기를 할 경우 주식회사의 원시정관과 모든 의사록은 공증을 한 후 등기소에 제출하여야 한다. 다만, 10억 원 미만의 소규모회사를 발기설립의 방식으로 설립하는 경우 원시정관과 의사록은 공증을 받지 않아도 된다.

⑧ 설립등기가 무효인 때 등을 들 수 있다.

과거에는 설립시 발행한 주식수가 발행예정주식총수의 1/4에 미달한 때에도 설립무효 소송의 대상이 될 수 있다고 하였으나, 2009. 5. 28. 상법 일부개정으로 회사의 설립시에 발행하는 주식수는 발행예정 주식의 1/4 이상이어야 한다는 규정을 삭제함으로써 이를 이유로 설립무효의 소송을 제기할 수 없다.

3. 누가 원고가 되고 누가 피고가 되나? (소송당사자)

가. 원고

회사설립무효의 소를 제기할 수 있는 사람은 주주·이사 또는 감사이다(상법 제328조 제1항). 주주는 1주만 있어도 소의 제기가 가능하다. 회사설립무효의 소를 제기할 수 있는 권리는 단독주주권이기 때문이다. 주주·이사 또는 감사 외의 회사채권자, 발기인 등은 회사설립무효의 소를 제기할 수 없다.

나. 피고

회사설립무효의 소송의 피고는 주식회사이다. 이 경우 회사를 대표하는 대표이사가 소송을 진행하게 된다. 그러나 이사가 설립무효의 소를 제기한 때에는 감사가 그 소송에 관하여 회사를 대표하게 된다(상법 제394조 제1항).

4. 아무 때나 소송을 제기할 수 있나? (소송을 제기할 수 있는 기간)

주식회사 설립무효의 소는 회사가 성립한 날부터 2년 내에 제기해야 한다. '회사가 성립한 날'이라 함은 주식회사가 본점소재지에서 설립등기를 한 날을 의미한다(상법 제172조). 2년이 지나면 하자가 치유되어 법률관계가 안정된다.

---

23) 이철송. 2015. 『회사법강의』 제23판. 박영사. p267

[회사설립 무효의 소장]

소 장

원 고 윤수일 (670125-1234567)
서울시 서초구 서초동 하나빌라 303호
피 고 주식회사 한별컴 (110111-1234567)
서울시 성동구 송정동 111
대표이사 최고봉

회사설립무효의 소

청 구 취 지

1. 피고 주식회사 한별컴의 설립을 무효로 한다.
2. 소송비용은 피고의 부담으로 한다.

라는 판결을 구합니다.

청 구 원 인

1. 피고회사는 2013. 3. 6. 부동산임대업 및 매매업 등을 사업목적으로 하여 설립된 회사로서 설립당시의 발행주식의 총수는 100,000주(보통주식), 1주의 금액이 5,000원, 자본금총액은 금500,000,000원이었습니다. 원고는 전북 무주군 설천면 소재 금, 은, 동, 아연 등의 3개광구의 광업권자로서 3개 광구를 금 2억5천만 원으로 평가하여 현물출자 함으로서 자본금을 5억 원으로 하고 원고측의 주식지분은 49%, 소외 김태영측의 주식지분은 51%로 하여 가칭 주식회사 한별컴을 설립하였습니다.
2. 소외 김태영은 피고회사 설립시에 발행하는 주식 중 51,000주를 인수하였는데, 김태영은 사채업자 김사채로부터 주식대금을 납부하여 2013. 3. 5.자의 주금납입증명서를 받은 사실이 있어 회사의 자본에 충실을 기하게 하지 못한 사실이 있습니다.
3. 이에 더하여 모집설립절차를 밟는다면 상법상의 주주총회 소집절차에 관한 규정에 따라 창립총회를 소집하여 발기인이 회사의 창립에 관한 사항을 서면에 의하여 보고하고 이사와 감사를 선임하고 선임된 이사와 감사가 주식인수, 주금의 납입 등에 관한 사항을 조사, 보고하는 등

절차를 밟아야 할 것인데 2013. 2. 7.에 창립총회를 소집하여 회의를 한 바도 없이 이사로 김태영, 윤수일(원고), 홍다구을, 감사로 최은영을 선임한 것으로 의사록을 작성한 사실, 그 외 주식회사설립등기신청서, 그 위임장등 일체의 서류에 임의로 조각한 명의자들의 인장을 날인하여 2013. 3. 6. 회사설립등기를 마친 사실이 있습니다.

4. 그렇다면 위 회사의 설립은 정관의 작성, 검사인의 조사보고(발기설립의 경우), 창립총회의 개최(모집설립의 경우)등 주식회사의 설립절차에 관한 상법상의 강행규정에 위반하여 무효라고 할 것입니다. 그런데 피고는 설립무효의 원인이 된 하자가 보완되고 회사의 현황과 제반사정을 참작하여 설립을 무효로 하는 것이 부적당하다는 취지로 원고에게 내용증명을 보내고는 원고와 일체의 대화를 거부하고 있습니다.

5. 사정이 이러하므로 원고는 본 소 청구에 이른 것입니다.

입 증 방 법

1. 갑제1호증 법인등기부등본 1통
1. 갑제2호증 창립총회의사록 1통
1. 갑제3호증 주식인수증 1통
1. 갑제4호증 주식청약서 1통
1. 갑제5호증 정관 1통
1. 갑제6호증 조사보고서 1통
1. 갑제7호증 이사회의사록 1통
1. 갑제8호증 주식회사설립등기신청서 1통
1. 갑제9호증 광업원부등본 1통

첨 부 서 류

1. 소장 부본 1통
1. 송달료 납부서 1통

2014. 5. 4.

위 원고 윤 수 일 (인)

서울동부지방법원 귀중

5. 비용은 얼마나 들어갈까? (소가 및 인지액, 송달료)

회사설립무효의 소는 비재산권을 목적으로 하는 소송으로서 소가는 1억 원이다. 그러나 회사소송의 경우 앞에서 본 바와 같이 합의부에서 관할한다. 따라서 인지액은 455,000원(계산 : 1억 원 × 0.004 + 55,000원)이고, 송달료는 15회 분으로 당사자가 2인인 경우 송달료는 153,000원(당사자수 × 1회분 송달료 5,100 × 15회)을 납부한다.

6. 어느 동네의 법원에 소송을 제기하는가 (토지관할)

회사설립무효의 소는 회사의 본점소재지 지방법원에서 전속적으로 담당한다.

7. 공고 · 병합심리

회사설립무효의 소가 제기된 때에는 회사는 즉시 소가 제기되었음을 공고해야 한다(제328조 제2항 → 제187조) 여러 개의 설립무효의 소가 제기된 때에는 법원은 병합심리 해야 한다(제328조 제2항 → 제188조).

8. 하자의 보완과 청구기각 (재량기각)

설립무효재판의 기초가 되는 사실을 심리하는 중에 그 무효사유가 보완되고 회사의 현황과 제반사정을 참작하여 설립을 무효로 하는 것이 부당하다고 인정한 때에는 그 청구가 기각될 수 있다(제328조 제2항 → 제189조).

9. 원고가 승소한 판결, 원고가 패소한 판결 (판결의 효력)

Case) 주주 A는 주식회사 한별컴에 대한 위 설립무효의 소송에서 승소하였고, 이 소송은 확정되었다.

그런데 또 다른 주주 B가 또 다른 설립무효의 소송을 제기하여 심리한 결과, 설립무효의 사유가 없다는 것이 밝혀졌다. 법원은 이 경우 B의 소송결과대로 다시 설립이 무효사유가 없다는 판단을 할 것인가?

가. 원고가 소송에서 이긴 경우(원고승소 판결)

(1) 소송과 상관없는 제3자에게도 판결의 효력이 미친다 (대세적 효력)

원고가 승소하여 회사설립무효의 판결이 확정되면 그 판결의 효력은 원고 및 피고 외 제3자에게도 효력이 있다(대세적 효력, 상법 제328조 제2항, 제190조). 그러나 판결 확정 전에 생긴 권리·의무에는 영향이 없다(소급효의 제한). 그러므로 판결이 확정되기 전에 생긴 회사와 주주 및 회사와 제3자 사이의 법률관계에 있어서는 완전한 회사로서 그 모든 행위는 유효한 것으로 된다.

다시말하면, 설립무효판결 있기 전까지의 성립한 회사와 발기인, 주주, 제3자간의 각종 권리의무 및 계약책임·불법행위책임은 회사가 유효하게 설립된 경우와 같은 법률적 효력을 가지게 된다는 것이다. 결과적으로 이것은 설립무효의 판결시까지 '사실상의 회사'가 존속한다는 결과가 생기게 한다. 반면에 판결확정 이후에 성립하는 법률관계에 있어서 회사는 법인격을 상실한 상태에서 발생한 것이므로 효력이 없다.

(2) 청산절차와 촉탁등기

회사설립무효의 판결이 확정되면 회사는 해산한 상태와 동일한 것으로 보아 청산절차를 밟아야 하고, 청산목적의 범위 내에서 권리능력을 가진다. 청산절차를 밟아야 하므로, 주주 그 밖의 이해관계인은 법원에 청산인의 선임을 청구할 수 있다.

회사설립무효의 판결이 확정되면 본점소재지 및 지점소재지에서 회사설립무효의 등기를 해야 하며, 이 등기는 법원이 직권으로 등기소에 촉탁한다(비송사건절차법 제98조). 법원의 촉탁에 의해 등기가 신청되기 때문에 회사가 직접 설립무효 등기를 신청하지 않아도 된다. 설립무효를 당한 회사에게 신청에 의한 등기를 기대할 수 없기 때문에 법원이 등기소에 촉탁을 하여 직접 등기를 행하는 것이다.

아래는 설립무효 판결이 나서 확정된 경우 법원에서 관할등기소로 촉탁을 하는 경우 촉탁서이다.

[회사설립무효 판결 확정의 경우 법원에서 등기소로 등기를 촉탁]

서울중앙지방법원
제3부

등 기 촉 탁 서

1. 상 호 주식회사 조폭커뮤니케이션
1. 본 점 서울시 서초구 서초동 111-111
1. 등기의목적 주식회사 해산등기
1. 등기의사유 2010년 5월 10일 서울중앙지방법원 2009가합13호 회사설립무효판결이 같은해 5월 24일 확정되었으므로 다음 사항의 등기를 구함.
1. 등기할사항 서울중앙지방법원 2009가합13호 회사설립무효 판결 확정
1. 등 록 세 금40,200원
1. 첨 부 서 류
판결등본 1통

위와 같이 등기촉탁 함.

2015년 5월 일

재판장 판사 나 판 사 (인)

서울중앙지방법원 등기국 귀중

그러나 만일 법원에서 직권으로 촉탁을 하지 않는다면 승소한 원고는 어떤 조치를 취할 수 있을까? 다음과 같은 직권발동촉구의미의 등기촉탁을 할 수 있을 것이다. 다만, 이 경우 40,200원의 등록세와 지방교육세 8,040원을 함께 내는 것이 일반적인 관행이다. 대법원수수료 6,000원은 등록세를 납부하는 경우에 있어서도 촉탁등기에 있어서는 면제되므로 납부하지 않는다[24].

24) 하지만 증지대 6,000원을 납부를 요구하는 경우도 있으므로 처음부터 첨부해주는 것도 좋을 것이다.

[당사자가 직권발동촉구 의미로 주식회사 해산등기를 촉탁 하는 경우]

주식회사 해산등기 촉탁신청서

원고　　　　홍　명　희(341211-1350719)
　　　　　　서울 마포구 합정동 111-111
피고　　　　주식회사 트윈텔레텍
　　　　　　서울 마포구 합정동 372-4
　　　　　　대표이사 김　　훈

귀원 2001가합 5722 해산판결에 관하여 원고는 피고를 상대로 한 해산판결 소송에서 2002년 5월 8일 승소하여 2012년 5월 9일 해산판결이 확정되었으므로 해산등기를 신청하오니 서울지방법원 상업등기소에 해산등기 촉탁신청서를 송부하여 주시기 바랍니다.

1. 해산할 주식회사의 표시등기번호 : 202882
　　주식회사 트윈텔레텍
　　서울 마포구 합정동 372-4
　　대표이사 김　　훈

1. 등기의목적　2012년 5월 9일 해산판결 확정에 의한 해산등기

첨 부 서 류

1. 법인등기부등본　　1통
1. 판결문　　1통
1. 송달, 확정증명원　　1통

위의 등기를 촉탁신청 합니다.

2012년　7월　일

위 원고(신청인) 홍 명 희

서울중앙지방법원 귀중

나. 원고가 소송에서 진 경우(원고패소 판결)

회사설립무효의 소송에서 원고패소 판결이 확정된 경우에 원고에게 악의 또는 중대한 과실이 있는 때에는 그 원고는 회사에 손해를 배상할 책임이 있다. 원고가 2명 이상이면 연대하여 손해를 배상할 책임이 있다.

제3절 설립관여자에 대한 소송

1. 발기인의 의의와 법적 책임

가. 발기인의 의의

발기인(Promoter)이란 실질적으로는 회사의 설립을 기획하고 설립에 관한 사무를 집행하는 사람을 말하고, 형식적으로는 정관을 작성하고 발기인으로 기명날인 또는 서명을 한 사람을 말한다. 발기인의 자격에는 제한이 없으므로 자연인은 물론이고 법인도 사법인과 공법인을 불문하고 발기인이 될 수 있다. 발기인 전원이 법인이라도 상관 없다[25]. 상법상의 회사도 발기인이 될 수 있다.

[발기인에 대한 간단한 정리]

1. 발기인의 1주 이상 인수의무 : 통설과 판례에 의하면 정관이 작성되고 발기인이 1주 이상의 주식을 인수한 때에 '설립중의 회사'가 성립한다고 본다.

2.

발기설립	발기인 = 주주
모집설립	발기인 + α = 주주

3.

발기인	주주	임원(이사, 감사)
법인도 가능	법인도 가능	법인은 불가능
1주 이상 인수 의무	주식을 인수하고 그 대금을 납입한 사람	주식 소유 여부와 상관없음

25) 최기원. 2009.『신회사법론』제13대정판. 박영사 P138

설립중의 회사는 정관이 작성되고 발기인이 적어도 1주 이상의 주식을 인수하였을 때 비로소 성립하는 것이고, 이러한 설립중의 회사로서의 실체가 갖추어지기 이전에 발기인이 취득한 권리의무는 구체적인 사정에 따라 발기인 개인 또는 발기인 조합에 귀속되는 것이다. 발기인 개인 또는 발기인조합에게 귀속된 권리의무를 설립 후의 회사에게 귀속시키기 위하여는 양수나 계약자 지위인수 등의 특별한 이전행위가 있어야 할 것이다(대법원 1998.05.12. 선고 97다56020 판결 소유권이전등기). 발기인 중 1인이 회사의 설립을 추진 중에 행한 불법행위가, 외형상 객관적으로 설립 후 회사의 대표이사로서의 직무와 밀접한 관련이 있는 경우에는, 회사의 대표이사가 불법행위를 한 것과 마찬가지로 회사에 불법행위책임이 있다(대법원 2000. 1. 28. 선고 99다35737 판결 손해배상(기))

설립 중의 회사가 성립하기 위한 요건 :
정관 작성 + 발기인의 1주 이상 주식을 인수

나. 발기인의 책임

- 회사 성립시 발기인의 책임
  - 1) 회사에 대한 책임
    - 자본충실책임
      - 인수담보책임
      - 납입담보책임
    - 손해배상책임
  - 2) 제3자에 대한 책임
    - 발기인의 악의 또는 중과실이 있을 때
    - 제3자는 상법에 의한 손해배상청구권과 민법상 불법행위에 기한 손해배상을 경합적으로 행사 가능.
- 회사 불성립시 발기인의 책임
  - 회사가 설립등기에 이르지 못한 경우
  - 설립에 관한 행위에 대하여 발기인들이 연대하여 책임

2. 유사발기인

주식청약서 기타 주식모집에 관한 서면에 성명과 회사의 설립에 찬조하는 뜻을 기재할 것을 승낙한 사람은 발기인과 동일한 책임이 있다(상법 제327조 유사발기인의 책임).

3. 발기인과 유사발기인의 책임

회사설립 시에 발행한 주식으로서 회사성립 후에 아직 인수되지 아니한 주식이 있거나 주식인수의 청약이 취소된 때에는 발기인이 이를 공동으로 인수한 것으로 본다(상법 제321조 제1항). 유사발기인도 마찬가지의 책임을 진다. 회사와 제3자는 발기인에 대하여 손해배상도 청구할 수 있다.

4. 기타 설립관여자의 책임

이사·감사가 설립절차에 관한 조사보고의무를 게을리 한 경우, 법원이 선임한 검사인이 악의 또는 중대한 과실로 그 임무를 게을리 한 때, 공증인이나 감정인이 변태설립사항에 대한 조사·평가에 있어서 책임이 있는 경우 등이 있는 경우 회사 또는 제3자는 이들에 대하여 손해배상책임을 물을 수 있다.

[참고] 정 관

정관은 회사의 조직과 활동에 관한 근본 규칙이다. 쉽게 설명해 보면, 어느 나라나 나라의 기틀이 마련되는 것은 기점이 있다. 보통 나라의 기틀을 잡는 기준은 '법령반포'를 한 때를 기준으로 하는 것이 역사학자들의 견해이다.

주식회사에서도 마찬가지이다. 회사의 근본이 되는 헌법인 '정관'이 작성되는 때로부터 회사의 기틀이 마련되었다고 볼 수 있다. 동창회와 산악회 회칙, 동업계약서, 재건축조합의 규약, 비상대책위원회의 규약 등도 그러한 맥락에서 보면 같다. 따라서 이렇게 중요한 정관의 변경에는 주식회사에서는 주주총회의 '특별결의'가 필요하고, 사단법인의 경우에는 '특별결의 + 주무관청의 허가' 가 필요하다.

주식회사 정관의 기재사항에는 절대적기재사항, 상대적기재사항, 임의적기재사항이 있다.

절대적기재사항은 반드시 정관에 기재하여야 하는 사항으로서 그 기재가 없거나 위법하면 정관 자체가 무효로 되는 사항이다(상법 제289조 제1항). 정관의 절대적기재사항은 상호, 목적, 본점소재지, 회사가 공고하는 방법, 회사가 발행할 주식의 총수, 1주의 금액, 회사의 설립시에 발행하는 총수, 발기인의 성명·주민등록번호 및 주소 등 8가지이다.

상대적기재사항에는 반드시 정관에 기재할 필요가 있는 것은 아니지만, 정관에 기재하여야만 그 효력을 발생하는 사항을 말한다. 상대적기재사항에는 변태설립사항, 회사설립시의 주식발행사항(상법 제291조), 수종의 주식의 발행, 전환주식의 발행(상법 제346조), 이사의 임기연장(상법 제383조 제3항), 주주총회에 의한 대표이사 선임(상법 제409조 제3항), 전환사채의 발행(상법 제513조 제2항), 신주인수권부사채의 발행(상법 제516조의2 제2항) 등이 있다.

임의적기재사항은 정관의 효력에는 영향이 없는 것으로서 상법이 금지하지 않는 사항을 기재할 수 있다. 주식의 명의개서 절차, 정기주주총회의 소집시기, 장소, 의장, 의결권 대리행사, 이사와 감사 인원수, 영업년도, 인감신고, 배당금의 청구기간 등이 거론되고 있다.

제 3 장

주주권과 '표대결'을 위한 준비

주주총회에서 표대결을 하기 위한 준비로서 주주권의 확인이나 주권의 확보는 대단히 중요하다. 주주라는 것이 확인되지 않는다면 주주총회장의 출입조차 문제될 수 있다.

상장기업의 주주로서 주권이 예탁되어 있는 경우에는 실질주주명부로서 확인이 가능하지만, 어떠한 사유로 주주로 등재되지 않은 경우도 있을텐데 이러한 경우 상장회사이든 비상장회사이든 주주권의 확인은 대단히 첨예한 문제이다. 그렇게 때문에 상법은 주주 및 회사의 채권자에 대하여 영업시간 내에 언제든지 주주명부 등의 서류의 열람 또는 등사를 청구할 수 있는 주주의 열람 및 등사청구권 규정을 규정하고 있다(상법 제396조 제2항). 주주지위의 확인은 그 외 신주를 발행할 때, 전환사채의 발행, 신주인수권부사채의 발행, 위임장 권유 등에도 중요한 문제로 대두된다.

제1절 주주권의 확인을 청구하는 소송

Case 1) [주주명부에서 부당하게 삭제 당한 경우]

주식회사 한별컴의 주주 윤한석은 그 주식수가 총 55,000주로서 동 회사의 주식 55%를 소유하고 있었다.

윤한석은 2010. 4. 4. 사망하였고 그에게는 아들 윤수일이 있었다.

그런데 주식회사 한별컴의 대표이사는 주주가 사망하였다는 이유를 들어 별다른 조치 없이 윤한석을 2011. 5. 작성 주주명부에서 삭제함으로써 주주의 지위를 인정하지 않았다. 이 경우 윤수일이 취할 수 있는 조치는?

Case 2) [회사에서 부당하게 주주 지위를 인정하지 않는 경우]

A는 2010. 4. 5. ㈜한별컴의 주주 윤한석으로부터 윤한석이 소유했던 ㈜한별컴의 주식 55,000주(55%의 지분)를 5억 5천만 원에 주식양도계약서를 작성하고 주식양도대금을 지급하여 주식을 양도받았다.

그런데 ㈜한별컴의 대표이사는 정관으로서 주식의 양도는 이사회의 결의를 받아야 한다는 제한을 두었다고 하며, A를 주주로 인정하지 않고 있다.

이에 더하여 ㈜한별컴의 대표이사는 이미 외국으로 가버려서 연락조차 되지 않는 윤한석이라는 사람을 주주라고 주장을 하며, 주주총회에서 대표이사 자신이 한별컴 주식의 35% 지분을 가지고 있음을 기회로 마음대로 회사를 운영하고 있다.

A가 한별컴의 등기사항증명서를 발급받아 보아도 등기사항증명서에는 주식의 양도제한에 관한 그 어떤 등기도 되어 있지 않았다.

A는 어떤 조치를 취할 수 있을까?[26)]

---

26) 주식의 양도제한은 정관에 규정을 두어야 하며, 정관에 규정을 두었더라도 이를 등기하지 않은 경우 선의의 제3자에게 대항하지 못한다(상법 제317조 제1항 제3호의 2). 따라서 A는 주주권

1. 회사의 주주인지 아닌지? - 주주명부 기재의 회사에 대한 구속력

가끔 주주총회를 하는데 '당신은 회사의 주주가 아니니까 주주총회장에 들어오지도 말라'며 쫓겨나는 일이 있다. 주주총회 등에 참석해서 회사의 일에 관여하거나 이익배당을 받음에는 주주임이 전제되어야 한다.

상법이 주주명부제도를 둔 이유는 주식의 발행 및 양도에 따라 주주의 구성이 계속 변화하는 단체법적 법률관계의 특성상, 회사가 다수의 주주와 관련된 법률관계를 외부에서도 쉽게 식별할 수 있는 형식적이고도 획일적인 기준(즉, 주주명부)에 의하여 처리할 수 있도록 하고 또한 이와 관련된 사무처리의 효율성과 법적 안정성을 추구하기 위함이다. 주주임을 확인하는 1차적인 당사자는 회사이다. 그 중에서도 대표이사나 이사회가 판단을 한다. 그런데 위 Case 같이 주주권을 판단하는 기관이 자기맘대로 이를 해석하여 '주주가 아니다'는 판단을 하게 되면 실질적인 주주라고 하더라도 일단은 그 권리를 행사할 수 없는 것이다. 만일 회사로부터 부당하게 주주임이 부인된다면 주주라고 주장하는 사람은 어떤 법적인 보호를 받을 수 있겠는가. 주주권은 주주가 회사에 대하여 가지는 지위를 말한다[27]. 위 사례와 같이 주주권 귀속에 다툼이 있는 사람은 회사 또는 제3자를 상대로 자신의 주주권을 확인하는 소송을 제기할 수 있다.

또한 다른 사람의 이름으로 주식을 인수하거나 주식을 양도·양수한 후에 그 효력에 다툼이 있어 누가 주주인지가 문제되는 경우도 있다. 이러한 '주주인지 아닌지' 혹은 '누가 주주인지'의 문제에 있어 결국 최종적인 판단은 법원이 하게 되고, 이에 관한 소송이 바로 주주권확인의 소송이다.

누가 주주인가? 즉 회사에 대한 주주권의 행사 주체에 대하여 2017년 중요한 판결이 나왔다. 〈상장회사의 주주명부상 주주가 회사를

확인을 청구하여 주주임을 확인하거나 기명식 주식인 경우 명의개서절차 이행청구소송에 의하여 주주권을 인정받을 수 있다.

27) 임재연. 2009.『회사소송』. 박영사 p89

상대로 주주총회결의의 취소 등을 구하는 사건〉 에 대한 대법원 2017. 3. 23. 선고 2015다248342 전원합의체 판결이 그것이다. 그 내용을 보면 ① 회사에 대하여 주주권을 행사할 자가 '주주명부의 기재'에 의하여 확정되어야 한다는 법리는 주식양도의 경우뿐만 아니라 주식발행의 경우에도 마찬가지로 적용된다 ② 회사에 대한 관계에서는 주주명부상 주주만이 주주로서 의결권 등 주주권을 적법하게 행사할 수 있다 ③ 회사 역시 주주명부에의 기재에 구속된다. 따라서 회사가 주주명부상 주주 외에 실제 주식을 인수하거나 양수하고자 하였던 자가 따로 존재한다는 사실을 알았든 몰랐는 간에 주주명부에 기재되지 아니한 자의 주주권 행사를 인정할 수 없다 ④ 자본시장법에 따라 예탁결제원에 예탁된 상장주식 등에 관하여 작성된 실질주주명부에의 기재는 주주명부에의 기재와 같은 효력을 가지므로(자본시장법 제316조 제2항), 이 경우 실질주주명부상 주주는 주주명부상 주주와 동일하게 주주권을 행사할 수 있다.

회사가 주식발행시 작성하여 비치한 '주주명부에의 기재'는 회사에 대한 구속력이 있다. 또한 주주명부에의 명의개서를 할 경우에도 주주명부의 대항력을 인정함으로써 주식양도에 있어서도 '주주명부에의 기재'에 대하여 일관되게 회사에 대한 구속력을 인정한다. 회사도 주주명부에의 기재에 구속되므로 주주명부에 기재된 자의 주주권 행사를 부인하거나 주주명부에 기재되지 아니한 자의 주주권 행사를 인정할 수 없다. 주주명부에 기재를 마치지 않고도 회사에 대한 관계에서 주주권을 행사할 수 있는 경우는 주주명부에의 기재 또는 명의개서청구가 부당하게 지연되거나 거절되었다는 등의 극히 예외적인 사정이 인정되는 경우에 한한다(대법원 2017.03.23. 선고 2015다248342 전원합의체 판결 주주총회결의취소).

2. 꼭 소송까지 해서 확인해 볼 필요가 있는 것인가? (확인의 이익)

주주권확인의 소송은 확인의 소송이다. 확인의 이익이 필요하다. 주주권확인의 소송은 자칫 확인의 대상이 무한히 넓어질 수 있으므로, 확인의 소송에 의하는 것을 정당화 할 수 있는 일정한 이익이 있어야 하는데 이를 확인의 이익이라고 한다.

확인의 이익과 관련하여, 주주명부 등에 주주로 기재되어 금융상·세제상 불이익을 받고 있음을 이유로 회사를 상대로 주주권부존재확인을 구할 이익이 있는가에 관하여 확인의 이익이 없음을 이유로 각하한 예가 있다(부산고등법원 1998. 1. 23. 선고 97나10116 판결).

3. 왜 주주권을 인정 안 해주는데? (소송의 원인)

원고가 주식을 인수하고 대금을 납입한 실질적인 주주임에도 불구하고 주주권을 인정받지 못하는 경우 이 소송을 제기할 수 있다.

가. 주식양수인

주식을 양수받았는데 주주권을 인정받지 못한 경우에 주식양수인이 소송을 제기할 수 있다. 주식양수도계약서 등으로 입증한다.

나. 주식인수의 명의대여자

어떤 사람(甲)이 다른 사람(乙)의 이름(명의)으로 주식을 인수받은 경우 그 주주를 명의차용인이라고 하고, 명의를 빌려준 사람을 명의대여자라 한다. 앞에서 본 바와 같이 회사에 대하여 주주권을 행사할 사람은 '주주명부의 기재'에 의하여 확정되어야 한다는 법리에 따라 회사는 주주명부상 주주만을 주주로 인정할 수 있다. 회사 역시 주주명부에의 기재에 구속된다. 따라서 회사가 주주명부상 주주 외에 실제 주식을 인수하거나 양수하고자 하였던 자가 따로 존재한다는 사실을 알았든 몰랐든 간에 회사는 주주명부에 기재되지 아니한 자의 주주권 행사를 인정할 수 없는 것이 원칙이다.

4. 청구취지 기재례

회사를 피고로 하여 주주권의 확인을 구하는 경우 「원고는 피고의 별지목록 기재 주식의 주주임을 확인한다」는 형식으로 기재한다. 피고가 제3자인 경우에는 「원고는 한별컴 주식회사의 별지목록 기재 주식의 주주임을 확인한다」는 형식으로 기재한다.

5. 소송의 당사자

가. 원고 주주권의 확인을 구하는 자이다.

나. 피고 피고는 주주와 회사 사이에서 주주권확인의 소가 제기된 경우에는 회사이고, 주주와 회사 이외의 제3자와 소송이 된 경우에는 그 제3자가 된다. 회사가 아닌 제3자를 상대로 소송이 제기된 경우에는, 회사로서는 특별히 주주권의 귀속에 대하여 다투지 않는 이상 주주권이 누구에게 있는지를 다투는 자와 함께 그 당사자가 될 필요가 없다[28]. 그냥 자기들끼리 싸우라고 놔두면 될 것이다.

6. 소장은 어떻게 접수하지?

가. 언제 소송을 제기할 수 있나? (제소기간)

재산권에 관한 소송으로서 제소기간은 따로 없다. 주주권이 누구에게 귀속되는지에 대하여 확인할 필요성이 있을 때에는 소송이 가능하다.

나. 단독판사가 재판하나, 합의부 판사들이 재판하나? (사물관할)

주주권확인의 소송은 회사법상의 소송이 아니라 일반적인 재산권상의 소로서 사물관할은 주식의 가액 따라 결정한다. 유가증권의 가액은 액면금액 또는 표창하는 권리의 가액으로 하되, 증권거래소에 상장된 증권의 가액은 소 제기 전날의 최종거래가격으로 한다(민사소송 등 인지규칙 제9조 제3항).

다. 어느 법원에 제출하나? (토지관할)

28) 송영천, 2004, 사건유형별 중점 점검사항, 민사사건 관리요령(7권), 서울중앙지방법원

토지관할은 상법상 전속관할에 관한 규정이 없으므로 민사소송법의 일반원칙에 따른다. 그러므로 피고가 개인인 경우에는 원칙적으로 피고의 주소지가 재판적이 되며, 피고가 법인인 경우에는 그 주된 사무소 또는 영업소가 있는 곳이 재판적이 된다.

라. 인지 · 송달료

주주권확인의 소, 명의개서절차이행의 소 및 주권인도의 소는 모두 승소할 경우 원고만 이익을 받는 소송으로서, 인지에 관한 일반원칙에 따른다. 민사소송 등 인지규칙 제6조는 소가산정의 원칙으로서 '소가는 원고가 청구취지로써 구하는 범위 내에서 원고의 입장에서 보아, 전부 승소할 경우에 직접 받게 될 경제적 이익을 객관적으로 평가하여 금액으로 정함을 원칙으로 한다'고 규정하고 있다[29].

전부승소 할 경우 원고가 직접 받게 될 경제적 이익은 '원고가 확인을 구하는 주식의 가액'이라고 할 수 있다. 위 케이스의 경우 확인을 구하는 액면금액이 5억5천만 원이므로 그 금액을 소가로 한다. 따라서 인지액은 2,255,000원이고, 관할은 2억 원 이상[30]이므로 합의부에서 관할하고, 송달료는 합의사건의 송달료(1회 송달료 5,100원, 15회분을 납부)인 153,000원(당사자수 × 1회분 송달료 5,100 × 15회)이다.

다만, 회사를 피고로 하여 주주권의 확인을 구하는 경우 비재산권을 목적으로 하는 소송으로 설명하는 분[31]이 있다. 주주권확인 소송을 비재산권을 목적으로 하는 소송으로 본다면 소가는 1억 원(민사소송등인지법 제2조 제4항, 민사소송등인지규칙 제18조의2 단서, 제15조 제2항)이다. 인지액의 계산은 소가가 '1억 원 이상 10억 원 미만'의 구간에 해당하므로, 55,000+(1억 원×0.004)로 계산하고 그 인지액은 455,000원이 된다. 제1심 합의부 관할사건으로서 송달료는 15회분을 납부한다. 당사자가 2인인 경우 153,000원(당사자수 × 1회분 송달료 5,100 × 15회)이다.

---

29) 2015 인지실무, 인지실무연구회, 사법발전재단

30) 민사 및 가사소송의 사물관할에 관한 규칙 일부개정규칙 : 제2조(지방법원 및 그 지원 합의부의 심판범위) 지방법원 및 지방법원지원의 합의부는 소송목적의 값이 2억 원을 초과하는 민사사건 및 민사소송등인지법 제2조 제4항의 규정에 해당하는 민사사건을 제1심으로 심판한다. <2015. 2. 13. 시행>

31) 김현채, 회사소송의 이론과 실무 p221 3번 각주, 법률정보센터

[주주권확인 및 명의개서절차 이행청구의 소송]

소 장

원 고 윤수일 (670125-1234567)
서울시 서초구 서초동 하나빌라 303호

피 고 주식회사 한별컴 (110111-1234567)
서울시 서초구 서초대로 12345
대표이사 최고봉

주주권 확인 등 청구

청 구 취 지

1. 원고는 별지목록 1 기재 주식에 관하여 별지 상속지분표의 상속지분 비율에 해당하는 주식을 갖고 있는 주주임을 확인한다.
2. 피고는 원고에게 별지목록 1 기재 주식에 관하여 주주명부상에 별지 상속지분표의 원고 명의로 명의개서 절차를 이행하라.
3. 소송비용은 피고의 부담으로 한다.

라는 판결을 구합니다.

청 구 원 인

1. 피고회사는 2010. 3. 6. 부동산임대업 및 매매업 등을 사업목적으로 하여 설립된 회사로서 설립당시의 발행주식의 총수는 100,000주(보통주식), 1주의 금액이 10,000원, 자본금총액은 금1,000,000,000원이었습니다.

2. 소외 망 윤한석은 피고회사 설립시에 발행하는 주식 중 55,000주를

인수하여 총 55,000주를 소유하고 있었는데 위 윤한석은 2020. 4. 4. 사망하여 그의 장남인 원고는 위 망 윤한석의 상속인으로서 위 (주) 한별컴의 주식 55,000주를 승계취득 하였습니다.

3. 그런데 피고는 망 윤한석이 사망하였다는 이유로 부당하게 주주명부에서 위 윤한석의 이름을 삭제함으로써 주주의 지위를 인정하지 않고 있으므로, 원고는 위 윤한석 주식에 대하여 별지 상속지분표의 원고 상속지분 비율에 해당하는 주식의 주주임을 확인받고, 피고에게 주주명부상의 원고 명의로 명의개서절차의 이행을 구하고자 본 소 청구에 이른 것입니다.

입 증 방 법

1. 갑제1호증	법인등기부등본	1통
1. 갑제2호증	주권	1통
1. 갑제3호증의 1	제적등본	1통
1. 갑제3호증의 2	가족관계증명서	1통

첨 부 서 류

1. 소장 부본	1통
1. 송달료 납부서	1통

2014. 5. 4.

위 원고 유 수 일 (인)

서울중앙지방법원 귀중

7. 소송에서 입증은 누가 무엇을 가지고 하나? (입증책임)

주주권확인의 소송에서 원고는 법인등기부등본, 정관, 주금납입관련 증거, 실질적인주주권을 행사한 징표, 주식인주증, 주권 등을 첨부하여 자신이 주주임을 입증하여야 한다.

주권을 가지고 있는 자(점유자)는 주권의 적법한 소지인으로 추정되고(상법 제336조 제2항), 주주명부에 주주로 등재되어 있는 사람은 일단 그 회사의 주주로 추정되므로, 이를 다투는 사람은 반대 사실을 입증할 책임이 있다.

8. 소송에서 이겼으니 주주명부에 이름을 바꿔주세요 (판결의 효력)

소송에서 승소한 원고는, 자신의 주주권의 존재가 확인되었으므로 회사에 대하여 명의개서를 청구할 수 있다(명의개서절차 이행청구). 주주권확인 소송의 판결은 확인판결로서 당사자 사이에서만 그 효력이 미친다.

명의개서청구권은 기명주식을 취득한 자가 회사에 대하여 주주권에 기하여 그 기명주식에 관한 자신의 성명, 주소 등을 주주명부에 기재하여 줄 것을 청구하는 권리로서 기명주식을 취득한 자만이 그 기명주식에 관한 명의개서청구권을 행사할 수 있다(대법원 2010.10.14, 선고, 2009다89665, 판결).

제2절 명의개서절차이행청구의 소

1. 소송의 의의와 성질

가. 명의개서절차이행청구의 소송

주식의 이전 등으로 주식을 취득한 사람을 회사의 주주명부에 주주로 기재하는 것을 명의개서라고 한다. 쉽게 이야기 하면 주주명부에 이름(명의,名義)를 바꾸어 적는(개서,改書) 것을 말한다. 특히 기명주식의 이전은 취득자의 성명과 주소를 주주명부에 기재하지 아니하면 회사에 대항하지 못한다(제337조 기명주식의 이전의 대항요건). 그러므로 명의개서는 회사에 대한 관계에서는 상당히 중요한 역할을 한다.

주 주 명 부				
주주명	주 소	주식수	1주의 금액	금 액
곽두기 650124-1234567	서울시 강남구 일원로 14길 25	12,000주	5,000원	60,000,000원
김치국 700604-1234567	서울시 강남구 역삼로 14길 27	8,000주	5,000원	40,000,000원
백선생 660228-1234567	서울시 서초구 서초대로 5길 333	10,000주	5,000원	50,000,000원
합 계		30,000주	150,000,000원	
위는 당 회사의 주주명부임에 틀림없음. 2015년 10월 일 주식회사 알엔엘깍두기 서울특별시 마포구 양화로 123 대표이사 곽두기				

나. 명의개서를 부당하게 거부당한 주주

정당한 주주권자가 회사에 주권을 제시하거나 실질적인 주주임을 증명하고 명의개서를 청구하였음에도 불구하고 회사가 정당한 이유 없이 명의개서를 거부하고 명의개서를 해주지 않는 경우(명의개서의 부당거부)에는 명의개서를 거부당한 주주권자는 회사를 상대로 명의개서절차이행청구의 소를 제기할 수 있다. 명의개서절차이행청구의 소송을 제기 하는 경우 주식의 발행회사, 종류, 액면가액, 수량 등을 구체적으로 기재하여 주식에 대한 특정이 반드시 필요하다. 상대방, 즉 피고는 주식을 발행한 회사이다.

다. 회사가 주권을 발행하지 않은 경우(주권미발행)에도 주식양도양수계약서 등으로 주식을 양도 받은 사람은 명의개서를 요구할 수 있을까

대부분의 중소 회사는 주권을 발행하지 않는다. 주권을 발행하는 비용을 절감하기 위해서가 대부분이다. 그러므로 주주라는 것을 입증할만한 것은 거의 회사의 주주명부 밖에 없다고 하여도 과언이 아니다. 따라서 주주명부에 등재되는 것은 회사에 대한 관계에서는 주주로서 매우 중요한 일임은 앞에서도 언급하였다.

회사가 주권을 발행하지 않은 경우(주권미발행) 주권발행 전에 한 주식의 양도도 회사성립 후 또는 신주의 납입기일 후 6월이 경과한 때에는 회사에 대하여 효력이 있다. 이 경우 주식의 양도는 지명채권의 양도에 관한 일반원칙에 따라 당사자의 의사표시만으로 효력이 발생한다. 상법 제337조 제1항에 규정된 주주명부상의 명의개서는 주식을 취득한 자가 회사에 대한 관계에서 주주의 권리를 행사하기 위한 대항요건에 지나지 않고, 회사 이외의 제3자에 대한 관계에서의 대항요건은 아니다.

따라서 회사성립 후 또는 신주의 납입기일 후 6월이 경과하도록 회사가 주권을 발행하지 아니한 경우 그 주식을 취득한 사람은 특별한 사정이 없는 한 상대방의 협력을 받을 필요 없이 단독으로 자신이 주식을 취득한 사실을 증명함으로써 회사에 대하여 그 명의개서를 청구할 수 있다.

어느 회사에서 명의개서의 청구에 소정 서류의 제출을 요한다고 하는 정관의 규정이 있다 하더라도, 그것은 주식의 취득이 적법하게 이루어진 것임을 회사로 하여금 간단명료하게 알 수 있게 하는 방법을 정한 것에 불과하여 주식을 취득한 자가 그 취득사실을 증명한 이상 회사는 위와 같은 서류가 갖추어지지 아니하였다는 이유로 명의개서를 거부할 수는 없다(대법원 1995.3.24. 선고, 94다47728. 판결). 회사가 부당하게 명의개서를 거부한 경우 앞에서 말한 바와 같이 주주는 명의개서 절차의 이행을 구하는 소송을 제기할 수 있다.

라. 명의개서절차이행청구의 소의 성질

명의개서절차이행청구의 소송은 회사법상의 소송이 아닌 일반 민사소송법상 이행의 소에 해당한다.

2. 내가 주주인데 왜 내 이름을 주주명부에 안 써줘? (소송의 원인)

가. 회사가 정당한 이유 없이 명의개서 거부

나. 청구원인에 기재하는 사실

A. 원고가 실질주주인 사실

(원고가 주식을 실질적으로 취득하게 된 경위 등을 기재)

B. 주주명부상 다른 사람이 주주로 기재되어 있는 사실

C. 소송 전에 회사에 대하여 명의개서를 청구했었다는 사실은 별개로 회사가 명의개서를 부당하게 거부하여 손해를 입었다는 손해배상을 청구하는 경우가 아닌 한 반드시 기재할 필요는 없을 것이다.

다. 입증책임 주권을 가지고 있는 자(점유자)는 적법한 소지인으로 추정되고(상법 제336조 제2항), 주주명부에 주주로 등재되어 있는 사람은 일단 그 회사의 주주로 추정되므로 이를 다투는 사람은 반대 사실을 입증할 책임이 있다. 따라서 현재 주주로 등재되어 있는 자가 주주가 아니고 원고가 주주임을 주장하는 원고 측에서 주식을 실질적으로 취득하게 된 경위 등을 입증하여야 한다.

라. 입증방법 법인등기부등본, 정관, 최근주주명부, 주권, 명의대여약정서, 주식인수대금이 원고로부터 나왔다는 은행거래내역 등으로 원고가 실질적인 주주임을 입증한다.

3. 제소기간, 관할 및 인지액 · 송달료

가. 제소기간 아무런 제한 없다.

나. 관할 민사소송법상 관할이 적용된다. 피고의 보통재판적으로서 개인의 경우에는 피고의 주소지이고, 피고가 법인인 경우에는 피고의 주된 사무소 또는 영업소가 있는 곳을 관할하는 법원이 될 것이다(민사소송법 제5조 제1항).

다. 인지 · 송달료 민사소송 등 인지규칙 제6조는 소가산정의 원칙으로서 '소가는 원고가 청구취지로써 구하는 범위 내에서 원고의 입장에서 보아 전부 승소할 경우에 직접 받게 될 경제적 이익을 객관적으로 평가하여 금액으로 정함을 원칙으로 한다'고 규정하고 있다. 따라서 전부승소 할 경우 원고가 직접 받게 될 경제적 이익은 '원고가 명의개서를 구하는 주권의 가액'이라고 할 수 있다. 예를 들어 확인을 구하는 주식의 액면금액이 5억5천만 원이라고 할 경우 그 금액을 소가로 하므로, 인지액은 2,255,000원이고, 관할은 2억 원 이상이므로 합의부에서 관할하고, 송달료는 합의사건의 송달료인 153,000원(당사자수 × 1회 송달료 5,100 원 × 15회분)이다.

4. 판결의 효력

명의개서절차이행청구 소송은 회사법상의 소송이 아니므로 대세적 효력이 있는 것이 아니고, 단지 일반 민사소송의 이행판결에 지나지 않으므로 대인적인 효력만 인정될 뿐이다.

【판례메모】 명의개서절차이행 [대법원2000.9.26선고, 99다48429판결]

[1] [정관으로 주식의 양도를 전면적으로 금지할 수 있는지] 상법 제335조 제1항 단서는 주식의 양도를 전제로 하고, 다만 이를 제한하는 방법으로서 이사회의 승인을 요하도록 정관에 정할 수 있다는 취지이지 주식의 양도 그 자체를 금지할 수 있음을 정할 수 있다는 뜻은 아니기 때문에, 정관의 규정으로 주식의 양도를 제한하는 경우에도 주식양도를 전면적으로 금지하는 규정을 둘 수는 없다.

[2] [5년간 일체 주식의 양도를 금지하는 정관은 무효] 회사와 주주들 사이에서, 혹은 주주들 사이에서 회사의 설립일로부터 5년 동안 주식의 전부 또는 일부를 다른 당사자 또는 제3자에게 매각·양도할 수 없다는 내용의 약정을 한 경우,

그 약정은 주식양도에 이사회의 승인을 얻도록 하는 등 그 양도를 제한하는 것이 아니라 설립 후 5년간 일체 주식의 양도를 금지하는 내용으로 이를 정관으로 규정하였다고 하더라도

주주의 투하자본 회수의 가능성을 전면적으로 부정하는 것으로서 무효이다. 정관으로 규정하여도 무효가 되는 내용을 나아가 회사와 주주들 사이에서, 혹은 주주들 사이에서 약정하였다고 하더라도 이 또한 무효이다.

제3절 주권인도청구의 소

Case) [주식양도양수계약을 체결했는데 주권을 인도 안해주는 경우]

최고봉은 자신이 가지고 있는 상장주식인 한별자동차 주식회사의 발행주식 50,000주(주식의 종류 : 액면 금 500원의 보통주식)를 2011. 5. 10. 금30억 원에 윤수일에 양도하기로 약정하면서 주권을 교부할 것을 함께 약정하였다.

그러나 최고봉은 같은 해 7. 15. 까지 주권을 양도하지 않고 있다.

이 경우 윤수일이 취할 수 있는 조치는 무엇이 있을까 생각해보자.

Case) [주식대차거래]

아프리카국민연금은 자신이 가지고 있는 한별자동차 주식회사의 발행주식 50,000주(30억원 상당)를 대여수수료 3억 원을 받기로 하고 2011. 5. 10.부터 1년간 윤수일에 주식대차거래약정을 하였다.

그러나 아프리카국민연금은 같은 해 7.까지 한별자동차의 주권을 양도하지 않고 있다. 이 경우 윤수일이 취할 수 있는 조치는 무엇이 있을까 생각해보자.

1. 주권을 인도해 줘! (소송의 의의와 성질)

가. 주권인도청구 소송

예를 들어, 주식양도·양수 계약에 의해 주식을 양수받은 사람은 주식을 판 사람(주식양도인)이 계약서의 내용에 따라 주권을 인도하지 않는 경우 주권을 인도하라는 청구의 소송을 제기할 수 있다. 또한 주권대차거래에서 차주도 대여자에 대하여 주권을 인도하라는 소송을 제기할 수 있다.

나. 주식의 대차거래

주식대차거래란 주식을 목적물로 하는 소비대차거래를 말한다. 주식을 장기적으로 보유하는 회사(연기금 같은 기관투자자)가 단기적으로 이를 필요로 하는 자에 빌려주는 거래다. 주식을 일정기간 동안 빌려서 처분한 다음에 만기 즈음에 다시 매입하여 빌린 주식을 상환하는 것이다.

주식의 시가가 하락한 경우에 대여자로부터 주식을 빌려서 이를 고가에 시장에서 판매한 후 나중에 가격이 다시 하락하였을 때 매수하게 되면 차주에 이익이 생기고, 이와 반대의 경우라면 차주에게 손실이 발생할 것이다. 주식대차거래는 주식가격 하락이 예상될 때 장기 보유기관에서 그 주식을 빌려 미리 팔아놓고 나중에 가격이 하락할 경우 낮은 가격에 이를 다시 사서 차익을 챙기기 위해 주로 사용된다. 소비대차거래란 "당사자 일방이 금전 기타 대체물의 소유권을 상대방에게 이전할 것을 약정하고 상대방은 그와 같은 종류, 품질 및 수량으로 반환할 것을 약정함으로써 그 효력이 생기는 거래"를 말한다(민법 제598조).

다. 소송의 성질

주권인도청구의 소는 상법에 규정된 소송이 아니고 민사소송법상의 이행의 소이다.

2. 도대체 왜 주권을 안 주는데? (소송의 원인)

가. 주권인도청구권이 발생했는데 주권을 인도하지 않음

예를 들어, 주식양도계약을 하였는데 양도인이 주권을 넘겨주지 않는 경우나 위 사례와 같이 주권대차거래를 하였는데 주권을 넘겨주기로 한 대주가 주권을 넘겨주지 않는 경우이다. 그 외 담보권을 위하여 주식을 넘겨주었는데, 담보권이 소멸하고도 채권자가 주식을 내어주지 않는 경우도 이에 해당한다.

나. 청구원인 기재

(1) 원고가 주식의 양수 등으로 주권의 인도를 청구할 지위에 있는 사실

원고는 주식취득의 원인을 소장에 기재한다. 특히 인도를 청구하는 주식 및 주권을 특정해주어야 한다. 발행회사, 주식의 종류, 액면가액, 주식의 수, 주권의 종류, 주권번호, 주주명부상 주주의 기재 등을 기재한다. 청구하는 주식이나 주권이 동종·동량의 주권의 반환을 구하는 경우에는 종류물로서 특정하면 된다.

(2) 피고가 별다른 권한 없이 주권을 소지하고 있는 사실

3. 누가 원고가 되고 누가 피고가 되나? (소송당사자)

가. 원고

계약 등에 의하여 주권의 인도를 청구할 지위에 있는 자가 원고이다. 예를 들어, 주식양도계약의 양수인, 주식 대차거래에서 계약서를 작성하고도 대주가 넘겨주지 않는 경우에는 차주가 원고가 될 것이나 대차기간이 만료한 후 차주가 이를 대주에게 반환하지 않는 상황이라면 대주가 원고가 될 것이다.

나. 피고

권한 없이 주권을 소지하고 있는 자가 피고가 된다. 예를 들어, 주권을 인도하지 않고 있는 주식양도계약의 양도인, 주식 대차거래에서 계약서를 작성하고도 대주가 넘겨주지 않는 경우에는 대여자가 이에 해당한다.

4. 제소기간, 관할 및 인지액·송달료

가. 제소기간

제소기간에 대하여는 별다른 제한이 없으나, 주권인도청구권의 경우 10년의 소멸시효에 걸린다.

나. 관할

토지관할은 민사소송법의 일반원칙에 따른다. 그러므로 피고가 개인인 경우에는 원칙적으로 피고의 주소지가 재판적이 되며, 피고가 법인인 경우에는 그 주된 사무소 또는 영업소가 있는 곳이 재판적이 된다(민사소송법 제5조 1항).

다. 인지액

이 소송은 상법상의 소송이 아니고 일반 민사소송이다. 그러므로 앞에서 본 민사소송 등 인지규칙 제6조에 따라 판단하면 소가는, 전부승소 할 경우 원고가 직접 받게 될 경제적 이익이 되고, 그것은 '원고가 인도를 구하는 유가증권의 액면금액 또는 표창하는 권리의 가액'이라고 할 수 있다. 예를 들어 인도를 구하는 주식의 액면금액이 5억5천만 원이라고 할 경우 그 금액을 소가로 하므로, 인지액은 2,255,000원이다. 증권거래소에 상장된 증권의 가액은 소 제기 전날의 최종거래가격으로 한다(민사소송인지규칙 제9조 제4항).

위 Case의 경우 소 제기 전날의 최종거래가격에 주식수를 곱한 값이 30억 원이라면, 본 소송은 물건의 인도 또는 방해배제를 구하는 소로서 그 소가는 목적물건 가액의 2분의 1(민사소송 등 인지규칙 제12조 제5호 '물건의 인도·명도 또는 방해배제를 구하는 소')인 15억 원이며 인지액은 5,805,000(소가 15억 원 × 0.0035 + 555,000 원)원이다.

라. 송달료

Case의 경우 사물관할은 2억 원 이상이므로 합의부에서 관할하고, 송달료는 1심 합의부의 경우 15회분을 납부하여야 하므로, 당사자가 2인인 경우 153,000원(당사자수 2인 × 1회 송달료 5,100 원 × 15회분)이다.

[주권인도청구의 소장]

소 장

원 고 윤수일 (670125-1234567)
서울시 서초구 서초동 하나빌라 303호

피 고 최고봉 (630111-1234567)
서울시 서초구 서초동 111-11

주권인도청구의 소

청 구 취 지

1. 피고는 원고에게 한별자동차주식회사의 발행주식 50,000주(주식의 종류 : 액면 금 500원의 보통주식)의 주권을 인도하라.
2. 소송비용은 피고의 부담으로 한다.
3. 위 제1항은 가집행 할 수 있다.

라는 재판을 구합니다.

청 구 원 인

1. 원고와 피고는 피고가 소유하고 있는 소외 한별자동차 주식회사의 발행주식 50,000주(주식의 종류 : 액면 금 500원의 보통주식)에 대하여 2011. 5. 10. 금30억 원에 원고에게 양도하기로 하고 주식양도양수계약을 체결하였습니다.
2. 이와 함께 위 주식양도양수계약세 제7조를 보면 '이 주식양도양수계약을 체결한 1월 이내 주권을 교부하기로 한다'고 규정하여 피고는 한별자동차 주식회사의 발행주식 50,000주의 주권을 원고에게 인도할 의무가 있으나 같은 해 7. 15. 현재까지 정당한 이유 없이 위 주권을 양도하지 않고 있어 원고는 큰 피해를 당하고 있으므로 주권의 인도를 청구하기 위하여 이 소송을 제기합니다.

입 증 방 법

1. 갑제1호증 주식양도양수계약서 1통
1. 갑제2호증 입금증 사본 1통

1. 갑제3호증 등기사항전부증명서 1통

첨 부 서 류

1. 위 소명방법 1통
2. 송달료 납부서 1통
3. 소장 부본 1통

2014. 3. 23.

위 원고 윤 수 일 (인)

서울중앙지방법원 귀중

마. 입증방법

주권인도 청구를 입증하기 위한 일반적인 서류는 법인등기부등본, 정관, 주식취득원인서류, 주권발행증명서, 주주명부, 주권 등이다. 주식을 못 받게 될 경우 대상청구를 할 수 있고, 대상청구의 경우 변론종결시의 손해액 산정자료를 첨부한다(상장법인인 경우 주식시세표, 비상장법인인 경우 주식감정결과 등)[32].

5. 입증책임과 판결의 효력

(1) 원고가 주식을 양수 등으로 취득한 사실 및 피고가 주권을 소지하고 있는 사실 입증할 책임이 있다.

(2) 판결의 효력에 관하여는 민사소송의 일반적 원칙에 따른다.

---

32) 송영천, 2004, 민사합의 및 고액단독 : 사건유형별 중점 점검사항, 민사사건 관리요령(7권), 서울중앙지방법원

제4절 주권인도단행 가처분

Case) ㈜한우건설은 핑거투자신탁(주)에 10억 원의 채무를 지고 있다.

한우건설은 자신의 채무를 담보하기 위하여 소유하고 있는 ㈜안주거생명보험의 주식 5,000,000주에 대하여 질권을 설정하고 주권을 교부하였다.

그 후 한우건설은 자신의 피담보채무를 모두 상환하였는데 핑거투자신탁은 주식을 반환하고 있지 않고 있다.

그런데 마침 한우건설은 69개의 금융기관으로부터 여신을 받기로 하였고 금융기관들은 한우건설의 위 주식을 담보로 제공할 것을 요구하고 있으므로 한우건설은 빨리 위 주식을 반환받아 이를 담보로 제공해야 할 상황이다.

이 경우 한우건설이 긴급히 취할 수 있는 조치는?

1. 본안소송 한 거나 거의 진배 없네 (단행가처분 또는 만족적 가처분)

가처분에는 크게 ① 계쟁물에 관한 가처분과 ② 임시의 지위를 정하기 위한 가처분 ③ 기타 특수한 가처분으로 나눌 수 있다. 임시의 지위를 정하기 위한 가처분은 가압류나 계쟁물에 관한 가처분과 같이 단순히 현상을 동결시키는 보전처분이 아니라 적극적으로 현상을 변경하여 잠정적으로나마 새로운 법률관계를 형성하는 형태를 가진다는 사실은 앞에서 말한 바와 같다. 그 중 본안판결을 통하여 얻고자 하는 내용과 실질적으로 똑같은 내용의 권리나 법률관계를 형성하는 것이 있는데, 이를 단행적 가처분 또는 만족적 가처분이라 한다.

위 사례에서는 한우건설로서는 어떻게든 주식을 반환받아서 이를 69개의 금융기관에 담보로서 제공해야 하는 고도의 보전의 필요성이 존재하고 만일 한우건설의 가처분신청이 받아들여진다면 우선 한우건설은 주식을 인도받을 수 있는 것이다. 이러한 단행적 가처분의 쉬운 예로는 교통사고를 당한 피해자나 부당해고를 당한 근로자에게 임시적이지만 우선 손해배상금이나 임금의 지급을 명하는 재판을 들 수 있다.

2. 왜 주권을 안 주는데? (보전소송의 원인)

앞의 3절 주권인도청구의 소와 같다.

3. 누가 신청인이 되고 누가 피신청인이 되나? (보전소송의 당사자)

주권인도청구의 소와 같다. 다만, 본안소송과 같이 원고, 피고의 용어가 아닌 채권자, 채무자로 기재한다(신청인, 피신청인으로 기재하여도 무방하다).

4. 관할 및 인지액 · 송달료

> 민사소송등인지법 제9조(그 밖의 신청서) ② 「민사집행법」에 따른 가압류·가처분의 신청이나 가압류·가처분 결정에 대한 이의 또는 취소의 신청을 위한 신청서에는 1만 원의 인지를 붙여야 한다. 다만, 임시의 지위를 정하기 위한 가처분의 신청 및 그에 대한 이의 또는 취소의 신청은 그 본안의 소에 따른 인지액의 2분의 1에 해당하는 인지를 붙여야 한다. 이 경우 인지액의 상한액은 50만 원으로 한다.

주권인도단행 가처분 역시 보전처분이므로 본안의 관할법원, 즉 본안소송을 제기한 법원이나 소를 제기하려고 하는 관할법원 민사신청과에 접수한다.

일반적인 가처분의 기본적인 인지액은 10,000원이나, 임시의 지위를 정하기 위한 가처분의 신청 및 그에 대한 이의 또는 취소의 신청은 그 본안의 소에 따른 인지액의 2분의 1이다. 본안의 소의 소송 목적의 값이 15억 원이라고 하면 인지액의 계산은 소가가 '10억 원 이상'의 구간에 해당하므로, '(15억 원×0.0035) + 555,000원'의 계산법으로 계산하면 인지액은 5,805,000원이다. 또한 이것의 1/2 이면 2,902,500원이지만, 이 경우 인지액의 상한액은 500,000원의 제한을 받는다(민사소송 등 인지법 제9조 2항). 따라서 소가가 15억 원이라고 하면, 인지액의 상한선인 500,000원을 초과하므로 500,000원이다.

송달료는 8회분을 납부한다. 그러므로 당사자가 2인인 경우 81,600원(당사자수 2명 × 5,100 원 × 8회분)이고, 당사자가 3인인 경우에는 같은 계산법으로 122,400원이다. 그 외 법원의 담보제공명령에 의하여 담보도 제공하여야 한다.

5. 깜빡이도 안키고 들어올 정도로 급한 이유가 뭐니? (보전의 필요성)

민사집행법 제300조(가처분의 목적) 제2항에서는 「가처분은 다툼이 있는 권리관계에 대하여 임시의 지위를 정하기 위하여도 할 수 있다. 이 경우 가처분은 특히 계속하는 권리관계에 끼칠 현저한 손해를 피하거나 급박한 위험을 막기 위하여, 또는 그 밖의 필요한 이유가 있을 경우에 하여야 한다」 고 하여 보전의 필요성을 규정하고 있다. 앞에서 말한 바와 같이 임시지위를 정하는 가처분은 그 절차에 있어 본안소송과 크게 다를 바 없고 단지 현저한 손해를 피하거나 급박한 위험을 막기 위한 긴급성을 요하기 때문에 가처분이라는 방법을 취한 것에 불과하다고 말할 수 있다.

이렇게 볼 때 분쟁의 기초 사실이 동일한 경우 해결방법의 차이에 불과한 것으로 보아 보전의 필요성이라는 요건은 임시지위를 정하는 가처분에서는 반드시 필요한 요건이라고 본다.

[주권 인도단행 가처분 신청서 사례]

주권 인도단행 가처분 신청서

신 청 인 주식회사 한우건설
서울 중구 남대문로 1가 111
대표이사 한 국 관

피 신청인 핑거투자신탁 주식회사
서울 영등포구 여의도동 111
대표이사 변 승 형

가처분할 주권의 표시

별지목록 기재와 같음

피보전권리의 요지

질권 소멸에 의한 주권반환청구권

신 청 취 지

1. 피신청인의 별지 목록 주권에 대한 점유를 풀고, 신청인이 위임하는 집행관에게 그 보관을 명한다.
2. 집행관은 신청인에게 위 주권의 사용을 허용하도록 하여야 한다.
3. 다만, 이 경우에 집행관은 그 보관에 관한 것을 공시하기 위하여 적절

한 방법을 취하여야 한다.

라는 재판을 구합니다.

신 청 원 인

1. 신청인은 질권설정자겸 채무자이고, 피신청인 펑거투자신탁(주)는 신탁자겸 실질상 채권자입니다.
2. 신청인은 피신청인 펑거투자신탁(주)의 신탁재산으로 매입한 신청인발행 기업어음(CP)의 어음금 지급채무를 담보하기 위하여, 신청인이 소유하고 있는 ㈜안주거생명보험의 보통주식 5,000,000주에 대한 "질권설정계약서"를 2009. 12. 30. 체결한 바 있습니다.
3. 신청인은 "질권설정계약서" 제1조 제2항에 규정된 신청인이 담보로 제공한 주식의 피담보채무에 대하여 2010. 6. 30.까지 전액을 이미 상환한 바 있습니다. 따라서 신청인이 담보로 제공한 주식에 대한 질권은 소멸하였다 할 것입니다.
4. 따라서 담보로 제공된 "주권"은 피담보채권의 소멸과 동시에 신청인에 반환되었어야 하나 상당기간이 경과된 현재까지도 반환이 이루어지지 않고 있는 바, 신청인은 위 주권의 직접 및 간접점유자로서 피신청인 펑거투자신탁(주)에 대하여 2010. 12. 24.까지 "주권"을 신청인에게 반환할 것을 최고한 바 있습니다.
5. 그러나 채무자는 아직까지 주권을 반환하지 않고 있으므로 그 반환을 구하기 위한 조치로써, 이건 주권인도단행가처분을 신청하는 바입니다.
6. 주권인도단행가처분의 필요성

   신청인 회사는 2011. 1. 10.자 "AV금융 운영협약"에 의해 10개 채권금융기관으로부터 상당한 액수의 여신이 지원될 예정입니다. 그런데 위 여신의 담보로서 본 건 주식이 담보로 제공되어야 하는 바, 위 상당한 액수의 여신이 조속히 실현될 수 있도록 하기 위하여 본 건 인도단행가처분을 신청하는 바입니다.

소명방법

1. 소갑제1호증	질권설정계약서	1통
1. 소갑제2호증	어음상환확인서(담보대상기업어음)	1통
1. 소갑제3호증	내용증명 ㈜펑거투자신탁	1통
1. 소갑제4호증	AV금융 운영협약서 사본	1통

첨부서류

1. 위 소명방법	1통
2. 송달료 납부서	1통
3. 신청서 부본	1통
4. 주권 목록	1통

2011. 3. 23.

위 신청인 주식회사 한우건설

대표이사 한국관(인)

서울중앙지방법원 귀중

6. 본안소송의 절차와 거의 동일하게 진행

주권인도단행 가처분은 임시지위를 정하기 위한 가처분으로서 원칙적으로 변론 또는 심문기일을 정하여 당사자 쌍방을 소환하므로 위 신청서의 첨부서면에서와 같이 신청서의 부본을 제출할 필요가 있다.

가압류와 계쟁물가처분은 간단한 서면심리만으로 결정이 내려지게 되지만, 임시지위가처분소송은 채권자의 신청, 채무자의 답변, 당사자 모두가 참여하는 변론과 심문기일, 법원의 결정, 집행 순서로 진행된다. 이러한 소송진행은 원고의 소제기, 피고의 답변, 변론기일을 통한 공격방어, 판결, 집행이라는 본안소송의 순서와 다른 것이 없다.

제5절 주주명부 등 열람·등사가처분

제14장 제3절에서 살펴보기로 한다.

제 4 장

대표권 남용하는 나쁜 대표이사 · 이사 등 해임

제1절 대표이사 해임의 문제점과 절차

1. 대표이사님을 어떻게 짤라? (대표이사 해임의 문제점)

대표이사가 횡령 등의 문제가 있거나 대표권을 남용하는 등 주주와 회사의 이익에 반하는 행위를 하는 경우 ① 이사회에서 대표이사를 해임할 수 있으며, ② 주주총회에서 이사의 직에서 해임시키게 되면 이사직 상실을 원인으로 하여 대표이사직도 상실하게 된다.

그런데 대부분의 회사의 정관에는 이사회와 주주총회의 소집권자가 대부분 대표이사로 기재되어 있다. 상법 제390조는 이사회의 소집에 관하여 「① 이사회는 각 이사가 소집한다. 그러나 이사회의 결의로 소집할 이사를 정한 때에는 그러하지 아니하다. ② 제1항 단서의 규정에 의하여 소집권자로 지정되지 않은 다른 이사는 소집권자인 이사에게 이사회 소집을 요구할 수 있다. 소집권자인 이사가 정당한 이유 없이 이사회 소집을 거절하는 경우에는 다른 이사가 이사회를 소집할 수 있다」 고 규정하고 있으나 실무상 대부분 대표이사가 소집하도록 정관에 규정하고 있고 그 외에도 방법이 있기는 하나 대표이사의 의사에 반하여 소집되기는 쉽지 않다.

특히, 자신을 대표이사를 해임하겠다는 이사회를 대표이사가 소집하는 경우가 거의 없으며, 자기를 이사에서 해임하기 위한 주주총회 소집을 위한 이사회를 또한 대표이사가 소집하는 경우가 거의 없으므로 대표이사를 해임하는 것은 실무상 매우 어렵고, 법인인감도장과 법인인감카드 등을 대표이사가 소지하고 있으므로 이에 관한 의사록 공증을 하기도 어렵고 등기 또한 매우 어렵다.

그렇다고 횡령 등의 문제가 있거나 대표권을 남용하는 등 주주와 회사의 이익에 반하는 행위를 하는 대표이사를 그대로 둘 수는 없다. 방법을 찾아본다.

2. 이사회 결의가 가능한 경우

이사회 소집이 가능하고 대표이사를 해임시키자는 이사가 더 많은 경우, 이사회를 소집하고 그 이사회에서 대표이사를 해임시킬 수 있다. 이사회의 의결은 이사과반수의 출석과 출석이사 과반수의 찬성으로 이루어진다. 하지만 앞에서 말한 바와 같이 이사회의 소집도 어렵고 또한 문제가 있는 대표이사는 이미 회사에 자신의 가족이나 수족 같은 사람을 이사로 안배해 놓아 해임의 정족수를 맞추기도 쉽지 않다.

3. 주주총회 결의가 가능한 경우

주주총회의 소집이 가능하거나, 주주전원이 참석하는 경우에는 주주총회를 열어 대표이사의 이사직을 해임시켜 버리면, 이사직 상실을 원인으로 하여 대표이사직도 상실된다. 그러나 자신을 해임하겠다는 주주총회의 소집을 대표이사에게 기대하기는 어렵다는 사실은 앞에서 본 바와 같고, 주주 전원의 참석 역시 쉽지 않다.

4. 대표이사의 소집에 의한 이사회나 주주총회의 소집이 어려울 경우

가. 대표이사를 해임하고자 하는 이사의 수가 다수인 경우

먼저, 이사회소집권자로 지정되지 아니한 이사가 이사회 소집권자로 지정된 이사(대부분의 회사는 '대표이사'가 될 것이다)에게 이사회 소집을 요구하고, 소집권자인 이사가 정당한 사유 없이 이사회를 소집을 거절하는 경우 다른 이사가 이사회를 소집할 수 있다(상법 제390조 제2항). 대표이사를 해임하고자 하는 이사의 수가 다수인 경우에는 이러한 방법으로 이사회를 소집하여 대표이사를 해임할 수 있다. 이사회의 결의는 이사과반수의 출석과 출석이사의 과반수로 하여야 한다. 그러나 정관으로 그 비율을 높게 정할 수 있다.

나. 주주총회를 소집해서 이사의 직에서 해임하는 방법

대표이사도 이사임을 전제로 하므로 이사직을 해임시키면 대표이사직도 당연히 상실된다. 하지만 대표이사가 자신을 해임하겠다는 주주총회 소집을 위한 이사회 등을 개최하거나, 주주총회 소집통지를 하는 것은 기대하기 어렵다. 이 경우에는 감사나 3% 이상의 주식을 보유한 소수주주들이 법원에 임시주주총회 소집허가신청을 할 수 있다.

(1) 감사가 주주총회의 소집청구를 하는 경우(상법 제412조의 3)

감사는 회의의 목적사항과 소집의 이유를 기재한 서면을 이사회에 제출하여 임시총회의 소집을 청구할 수 있다. 청구가 있은 후 소집권자(대표이사)가 지체없이 총회소집의 절차를 밟지 아니한 때에는, 감사는 법원의 허가를 얻어 직접 주주총회 소집을 할 수 있다. 그 후 해당 주주총회에서 대표이사의 이사직을 해임할 수 있다. 그러나 이사의 해임은 주주총회 특별결의사항이므로, 특별결의 요건을 충족하는 주식수(출석한 주주의 의결권의 3분의 2이상의 수와 발행주식총수의 3분의 1이상)를 보유하고 있을 경우이어야 가능하다.

(2) 소수주주들이 소집청구를 하는 경우(상법 제366조)

발행주식총수의 3% 이상에 해당하는 주식을 가진 주주는 회의의 목적사항과 소집의 이유를 적은 서면 또는 전자문서를 이사회에 제출하여 임시총회의 소집을 청구할 수 있다.

청구가 있은 후에도 소집권자(대표이사)가 지체없이 주주총회 소집의 절차를 밟지 않는 때에는, 감사는 법원의 허가를 얻어 직접 주주총회 소집을 할 수 있다. 그 후 해당 주주총회에서 이사직을 해임할 수 있으나, 이사직 해임은 주주총회 특별결의사항이므로, 특별결의 요건을 충족하는 주식수를 보유하고 있을 경우이어야 가능하다.

(3) 특별결의 요건을 충족하는 주식수를 확보하지 못한 경우

위 (1), (2)에 의해 주주총회를 소집하였으나 특별결의 요건을 충족하는 주식수를 확보하지 못한 경우는 어떻게 할 것인가.

다. 주주총회를 소집해서 우호적인 이사를 선임하는 방법

주주총회를 소집하였으나 특별결의 요건을 충족하는 주식수를 확보하지 못한 경우에는 우호적인 이사를 선임하는 것이다. 출석한 의결권의 관반수를 확보하여 소위 '주주총회의 표대결'에서 이길 수 있는 것을 전제로 먼저 주주총회에서 우호적인 이사를 선임하여 다수의 이사를 확보한 후, 우호적 이사가 더 많아지면 이사회에서 대표이사를 해임할 수 있다. 이사의 해임은 주주총회 특별결의 사항이지만, 이사의 선임은 주주총회의 보통결의 사항이기 때문이다. 주주총회 보통결의의 정족수는 발행주식총수의 1/4 이상의 다수와 출석한 주주의 의결권의 과반수이다.

5. 나쁜 대표이사임에도 이사의 해임이 주주총회에서 부결된 때

이사가 그 직무에 관하여 부정행위 또는 법령이나 정관에 위반한 중대한 사실이 있음에도 불구하고 주주총회에서 그 해임을 부결한 때에는 발행주식 총수의 3% 이상에 해당하는 주식을 가진 주주는 총회의 결의가 있은 날부터 1월 이내에 그 이사의 해임을 법원에 청구할 수 있다(상법 제385조). 상장회사의 경우, 6개월 전부터 계속하여 발행주식 총수의 1만분의 50(자본금이 1천억원 이상인 상장회사의 경우에는 10만분의 25) 이상에 해당하는 주식을 보유한 자가 이사의 해임을 법원에 청구할 수 있다.

제2절 소수주주 등에 의한 주주총회소집 허가신청

제366조 (소수주주에 의한 소집청구)

① 발행주식총수의 100분의 3 이상에 해당하는 주식을 가진 주주는 회의의 목적사항과 소집의 이유를 적은 서면 또는 전자문서를 이사회에 제출하여 임시총회의 소집을 청구할 수 있다.

② 제1항의 청구가 있은 후 지체없이 총회소집의 절차를 밟지 아니한 때에는 청구한 주주는 법원의 허가를 받아 총회를 소집할 수 있다. 이 경우 주주총회의 의장은 법원이 이해관계인의 청구나 직권으로 선임할 수 있다.

③ 제1항 및 제2항의 규정에 의한 총회는 회사의 업무와 재산상태를 조사하게 하기 위하여 검사인을 선임할 수 있다.

제412조의3 (총회의 소집청구)

① 감사는 회의의 목적사항과 소집의 이유를 기재한 서면을 이사회에 제출하여 임시총회의 소집을 청구할 수 있다.

② 제366조 제2항의 규정은 감사가 총회를 소집하는 경우에 이를 준용한다.

제542조의6(소수주주권)

① 6개월 전부터 계속하여 상장회사 발행주식총수의 1천분의 15 이상에 해당하는 주식을 보유한 자는 제366조 및 제467조에 따른 주주의 권리를 행사할 수 있다.

1. 주주총회의 소집은 누가하나?

주주총회의 소집은 원칙적으로 이사회에서 결정한다(상법 제362조). 이사회의 결의로 총회의 소집과 그 일시·장소·의안 등을 결정하면 소집권자(대부분의 회사는 '대표이사')가 그 절차를 밟아 주주총회를 소집한다. 그러나 소수주주 등의 이익보호와 주주의 정당한 의사형성을 방해하는 지배주주와 그 영향력 아래에 있는 경영진의 전횡을 견제하기 위하여, 법원의 허가에 의해 주주총회를 소집할 수 있도록 한 것이다. 주주의 공익권에 해당한다.

2. 우리가 한번 회사에 요구해보자 (소수주주의 주주총회 소집 청구)

발행주식 총수의 3% 이상에 해당하는 주식을 가진 주주는 회의의 목적사항과 소집의 이유를 적은 서면 또는 전자문서를 이사회에 제출하여 임시주주총회의 소집을 청구할 수 있다. 이러한 청구가 있은 후 소집권자가 지체없이 총회소집의 절차를 밟지 아니한 때에는 청구한 주주는 법원의 허가를 받아 총회를 소집할 수 있다. 감사나 청산인도 회의의 목적사항과 소집의 이유를 기재한 서면을 이사회에 제출하여 임시총회의 소집을 청구할 수 있다. 일단 여기서는 소수주주의 주주총회소집허가 신청에 대하여 논하기로 한다.

3. 소수주주의 주주총회소집 허가 신청의 요건

가. 신청인 등이 소수주주일 것

신청인 등은 발행주식 총수의 3% 이상에 해당하는 주식을 가진 주주이어야 한다. 의결권 없는 주식은 제외된다. 반드시 1인이 3% 이상에 해당하는 주식을 모두 가질 필요는 없고, 공동으로 총회소집을 요구하는 경우 청구하는 여러 사람의 보유주식을 합산하여 이에 해당하면 된다. 통상 주주명부를 제출하여 이를 소명한다.

상장법인의 경우, 상장법인에서는 6월 전부터 계속하여 발행 주식총수의 1,000분의 15 이상에 해당하는 주식을 보유한 경우 신청이 가능하다(상법 제542조의6 제1항).

나. 회의의 목적사항과 소집의 이유를 기재한 서면을 이사회에 제출하여 임시총회의 소집을 요구하였을 것

소수주주가 임시주총에 상정하고자 하는 회의의 목적사항은 당연히 법령 및 정관에 정해진 주주총회 권한에 속한 사항이어야 한다. 소집의 이유는 이사의 부정행위나 위법행위가 있을 경우 등에 한정되지 않고 총회 결의의 필요성에 대한 상당한 이유나 근거가 있으면 소집 청구할 수 있다. 회사는 이사회에서 소집이유를 검토·하여 소집이유가 상당하지 못하다고 판단되면 소집청구를 거절할 수 있다.

다. 주주총회의 소집 청구가 있은 후 소집권자가 지체없이 총회소집의 절차를 밟지 아니하였을 것

이때 "지체없이"는 '총회소집을 위해 소요되는 최소한의 시일 후'를 말한다.

4. 회사가 소집 안 해주니 법원에 신청해보자 (법원에 주주총회 소집에 대한 허가결정의 신청)

이사회에서 지체없이 소집절차를 밟지 않는 때에는 소수주주는 법원의 허가를 받아 총회를 소집할 수 있다. 즉, 소수주주는 이사회가 소집 청구를 거절하거나 상당기간을 지체하는 경우에는 법원에 주주총회 소집에 대한 허가결정을 구할 수 있다. 이 소송은 상사비송사건이다. 비송사건절차법에서 다루고 있다.

비송사건이란 단순하게 해석하면 '소송이 아닌 사건'을 말하는데, 법원의 관할에 속하는 민사사건 중 소송절차로 처리하지 않고 개인의 권리·의무의 형성·변경·소멸에 관하여 법원이 관여하는 사건을 가리키는 말이다. 원래 개인들 사이의 법률관계는 사적자치의 원칙이 지배하여 당사자의 주장과 항변이 중요시되고 국가기관이 이에 관여하지 아니하는 것이 원칙이지만, 공익상 이를 방임하는 것이 적당하지 않을 때는 국가가 후견적인 입장에서 예외적으로 이에 관여하게 되는데 이를 비송사건이라고 한다. 비송사건을 인정하는 이유는 비분쟁사건에 대한 중립적 법원이

처리가 필요하고 간이, 신속한 사건처리가 필요하기 때문이다. 비송사건은 소송사건과 달리 이당사자대립구조가 아닌 편면적 구조이고, 처분권주의와 변론주의가 배제되고 직권탐지주의, 직권조사주의에 의하며, 필요적 변론에 의하지 아니하며, 재판의 형식에서도 결정에 의하고, 기판력이 없기 때문에 취소변경이 가능하다. 즉 비송사건은 법원이 합목적적 재량에 의하여 간이신속하고 탄력성 있게 처리할 성질의 것이기 때문에 소송사건처럼 엄격한 절차에 의할 필요가 없다는 점에 그 특징이 있다. 결정으로 재판하고 불복도 항고방식에 의한다. 종류로는 민사, 상사, 가사, 과태료 사건이 있다.

가. 관할

회사의 본점소재지의 지방법원의 관할이다(비송사건절차법 제72조 1항).

나. 당사자

(1) **신청인** 발행주식 총수의 3% 이상에 해당하는 주식을 가진 주주가 신청인이 된다. 상장법인의 경우, 상장법인에서는 6월 전부터 계속하여 발행 주식총수의 1,000분의 15 이상에 해당하는 주식을 보유한 주주가 신청인이 된다. 상장법인의 경우 6개월 전부터 주식을 보유해야 하는데 6월의 주식보유기간 요건을 갖추지 못한 경우에도 상법 제366조에 의하여 주주총회의 소집을 청구할 수 있는지 여부에 관하여는 논란이 있다.[33]

(2) **피신청인** 사건본인 회사가 피신청인이 된다.

다. 신청절차

(1) 총회소집의 허가를 신청하는 경우에는 이사가 그 소집을 게을리한 사실을 각각 소명하여야 한다(비송사건절차법 제80조 1항).

---

33) 다만, 상장법인 특례는 상장법인에서의 소수주주권 행사를 용이하게 하기 위한 것이므로 증권거래법의 주식보유기간에 관한 요건을 구비하지 못하였더라도 상법상의 지분요건을 구비한 이상 주주는 주주총회의 소집을 청구할 수 있다는 대법원 판례가 있다(대법원 2004. 12. 10. 선고 2003다41715). 이에 관한 논의는 실무서인 이 책과 맞지 않으므로 여기서는 논의하지 않는다.

(2) 총회소집의 허가 신청은 서면으로 하여야 한다(비송사건절차법 제80조 제2항).

(3) **인지액** 인지액은 1,000원이다(민사소송등인지법 제9조 5항 비송사건절차법에 따라 재판을 구하는 신청).

(4) **송달료** 송달료는 비송사건으로서 2회분을 납부한다. 당사자가 3인일 경우 3인 × 2회분 × 5,100원(1회분 송달료) 이므로 30,600원이 된다.

라. 재판

(1) 신청에 대하여 법원은 이유를 붙인 결정으로써 재판을 하여야 한다(비송사건절차법 제81조 제1항).

(2) 신청을 인용한 재판에 대하여는 불복의 신청을 할 수 없다(비송사건절차법 제80조 제2항). 다만 예외적으로 예외적인 불복방법으로 민사소송법 제449조의 특별항고가 허용된다(대법원 1991. 4. 30. 자 90마672 결정).

신청을 기각한 재판에 대하여는 항고를 신청하면 된다.

5. 신청을 인용한 재판에 있어서 주주총회의 소집과 진행

신청을 인용한 재판에 의한 주주총회의 소집은 소수주주의 명의로 직접 할 수 있다. 이 때 소수주주는 회사의 일시적 기관으로서의 법률적 지위를 가지며 기준일의 설정, 통지 및 공고 등 총회소집을 위해 필요한 절차를 모두 소수주주가 취할 수 있다. 주주총회 당일에는 이를 소집한 주주 또는 그 대표자가 임시의장으로서 총회를 개최하고 그 자리에서 임시의장을 선임하여 임시의장으로 하여금 총회를 진행하게 하는 것이 일반적이다. 주주총회의 의장은 법원이 이해관계인의 청구나 직권으로 선임할 수도 있다(상법 제366조 제2항). 나머지는 통상의 소집과 같은 방법으로 하면 된다.

이렇게 소집한 주주총회에서는 회사의 업무와 재산상태를 조사하게 하기 위하여 검사인을 선임할 수 있다(상법 제366조 제3항).

[소수주주의 주주총회소집허가신청서]

주주총회소집허가신청서

신 청 인　　1. 김 갑 동
서울시 강남구 역삼동 111
2. 김 치 국
서울시 강남구 논현동 112

피신청인　　해피섬유 주식회사
서울시 서초구 서초동 345
대표이사　김 말 종

신 청 취 지

1. 피신청인 주식회사 대표이사 김말종, 이사 강도만, 감사 한방애의 해임과 그 후임 이사 및 감사 선임 결의를 회의의 목적사항으로 하는 주주총회를 신청인 등이 소집할 것을 허가한다.

2. 소송비용은 피신청인의 부담으로 한다.

라는 재판을 구합니다.

신 청 이 유

1. 회사의 개요

가. 해피섬유 주식회사는 "아가씨"라는 상표를 부착, 사용하는 팬티를 제

조, 판매하는 회사로써, 서울시 서초구 서초동 345에 본점을 두고, 발행주식 총수가 15,000주 인 회사입니다.

나. 신청인 등은 신청인 김갑동이 6,000주, 동 김치국이 600주를 가진 주주들로 그 주식소유 합계는 6,600주로서 사건본인 회사의 발행주식의 100분의 3 이상을 훨씬 상회하는 주식을 소유한 주주들입니다.

2. 신청외 이한돌의 불법행위 및 사실상 피신청인 회사 지배

가. 그런데 신청외 망 이해복이 2007. 7. 7.부터 대표이사로 재직 중 2010. 6. 5. 사망하자, 신청외 한돌산업주식회사 대표이사 이한돌은 위 망인의 미망인인 신청외 김환자에게 자기가 회사부채를 정리하고 운영도 정상 궤도에 올려주겠다며 기망하여, 불법으로 사건본인 회사를 장악하고 회사공장인 남양주 금곡동 111번지 대지 752㎡평, 건물 목조기와 지붕 2층 건물 사무실 건평 160㎡ 외 170㎡를 회사채권자인 한상봉의 5억 원의 부채를 정리하여 준다면서 2010. 9. 4. 자기명의로 가등기하였다가 2010. 9. 11. 본등기를 하고, 하나은행에 850,000,000원에 근저당하여 거액을 대출하였으면서도 위 회사채권자 한상봉에게는 자기명의로 수표와 약속어음을 발행하여 부도를 냈습니다.

나. 이에 더하여 위 이한돌은 신청외 김말종으로 하여금 회사대표가 되게 하고 이사들도 김말종과 친근한 사람들로 임명하여 이한돌이 사실상 회사를 지배하고 있는 실정입니다.

3. 주주총회 개최의 필요성

따라서 회사로서는 당연히 불법 이전된 회사 공장의 대지건물을 회수 조치하여야 하는데 현 이사들은 위 이한돌의 측근이므로 주주들인 신청인으로서는 이들을 해임하고 새로운 이사진을 구성하여야 할 필요성이 있으므로 2011. 3. 30. 이사회에 임시주주총회의 소집요청을 하였으나 2011. 4. 5. 이를 거부하는 회신을 받았으므로 신청인 등은 상법 제366조 제2항에 따라 이 신청을 하는 바입니다.

소 명 자 료

1. 피신청인 회사의 주식회사 등기사항증명서
2. 신청인 등의 주식 소유에 관한 증명서(예, 주주명부)
3. 주주총회소집청구서(내용증명)
4. 주주총회 소집을 게을리 하였다는 소명서
5. 부동산등기부등본
6. 다른 주주가 주주총회 소집의 통지를 받은 일이 없다는 소명

첨 부 서 류

1. 위 각호증 각1통
2. 납부서 1통

2011년 4월 15일

위 신 청 인 김 갑 동

신 청 인 김 치 국

서울중앙지방법원 귀중

제3절 이사해임의 소

제385조 (해임)

① 이사는 언제든지 제434조의 규정에 의한 주주총회의 결의로 이를 해임할 수 있다. 그러나 이사의 임기를 정한 경우에 정당한 이유 없이 그 임기만료 전에 이를 해임한 때에는 그 이사는 회사에 대하여 해임으로 인한 손해의 배상을 청구할 수 있다.

② 이사가 그 직무에 관하여 부정행위 또는 법령이나 정관에 위반한 중대한 사실이 있음에도 불구하고 주주총회에서 그 해임을 부결한 때에는 발행주식의 총수의 100분의 3 이상에 해당하는 주식을 가진 주주는 총회의 결의가 있은 날부터 1월 내에 그 이사의 해임을 법원에 청구할 수 있다.

③ 제186조의 규정은 전항의 경우에 준용한다.

제542조의6 (소수주주권) ③ 6개월 전부터 계속하여 상장회사 발행주식총수의 1만분의 50(대통령령으로 정하는 상장회사의 경우에는 1만분의 25) 이상에 해당하는 주식을 보유한 자는 제385조 및 제539조에 따른 주주의 권리를 행사할 수 있다.

1. 올레? 저 인간이 주주총회에서도 안 짤렸네 (소송의 의의와 성질)

가. 비상장회사 및 상장회사에서 정하는 소수주주

이사가 그 직무에 관하여 부정행위 또는 법령이나 정관에 위반한 중대한 사실이 있음에도 불구하고 주주총회에서 그 해임을 부결한 때에는 발행주식 총수의 3% 이상에 해당하는 주식을 가진 주주는 총회의 결의가 있은 날부터 1월 이내에 그 이사의 해임을 법원에 청구할 수 있다. 상장회사의 경우, 6개월 전부터 계속하여 발행주식 총수의 1만분의 50(자본금이 1천억원 이상인 상장회사의 경우에는 10만분의 25) 이상에 해당하는 주식을 보유한 자가 이사의 해임을 법원에 청구할 수 있다. 6개월 전부터 주식을 보유해야 하므로 이사를 해임하기 위해 급조해서 주식을 취득한 사람은 이 소송을 제기할 수 없다. 이사의 해임청구의 소송까지 이루어지는 절차는 다음과 같다.

이사의
직무에 관한 부정 등 -- 법령 위반 사실 등 인지 -- 주주총회에서 이사 해임 시도 (but 부결됨)

⇓

주주총회 결의 (특별결의)

출석한 주주의 의결권의 3분의 2 이상의 수와 발행주식총수의 3분의 1 이상의 수

가결 →	이사 해임에 의한 임원변경등기 신청
부결 → (주주총회에서 해임안의 의결이 쉽지 않음)	소수주주가 해임청구의 訴訟 제기 가능

나. 소의 성질

이사와 회사의 관계는 민법상 위임계약으로 보고 있다. 위임계약이란 '당사자 일방(위임인)이 상대방에게 "사무의 처리"를 위탁하고, 상대방(수임인)이 이를 승낙함으로써 성립하는 계약이다(민법 제680조). 수임인은 위임의 본지에 따라 선량한 관리자의 주의로써 위임사무를 처리하여야 한다(민법 제681조). 이사해임의 소는 '회사와 이사 사이의 위임관계의 해소'라는 법률관계를 형성하는 것을 목적으로 하는 <u>형성소송</u>이다.

실무에서는 먼저 주주총회의 특별결의를 거친 후 그것이 부결되어야 본 소송을 제기할 수 있으므로 자주 이루어지는 소송은 아니지만, 근래에 들어 M&A 관련 경영권다툼이 많이 이루어지면서 점차 증가하는 모습을 보이고 있다.

Case) 송길섭이 주주로 있는 주식회사 한별컴의 대표이사 최준호는 평소 회사에 돈이 들어오면 다음 날 자신 개인의 통장으로 이체하여 자신의 맘대로 사용하고,

급기야는 최준호는 스티커사진기를 제조·판매하는 한별컴과 같은 업종을 목적으로 하는 다른 회사를 설립하여 그 회사의 대표이사가 되어 영업활동을 하고 있다.

주주 송길섭이 할 수 있는 조치는?

2. 제소요건 및 소의 원인

가. 제소요건

이사가 그 직무에 관하여 부정행위 또는 법령이나 정관에 위반한 중대한 사실이 있음에도 불구하고 주주총회에서 그 해임을 부결된 후에만 제소할 수 있다.

「주주총회에서 그 해임을 부결한 때」의 의미는 해임을 가결하지 않는 모든 경우를 의미하는데, ① 주주총회를 개회하여 해임을 부결한 적극적 결의가 있었던 경우, ② 해임안이 상정되었으나 정족수 미달로 심의가 되지 않은 경우, ③ 해임안이 상정되지 않아서 심의조차 되지 않은 경우 등까지 포함한다. 해임결의의 대상인 이사가 주주이더라도 주주총회의 해임결의에서 의결권을 그대로 유지한다.

나. 소의 원인

(1) 직무에 관한 부정행위 또는 법령·정관 위반의 중대한 사실

여기에서 「직무」란 직무집행 그 자체뿐만 아니라 직무를 집행함에 있어서 간접적으로 관련하여 행해진 행위를 포함한다. 「부정행위」란 이사가 선관의무, 충실의무나 경업금지의무 등 의무의 위반으로 회사에 대

하여 손해를 끼친 고의적인 행위를 말한다. 「법령 또는 직무에 위반한 중대한 사실」에는 고의로 행위 한 것 이외에 과실에 의한 위반행위도 포함된다. 법령·정관에 위반한 중대한 사실에 해당하지 않는 정도의 부정행위의 경우는 이사의 손해배상책임사유가 될 수는 있지만 해임사유는 될 수 없다.

(2) 해임사유의 존재시기

해임사유는 이사의 재임 중에 있으면 충분하고, 해임청구시까지 반드시 존재할 필요는 없다. 이사가 같은 업종을 목적으로 하는 다른 회사를 설립하여 그 회사의 대표이사가 되어 영업활동을 하다가, 해임청구시에는 다른 회사의 대표이사 및 이사직을 사임하였더라도 해임사유에 해당한다(대법원 1990. 11. 2. 결정, 90마745).

(3) 구체적인 해임사유

1) 주금가장납입을 한 경우[34] (상법 제628조 1항 위반)

2) 회사의 자금을 유용하거나 횡령한 경우 (형법 제355조 이하 위반)

3) 이사회의 승인이 없이 회사와 자기거래를 한 경우

4) 그 외 직무에 관한 부정행위 또는 법령·정관 위반의 중대한 사실

3. 누가 원고가 되고 누가 피고가 되나? (소송당사자)

가. 원고

이사해임의 소송의 원고는 발행주식 총수의 3% 이상에 해당하는 주식을 가진 주주이다. 이러한 지분요건은 판결확정시까지 유지되어야 하며 그 이전에 지분요건을 결한 때에는 법원은 청구를 기각하여야 한다.

---

34) 그 외 주금을 가장납입 하여 증자등기를 신청하는 경우에는 공정증서원본부실기재죄에 해당한다(대법원 1987. 11. 10. 87도 2072).

회사에 따라서는 소송 제기 후에 대표이사 혹은 영향력 있는 이사의 편을 드는 회사측에서 원고의 지분비율을 낮추려 신주발행을 할 수도 있다. 하지만 소제기 후 신주발행으로 인하여 그 지분비율이 낮아지는 경우에는 이러한 제소권자로서의 지위에 영향이 없다. 상장회사의 경우 6월 전부터 계속하여 발행주식총수의 50/10,000 (0.5%) 이상의 주식을 보유한 사람은 이사해임의 소를 제기할 수 있다(상법 제542의6 제3항). 최근 사업연도 말 현재의 자본금이 1천억원 이상인 상장회사는 1만분의 25 이상에 해당하는 주식을 가진 주주이다.

의결권 없는 주식을 소유하는 주주는 이사의 해임청구를 할 수 없다는 견해도 있고, 해임청구는 주주의 권리이기 때문에 의결권의 유·무와 관계없이 모든 소수주주에게 인정되는 권리라고 주장하는 설이 있다. 모든 소수주주에게 인정되는 권리라고 보는 것이 옳다. 회사의 존립과 전체 주주의 이익에 직결되는 문제이기 때문이다.

나. 피고

피고는 해임사유가 있는 이사와 회사를 공동피고로 본다. 회사는 피고가 되고 이사에 대하여는 절차보장의 관점에서 피고적격이 인정된다.

하지만, 이사해임의 소송을 본안으로 하여 해임대상 이사에 대한 직무집행정지가처분을 신청하는 경우 피신청인이 될 수 있는 사람은 그 성질상 당해 이사이고, 회사에게는 피신청인의 적격이 없다(대법원 1982. 2. 9. 선고 80다2424 판결).

4. 제소기간, 관할 및 인지액·송달료

가. 제소기간

주주총회에서 이사 해임안건이 부결된 후에만 제소할 수 있고, 그 제소기간은 주주총회의 결의가 있은 날로부터 1개월이다.

나. 관할

이사해임의 소송은 회사의 본점소재지를 관할하는 지방법원의 전속관할이다. 전속관할에 관한 상법 제186조를 준용한다.

다. 소가와 인지액

이 소는 비재산권을 목적으로 하는 소송으로서 소가는 1억 원(민사소송등인지법 제2조 제4항, 민사소송등인지규칙 제18조의2 단서, 제15조 제2항)이다. 인지액의 계산은 소가가 '1억 원 이상 10억 원 미만'의 구간에 해당하므로, 55,000+(1억 원×0.004)로 계산하고 그 인지액은 455,000원이 된다.

라. 송달료

송달료는 15회분을 납부한다. 원고·피고를 포함하여 당사자가 2인인 경우 송달료인 153,000원(당사자수 2인 × 5,100 × 15회분)이다.

5. 원고가 승소한 경우 판결의 효력

이사해임판결은 '회사와 이사 사이의 위임관계의 해소'라는 법률관계를 형성하는 형성판결이므로, 판결의 확정에 의하여 당해 이사는 자동적으로 그 지위를 상실한다. 이사해임의 판결이 확정되면 그 효력은 당사자이외의 이사 기타 제3자에게 효력을 미치지만, 이는 원칙적으로 당사자에게만 미치는 기판력에 의한 것이 아니라 형성판결로서 형성력에 의하여 제3자에 미치는 것이다[35].

35) 임재연. 2009.『회사소송』. 박영사 p184

[이사해임청구의 소 사례]

소　　장

원 고　1. 송길섭 (670125-1234567)

서울시 서초구 서초동 하나빌라 303호

2. 윤하나 (760630-1234567)

서울시 서초구 서초동 두나빌라 123호

피 고　1. 최 준 호 (540215-1234567)

서울시 영등포구 영등포동 123

2. 주식회사 한별컴 (110111-1234567)

서울시 서초구 서초동 1670

대표이사 최고봉

이사해임청구의 소

청 구 취 지

1. 피고 최준호를 피고 주식회사 한별컴의 이사직에서 해임한다.
2. 소송비용은 피고들의 부담으로 한다.

라는 재판을 구합니다.

청 구 이 유

1. 피고2. 주식회사 한별컴(이하 '피고회사'라 합니다)은 1995년 3월 5일 자본금 2억 원, 발행주식총수 20,000주로 하여 스티커사진기를 제조·판매 및 이에 부수하는 업무를 목적으로 하여 설립된 회사이고, 원고들은 피고회사 한별컴의 주식 5,000주를 가진 주주로서 현재 같은 회

사의 발행주식총수의 3/100 이상의 주식을 가진 자들입니다.

2. 피고회사의 이사인 피고1. 최준호는 평소 회사에 돈이 들어오면 다음날 자신 개인의 통장으로 이체하여 자신의 맘대로 사용하고, 급기야는 스티커사진기를 제조·판매하는 피고회사와 같은 업종을 목적으로 하는 다른 회사를 설립하여 그 회사의 대표이사가 되어 영업활동을 하고 있어, 직무에 관한 부정행위와 법령 및 정관에 위반한 중대한 사실이 있습니다.

3. 그리므로 원고들은 피고회사에 대하여 피고1.의 해임에 관한 주주제안을 하고 이에 관한 임시주주총회가 2010. 10. 10. 본점회의실에서 열렸으나, 피고1. 최준호와 그 측근들에게 밀려 해임에 관한 의안이 부결된 바 있습니다.

4. 그러나 피고1. 최준호의 불법은 명백한 것이어서 도저히 묵과할 수 없으며 나아가 피고회사의 운영에도 막대한 지장을 줄 것이라는 것이 불보듯 뻔한 사실이므로, 원고들은 피고회사의 발행주식총수의 3% 이상에 해당하는 주식을 가진 주주들로서 귀 재판부에 위 최준호 이사를 그 직에서 해임하고자 이 소송을 제기합니다.

입 증 방 법

1. 갑제1호증	주식회사 한별컴 등기부등본	1통
1. 갑제2호증	녹취록	1통
1. 갑제3호증	주주총회소집요구서(2010. 9. 10.)	1부
1. 갑제4호증	주주총회 의안제안서	1부

첨 부 서 류

1. 위 소명방법	각 1통
1. 송달료 납부서	1통

1. 소장 부본 2통

2010. 10. 20.

원고 송 길 섭 (인)

윤 하 나 (인)

서울중앙지방법원 귀중

6. 판결 이후

가. 해임의 소로서 해임되었던 이사가 재선임된 경우

이사해임의 소는 주주총회에서 이사의 해임이 부결된 경우에 인정된다. 그런데 엉뚱하게 해임의 소로서 해임되었던 이사를 또다시 주주총회에서 재임의 결의를 한 것은 결국 주주총회에서 이사해임안을 부결시킨 상황과 다름없다고 할 것이다. 따라서 해임된 이사가 재임된 경우에도 또다시 해임의 소를 제기할 수 있다. 이를 인정하지 않으면, 지배주주가 주주총회의 의결을 좌우할 수 있는 주주총회에서 해임된 이사를 재선임하고, 또 해임되면 또 재선임해서 결국 이사해임의 소를 쓸모없는 것으로 만들 수 있기 때문이다.

나. 변경등기

이사가 해임된 경우에는 경우는 등기사항에 변경이 생기므로 변경등기를 하여야 한다. 이 경우 당사자에게 신청에 의한 등기를 기대할 수 없는 경우가 대부분이므로 법에서는 법원의 촉탁에 의하여 등기를 하도록 규정하고 있다(비송사건절차법 제107조 제6호).

제4절 이사직무집행정지 · 직무대행자선임 가처분

제407조 (직무집행정지, 직무대행자선임)

① 이사선임결의의 무효나 취소 또는 이사해임의 소가 제기된 경우에는 법원은 당사자의 신청에 의하여 가처분으로써 이사의 직무집행을 정지할 수 있고 또는 직무대행자를 선임할 수 있다. 급박한 사정이 있는 때에는 본안소송의 제기 전에도 그 처분을 할 수 있다.

② 법원은 당사자의 신청에 의하여 전항의 가처분을 변경 또는 취소할 수 있다. ③ 전2항의 처분이 있는 때에는 본점과 지점의 소재지에서 그 등기를 하여야 한다.

1. 이사직무집행정지 · 직무대행자선임 가처분

이사선임결의의 무효나 취소 또는 이사해임의 소가 제기된 경우, 이사의 정상적인 업무집행이나 경영을 기대할 수 없다. 이러한 경우에 소송이 끝나 이사의 선임이나 해임이 확정될 때까지 일시적으로나마 직무를 정지시키는 것이 직무집행정지 가처분이다.

그런데 이러한 경우 해당 이사가 직무를 하지 않음으로 인해 회사의 운영이 어려워질 수도 있으므로 그동안 직무대행 할 사람을 선임하는 것이 직무대행자선임 가처분이다. 이사의 직무집행을 정지하는 이사직무집행정지 가처분이나 직무대행자선임 가처분은 필수적으로 해임소송이나 이사선임결의의 무효 또는 취소소송이 전제되어야 한다. 하지만 급박한 사정이 있는 때에는 본안 소송의 제기 전에도 그 처분을 할 수 있다.

여기에서는 이사해임청구권을 피보전권리로 하는 이사직무집행정지 및 직무대행자선임 가처분을 중심으로 이야기하기로 한다. 이사직무집행정지가처분에 대한 규정은 주식회사의 감사(상법 제415조)와 청산인(상법 제542조 제2항) 등에게도 준용된다.

2. 당신, 소송 끝날 때까지 직무 스톱! (직무집행정지 가처분)

가. 직무집행정지가처분의 성질

직무집행정지가처분은 민사집행법 제300조 제2항에서 규정하는 「임시의 지위를 정하는 가처분」이다. 보전처분이니만큼 피보전권리와 보전의 필요성을 소명해야 함은 이미 이야기 한 바와 같다.

나. 절차

(1) 관할, 인지액, 송달료

1) 관할 본안소송의 관할법원에서 재판을 진행한다.

그러므로 본안소송 이사해임의 소인 경우에는 회사 본점 소재지 지방법원이 된다. 가처분 신청서에는 재판의 관할과 피신청인이 이사임을 소명하기 위하여 법인등기부(등기사항증명서)를 첨부하여야 한다.

2) 인지액 인지액은 임시의 지위를 정하기 위한 가처분의 신청 및 그에 대한 이의 또는 취소의 신청에 대한 인지액을 납부한다. 본안의 소에 따른 인지액의 2분의 1이고, 이 경우 인지액의 상한액은 500,000원이다(민사소송 등 인지법 제9조 2항). 본안의 소가가 1억 원이라면, 인지액의 계산은 소가가 '1억 원 이상 10억 원 미만'의 구간에 해당하므로, 55,000+(1억 원 ×0.004)로 계산하고 그 인지액은 455,000원이다. 본안의 인지액은 455,000원이므로, 이 가처분신청의 인지액은 그의 2분의 1인 252,500원이 된다.

3) 송달료 당사자가 3인인 경우 122,400원(당사자수 × 5,100원 × 8회분)이다. 일반적인 가처분은 3회분의 송달료를 납부해야 하지만, 임시의 지위를 정하기

위한 가처분의 경우 필요적으로 심문기일을 열고 본안소송과 비슷하게 진행되는 면이 있으므로 송달료를 8회분으로 정한 것이다(재판예규 제1460호, 2014. 2. 3. 시행).

(2) 고도의 보전의 필요성

1) 임시의 지위를 정하는 가처분은 계속하는 권리관계에 끼칠 현저한 손해를 피하거나 급박한 위험을 막기 위하여, 또는 그 밖의 필요한 이유가 있을 경우에 하여야 한다(민사집행법 제300조 2항).

임시지위를 정하기 위한 가처분의 경우 본안판결이 있기 전에 본안판결에 의하여 얻을 수 있는 만족과 거의 비슷한 정도의 만족을 얻도록 하는 것이기 때문에 채무자의 고통은 매우 크다고 할 것이다. 따라서 이에 상응하는 보전의 필요성을 인정할만한 특별한 사정의 소명이 없는 경우 가처분 신청이 배척되는 경우가 많이 있다.

2) 위에서 말하는 "현저한 손해"는 반드시 재산상 손해뿐 아니라 정신적 손해와 공익적 손해도 포함된다고 해석하여야 할 것이다(대법원 1967.07.04. 자 67마424 결정 이사직무정지가처분신청(기각)). 현저한 손해란 본안판결의 확정까지 이르기까지 현재의 상태를 그대로 방치하는 것이 가혹하다고 판단되는 정도의 불이익 또는 고통을 말한다.

(3) 당사자

1) **신청인** 본안소송인 이사해임의 소 등에서 원고가 될 수 있는 자이다. 이사해임의 소송의 원고는 발행주식 총수의 3% 이상에 해당하는 주식을 가진 주주이다. 상장회사의 경우 6월 전부터 계속하여 발행주식 총수의 10,000분의 50 (0.5%) 이상의 주식을 보유한 사람은 이사해임의 소를 제기할 수 있다(상법 제542의6 제3항).

2) **피신청인** 피신청인은 이사선임결의의 무효나 취소 또는 이사해임의 소가 제기된 이사이다. 이사해임의 소에서는 회사가 공동피고이지만 직무집행정지가처분에서는 회사가 피신청인이 될 수 없고, 해당 이사

만 피고가 될 뿐이다.

(4) 심리절차

민사집행법상의 가처분절차에 따른다. 가처분의 재판에는 변론기일 또는 채무자가 참석할 수 있는 심문기일을 열어야 한다. 다만, 그 기일을 열어 심리하면 가처분의 목적을 달성할 수 없는 사정이 있는 때에는 그러하지 아니하다(민사집행법 제304조).

다. 직무집행정지가처분의 효력

(1) 직무집행이 정지된 자의 해당 직무집행 정지 법원의 직무집행정지 가처분결정에 의해 회사를 대표할 권한이 정지된 대표이사가 그 정지기간 중에 체결한 계약은 절대적으로 무효이다(대법원 2008.05.29. 선고 2008다4537 판결 공사대금). 편법으로 직무집행정지 된 이사가 주주총회에서 사임 또는 퇴임을 한 후 다시 이사로 선임되더라도 그 이사는 권한을 행사할 수 없다고 보아야 할 것이다. 하지만 직무집행정지를 당했다고 하여 이사 또는 대표이사의 자격 자체를 잃는 것은 아니다.

(2) 가처분 효력의 상실 일반적으로 직무집행정지가처분은 본안소송의 판결이 확정됨과 동시에 그 효력을 상실하게 된다. 물론 가처분을 신청할 때 직무정지의 기간을 정한 때에는 그 기간이 만료함으로써 효력을 상실한다.

라. 불복절차

직무집행정지 가처분결정에 대하여 이의를 신청할 수 있다. 이의신청에는 가처분의 취소나 변경을 신청하는 이유를 밝혀야 한다. 이의신청은 가처분의 집행을 정지하지 않는다(민사집행법 제301조에서 가압류이의에 관한 283조 준용).

[직무집행정지가처분 신청서]

직무집행정지가처분신청

신청인 1. 송길섭 (670125-1234567)
서울시 서초구 서초동 하나빌라 303호
2. 윤하나 (760630-1234567)
서울시 서초구 서초동 두나빌라 123호

피신청인 최 준 호 (540215-1234567)
서울시 영등포구 영등포동 123

피보전권리의 요지 : 주주권에 기한 대표이사 및 이사의 업무집행정지 청구권 및 해임청구권, 직무대행자선임청구권

신 청 취 지

1. 신청인들의 신청외 주식회사 한별컴에 대한 귀원 2010가합 1234호 이사해임의 소의 본안판결확정시까지 피신청인 최준호는 같은 회사의 대표이사 및 이사의 직무를 집행하여서는 안 된다.
2. 위 직무집행정지기간 중 법원에서 정하는 적당한 자로 하여금 위 대표이사와 이사로서의 직무를 대행하게 한다.

라는 재판을 구합니다.

청 구 이 유

1. 신청외 주식회사 한별컴(이하 '신청외 회사'라 합니다)은 1995년 3월 5일 자본금 2억 원, 발행주식총수 20,000주로 하여 스티커 사진기의 제조·판매 및 이에 부수하는 업무를 목적으로 하여 설립된 회사이고, 신청인들은 신청외 회사의 주식 5,000주를 가진 주주로서 현재 같은 회사의 발행주식총수의 3/100 이상의 주식을 가진 자들인 바, 주주의 구성은 다음과 같습니다.

아 래	
3,000주	송길섭
2,000주	윤하나
10,000주	최준호
3,000주	이상호
2,000주	김종욱

2. 신청외 회사의 대주주이자 대표이사 겸 이사인 피신청인 최준호는 평소 회사에 돈이 들어오면 다음 날 자신 개인의 통장으로 이체하여 자신의 맘대로 사용하고, 급기야는 스티커사진기를 제조·판매하는 신청외 회사와 같은 업종을 목적으로 하는 다른 회사(주식회사 빛나컴)를 설립하여 그 회사의 대표이사가 되어 영업활동을 하고 있어, 직무에 관한 부정행위와 법령 및 정관에 위반한 중대한 사실이 있습니다.

3. 그리므로 신청인들은 신청외 회사에 대하여 피신청인의 해임에 관한 주주제안을 하고 이에 관한 임시주주총회가 2010. 10. 10. 본점회의실에서 열렸으나, 피신청인 최준호와 그 측근들에게 밀려 해임에 관한 의안이 부결된 바 있습니다.

4. 그러나 피신청인의 불법은 명백한 것이어서 도저히 묵과할 수 없으며

나아가 신청외 회사의 운영에도 막대한 지장을 줄 것이라는 것이 불보듯 뻔한 사실이므로 신청인들은 신청외 회사의 발행주식총수의 3% 이상에 해당하는 주식을 가진 주주들로서 귀 재판부에 피신청인을 그 직에서 해임하고자 소송을 제기한 바 있습니다(귀원 2009가합 1234호 이사해임의 소).

5. 하지만 피신청인 최준호는 현재까지 대표이사 및 이사라는 점을 이용하여 신청인들에게는 이익금 배당이나 주주권행사를 보장하지 않고 피신청인 마음대로 신청외 회사를 운영하면서 이익금을 독식하고 횡령하는 한편 경업금지의무를 위반하여 회사에 막대한 손해를 가하고 있으므로, 본안판결인 대표이사 및 이사해임의 소의 확정판결시까지 이를 방치한다면 회복할 수 없는 손해가 발생하겠기에 신청인들은 피신청인의 대표이사 직무집행정지를 구하고 회사의 정상적인 운영을 위하여 신청취지와 같은 결정을 구하기 위하여 이건 신청에 이른 것입니다.

소 명 방 법

1. 소갑제1호증	주식회사 한별컴 등기부등본	1부
1. 소갑제2호증	녹취록	1부
1. 소갑제3호증	주주총회소집요구서(2010. 9. 10.)	1부
1. 소갑제4호증	주주총회 의안제안서	1부
1. 소갑제5호증	임시주주총회의사록 사본	1부
1. 소갑제6호증	회사정관 사본	1부

첨 부 서 류

1. 위 소명방법 각 1통

1. 송달료 납부서 1통

2010. 10. 20.

신청인 송 길 섭 (인)

윤 하 나 (인)

서울중앙지방법원 귀중

바. 촉탁등기

직무집행정지가처분이 있는 때에는 본점과 지점의 소재지에서 '해당 이사가 직무집행이 정지되었음'을 회사등기부에 등기를 하여야 한다. 가처분은 제3자에게도 큰 영향을 줄 수 있기 때문에, 회사등기부에 이를 공시하는 것이다.

회사의 대표이사나 이사의 직무집행이 정지된 경우 회사가 직접 등기신청을 하는 것은 기대하기 어려우므로, 가처분결정을 한 법원의 법원사무관 등이 등기소에 촉탁하여 등기한다.

[등기촉탁서]

서울중앙지방법원 제○부

등 기 촉 탁 서

1. 상　　　호　주식회사 한별컴
1. 본　　　점　서울시 서초구 서초동 1111
1. 지　　　점　서울시 동대문구 신설동 2222
1. 등기의목적　이사(감사)의 직무집행정지 및 직무대행자 선임등기
1. 등기의사유　2011년 3월 10일 서울지방법원 2011카합123호 가처분결정으로 이사(감사) 최준호의 직무집행을 정지하고 다음 사람을 그 직무대행자로 신임하였으므로 다음 사항의 등기를 구함.
1. 등기할사항

2011년 3월 10일 이사(감사) 최준호의 직무집행정지

같은 날 다음 사람 선임 결정

이사(감사)직무대행자　송길섭 (　　　-　　　)

1. 등 록 세　금 ○○원
1. 첨 부 서 류

가처분결정등본　　1통

위와 같이 등기촉탁 함.

2011년　3월　10일

재판장 판사　나 판 사 (인)

서울중앙지방법원 등기국 귀중

3. 다른 사람이 임시로 직무를 대신하게 선임해주세요 (직무대행자 선임의 가처분)

가. 직무대행자의 선임

이사선임결의의 무효나 취소 또는 이사해임의 소가 제기된 경우에는 법원은 당사자의 신청에 의하여 가처분으로써 이사의 직무집행을 정지할 수 있고 또는 직부대행자를 선임할 수 있다(상법 제407조).

신청취지는

1. 신청인들의 신청외 주식회사 한별컴에 대한 귀원 2010가합 1234호 이사해임의 소의 본안판결확정시까지 피신청인 최준호는 같은 회사의 대표이사 및 이사의 직무를 집행하여서는 안 된다. 2. 위 직무집행정지기간 중 법원에서 정하는 적당한 자로 하여금 위 대표이사와 이사로서의 직무를 대행하게 한다. 라는 재판을 구합니다.

에서 「2. 위 직무집행정지기간 중 법원에서 정하는 적당한 자로 하여금 위 대표이사와 이사로서의 직무를 대행하게 한다」 부분이 이에 해당한다. 직무대행자는 '000을 위 대표이사와 이사로 직무를 대행하게 한다'고 특정인을 지정해서 신청할 수도 있다.

나. 직무대행자의 권한

직무대행자는 가처분명령에 다른 정함이 있는 경우 외에는 회사의 상무(常務 : 일반적으로 회사의 영업을 계속함에 있어 통상업무범위 내의 사무, 즉 회사의 경영에 중요한 영향을 미치지 않는 보통의 업무 ; 대법원 1991.12.24. 선고 91다4355 판결)에 속하는 행위만 할 수 있다. 그러나 법원의 허가를 얻은 경우에는 상무 외의 행위도 할 수 있다.

[직무대행자의 상무외 행위 허가신청서 예시]

직무대행자의 상무외 행위 허가신청서

신 청 인　　김 상 외
서울시 동작구 신대방동 1111
대표이사 직무대행자

사건본인　　주식회사 한별컴
서울시 서초구 서초동 1111

신 청 취 지

신청인이 임시주주총회를 소집할 것을 허가하여 주시기 바랍니다.

신 청 이 유

1. 신청인은 2016년 3월 10일 귀원에서 주식회사 한별컴의 대표이사 직무대행자에 선임되어 위 회사의 상무에 속하는 행위를 처리하여 왔습니다.

2. 그런데 이번 위 회사의 이사 최준호, 동 최기동, 동 김장묵의 3명은 5월 3일 각각 이사의 사임서를 제출하였으므로 이사는 송길섭만 남은 상태입니다. 하지만 ㈜한별컴의 경우 자본금이 10억원 이상이므로 상법 제383조에 따라 이사가 3인 이상이어야 합니다. 따라서 결원한 이사 3명을 보충할 필요가 생겼으므로 위 이사를 선임하기 위한 임시주주총회를 소집하게 되었습니다.

3. 그러나 위 행위는 동 회사의 상무에 속하지 않는 행위에 해당하므로 본 신청을 하기에 이른 것입니다.

첨 부 서 류

1. 회사등기부등본 1통

2. 사임서 사본 3통

2016년 5월 23일

위 회사 대표이사 직무대행자

김 상 외 (인)

서울중앙지방법원 귀중

다. 직무대행자의 자격

특별한 제한이 없으므로 원칙적으로 누구든 가능하다. 직무집행이 정지된 이전의 이사는 당연히 배제됨은 물론이다.

라. 직무대행자선임 가처분의 성질

직무대행자선임 가처분은 민사집행법 제300조 제2항에서 규정하는 「임시의 지위를 정하는 가처분」이라고 볼 수 있다.

보통은 직무집행정지 가처분과 직무대행자선임 가처분은 보통 동시에 하게 되는 것이 일반적이다. 하지만 어떤 사유로든 직무집행정지 가처분을 신청하는데 실수로 직무대행자선임을 누락시킨 경우나 회사운영의 공백을 간과하고 직무집행정지 가처분만 신청한 경우에 직무대행자에 대한 선임만 따로 신청할 수 있다.

마. 절차

(1) 관할, 인지액, 송달료 본안소송의 관할법원이다.

인지액은 임시의 지위를 정하기 위한 가처분의 신청 및 그에 대한 이의 또는 취소의 신청은 그 본안의 소에 따른 인지액의 2분의 1이다. 본안의 소가가 1억 원이고 인지액은 455,000원이므로, 이 가처분신청의 인지액은 그의 2분의 1인 252,500원이다. 송달료는 8회분으로서 당사자가 2인인 경우는 81,600원이고 3인인 경우 122,400원(당사자수×5,100원×8회분)이다.

하지만, 직무집행정지가처분과 함께 직무대행자선임 가처분을 신청하게 되면 인지액과 송달료는 1번의 임시의 지위를 정하는 가처분의 비용만 납부하면 된다.

(2) 절차 직무집행정지 가처분과 다를 것이 없다.

(3) 등기 직무대행자가 선임되면 제3자에게도 큰 영향을 줄 수 있기 때문에, 상업등기부에 이를 공시해야 한다. 회사의 대표이사나 이사의 직무집행이 정지된 경우 회사가 직접 등기신청을 하는 것은 기대하기 어려우므로, 가처분결정을 한 법원의 법원사무관 등이 등기소에 등기를 촉탁하여 등기한다.

바. 선임의 효력

직무집행이 정지된 이사는 직무집행에서 배제되고, 대신 직무대행자가 그 직을 수행하게 된다.

사. 직무대행자와 책임

직무대행자가 그 직무를 행하다가 고의 또는 과실로 해사 또는 제3자에게 손해를 가한 경우, 이사의 경우와 동일하게 책임을 지울 수 있을 것이다. 또한 직무대행자는 원칙적으로 회사의 상무에 속하지 아니한 행위를 하지 못한다. 그러나 직무대행자가 법원의 허가를 받지 않고 상무 외 행위를 한 경우에도 회사는 선의의 제3자에 대하여 책임을 져야 한다(상법 제408조 제3항).

제 5 장

주주총회와 엉터리 주주총회결의

제1절 주주총회와 누가 주주인지의 확정, 결의방법 등

1. 주주총회

주주총회는 회사의 주인들인 주주들이 모여서 회사의 중대한 의사를 결정하는 회사의 가장 중요한 기관이다.

따라서 주주총회는 주주 전원으로 구성되는 것이 원칙이다. 다만 회사가 의결권 없는 주식을 발행하는 경우에는, 그 주주가 정관에 정한 우선적 배당을 받고 있는 이상 주주총회는 이를 제외한 다른 주주에 의하여 구성된다.

2. 주주총회의 소집

주주총회를 소집에 관하여는 이사회 또는 청산인회에서 소집을 결정하고, 그 결정에 따라 대표이사·대표청산인 기타의 대표자가 이를 소집하여야 한다. 다만, 이사가 1인인 회사는 그 이사가 소집결정을 하고 직접 소집한다.

3. 정기총회와 임시총회

주주총회는 소집의 시기에 따라 정기총회와 임시총회가 있다. 정기총회는 매년 1회 정관으로 정하여진 일정한 시기에 소집하여야 하나 연 2회 이상의 결산기를 정한 회사는 매결산기마다 소집하여야 한다.

임시총회는 필요할 때마다 수시로 소집한다. 주주총회 소집의 장소는 정관에 다른 정함이 없으면 본점소재지 또는 이에 인접한 지에 소집하여야 한다.

기준일 공고, 주주명부폐쇄에 관하여

주주총회를 소집하기 위해서는 각 주주에게 소집통지를 발송하여야 하는데 주식이라는 것이 유통되어 주주가 수시로 바뀌는 상황에서는 소집통지의 대상이 되는 주주가 누구인지 모른다. 주주가 누구인지를 알기 위하여(주주의 확정 문제) ① 일정한 기준이 되는 날짜(기준일)를 잡아 그 날짜에 주주로 등재된 사람을 주주로 보는 방법을 취하고 ② 주주총회를 개최하기 전 일정기간 동안 주주명부 상 이름이 변경되는 것을 막아(주주명부 폐쇄)하여 주주총회에서 의결권을 가지는 주주를 확정할 필요가 있다. 이에 상법은 기준일 공고, 또는 주주명부 폐쇄 공고를 할 수 있도록 규정하고 있다(상법 제354조). 기준일을 정하거나 주주명부를 폐쇄하게 되면 기준일 또는 주주명부폐쇄일의 최초일의 2주 전에 공고를 하도록 하고 있다.

[기준일 및 주주명부폐쇄기간 설정공고 예문]

기준일 및 주주명부폐쇄기간 설정공고

상법 제354조 및 정관 제15조에 의거하여 2014년 7월 1일 현재 주주명부에 기재되어 있는 주주에게 의결권을 부여하며, 권리주주 확정을 위해 2014년 7월 2일부터 같은 달 16일 까지 주식의 명의개서, 질권의 등록 및 그 변경과 말소, 신탁재산의 표시 및 말소 등 주주명부의 기재사항 변경을 정지함을 공고합니다.

2014년 6월 15일

주식회사 한별컴

서울 강남구 역삼동 734-17

대표이사 최 고 봉

4. 주주총회 소집의 통지

주주가 확정이 되고 주주총회를 하기로 정하였다면, 이제 주주총회를 소집하게 된다. 주주총회일 2주 전에 각 주주에게 서면 또는 전자문서로 통지를 발송하여야 하는데 통상 대표이사가 발송한다.

주주 귀하

제 30기 정기주주총회 소집통지서

주주 여러분의 발전을 기원합니다.
당사의 정기주주총회를 아래와 같이 개최하고자 하오니 참석하여 주시기 바랍니다.

-아　　　래-

1. 일시 : 2014년 3월 27일
2. 장소 : 서울 강남구 역삼동 734-123 본사회의실
3. 보고사항 : 제30기 감사보고, 영업보고
4. 목적사항
   제1호 의안 : 제30기(2013. 1. 1~ 2013. 12.31) 재무제표 승인의 건
   제2호 의안 : 이사 선임의 건
   제3호 의안 : 감사 선임의 건
   제4호 의안 : 임원 보수 승인의 건

2014년 2월 25일

주식회사 한별컴
서울 강남구 역삼동 734-123
대표이사 최고봉

5. 주주총회의 진행

이제 주주총회를 진행한다. 주주총회의 의장은 일반적으로 정관의 규정으로 대표이사가 되며, 대표이사가 유고시 다른 이사가 일정순서에 따라 맡도록 정하고 있다. 정관에 의장을 정하지 않은 경우에는 주주총회의 보통결의에 의하여 의장을 선임하여야 한다.

6. 주주총회의 결의

주주총회의 결의는 어떻게 할까.

먼저 주주총회는 몇 명(몇 주)이 참석해야 회의를 진행할 수 있다는 의사정족수는 없다. 일단 얼마의 주식수를 가진 사람이 참석하든 그것은 상관없이 일단 참석한 주식수의 얼마가 의결에 찬성하였느냐의 의결정족수만 있을 뿐이다.

이사회와 비교하면서 설명하면, 이사회의 경우 과반수가 출석하여야 의사가 진행이 가능하고 출석한 이사의 과반수가 동의를 해야 의결이 된다. 여기에서 '과반수가 출석'해야 이사회가 진행되는데, 이것을 의사정족수라고 한다. 그런데 주주총회는 주주의 의결권(주식수)이 얼마가 되어야 출석하여야 주주총회가 진행할 수 있다는 것은 없고, 얼마가 되든 일단 출석한 의결권의 얼마가 해당 의안에 동의를 해야지 의결이 된다는 형식으로 규정되어 있는 것이다.

그러므로 주주총회에서 보통 일어나는 불법이, 총회장에 입장을 못하게 하는 것이다. 주주총회장에서 인감 등을 과도한 서류를 요구하거나 깍두기 아저씨들을 문 앞에 세워 겁을 주어 못들어가게 하는 등의 불법이 생기는 것이다. 이렇게 불법을 행하는 측에서 자신의 편만 입장시켜서 주주총회를 진행하고, 그 주주총회에서 과반수 또는 3분의 2의 의결을 받아도 일응 형식적으로는 문제가 되지 않기 때문이다. 이러한 결의 나중에 법원에서 무효라고 판단이 되어도 이미 늦어버리거나 법원에서 사건을 진행하는 동안 유야무야 되는 경우가 많기 때문에, 아직도 표대결을 하는 여러 회의에서 이런 불법이 행해지고 있는 것이 사실이다.

상법 또는 정관에 다른 정함이 없는 경우에는 원칙적으로 다음과 같은 방식으로 의사가 형성된다.

가. 보통결의

출석한 주주의 의결권(사람의 수가 아닌 의결권의 수이다. 1주에는 1의결권이 있다.)의 과반수와 발행주식총수의 1/4 이상의 다수로써 하여야 한다. 의결권 없는 주식은 발행주식의 총수에 산입되지 않는다.

보통결의사항은 이사 또는 감사의 선임과 보수결정, 재무제표의 승인, 주식배당, 배당금지급시기의 결정 등이 해당된다. 다만, 자본금이 10억 미만인 회사 중 이사가 1인인 회사는 이사회를 구성할 수 없으므로, 이사회 결의사항 중 양도제한주식의 양도승인, 이사의 경업승인, 이사의 자기거래 승인, 유상증자결의, 무상증자결의, 중간배당, 전환사채 및 신주인수권부사채의 발행결의 등을 주주총회에서 하게 된다.

나. 특별결의

출석한 주주의 의결권의 2/3 이상의 수와 발행주식 총수의 1/3이상의 수로써 하여야 하며, 정관에 의하더라도 정족수를 경감할 수 없다. 정관의 변경, 영업의 양도, 사후설립, 주주 아닌 사람에 대한 전환사채의 발행, 주주 아닌 사람에 대한 신주인수권부사채의 발행, 자본의 감소, 해산, 회사의 계속, 합병, 분할·분할합병, 설립위원의 선임 등이 특별결의사항에 해당한다.[36)]

예를 들어, 발행주식총수 1,000주인 회사에서 실제로 주주총회에 참

---

36) 이보다도 더 엄격한 결의요건이 정하여져 있는 경우가 있다. 즉, 이사·감사의 책임면제 및 유한회사로의 조직변경의 경우에는 총주주의 동의를 필요로 한다. 총주주의 동의가 없다면 이사나 감사가 법령 또는 정관에 위반한 행위를 하거나 그 임무를 해태한 때에는 회사에 대하여 연대하여 손해를 배상할 책임을 져야 한다.

석한 의결권이 400주(5명이 A는 100주, B는 100주, C는 100주, D는 50주, E는 50주를 가진 주주들이 참석)인 경우, 이 중 300주가 동의를 하였다. 특별결의사항(ex 이사해임, 정관변경)은 가결인가?

답: 출석의결권의 2/3 인 267주 이상의 동의를 얻어야 하고, 그것이 발행주식 총수의 1/3 이상인 334주 이상이어야 한다. 따라서 첫 번째(출석의결권의 2/3 인 267주 이상)에는 해당하지만 두 번째(발행주식 총수의 1/3 이상에 해당하는 334주)에 해당되지 않아 否決로 처리된다. 만약 결의사항이 보통결의 사항(ex 임원선임)이라면 可決로 처리될 것이다.

※ 의장의 캐스팅보트?

주주총회에서의 의결권은 1주마다 1개의 의결권이 원칙이므로, 총회 결과가 찬성표와 반대표 수가 같은 경우(가부동수인 경우) 의장이라도 결정권(캐스팅보트)을 갖지 못한다. 찬성과 반대가 같은 수인 경우는 부결로 처리한다. 회사의 정관에 의장이 결정권을 갖는다고 규정하여도 마찬가지이다.

7. 주주총회 의사록의 작성, 날인 및 공증

주주총회가 열리면 주주총회의사록을 작성하여야 하고, 의사록에는 의사의 경과요령과 그 결과를 기재하고 의장과 출석한 이사가 기명날인 또는 서명하여야 한다.

등기소에 제출할 의사록은 공증인법의 규정에 의하여 대하여 대통령령이 정하는 공법인 또는 비영리법인을 제외하고는 반드시 공증하여야 한다. 그러므로 의안 중 등기사항이 있는 경우 출석주주들 중 의결정족수에 해당하는 수 이상의 주주들에게 공증용위임장 및 인감증명서를 받아두어야 한다. 주주의 수가 너무 많은 경우에는 공증인이 주주총회에 직접 나가서 하는 소위 '출장공증'의 방법도 있다.

[참고] [이사회, 이사, 주주총회, 감사의 관계 요약]
-상법 제447조 내지 제452조 재무제표의 승인-

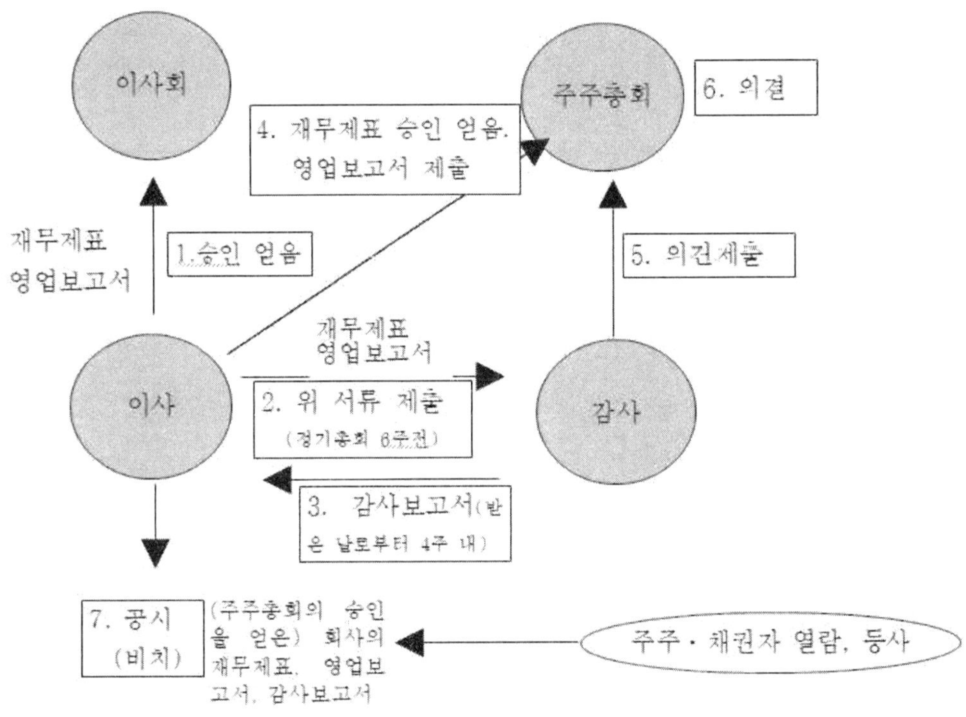

8. 주주총회의사록 등의 비치

이사는 회사의 정관, 주주총회의사록을 본점과 지점에, 주주명부, 사채원부를 본점에 비치하여야 한다. 이 경우 명의개서대리인을 둔 때에는 주주명부나 사채원부 또는 그 복본을 명의개서대리인의 영업소에 비치할 수 있다(상법 제396조 1항).

9. 주주총회결의의 효력을 다투는 소송

회사법관계를 둘러싼 소송 가운데에서 특히 주주총회결의의 효력을 다투는 소송이 상당히 자주 이루어지고 있다.

주주총회 결의의 하자를 다투는 소송은 이사에 대한 책임추궁소송과 함께 기업내 다수결원리의 남용에 대한 제재수단으로 작용한다.

상법은 주주총회결의의 하자를 다투는 소송으로서,

① 소집절차 또는 결의 방법이 법령 또는 정관에 위반하거나 현저하게 불공정 한 때, 결의의 내용이 정관에 위반한 때에는 주주총회 결의 취소의 소(상법 제376조)

② 결의 내용이 법령에 위반한 때 주주총회 결의 무효확인의 소(상법 제380조)

③ 소집절차 또는 결의 방법에 총회결의가 존재한다고 볼 수 없을 정도의 중대한 하자가 있을 때에는 주주총회 결의 부존재확인의 소(상법 제380조)

④ 주주가 특별한 이해관계인이라서 의결권을 행사할 수 없었던(상법 제368조 제3항) 주주총회에서, 그 결의가 현저하게 부당하고 그 주주가 의결권을 행사하였더라면 이를 저지할 수 있었을 때에 그 주주에게 인정되는 부당결의의 취소·변경의 소(상법 제381조)를 규정하고 있다.

제2절 주주총회결의 취소소송

Case) 주식회사 한별컴의 발행주식총수는 100,000주이고 같은 회사의 주주 윤수일은 회사의 주식 10,000주를 소유하고 있다.

그런데 한별컴은 2010. 2. 12. 마치 히틀러 같은 대표이사의 측근들을 이사로 선임하는 주주총회를 개최하면서, 이에 반대할 것 같은 윤수일과 그 외 반대할 것으로 생각되는 주주들에게는 일체의 통지를 하지 않고 대표이사에게 우호적이거나 알아서 히틀러에게 설설 기는 주주들에게만 통지한 상태에서 주주총회를 진행하여 이사들을 선임하였다.

이 경우 윤수일이 취할 수 있는 조치는?

1. 저딴 식으로 주주총회 하면 안 되지~ (소의 의의와 성질)

상법 제376조 (결의취소의 소) ① 총회의 소집절차 또는 결의방법이 법령 또는 정관에 위반하거나 현저하게 불공정한 때 또는 그 결의의 내용이 정관에 위반한 때에는 주주·이사 또는 감사는 결의의 날로부터 2월 내에 결의취소의 소를 제기할 수 있다.

소집절차 또는 결의 방법이 법령 또는 정관에 위반하거나 현저하게 불공정 한 때, 결의의 내용이 정관에 위반한 때 주주·이사 또는 감사에게 인정되는 소송이다.

결의취소의 소는 판결이 전까지는 유효하였던 주주총회의 결의를 판결로 소급적으로 무효화시키는 것이므로 형성소송이다.

2. 소의 원인 (결의취소의 사유)

상법은 결의취소의 사유로서, 총회의 소집절차나 결의방법이

첫째, 법령 또는 정관에 위반한 경우,

둘째, 현저하게 불공정한 경우를 들고,

그 외 주주총회의 결의내용이 정관에 위반한 경우를 들고 있다.

가. 총회의 소집절차 또는 결의방법이 법령 또는 정관에 위반하거나 현저하게 불공정한 경우

(1) 소집절차상의 하자

○ 소집권한 없는 사람이 맘대로 한 주주총회의 소집

○ 정당한 소집권자에 의하여 소집된 주주총회이지만, 총회소집을 위한 이사회의 결의가 없었던 경우 또는 총회를 소집한 이사회의 결의가 무효인 경우

○ 주주총회 소집통지에서 일부의 주주를 빼고 소집통지를 한 경우

○ 법정기간을 준수하지 않은 서면통지에 의하여 주주총회가 소집된 경우

○ 소집통지에 회의의 목정사항이나 의안의 요령을 기재하지 않은 경우

○ 총회장소 등의 부적합(예를 들어, 서울에 있는 회사가 제주도의 한 러브호텔에서 주주총회를 개최하는 등 총회의 개최일시 및 장소가 적합하지 않은 때)

○ 구두의 소집통지[소집통지는 서면이나 전자문서로 하여야 하므로(상법 제363조) 구두로 한 소집통지는 결의취소 원인이 된다]

(2) 결의방법의 하자

○ 주주총회 진행자가 사실상 소수주주의 의결권 행사를 방해하는 행위를 하는 경우 등 그 결의방법이 현저하게 불공정한 경우(대법원 1996. 12. 20. 선고 96다39998 판결).

○ 일반적으로 주주총회에서의 의사진행 및 결의방법과 관련한 하자가 있는 경우에는 곧바로 주주총회의 무효사유로 할 것이 아니라 하자의 정도

에 따라 주주총회의 부존재 혹은 취소의 사유로 취급할 수 있다.

나. 결의의 내용이 정관에 위반한 경우

예를 들어, 정관이 정하는 이사의 자격에 미달하는 사람을 이사로 선임한 경우, 정관이 정하는 정원을 초과하여 이사를 선임한 경우 등은 주주총회결의 취소사유가 된다. 만일 결의의 내용이 정관을 위반함과 동시에 법령을 위반하였다면 그 효력은 어떠할까. 그 결의는 당연히 무효사유라고 보아야 할 것이다.

3. 누가 원고가 되고 누가 피고가 되나? (소송당사자)

가. 원고

(1) 주주, 이사, 감사

결의취소의 소를 제기할 수 있는 사람은 주주, 이사(청산인, 일시이사 직무집행자 포함), 감사에 한한다. 원고는 주주, 이사, 감사의 자격을 변론종결시까지 유지하여야 하며, 소송계속 중 그 지위를 상실할 경우 법원은 소를 각하하여야 한다.

주주는 자기가 주주총회의 결의에 의하여 불이익을 입었다는 이유로도 제소할 수 있다. 하자 있는 결의에 의하여 해임된 이사는 그 결의에 대하여 제소할 수 있다(대법원 1982. 4. 27. 선고 81다358 판결).

(2) 소송 중에 끼어들 수 있나? [=소송참가(공동소송참가)]

원고적격을 가진 사람은 공동소송참가를 할 수 있다. 참가신청은 참가의 취지와 이유를 명시하여야 한다.

나. 피고

(1) 회사

기판력이 회사를 중심으로 한 모든 법률관계에 미치는 대세적 효력이 있는 소의 성질상 회사만이 피고가 될 수 있다. 회사 아닌 이사 또는 제3자를 피고로 한 경우 그 소는 부적법하므로 각하하여야 한다(대법원 1982. 9. 14. 선고 80다2425 판결).

(2) 소송 중에 끼어들 수 있나? [=소송참가(보조참가)]

회사 이외의 자는 피고에 공동소송참가를 하는 것은 가능하지 않고 보조참가만 할 수 있다. 이사·감사의 선임결의취소소송에 있어서의 패소하면 그 결과로 회사에서 한꺼번에 짤릴 위기에 있는 이사·감사는 피고에 공동소송적 보조참가를 할 수 있고, 독립당사자참가의 경우에 있어 사해방지참가가 가능하다[37].

(3) 소송의 수행은 누가 하나?

소송에서 피고인 회사는 대표이사가 대표하는 것이 원칙이나, 이사가 원고인 경우 감사가 회사를 대표하게 된다(상법 제394조).

4. 관할 및 인지액·송달료

가. 관할

주주총회결의취소의 소는 회사의 본점소재지를 관할하는 지방법원의 전속관할이다.

---

37) 대법원 1991. 12. 27. 선고 91다4416 판결은 사해의사의 입증이 없다고 하여 독립당사자참가 신청을 각하한 원심판결을 지지하고 있는데, 사해방지참가가 가능하다는 것을 전제로 하고 있는 것으로 보임

나. 소가와 인지액

(1) 비재산권을 목적으로 하는 소송

이 소는 비재산권을 목적으로 하는 소송으로서 소가는 1억 원(민사소송등인지법 제2조 제4항, 민사소송등인지규칙 제18조의2 단서, 제15조 제2항)이다. 인지액의 계산은 소가가 '1억 원 이상 10억 원 미만'의 구간에 해당하므로, '(1억 원×0.004)+55,000'으로 계산하고 그 인지액은 455,000원이 된다.

(2) 여러 개의 주주총회결의에 대해 취소하는 소송을 제기할 경우

예를 들어 "피고회사의 2015. 3. 25. 자 정기주주총회에서 이사 윤수일을 해임한 결의, 2015. 5. 7. 임시주주총회에서 피고회사의 상호를 주식회사 한별컴에서 투스타컴 주식회사로 변경한 정관변경 결의는 각 취소한다"라는 소송을 제기한 경우 소송목적의 값은 주주총회결의 2개를 대상으로 하므로, 소송목적의 값은 2억 원(1억 원 + 1억 원)이 된다[38].

따라서 인지액의 계산은 소가가 '1억 원 이상 10억 원 미만'의 구간에 해당하므로, '(2억 원×0.004)+55,000'으로 계산하고 그 인지액은 855,000원이 된다.

다. 송달료

송달료는 15회분을 납부하므로, 당사자가 원・피고 포함하여 2인인 경우 153,000원(당사자수 2인 × 5,100원 × 15회분)이다.

38) 인지실무연구회. 2015. 『인지실무』 사법발전재단. p182

[주주총회결의 취소소송 소장 예시]

소　　장

원 고　김영수 (670125-1234567)

서울시 서초구 서초동 하나빌라 303호

피 고　주식회사 한별컴 (110111-1234567)

서울시 성동구 송정동 111

대표이사 최고봉

임시주주총회결의취소 청구의 소

청 구 취 지

1. 2010. 2. 12. 개최한 피고회사의 임시주주총회에서 홍길동, 임꺽정을 각 이사로, 임채무를 감사로 선임한다는 취지의 결의는 이를 취소한다.
2. 소송비용은 피고의 부담으로 한다.

라는 판결을 구합니다.

청 구 원 인

피고회사의 주식은 총 100,000주인데 그 중 원고는 10,000주를 소유한 주주이며 그 외 다수 주주들이 있습니다.

그런데 피고회사는 2010. 2. 12. 임시주주총회를 소집함에 있어서 정당한 소집절차에 의하여 소집되어야 함에도 불구하고 위 피고회사는 주주인 원고와 동 주주총회의 의안에 찬성하지 않는 주주들인 대갈공명, 왕비호 등에게는 소집통지를 하지 않은 채 청구취지와 같은 결의를 하였습니다. 그러나 주주총회를 소집함에는 각 주주에 대하여 총회소집의 통지를 하여야 함에도 불구하고 주주인 원고와 다른 주주들에게 소집통고를 하지 않은 것은 소집절차상 하자이고 이는 주주총회결의의 취소사유에 해당하므로 이 건 청구에 이른 것입니다.

입 증 방 법

1. 갑제1호증 법인등기부등본 1통
1. 갑제2호증 주주명부 1통

첨 부 서 류

1. 위 증거서류 각1부
2. 소장 부본 1통
3. 송달료 납부서 1통

2010. 3. 30.

위 원고 김 영 수 (인)

서울동부지방법원 귀중

5. 언제까지 소장을 접수해야 되나? (제소기간)

주주총회결의 취소소송은 결의 일부터 2개월 내에 제기하여야 한다. 이 기간은 출소기간이므로 2개월 내에 소장이 접수되어야 한다. 회사의 불안정한 법률관계를 장기간 방치할 수 없다는 고려에서 나온 것이다.

취소소송 제기기간 이후에는 취소원인을 추가할 수 없다(서울고등법원 1997. 10. 24. 선고 97나5826 판결). 실무적으로 보면 2개월은 정말 짧은 기간이므로 제소기간을 지키는 것에 유의하여야 한다.

6. 심리와 입증

가. 제소주주의 담보제공의무

(1) 원고가 주주인 때에는 피고 회사의 청구에 의하여 악의가 소명된 경우 담보제공을 명할 수 있는데, 그 담보액은 회사가 받고 또 받게 될 모든 손해를 헤아려 법원이 자유재량으로 정할 수 있다.

(2) 실제에서는 피고가 되는 회사의 경영규모, 원고의 악의의 소명 정도 등을 고려하고 원고의 권리행사를 부당하게 제약하지 않아야 한다. 담보가 무서워 소송을 진행하지 못하는 폐해가 있어서는 안 되기 때문이다. 또한, 소제기에 의하여 피고가 입게 될 손해액 및 그 태양 등을 고려하여 결정하여야 할 것이다.

나. 병합심리

여러 개의 결의취소의 소, 결의무효·부존재확인의 소, 부당결의취소·변경의 소가 제기된 경우 병합심리 하여야 하며(상법 제376조 제2항, 제188조, 제380조, 제381조 제2항), 병합된 여러 개의 소는 유사필수적 공동소송의 형태가 된다.

다. 입증책임

주주총회결의 취소소송에서 하자원인에 대하여는 원고가 입증하여야 한다. 원고는 법인등기부등본, 정관, 주주명부, 주주총회의사록, 총회소집통지서, 우편배달증명 등을 첨부하여 주주총회에 하자가 있음을 입증해야 한다.

7. 판결의 효력(제380조에서 제186조, 187조, 188조, 190조 본문, 191조, 377조, 제378조의 규정이 준용하고 있다)

가. 판결 주문의 형태

판결의 주문형태는 「주식회사 한별컴(또는 피고 회사)의 2012. 2. 12.자 임시주주총회에서 (결의의 내용; 예, 홍길동을 이사로 선임한) 한 결의는 이를 취소한다.」 라는 형식으로 기재된다.

나. 대세적 효력 · 소급효 인정

주주총회결의 취소의 판결은 제3자에 대하여도 그 효력이 있다. 따라서 제소자(원고)와 회사 또는 그 누구도 새롭게 결의의 유효를 주장할 수 없다.

상법 제376조 제2항에서 제190조 '대세효 인정'의 본문만 준용하고 '소급효 불인정'의 단서를 준용하지 않음을 볼 때 소급효가 인정됨을 알 수 있다.

다. 패소원고의 책임

소를 제기한 자가 패소한 경우에 악의 또는 중대한 과실이 있는 때에는 회사에 대하여 연대하여 손해를 배상할 책임이 있다(상법 제376조에서 제191조 준용).

8. 법원의 재량기각

주주총회결의취소의 소에 있어 법원의 재량에 의하여 청구를 기각할 수 있다. 결의를 취소함으로써 오히려 회사에게 손해를 끼치거나 일반거래의 안전을 해치는 것을 막고, 또 소의 제기로써 회사의 질서를 문란케 하는 것을 방지하려는 취지에서 마련된 제도이다.

9. 부당하게 결의된 사항이 등기부에 이미 기재되었으면 어떡하나?

주주총회에서 결의된 사항이 회사등기부에 등기되어 버린 경우,

결의취소, 결의무효·부존재확인 또는 부당결의의취소나 변경의 판결이 확정된 때에는 본점과 지점 소재지에서 등기하여야 하며(상법 제378조, 제380조, 제381조 2항), 이 경우 제1심 수소법원이 회사의 본점 및 지점 소재지의 등기소에 촉탁한다. 촉탁에 의해야 하므로 신청인이 직접 그 말소등기를 신청할 수는 없다.

제3절 주주총회결의 무효확인의 소

윤수일이 주주로 있는 주식회사 한별컴은 2010. 2. 12. 이사선임을 의안으로 임시주주총회를 개최하였다.

그런데 대표이사의 측근을 더 많이 이사로 두기 위하여 의장이었던 대표이사의 주도로 정관상 5명으로 규정된 이사의 정원수를 무시하고 총 7인이 되게 이사를 더 선임하였다.

이 경우 윤수일이 취할 수 있는 조치는?

제380조(결의무효 및 부존재확인의 소)

제186조 내지 제188조, 제190조 본문, 제191조, 제377조와 제378조의 규정은 총회의 결의의 내용이 법령에 위반한 것을 이유로 하여 결의무효의 확인을 청구하는 소와 총회의 소집절차 또는 결의방법에 총회결의가 존재한다고 볼 수 없을 정도의 중대한 하자가 있는 것을 이유로 하여 결의부존재의 확인을 청구하는 소에 이를 준용한다.

1. 소송의 의의와 성질

가. 의의

주주총회결의 무효확인의 소송은 주주총회의 결의의 내용에 실질적 하자(내용적 하자)가 법령에 위반한 것을 이유로 하여 그 결의의 무효를 주장하는 소송이다.

나. 성질

주주총회결의 무효확인의 소송은 '주주총회가 무효'라는 법률관계를 형성한다는 견해가 있다. 이같이 회사의 법률관계를 획일적으로 처리할 수 있도록 대세효를 인정하고 있음을 근거로 형성소송으로 보는 것이 타당하다는 설도 있지만, 판례는 결의무효확인의 소를 확인의 소로 본다.

주주총회결의 무효확인 판결에 의하여 인정된 사실은 반드시 구속받는 것은 아니라 할지라도 일반적으로 뒤에 이어지는 위법배당금반환청구나 이사에 대한 손해배상소송의 유력한 증거가 된다(판결의 증명효, 대법원 2008. 6. 12. 선고 2007다36445 판결).

2. 주주총회결의무효의 원인

회사의 결의의 내용이 **법령에 위반하는 경우**이다(상법 제380조). 주주총회의 결의내용이 정관에 위반한 것은 1995. 12. 29. 상법의 개정으로 주주총회결의취소사유로 변경하였다. 무효사유와 관련하여 특히 다수결의 남용이 문제된다. 대주주가 자신의 이익을 위해 현저히 불공정한 내용의 결의를 다수결의 힘으로 성립시키는 것 무효사유로 보아야 할 것이다[39].

주주총회결의 내용이 법령에 위반한 경우로서는

○ 주주평등의 원칙에 반하는 것(상법 제369조, 418조, 464조, 538조 등 위반 ; 예를 들어 주주에 따라 의결권의 수를 달리 하는 결의),

○ 위법한 재무제표를 승인한 결의(상법 제447조, 449조 등),

○ 주주총회의 권한에 속하지 아니하는 사항에 대한 결의,

○ 주주총회의 전속적 결의사항에 관한 결정권을 이사회 또는 임원에게 일임하는 결의(예를 들어, 이사・감사의 선임을 이사회에 일임하는 결의),

○ 주주의 고유권을 침해하는 결의,

○ 상법 462조의 규정에 위반하는 배당결의,

○ 주주나 사원의 유한책임원칙에 반하는 결의(예를 들어 주주로부터 추가출자를 결의하는 경우),

---

39) 이철송, 회사법강의 23판 p596, 박영사

○ 강행법규나 사회질서에 위반하는 결의

가 있는 때이다.

3. 소장의 청구원인에는 어떤 사실을 기재하나? (요건사실)

가. 원고가 주주총회결의 무효확인의 이익이 있다는 사실

판례는 결의무효확인의 소를 확인의 소로 보므로 확인의 이익이 있어야 한다.

나. 주주총회 소집 및 존재 사실

다. 결의에 무효사유가 있는 사실

주주총회결의 무효확인의 소를 제기한 원고는 법인등기부등본, 정관, 소명자료, 주주총회의사록, 무효사유에 대한 증거자료 등으로 위 요건사실을 입증해야 한다.

4. 누가 원고가 되고 누가 피고가 되나? (소송당사자)

가. 제소권자(원고)

상법은 제소권자·제소기간에 대하여 아무런 정한 바가 없다. 따라서 회사의 결의 무효확인의 이익이 있는 사람은 누구든지 소를 제기할 수 있다. 주주총회결의에 의하여 해임당한 이사도 주주인지의 여부와 관계없이 주주총회결의의 부존재 또는 무효확인을 구할 법률상 이익이 있다고 볼 것이다.

주식회사의 채권자 역시 그 주주총회의 결의가 그 채권자의 권리 또는 법적 지위를 구체적으로 침해하고 또 직접적으로 이에 영향을 미치는 경우에 한하여 주주총회결의의 부존재확인을 구할 이익이 있다(대법원 1992. 8. 14. 선고 91다45141 판결 [주주총회결의무효확인등]).

나. 피고

소송의 피고는 회사이다. 회사만이 피고가 될 수 있으므로(피고 적격) 회사 아닌 당해 이사 또는 감사를 피고로 한 경우에는 피고를 경정해야 할 것이다.

5. 관할 및 인지액 · 송달료

가. 관할 주주총회결의 무효확인의 소는 회사의 본점소재지를 관할하는 지방법원의 전속관할이다.

나. 소가와 인지액 이 소는 비재산권을 목적으로 하는 소송으로서 소가는 1억 원(민사소송등인지법 제2조 제4항, 민사소송등인지규칙 제18조의2 단서, 제15조 제2항)이다. 인지액의 계산은 소가가 '1억 원 이상 10억 원 미만'의 구간에 해당하므로, 55,000+(1억 원 ×0.004)로 계산하고 그 인지액은 455,000원이 된다.

다. 송달료 송달료는 15회분을 납부하므로, 원 · 피고를 포함하여 당사자가 2인인 경우 153,000원(당사자수 2인 × 5,100원 × 15회분)이다.

라. 담보제공명령 주주가 주주총회 결의 무효확인의 소를 제기한 때에는 법원은 회사의 청구에 의하여 상당한 담보를 제공할 것을 명할 수 있다. 그러나 그 주주가 이사 또는 감사인 때에는 그러하지 아니하다(상법 제380조에서 377조 준용).

[주주총회결의 무효확인청구의 소장 예시]

소　　　장

원 고　윤수일 (670125-1234567)
　　　서울시 서초구 서초동 하나빌라 303호

피 고　주식회사 한별컴 (110111-1234567)
　　　서울시 서초구 서초동 1670
　　　대표이사 최고봉

주주총회결의 무효확인청구의 소

청 구 취 지

1. 2010. 2. 12. 개최한 피고회사의 임시주주총회에서 홍길동, 임꺽정을 각 이사로 선임한다는 취지의 결의는 무효임을 확인한다.
2. 소송비용은 피고의 부담으로 한다.

라는 판결을 구합니다.

청 구 원 인

1. 원고는 피고회사의 주주인 바, 피고회사는 2010. 2. 12. 임시주주총회에서 소외 홍길동, 임꺽정을 각 이사로 선임하는 결의가 이루어졌습니다.

2. 그러나 위 결의 대표이사가 법령에 위반하여 --------

3. 그러므로 원고는 피고 회사의 위 결의의 무효확인을 구하기 위하여 이 청구에 이른 것입니다.

입 증 방 법

1. 갑 제1호증	법인등기부등본	각1통
1. 갑 제2호증	정관	1통
1. 갑 제3호증	주주명부	1통

첨부서류

1. 위 증거서류	1통
2. 소장 부본	1통
3. 송달료 납부서	1통

2010년 3월 30일

위 원 고 윤 수 일 (인)

서울중앙지방법원 귀중

6. 언제까지 소송을 제기할 수 있나? (제소기간)

상법은 주주총회결의 무효확인 소송의 제소기간을 따로 두고 있지 않다. 결의취소의 소송과는 달리 무효사유를 그 원인으로 하고 있기 때문이다. 따라서 이해관계인은 소의 이익이 있으면 언제든지 제소할 수 있다.

7. 판결의 효력(제380조에서 제186조, 187조, 188조, 190조 본문, 191조, 377조, 제378조의 규정이 준용하고 있다)

가. 원고가 승소한 경우 대세적 효력 인정 · 소급효도 인정

주주총회결의 무효확인의 판결은 제3자에 대하여도 그 효력이 있다. 따라서 원고와 회사 또는 그 누구도 새롭게 주주총회 결의의 유효를 주장할 수 없다. 이 부분 앞에서 본 '확인소송설'과는 약간 충돌이 있으나, 법률규정과 판례에 따른다. 상법 제380조에서 제190조 '대세효 인정'의 본문만 준용하고 단서(그러나 판결확정전에 생긴 회사와 사원 및 제3자간의 권리의무에 영향을 미치지 아니한다.)를 준용하지 않음을 볼 때 소급효가 인정됨을 알 수 있다. 설립무효의 소, 신주발행 무효, 합병무효 등 회사법상 소송들이 장래효만 가지는 것과 다르다.

나. 원고가 패소한 경우

반면 주주총회결의 무효확인의 소송을 제기하였다가 원고가 패소한 판결에 대하여는 원칙적으로 대세적 효력이 인정되지 않는다. 따라서 다른 사람은 새롭게 소송을 제기할 수 있는 것이다.

다. 패소원고의 책임

소를 제기한 자가 패소한 경우에 악의 또는 중대한 과실이 있는 때에는 회사에 대하여 연대하여 손해를 배상할 책임이 있다.

제4절 주주총회결의 부존재확인의 소송

1. 우리 빼고 다른 데 모여 지들끼리만 주주총회를 했다고? 주주총회 안 한거나 마찬가지야 (소송의 의의와 성질)

가. 주주총회의 소집절차 또는 결의방법에 총회결의가 존재한다고 볼 수 없을 정도로 중대한 형식적 하자(절차상 하자)가 있는 경우에 그 주주총회결의가 존재하지 아니함을 다투는 소이다(상법 제380조).

나. 판결의 효력에 대세효를 인정하므로 형성소송으로 보는 학자들이 있지만, 다수설과 판례는 확인소송으로 보고 있다(대법원 1992. 8. 18. 선고 91다39924 판결).

2. 결의부존재의 원인

구체적으로는

가. 소집권한 없음 : 이사회의 결의 없이 소집권한이 없는 자에 의하여 소집된 주주총회(대법원 2010. 6. 24. 선고 2010다13541 판결),

나. 소집절차를 밟지 않는 결의 : 실제의 소집절차와 결의절차를 거치지 아니한 채 주주총회의 결의가 있었던 것처럼 주주총회 의사록이 발행주식의 98%를 소유한 지배주주에 의하여 허위로 작성된 경우(대법원 2007. 2. 22. 선고 2005다73020 판결),

다. 주주 모두에게 적법한 소집통지를 하지 아니하였고 주주 아닌 사람이 주주로 참석하여 의결한 경우(대법원 1998. 12. 23. 선고 97다20649 판결),

라. 다수주주에 대한 소집통지의 흠결 : 전체 발행주식의 68%를 소유하고 있던 주주들에게 소집통지를 하지 아니함에 따라 그들이 참석하지

아니한 가운데, 나머지 일부 주주들만으로 개최한 임시주주총회에서 결의한 경우(대법원 1993. 7. 13. 선고 92다40952 판결),

마. 소집통지 한 일시, 장소에서의 주주총회가 산회된 후, 같은 날 다른 시각에 다른 장소에서 일부주주들만이 따로 모여서 주주총회결의를 한 경우(대법원 1993. 10. 12. 선고 92다28235 판결),

바. 제1 주주총회결의가 부존재로 된 이상, 이에 기하여 대표이사로 선임된 자들은 적법한 주주총회의 소집권자가 될 수 없어, 그들에 의하여 소집된 주주총회에서 이루어진 제2 주주총회결의 역시 법률상 결의부존재라고 볼 것이다(대법원 1993.10.12. 선고 92다28235, 28242 판결, 임시주주총회결의부존재확인등,주주총회결의부존재확인).

3. 소장의 청구원인에는 어떤 사실을 기재하나? (요건사실)

가. 원고가 주주총회결의 부존재에 대하여 확인의 이익이 있다는 사실

나. 주주총회가 소집되고 개최되어 총회 결의가 이루어진 사실

다. 총회의 소집절차 또는 결의방법에 총회결의가 존재한다고 볼 수 없을 정도의 중대한 하자가 있는 사실

주주총회결의 부존재 확인의 소송을 제기하는 원고는 법인등기부등본, 정관, 주주총회의사록, 주주명부, 기타 서류를 통해 위 요건사실을 입증하여야 한다.

4. 누가 원고가 되고 누가 피고가 되나? (소송당사자)

가. 제소권자(원고)

상법은 제소권자・제소기간에 대하여 아무런 정한 바가 없다. 따라서 회사의 결의 부존재에 관해 확인의 이익이 있는 사람은 누구든지 소를 제기할 수 있다.

[판례 메모]

이사나 대표이사가 사임하여 퇴임하였다 하더라도 그 퇴임에 의하여 법률 또는 정관 소정의 이사의 원수를 결하게 됨으로써 적법하게 선임된 이사가 취임할 때까지 여전히 이사로서의 권리의무를 보유하는 경우에는 이사로서 그 후임이사를 선임한 주주총회결의나 이사회결의의 하자를 주장하여 부존재확인을 구할 법률상의 이익이 있다(대법원 1992. 8. 14. 선고 91다45141 판결).

주식회사의 채권자는 그 주주총회의 결의가 그 채권자의 권리 또는 법적 지위를 구체적으로 침해하고 또 직접적으로 이에 영향을 미치는 경우에 한하여 주주총회결의의 부존재확인을 구할 이익이 있으므로, 주식회사의 채권자는 부존재확인을 구하는 피고 회사의 주주총회결의나 이사회의 결의에 의하여 직접적이고 구체적으로 어떠한 침해를 받았음을 주장·증명하여야 한다(대법원 1992. 8. 14. 선고 91다45141 판결).

나. 피고

소송의 피고는 회사이다. 회사만이 피고적격을 가지므로 회사 아닌 당해 이사 또는 감사를 피고로 한 경우에는 피고를 경정해야 할 것이다.

5. 제소기간, 관할 및 인지액·송달료, 담보제공명령

가. 제소기간

상법은 주주총회결의 부존재확인 소송의 제소기간을 따로 두고 있지 않다. 결의의 부존재를 그 원인으로 하고 있기 때문이다. 따라서 누구든지 소의 이익이 있으면 언제든지 제소할 수 있다.

나. 관할

주주총회결의취소 부존재확인의 소는 회사의 본점소재지를 관할하는 지방법원의 전속관할이다.

다. 소가와 인지액

이 소는 비재산권을 목적으로 하는 소송으로서 소가는 1억 원(민사소송등인지법 제2조 제4항, 민사소송등인지규칙 제18조의2 단서, 제15조 제2항)이다. 인지액의 계산은 소가가 '1억 원 이상 10억 원 미만'의 구간에 해당하므로, 55,000+(1억 원×0.004)로 계산하고 그 인지액은 455,000원이 된다.

라. 송달료

송달료는 15회를 납부한다. 원고·피고를 포함하여 당사자가 2인인 경우 153,000원(당사자수 2인 × 5,100원 × 15회분)이다.

마. 담보제공명령

주주가 주주총회결의 부존재확인의 소를 제기한 때에는 법원은 회사의 청구에 의하여 상당한 담보를 제공할 것을 명할 수 있다. 그러나 그 주주가 이사 또는 감사인 때에는 그러하지 아니하다.

6. 화해·조정의 불가능

결의취소 등의 소의 당사자는 화해를 할 수 없다.

소송이 회사라는 단체의 법률관계를 대상으로 하고, 그 판결의 효력은 회사와 제3자에게도 미쳐서 제3자도 이를 다툴 수 없게 되기 때문이다.

결의취소 등으로 얻는 이익은 한 개인이 임의로 처분할 수 없는 이익이기 때문에 제소권자가 돈이나 향응을 받고 소를 취하한다거나 할 수 없다 할 것이다. 그리고 만일 이러한 내용의 청구인낙 또는 화해·조정이 이루어졌다 하여도 그 인낙조서나 화해·조정조서는 효력이 없다(대법원 2004. 9. 24. 판결, 2004다28047 판례 참조).

7. 판결의 효력(제380조에서 제186조, 187조, 188조, 190조 본문, 191조, 377조, 제378조의 규정이 준용하고 있다)

가. 원고가 승소한 경우 대세적 효력 인정 · 소급효도 인정

주주총회결의 부존재확인의 판결은 제3자에 대하여도 그 효력이 있다. 따라서 원고와 회사 또는 그 누구도 새롭게 주주총회 결의의 유효를 주장할 수 없다. 소급효도 인정된다.

나. 원고가 패소한 경우

반면 주주총회결의 부존재확인의 소송을 제기하였다가 원고가 패소한 판결에 대하여는 원칙적으로 대세적 효력이 인정되지 않는다. 따라서 다른 사람은 새롭게 소송을 제기할 수 있는 것이다.

다. 패소원고의 책임

소를 제기한 자가 패소한 경우에 악의 또는 중대한 과실이 있는 때에는 회사에 대하여 연대하여 손해를 배상할 책임이 있다.

제5절 부당결의 취소·변경의 소

제381조 (부당결의의 취소, 변경의 소) ① 주주가 제368조 제3항의 규정에 의하여 의결권을 행사할 수 없었던 경우에 결의가 현저하게 부당하고 그 주주가 의결권을 행사하였더라면 이를 저지할 수 있었을 때에는 그 주주는 그 결의의 날로부터 2월 내에 결의의 취소의 소 또는 변경의 소를 제기할 수 있다. ② 제186조 내지 제188조, 제190조 본문, 제191조, 제377조와 제378조의 규정은 제1항의 소에 준용한다.

1. 내가 없었다고 그따위로 결의해? (부당결의 취소 · 변경의 소의 의의)

가. 예를 들어, 회사는 재무제표를 승인한 후 2년 내에는 이사와 감사의 책임을 추궁할 수 있다. 물론 이 책임추궁은 주주총회를 통해 이루어진다. 그런데 이 책임을 추궁당하게 되는 이사와 감사가 주주의 지위까지 가지는 경우가 있다. 이때 그 이사와 감사는 주주총회의 결의에 관하여 특별한 이해관계를 가진다.

이러한 경우 그 이사와 감사는 자신의 책임추궁에 관해 토의하고 의결하는 주주총회에서 의결권을 행사하지 못한다(대법원 2007.9.6. 선고, 2007다40000, 특별이해관계인). 이렇게 주주가 그 주주총회에서 특별이해관계인이기 때문에 의결권을 행사할 수 없었던 경우(상법 368조 3항)에도

① 그 결의가 현저하게 부당하고 ② 그 주주가 의결권을 행사하였더라면 이를 저지할 수 있었을 때에는 ③ 그 주주는 그 결의의 날로부터 2월내에 결의의 취소의 소 또는 변경의 소를 제기할 수 있다(상법 제381조).

나. 소송의 성질은 **형성의 소**이다. 형성의 소는 법률관계의 변동을 목적으로 하는 소송이다. 다시 말해 판결에 의해 직접 어떤 법률관계를 형성한다는 것이다. 형성판결이 확정되면 판결의 내용대로 권리관계가 변

동되므로, 이러한 형성력에 의해서 당사자가 아닌 제3자에게도 그 효력이 미치는 것이다. 이렇게 해야 법률관계를 획일적으로 처리할 수 있다는 생각에서 나온 제도이다. 형성의 소는 원칙적으로 법률이 정하여야만 인정될 수 있다(형성소송 법정주의).

2. 소의 원인

결의의 부당함이 소송의 원인이다.

주주가 특별이해관계인으로 의결권을 행사할 수 없었던 경우에 결의가 현저하게 부당하고 그 주주가 의결권을 행사하였다면 이를 저지할 수 있었을 때, 부당한 결의를 취소하고자 제기하는 소송이다.

3. 소장의 청구원인에는 어떤 사실을 기재하나? (요건사실)

가. 주주가 해당 결의에 특별이해관계인으로 의결권을 행사할 수 없었을 것

나. 결의가 현저하게 부당할 것

다. 그 주주가 의결권을 행사하였다면 이를 저지할 수 있었을 것(저지 가능성)

4. 누가 원고가 되고 누가 피고가 되나? (소송당사자)

가. 제소권자(원고)

원고는 특별이해관계인이다. 특별이해관계인으로서 주주총회에서 의결권을 행사하지 못한 주주에 한한다.

나. 피고

피고는 회사이다. 회사만이 피고적격을 가지므로 회사 아닌 당해 이사 또는 감사를 피고로 한 경우에는 피고를 경정해야 한다.

5. 언제까지 소송을 제기할 수 있나? (제소기간)

주주총회에서 현저하게 부당한 결의를 한 날로부터 2월 내에 결의의 취소의 소 또는 변경의 소송을 제기할 수 있다.

6. 관할 및 인지액 · 송달료, 담보제공명령

가. 관할

회사의 본점소재지를 관할하는 지방법원의 전속관할이다.

나. 소가와 인지액

이 소는 비재산권을 목적으로 하는 소송으로서 소가는 1억 원(민사소송등인지법 제2조 제4항, 민사소송등인지규칙 제18조의2 단서, 제15조 제2항)이다. 인지액의 계산은 소가가 ‘1억 원 이상 10억 원 미만’의 구간에 해당하므로, 55,000+(1억 원×0.004)로 계산하고 그 인지액은 455,000원이 된다.

다. 송달료

송달료는 15회분을 납부하므로, 원고 · 피고를 포함하여 당사자가 2인인 경우 153,000원(당사자수 2인 × 5,100 × 15회분)이다.

라. 담보제공명령

주주가 주주총회결의 부당결의 취소 · 변경의 소를 제기한 때에는 법원은 회사의 청구에 의하여 상당한 담보를 제공할 것을 명할 수 있다. 그러나 그 주주가 이사 또는 감사인 때에는 그러하지 아니하다.

7. 판결의 효력(제381조에서 제186조, 187조, 188조, 190조 본문, 191조, 377조, 제378조의 규정이 준용하고 있다)

가. 원고가 승소한 경우 대세적 효력 인정 · 소급효도 인정

주주총회결의 부당결의 취소·변경의 판결은 제3자에 대하여도 그 효력이 있다. 따라서 원고와 회사 또는 그 누구도 새롭게 주주총회 결의의 유효를 주장할 수 없다. 소급효도 인정된다.

나. 원고가 패소한 경우

반면 주주총회결의 부당결의 취소·변경의 소송을 제기하였다가 원고가 패소한 판결에 대하여는 원칙적으로 대세적 효력이 인정되지 않는다. 따라서 다른 사람은 새롭게 소송을 제기할 수 있는 것이다.

다. 패소원고의 책임

소송을 제기한 자가 패소한 경우에 악의 또는 중대한 과실이 있는 때에는 회사에 대하여 연대하여 손해를 배상할 책임이 있다.

제6절 주주총회결의 효력정지 가처분

1. 임시의 지위를 정하기 위한 가처분

주주총회결의 효력정지 가처분은 주주총회의 결의가 이루어진 후에 특정한 사안에 대한 결의의 효력을 정지시키기 위한 가처분이다.

주주총회가 이루어져 그것이 실행되는 상황이고, 이를 막고자 소송을 제기하여도 소송이 끝나기까지 기다릴 여유가 없으므로 현저한 손해를 피하거나 급박한 위험을 막기 위한 긴급성을 요하는 사항에 있어, 먼저 가처분으로 현상을 유지하거나 임시의 지위를 정하여야 할 필요가 있는 것이다. 가처분에는 크게 ① 계쟁물에 관한 가처분과 ② 임시의 지위를 정하기 위한 가처분 ③ 기타 특수한 가처분으로 나눌 수 있다.

임시의 지위를 정하기 위한 가처분은 가압류나 계쟁물에 관한 가처분과 같이 단순히 현상을 동결시키는 보전처분이 아니라, 적극적으로 현상을 변경하여 잠정적으로나마 새로운 법률관계를 형성하는 형태를 가진다는 사실은 앞에서 말한 바와 같다.

2. 주주총회 결의 효력정지 가처분의 사유

주주총회의 결의가 이루어진 이후에 주주총회결의 무효 또는 부존재의 사유가 있거나 결의취소 사유 등이 이에 해당한다 할 것이다.

3. 주주총회 결의 효력정지 가처분의 신청취지

1. 피신청인회사의 2000. 3. 24. 주주총회에서 한 별지목록 기재의 결의는 그 효력을 정지한다.

2. 피신청인 대표이사 김주효는 위 결의를 집행하여서는 안 된다.

(또는 2. 피신청인회사는 별지목록 기재 주주총회결의를 집행하여서는 아니된다.)

4. 누가 신청인이되고 누가 피신청인이 되나? (보전소송의 당사자)

가. 신청인

실무상 주주가 신청인이 되는 경우가 대부분이다.

위법행위유지청구권을 피보전권리로 하여 가처분을 신청하는 주주는 유지청구권을 행사하기 위한 소수주주로서의 지분을 소유하여야 한다[40]. 마찬가지로 주주제안권을 피보전권리로 하는 경우에는 주주제안권을 행사하기 위한 지분을 소유해야 한다.

나. 피신청인

위 신청취지에서 보듯이 실무에 있어서는 회사와 대표이사를 상대로 하여 가처분을 신청하는 예가 많다.

5. 관할 및 인지액 · 송달료

주주총회결의 효력정지 가처분 역시 보전처분이므로 본안의 관할법원, 즉 본안소송을 제기한 법원이나 소를 제기하려고 하는 관할법원 민사신청과에 접수한다.

임시의 지위를 정하기 위한 가처분으로서 그 본안의 소에 따른 인지액의 2분의 1이다. 이 경우 인지액의 상한액은 500,000원의 제한을 받는다(민사소송 등 인지법 제9조 2항).

송달료는 임시지위를 정하는 가처분의 송달료인 8회분을 납부한다. 당사자가 2인인 경우 81,600원(당사자수 2명 × 5,100원 × 8회분)이고, 당사자가 3인인 경우에는 같은 계산법으로 122,400원이다.

---

40) 임재연. 2009. 『회사소송』. 박영사 p521

[주주총회결의 효력정지 가처분신청서 예시]

주주총회결의 효력정지 가처분신청서

신 청 인 1. 박 선 희
서울시 구로구 오류동 12345
2. 장 사 진
서울 관악구 남현동 1123-12334

피신청인 코바나 주식회사
서울 중구 남대문로 5가 541번지
대표이사 장 조 형

주주총회결의 효력정지 가처분 신청

신청취지

1. 피신청인회사의 주주총회가 2000. 3. 24.에 한 별지목록 1 기재의 결의는 그 효력을 정지한다.
2. 피신청인회사는 별지목록 1 기재 주주총회결의를 집행하여서는 아니된다.
3. 신청비용은 피신청인의 부담으로 한다.

라는 판결을 구합니다.

신청이유

1. 당사자 및 사건의 개요

신청인 박선희는 2016. 3. 24. 개최된 피신청인회사의 정기주주총회(이하 "이 사건 주총"이라 한다)를 기준으로 피신청인회사 발행주식 총수의 약

15%에 해당하는 총 12,345,789주에 해당하는 주주이며, 신청인 장사진은 피신청인회사의 기명식 보통주 39,500주를 보유한 피신청인회사의 주주들입니다.

신청인들은 이 사건 주총에서 피신청인회사의 주주총회장 입장방해 및 의안변칙 통과로 인하여 보유 주식에 따른 의결권을 행사하지 못했으며 이로 인하여 신청인들을 포함한 피신청인회사 주주들에게 지극히 불리한 신주발행 등의 결의가 통과되었습니다. 지난 2016. 3. 28. 피고회사의 이사회는 이 결의를 집행하기 위한 신주발행(출자전환방식)을 같은 해 4. 11.을 기준으로 강행하려 하므로 긴급하게 그 결의의 효력 및 집행을 정지시키기 위하여 이 사건 신청을 제기하게 된 것입니다.

2. 주주총회의 개최까지의 경위

피신청인회사는 지난 2016. 3. 경 이 사건 주총 개최를 위한 이사회를 열고 이 사건 다음의 안건을 상정하여 주총의 소집을 위한 공고를 하였습니다.

제1호의안 : 제39기 (2015. 1. 1 - 2015. 12. 31) 대차대조표, 손익계산서 및 이익잉여금(결손금)처리계산서(안) 승인의 건

제2호의안 : 정관일부변경의 건

제3호의안 : 이사선임의 건

제4호의안 : 이사보수한도 승인의 건

제5호의안 : 신주 액면미달발행승인의 건

위 의안 중 특히 주주들의 이해관계에 중대한 영향을 미치는 안건은 제5호 의안 "신주 액면미달발행승인의 건"입니다. ---

3. 주주총회의 경과

당일 주주총회의 경과는 신청인들이 찍은 사진과 비디오녹화물에 대한

대부분이 묘사되어 있는 바, -- 그 이후 제2호의 안인 정관일부개정의 건에 대하여도 소액주주들의 항의에도 불구하고 --- 제5호 의안인 액면미달신주발행승인의 건 역시 주주들의 항의를 묵살하면서 의장이 혼자서 통과되었음을 선포하였습니다.

4. 주주총회의 현저한 하자

이와 같이 피신청인회사의 3. 24.자 정기주주총회는 다음과 같은 이유에서 결의방법의 법령위반 및 현저한 불공정이로서 있는 경우에 해당하므로 취소를 면치 못할 것입니다.

--- 의장은 의안에 대한 일방적인 통과에 항의하는 주주들의 항의를 묵살한 채 의안들을 통과시킨다는 선언을 하여 현저히 불공정한 의사진행을 하였습니다.

5. 피보전권리

피신청인회사의 이러한 정기주주총회 결의는 총회의 결의방법이 법령에 위반하거나 현저하게 불공정한 때에 해당하므로 3. 24. 주주총회 결의는 취소를 면치 못할 것이며 신청인들은 주주총회의 결의 취소를 구할 피보전권리가 있습니다.

6. 보전의 필요성

신청인들은 같은 해 3. 29. 서울중앙지방법원에 주주총회결의취소소송을 제기하였습니다. 하지만 피신청인회사는 이미 2016. 3. 28.자 제3자배정 유상증자결의를 통하여 한민은행 외 7개 채권금융기관에 88,888,000주를 부채출자전환방식으로 신주발행하기로 하는 결의를 행하였으며 그에 따른 출자전환예정일은 2016. 4. 11.로 예정되어 있습니다.

따라서 신청인들이 위 본안소송에서 승소하더라도 신주발행이 완료되게 되면 기존주주들의 지분율은 절반으로 떨어지게 되어 주주로서의 이익에 회복할 수 없는 손해를 입게 될 우려가 있습니다.

따라서 이러한 급박한 손해를 방지하기 위하여 이 사건 신청에 이른 것입니다.

소명방법

1. 소갑제1호증 정관	1통
1. 소갑제2호증 등기부등본	1통
1. 소갑제3호증 주주총회소집통지서	1통
1. 소갑제4호증 내용증명	1통
1. 소갑제6호증 협조공문	1통
1. 소갑제7호증 유상증자공시	1통
1. 소갑제8호증 1 내지 20 각 비디오커트	각1통
1. 소갑제9호증소제기증명원	1통

첨부서류

1. 위 각 입증방법	각1부
1. 소송위임장	1통
1. 송달료납부서	1통

2016. 3. 31.

신청인 1. 박 선 희 (인)

2. 장 조 형 (인)

서울중앙지방법원 귀중

6. 본안소송의 절차와 거의 동일하게 진행

주주총회결의효력정지 가처분은 임시지위를 정하기 위한 가처분으로서 원칙적으로 변론 또는 심문기일을 정하여 당사자 쌍방을 소환하므로 위 신청서의 첨부서면에서와 같이 신청서의 부본을 제출할 필요가 있다.

가압류와 계쟁물가처분은 간단한 서면심리만으로 결정이 내려지게 되지만, 임시지위가처분소송은 채권자의 신청, 채무자의 답변, 당사자 모두가 참여하는 변론과 심문기일, 법원의 결정, 집행 순서로 진행된다.

이러한 소송진행은 원고의 소제기, 피고의 답변, 변론기일을 통한 공격방어, 판결, 집행이라는 본안소송의 순서와 다른 것이 없다.

7. 깜박이 안 키고 들어올 정도로 필요한 거야? (보전의 필요성)

민사집행법 제300조(가처분의 목적) 제2항에서는 「가처분은 다툼이 있는 권리관계에 대하여 임시의 지위를 정하기 위하여도 할 수 있다. 이 경우 가처분은 특히 계속하는 권리관계에 끼칠 현저한 손해를 피하거나 급박한 위험을 막기 위하여, 또는 그 밖의 필요한 이유가 있을 경우에 하여야 한다」 고 하여 보전의 필요성을 규정하고 있다.

앞에서 말한 바와 같이 임시지위를 정하는 가처분은 그 절차에 있어 본안소송과 크게 다를 바 없고 단지 현저한 손해를 피하거나 급박한 위험을 막기 위한 긴급성을 요하기 때문에 가처분이라는 방법을 취한 것에 불과하다.

요컨대, 본안소송과 이 건 가처분은 분쟁의 기초 사실이 동일하지만 단지 해결방법의 차이에 불과한 것이라는 말이다. 따라서 본안소송을 대신하는 '임시지위를 정하는 가처분'에서 '보전의 필요성'이라는 요건은 반드시 필요한 요건이라 할 것이다.

['초다수 결의' 관련 법률상담 Case]

[정관으로 주주총회의 결의요건을 엄청 가중시킨 경우
- 소위 '초다수 결의']

질문) 안녕하세요. 회사에 관한 질문입니다.

저희회사 정관 23조에는 이사의 선임, 해임, 정관변경, 주요재산의 처분 등은 발행주식총수의 75% 이상의 동의를 요구합니다. 그런데 이요한 등 주주의 49%가 외국에 있으면서 동의해주지 않아 몇 년 째 임원변경도 못하고 60억 원 상당의 토지도 처분을 하지 못하고 있습니다. 방법이 없을까요?

답변) 저희 로펌을 찾아주셔서 감사합니다. 답변 드리겠습니다.

귀 회사 정관 같이 발행주식총수의 3/4(75%)이상을 요구하는 다수결 방법을 강학상 '초다수결의(supermajority voting) '라 합니다. 이에 대하여는 교수님들의 학설이 나뉩니다. 그러나 우리나라 하급심판결 중 거의 유일하게 초다수결의를 다룬 결정이 있는데요. 서울중앙지방법원 2008카합 1167 결정입니다.

귀 회사의 정관과 같이 초다수결의를 허용하게 되면 원래의 주식회사의 취지(다수에 의한 조직운영)에 반하게 됩니다. 이러한 정관을 허용하게 된다면, 귀 회사의 경우 이요한 등 25% 초과주주의 찬성이 없으면 결의를 아예 할 수 없는 결과가 되기 때문에, 이 25%의 주주에게 일종의 거부권(power of veto)주는 부당한 효과가 나기 때문입니다.

귀 회사의 경우 이요한 등 25% 초과주주에게 단 1명이라도 없으면 의결이 안 된다는 말은 다시말해 주주들 중 25% 초과하는 주주 단 한 사람이라도 반대하면 회사는 아무런 일을 못한다는 말입니다. 또한 이를 거꾸로 말하면 25% 초과 주주 단 한 사람에게 마치 거부권을 주는 것과 같다는 의미이지요.

어쨌든 회사를 운영해야 하는데 귀 회사 같은 경우는 주주 이요한의 도움 없이는 아무런 행위도 못하다가 결국 해산판결에 의한 해산밖에는 갈 길이 없기 때문이고, 이것은 주식회사법에 반한다고 사료됩니다.

주식회사의 본질이 유한책임인데 회사가 단 몇 %의 주주 때문에 회사가 아무런 행위도 하지 못하다가 결국 막장까지 가서 누군가의 해산판결신청 이외에는 아무것도 할 수 없다면, 그 회사에 돈을 빌려준 채권자는 어디에 가서 하소연할 수 있을까요? 이는 마치 인적회사(합명, 합자회사)처럼 어느 중요한 한 사람이 반대하면 회사의 문을 닫을 수밖에 없는 것과 같은 결과이지요. 게다가 인적회사는 사원들이 무한책임이라도 지지만 주식회사는 그 본질이 유한책임입니다. 이러한 논리로 필요 이상의 초다수결의는 주식회사의 본질인 유한책임과는 그 궤를 같이하지 못할 것입니다.

결국 이에 더하여 M&A는 꿈도 못꾸고 단지 한번 경영권을 가진 사람이 평생을 갈 수밖에 없겠지요.

아무튼 상법상 특별결의 요건은 가중되더라도 과반수출석에 출석의결권의 2/3 이상의 동의까지만 가능하다는 것이 위 서울중앙지방법원 결정의 내용입니다. 서울대학교 이철송교수님 등도 같은 입장입니다.

이 경우 해결방법은 1. 먼저 정상적인 절차에 의하여 주주총회를 소집하고 2. 주주총회에서 이미 작성된 귀 회사 정관 23조는 무효 등으로 판단한 후 3. 주주총회에서 과반수출석(50%+1주 출석)에 출석의결권의 2/3 이상의 동의에 의하여 정관을 변경하고 각종 결의를 하여 등기를 신청하시면 될 것 같습니다.

제 6 장

이사 등의 책임을 추궁하는 소송

제1절 이사의 위법행위유지 청구의 소

주식회사 한우로지스틱스의 이사인 최고봉은 자신이 실용신안권의 권리자라는 사실에 기초하여 2016. 3. 1. 이를 한우로지스틱스에 사용권을 양도하였다.

그러나 동 회사가 사용하고 있던 실용신안권이 2017. 5. 4. 현재까지 자신의 명의로 되어 있음을 기회로 새롭게 비슷한 한소로지스틱스를 설립하여 한우로지스틱스에서 생산하던 제품을 생산하여 판매하게 하였다.

한편 윤수일은 한우로지스틱스의 소수주주이다.

이 경우 윤수일이 취할 수 있는 조치는 무엇이 있을까 생각해보자.

제402조(유지청구권)

이사가 법령 또는 정관에 위반한 행위를 하여 이로 인하여 회사에 회복할 수 없는 손해가 생길 염려가 있는 경우에는 감사 또는 발행주식의 총수의 100분의 1 이상에 해당하는 주식을 가진 주주는 회사를 위하여 이사에 대하여 그 행위를 유지할 것을 청구할 수 있다.

1. 일단 더 진행하지 말고 그대로 있어라! (위법행위 유지청구)

주식회사의 경영자들이 회사를 운영함으로써 투자자인 주주들, 특히 소액주주들에게 직·간접으로 많은 손해를 입혔다는 사실은 일반인들도 잘 알고 있다. 이에 따라 회사의 건전한 발전과 운영을 위하여는 소수주주들이 경영에 참여하거나 감시할 수 있는 제도가 정착되어야 한다는 목소리도 많아지게 되었다.

우리 상법은 주주가 이사에 대하여 직접 감독권을 행사할 방법을 열어두었는데, 그 대표적인 것이 이사위법행위유지청구권과 주주대표소송이라 할 수 있다. 이사위법행위 유지청구는 사전적 예방수단으로 기능을 한다면, 주주대표소송은 사후적 구제수단으로 기능을 한다고 볼 수 있다.

이사가 법령 또는 정관에 위반한 행위를 하여 이로 인하여 회사에 회복할 수 없는 손해가 생길 염려가 있는 경우에는 감사 또는 발행주식의 총수의 1% 이상에 해당하는 주식을 가진 주주는 회사를 위하여 이사에 대하여 그 행위를 유지할 것을 청구할 수 있다(상법 제402조 유지청구권). 상장회사의 경우, 6개월 전부터 계속하여 상장회사 발행주식총수의 10만분의 50(자본금이 1천억원 이상인 상장회사의 경우에는 10만분의 25) 이상에 해당하는 주식을 보유한 사람은 유지청구권을 행사할 수 있다(상법 제542조의6 제5항).

2. 유지청구권의 행사는 어떻게?

유지청구는 이사에 대하여 의사표시의 방법으로 할 수 있을 뿐만 아니라, 소송의 방식으로도 할 수 있다. 유지청구가 있으면 이사는 그 행위를 중지해야 하나, 의사표시 등으로 유지청구를 하여도 이사가 위법행위를 중지하지 않으면 별다른 방법이 없다. 이러한 경우에는 소수주주는 당해 이사를 상대로 하여 유법행위유지의 소송을 제기할 필요가 있는 것이다. 이사의 위법행위 유지청구에 관하여는 청산인에게도 준용된다(상법 제542조 제2항).

3. 소송의 성질

이사의 위법행위유지의 소송은 이행의 소 또는 장래의 이행의 소(민사소송법 제229조)가 될 것이다. 또한 유지청구의 실효성을 확보하기 위하여 가처분으로 이사의 행위를 중지시킬 수도 있다(민사소송법 제714조 제2항).

4. 소장의 청구원인에는 어떤 사실을 기재하나? (요건사실)

가. 원고가 발행주식 총수의 1% 이상에 해당하는 주식을 가진 주주명부 등재 주주인 사실 [상장법인인 경우에는 6월 전부터 계속하여 발행주

식 총수의 10만 분의 50 이상(자본금이 1천억원 이상인 상장회사의 경우에는 10만분의 25)에 해당하는 주식을 보유한 주주인 사실]

나. 피고가 이사인 사실

다. 이사의 위법행위로 회사에 손해가 생길 염려가 있는 사실

5. 유지대상이 되는 위법행위

가. 법령 또는 정관에 위반하는 행위

상법에서 특별히 규정하고 있는 구체적인 규정에 위반하여, 자기주식을 취득하거나 이사회 결의 없이 신주 또는 사채를 발행하려고 하는 경우, 정관에서 주주의 신주인수권을 인정하고 있는데도 이를 무시하고 신주를 발행하려고 하는 경우, 이사의 선관주의의무나 충실의무 등 일반적인 의무를 정한 법령에 위반하는 행위도 포함된다.

나. 그 행위로 인하여 회사에 회복할 수 없는 손해가 생길 염려가 있는 경우

6. 누가 원고가 되고 누가 피고가 되나? (소송당사자)

가. 원고

유지청구를 할 수 있는 사람은 상법상으로는 감사 또는 발행주식총수의 1% 이상에 주주이다. 상장회사의 경우에는 6월 전부터 계속하여 발행주식 총수의 10만 분의 50 이상(자본금이 1천억원 이상인 상장회사의 경우에는 10만분의 25)에 해당하는 주식을 보유한 주주에 한한다.

소수주주나 감사가 유지청구를 함으로써 이사가 업무를 집행함에 있어 경영상의 중대한 간섭을 회복할 수 없는 손실을 초래할 위험성이 있기 때문에 소수주주의 자격요건을 제한한 것이다.

감사는 직무상 요건이 충족되면 반드시 유지청구를 해야하며 이를

게을리하면 임무 해태로 인한 손해배상책임을 질 수 있다.

나. 피고

유지청구의 상대방은 법령 또는 정관에 위반한 행위를 하려는 이사이다.

7. 관할 및 인지액 · 송달료

가. 관할

회사의 본점소재지를 관할하는 지방법원의 관할이지만(상법 제186조), 이사의 보통재판적 소재지 법원에서도 소송을 제기할 수 있다.

나. 소가와 인지액

이 소는 소송목적의 값을 산출할 수 없는 소송으로서 소가는 1억 원(민사소송등인지법 제2조 제4항, 민사소송등인지규칙 제18조의2 단서, 제15조 제2항)이다. 인지액의 계산은 소가가 '1억 원 이상 10억 원 미만'의 구간에 해당하므로, 55,000+(1억 원×0.004)로 계산하고 그 인지액은 455,000원이 된다.

다. 송달료

송달료는 15회분의 송달료를 납부한다. 원고 · 피고를 포함하여 당사자가 2인인 경우 153,000원(당사자수 2인 × 1회분 송달료 5,100 원 × 15회)이다.

8. 제소주주의 담보제공의무

원고가 주주인 때에는 피고 회사의 청구에 의하여 악의가 소명된 경우 상당한 담보제공을 명할 수 있다. 담보액은 회사가 받고 또 받게 될 모든 손해를 헤아려 법원이 자유재량으로 정할 수 있다. 그러나 그 주주가 이사 또는 감사인 때에는 담보제공의무에서 면제된다. 이 제도는 주주의 남소방지를 위한 것이기 때문이다.

[이사의 위법행위유지청구의 소장 예시]

소 장

원 고 정선달

서울시 서대문구 연희동 1256 엑소빌라 102호

송달장소 : 서울시 강남구 서초동 1575-8 칼라빌딩 301호

피 고 김이정

서울시 중구 교동 7896 한솔빌라 304호

이사의 위법행위유지청구의 소

청 구 취 지

1. 피고는 소외 주식회사 코바나바이탈 이외의 계산으로 실용신안 등록번호 제019111호, 실용신안권, 의장등록번호 제220222호, 의장등록번호 제220333호 의장권에 의한 상품명 '바이탈 티 팬티'에 관하여 생산, 유통에 관한 직무행위를 하거나 제3자로 하여금 위 직무행위를 하게 하여서는 아니된다.

2. 소송비용은 피고의 부담으로 한다.

라는 판결을 구합니다.

청 구 원 인

1. 당사자관계

원고는 소외 주식회사 코바나바이탈(이하 '코바나바이탈'이라 합니다)의

소액주주로서 상법 제402조에 의한 이사의 행위 유지청구를 할 수 있는 지위에 있는 자이고, 피고는 소외 코바나바이탈의 이사인 대표이사의 직에 있는 자로서 위 코바나바이탈의 회사의 실체를 형해화시키고 이사 자신의 이익을 도모하기 위하여 회사의 이익에 반하는 행위를 하고 있는 자입니다.

2. 피고의 배신행위 등

피고는 그 자신이 실용신안법과 의장법에 의한 권리자라는 사실에 기초하여 위 코바나바이탈과 위 권리의 사용에 관하여 2017. 2. 26. 소외 정미라에게 권리를 양도하였고 위 정미라는 코바나바이탈에게 위 권리를 양도하여 위 코바나바이탈이 위 양권리에 관하여 전속적인 사용수익판매권을 가지고 있습니다.

그런데 피고는 --- 특허제품의 전용권자인 코바나바이탈의 권리를 해하기 위하여 독자적으로 위 코바나바이탈의 제품인 바이오팬티를 생산판매하도록 하는 등 코바나바이탈의 권리를 침해한 것입니다.

또한 피고는 2019년 3월말경 위 봉다리를 사주하여 코바나바이탈의 제품인 바이오팬티 등 서류 100박스를 가져오라고 시켜 그 금액만큼 위 코바나바이탈에게 손해를 가하고 --- ㈜바이탈콩콩에 공급한 물건 70,000,000원어치에 대하여 그 대금을 고의적으로 회수하지 아니하는 등 회사에 손해를 가하고 있는 자입니다. 피고는 또한 ---- 회사의 집기와 서류를 모두 가지고 나가 위 ㈜바이탈콩콩의 사무소로 이사하는 등 불법행위를 하고 있습니다.

3. 결 론

따라서 피고의 위와 같은 배신행위가 계속된다면 코바나바이탈은 명칭만 있고 실체가 없는 형해화 된 회사가 될 가능성이 농후하므로 피고의 행위를 유지하고자 이건 소에 이른 것입니다.

입 증 방 법

1. 갑제1호증	실용신안등록원부	1동
1. 갑제2호증	의장등록증	1통
1. 갑제3호증	정관	1통
1. 갑제4호증	주주명부	1통
1. 갑제5호증	영수증	1통
1. 갑제6호증의1내지3	각 법인등기부등본	1통

기타 변론시 수시로 제출하겠습니다.

첨 부 서 류

1. 위 증거서류	각 1부
1. 소장 부본	1통
1. 송달료 납부서	1통

2019. 6. 4.

위 원고 정선달 (인)

서울중앙지방법원 귀중

9. 기타

앞에서 본 담보제공의무, 소송참가, 패소원고의 책임 등에 대해서는 대표소송에 관한 규정이 유추 적용된다. 이사에 대한 위법행위 유지청구소송은 성격상 주주대표소송과 매우 유사하기 때문이다.

이사에 대한 위법행위 유지청구는 사전적인 구제제도로서 이사의 위법행위 후에는 유지청구가 인정되지 않고 각하되는 경우가 많아, 그 긴급성이 높으므로 가처분을 함께 생각해야 할 것 실효성 면에서는 가처분이 더 유리하다 할 수 있다.

10. 이사를 상대로 한 위법행위 유지가처분

이하는 2000. 11. 23. 참여연대에서 삼성전자 이사들을 상대로 위법행위유지 가처분 신청한 보도자료이다. 위법행위 유지가처분 설명의 좋은 예로서 일부를 발췌하여 수정해서 게재하였다.

전문이 필요한 분은 참여연대 홈페이지의 경제금융센터 http://www.peoplepower21.org/Economy/676164 에서 볼 수 있다.

이사의 위법행위유지 가처분

신 청 인(채권자) : 별지 1 기재와 같음
신청인 대리인 법무법인 커뮤니티
담당변호사 김한실

피신청인(채무자) : 1. 이 철 만
2. 이 상 만
3. 이 종 용
4. 진 훈 동
5. 윤 도 훈

이사의 위법행위유지 가처분

피보전권리 상법제402조에 따른 유지청구권

신 청 취 지

1. 채무자들은 캄파넬라 주식회사의 이사로서 별지 2기재 회사들에 대한 자본출자를 하는 행위, 별지 2기재 회사들이 발행하는 후순위채권을 매입하는 행위, 별지 2기재 회사들에게 이자를 지급하는 행위, 별지 2기재 회사들이 소유한 캄파넬라 증권의 주식을 매입하는 행위 등 캄파넬라 주식회사가 별지 2기재 회사들의 캄파넬라자동차 주식회사 관련 채권으로 인한 손실을 분담하는 어떠한 행위도 하여서는 아니된다.
2. 신청비용은 채무자들의 부담으로 한다.

라는 재판을 구합니다.

신 청 원 인

1. 당사자들의 관계

채권자들은 캄파넬라 주식회사(이하 '캄파넬라'라 합니다)의 보통주 및 우선주 654,321주를 2000. 5. 이전부터 소유하고 있는 주주들이고, 채무자들은 캄파넬라 주식회사의 대표이사나 이사들입니다.

2. 캄파넬라의 캄파넬라자동차 부채의 부담행위

캄파넬라의 대표이사인 채무자 윤도훈은 --- 후순위채권을 매입하는 방법으로 손실을 보전해 주기로 하였습니다.

또한 자본출자나 후순위채권 매입 이전에 --- 다른 회사들에게 지급해주기로 하였습니다.

3. 캄파넬라나 캄파넬라자동차가 부채를 대신 부담해야 하는지 여부

---

4. 채무자들의 위법행위

위에서 본 바와 같이 채무자들은 ---- 채무보증행위에 대해 이를 승인하였습니다.

그러나 채무자들의 이와 같은 행위는 --- 캄파넬라에 회복할 수 없는 손해를 끼치는 행위로서 형법 제355조에서 정하고 있는 배임죄를 구성하는 행위라 할 것입니다.

위와 같은 채무보증행위로 인하여 --- 결국 위 부족액에 대한 책임을 캄파넬라가 지게 될 가능성이 큰 상황입니다.

이러한 상황에서 채무자들이 이사회 결의를 통해 위 채무보증행위를 승인한 행위는 --- 캄파넬라에 회복할 수 없는 손해가 확정되는

결과를 초래할 것입니다.

5. 이사의 불법행위에 대한 유지청구

상법 제402조와 상장법인인 경우 상법 제542조의6 에는 회사의 주식 0. 25%의 주식을 6개월 이상 보유한 주주들은 이사가 법령 또는 정관에 위반한 행위를 하여 이로 인하여 회사에 회복할 수 없는 손해가 생길 염려가 있는 경우에 회사를 위하여 이사에 대하여 그 행위를 유지할 것을 청구할 수 있도록 하고 있습니다.

유지청구를 하는 경우 이사에 대하여 유지할 것을 청구하는 행위는 법령 또는 정관에 위반한 행위일 것을 요하며 이로 인하여 회사에 회복할 수 없는 손해가 생길 염려가 있어야 합니다.

그런데 이 사건에서 --- 그 행위는 캄파넬라에 회복할 수 없는 손해를 입히게 될 것이고 그러한 행위는 채무자들이 캄파넬라에 대하여 배임행위를 하는 것이 될 것이 자명합니다. 이와 관련하여 채권자들은 채무자들을 특정경제범죄 가중처벌에 관한 특별법위반(배임)죄의 혐의로 형사고소 할 것을 검토 중에 있습니다.

또한 채무자들의 위법행위는 위법한 이사회결의라는 법률행위와 이사회결의에 따른 자본출자나 후순위채 매입, 이자지급등의 사실행위로 구분해 볼 수 있는 바, 현재 이사회결의는 이미 이루어진 상태이지만 아직 그에 따른 자본출자나 후순위채 매입, 이자지급같은 사실행위는 이루어지지 않은 상태이므로 위와 같은 사실행위를 유지하는 것으로 채권자들이 바라는 유지청구의 목적을 달성할 수 있을 것으로 판단되며 그러한 범위 내에서 가처분의 실익이 있는 것으로 보입니다. 또한 향후 캄파넬라가 -- 매입할 가능성도 있으며 이러한 행위도 미연에 방지하여야 할 필요성이 있는 것입니다.

6. 보전의 필요성

캄파넬라와 별지 2기재 회사들간에 체결된 합의에 따르면 --- 캄파넬라는 그 부족액을 부담하고 이자를 지급하여야 할 형편입니다.

따라서 본안소송을 통하여 캄파넬라와 대표이사와 이사들의 행위를 유지하게 될 경우 소송지연에 의하여 위 시일을 경과하게 될 가능성이 높으며 그렇게 된다면 승소판결을 받더라도 채무자들의 위법행위로 인한 캄파넬라의 손해가 확정될 가능성이 큽니다.

따라서 본안이전이라도 이 사건 가처분을 통하여 채무자들의 위법행위가 유지되어야 할 것입니다.

7. 결 론

이상과 같은 이유로 채권자들은 채무자들이 캄파넬라의 대표이사 및 이사로서 별지 2기재 회사들에 대한 자본출자를 하는 행위, 별지 2기재 회사들이 발행하는 후순위채권을 매입하는 행위, 별지 2기재 회사들에게 이자를 지급하는 행위, 별지 2기재 회사들이 소유한 캄파넬라 증권 주식을 매입하는 행위 등 캄파넬라 주식회사가 별지 2기재 회사들의 캄파넬라자동차 주식회사 관련 채권으로 인한 손실을 분담하는 어떠한 행위도 하지 못하도록 하기 위하여 이 사건 신청에 이르게 된 것입니다.

소 명 방 법

1. 소갑제1호증의 1내지 14 각 실질주주증명서

1. 소갑제2호증 합 의 서

1.기타 소명방법은 심문의 진행에 따라 수시로 제출하겠습니다.

첨 부 서 류

1.	신청서 부본	1통
1.	위 소갑호증	1통
1.	위임장	1통
1.	납부서	1통

2000. 11. .

신청인들 대리인 법무법인 커뮤니티
변 호 사 김 변 호
변 호 사 강 변 호
변 호 사 이 변 호

서울중앙지방법원 귀중

제2절 이사해임의 소

앞의 제4장 3절 이사해임의 소송 참조

제3절 제3자의 이사에 대한 손해배상청구의 소

윤수일이 주주로 있는 주식회사 한별컴의 이사 A, B, C는 2010. 3. 18.과 2010. 5. 1. 신주발행의 결의를 하였다.

그런데 위 이사들은 구주주에게 당연히 인정되어야 하는 신주인수권을 무시하고 이사들과 몇몇의 주주만 증자절차에 참여하여 결과적으로 윤수일은 처음 25%의 대주주에서 2.5%로 그 지분율이 낮아졌다.

이 경우 윤수일이 취할 수 있는 조치는?

1. 이사, 당신이 잘못했네. 손해배상 해라 (소송의 의의와 성질)

상법 제401조 (제3자에 대한 책임) ① 이사가 악의 또는 중대한 과실로 인하여 그 임무를 해태한 때에는 그 이사는 제3자에 대하여 연대하여 손해를 배상할 책임이 있다.

가. 소송의 의의

회사와 이사의 관계는 위임관계이다. 이사는 회사로부터 위임을 받아 그 업무를 처리한다. 따라서 이사는 회사에 대하여 선관주의의무, 충실의무, 회사업무 전반에 대한 감시의무 등을 부담한다. 이사가 직무 관련하여 제3자에게 손해를 끼친 경우 회사는 당연히 책임을 부담하지만, 상법은 일정한 경우 직무를 행한 이사도 회사와 마찬가지로 책임을 지도록 규정하고 있다.

상법 제401조는 '이사가 악의 또는 중대한 과실로 인하여 그 임무를 해태한 때에는 그 이사는 제3자에 대하여 연대하여 손해를 배상할 책임이 있다.'고 규정하여 이를 명확히 하고 있다.

나. 소송의 성질

민사소송법상 이행의 소송이다.

2. 이사의 제3자에 대한 책임의 요건

상법 제401조 제1항은 "이사가 악의 또는 중대한 과실로 인하여 그 임무를 해태한 때에는 그 이사는 제3자에 대하여 연대하여 손해를 배상할 책임이 있다"고 규정하고 있다.

임무의 해태에는 상법 제399조 제1항의 "법령 또는 정관에 위반하는 이사의 행위"가 포함된다. 또한 이사의 직무상 충실의무 및 선관의무를 위반한 행위 역시 소정의 임무해태행위에 해당한다(대법원 2003. 4. 11. 선고 2002다70044 판결). 회사의 대표이사가 그 업무집행 중 불법행위로 인하여 제3자에게 손해를 가한 때에는 대표이사는 회사와 연대하여 배상할 책임이 있고 그 불법행위는 고의는 물론 과실 있는 때에도 성립된다(대법원 1980. 1. 15. 선고 79다1230 판결).

3. 소장의 청구원인에는 어떤 사실을 기재하나? (요건사실)

가. 피고가 이사인 사실

나. 악의 또는 중대한 과실에 의한 임무해태

다. 손해의 발생 사실

라. 피고의 행위와 손해 사이에 인과관계가 있을 것

4. 손해배상책임이 인정되는 행위

이사의 법령 또는 정관에 위반하는 행위를 포함하여 직무상 충실 및 선관의무의 위반행위가 상법 제401조 제1항 소정의 임무해태행위에 해당하는 바, 다음과 같은 행위들을 들 수 있다.

가. 이사가 분식회계 하여 금융기관에 손해를 끼친 경우(대법원 2006.12.22. 선고 2004다63354 판결)

나. 이사가 주식청약서나 사채청약서 등에 허위의 기재를 한 경우

다. 이사가 허위의 등기 또는 공고를 한 경우

라. 이사가 거래 상대방을 속여 회사와 거래하게 한 경우

마. 대표이사가 그 업무 일체를 다른 이사 등에게 위임하고, 대표이사로서의 직무를 전혀 집행하지 않는 것이 직무상 충실 및 선관의무를 위반하는 행위에 해당한다.

바. 대표이사가 다른 이사의 업무집행이 위법하다고 의심할 만한 사유가 있음에도 이를 방치한 경우(대법원 2008.09.11. 선고 2006다68636 판결)

사. 이사가 직무상 충실의무 및 선관주의의무를 위반하는 경우를 말하므로 단순한 채무불이행은 여기에 해당하지 않는다.

5. 누가 원고가 되고 누가 피고가 되나? (소송당사자)

가. 원고

이사의 악의 또는 중대한 과실로 인한 임무해태행위로 손해를 입은 사람은 이사에게 손해배상을 청구할 수 있다.

주식회사의 주주의 경우,

이사의 악의 또는 중대한 과실로 인한 임무해태행위로 직접 손해를 입은 경우에는 이사에 대하여 상법 제401조에 의하여 손해배상을 청구할 수 있다. 그러나 이사가 회사재산을 횡령하여 회사재산이 감소함으로써 회사가 손해를 입고 결과적으로 주주의 경제적 이익이 침해되는 손해와 같은 간접적인 손해는 상법 제401조 제1항에서 말하는 손해의 개념에 포

함되지 아니하므로 이에 대하여는 위 법조항에 의한 손해배상을 청구할 수 없다는 것이 판례의 입장이다(대법원 2003. 10. 24. 선고 2003다29661 판결). 그러나 학설은 주주 또는 주식인수인 간접손해를 입은 경우에도 손해배상을 청구할 수 있다는 것이 통설적 견해이다.

나. 피고

제3자에 손해를 입게 한 임무를 해태한 이사, 이사회의 결의에 함께 찬성한 이사, 이사는 아니지만 회장, 사장, 전무 같은 명칭을 쓰며 업무를 집행할 권한이 있는 업무집행지시자 등이 포함된다. 결의에는 참가했으나 이의를 기재한 기재가 의사록에 없는 이사 역시 그 결의에 찬성한 것으로 추정하여 손해배상소송의 피고로 될 수 있다.

6. 관할 및 인지액 · 송달료

가. 관할 회사소송이 아니라 일반 재산권상의 소송으로서 민사소송법의 일반원칙에 따른다. 원칙적으로 피고의 주소지 또는 주된 영업소를 관할하는 법원에 소송을 제기한다. 단독관할인지 합의부관할인지 역시 소송 목적의 값(소가)로 정해진다.

나. 소가와 인지액 이 소는 재산권상의 소송이므로 소가는 원고가 전부 승소할 경우에 직접 받게 될 경제적 이익이고, 그 금액에 따라 인지를 계산한다.

다. 송달료 송달료는 민사 제1심 단독사건의 경우 15회분의 송달료를 납부한다. 원고 · 피고를 포함하여 당사자가 2인인 경우 153,000원(당사자수 2인 × 1회분 송달료 5,100 원 × 15회)이다. 소가가 2억원을 초과하는 합의사건 역시 15회분의 송달료를 납부한다.

[주주가 이사들의 행위로 직접적인 손해를 입은 경우 (소장 사례)]

소 장

원 고 송길섭

서울시 강남구 서초동 1111

피 고 1. 최중호

서울특별시 관악구 남부순환로 11111

2. 최성숙

경기도 성남시 분당구 분당로 1111 (수내동)

3. 최성철

경기도 성남시 분당구 분당로 2222 (수내동)

손해배상(기)청구의 소

청 구 취 지

1. 피고들은 각자 원고에게 금 200,000,000원 및 위 금액에 대하여 2018. 4. 28.부터 이 사건 소장 부본 최후송달 일까지는 연 5%의, 그 다음날부터 완제일까지는 연 12%의 각 비율에 의한 금원을 지급하라.

2. 소송비용은 피고의 부담으로 한다.

3. 위 제1항은 가집행할 수 있다.

라는 판결을 구합니다.

청 구 원 인

1. 당사자간의 관계

원고는 주식회사 빛나금속(이하 '빛나금속'이라 합니다)의 주주이며 피고들은 위 빛나금속의 이사인 자들입니다. 피고 최중호, 피고 최성숙은 각 형제지간이고 피고 최성철은 그들의 아버지입니다.

2. 주식인수 당시 원고의 위 빛나금속에 대한 지분

원고는 2014. 4. 20.경 위 빛나금속의 주식 25%를 소지하게 되었습니다. 원고는 소외 최농협, 최농부, 최참봉, 조희연이 각 소지하고 있던 위 빛나금속의 주식 총 1,250주를 인수하였습니다. 당시 원고의 주식인수내역과 주주들의 지분내역은 별지 제1 기재와 같습니다.

3. 피고들의 위 빛나금속에 대한 신주발행

가. 제1차 신주발행

피고들은 2018. 3. 18. 위 빛나금속의 주식 신주 11,250주를 신주발행절차에 의하여 발행하였습니다. 위와 같은 신주발행의 결과 원고의 지분은 신주발행 전의 25%에서 8%로 감소되었습니다.

나. 제2차 신주발행

피고들은 2018. 4. 27. 위 빛나금속의 주식 신주 33,750주를 신주발행절차에 의하여 발행하였습니다. 위와 같은 신주발행의 결과 원고의 지분은 다시 제1차 신주발행결과인 8%에서 2.5%로 감소되었습니다. 위와 같은 피고들의 신주발행의 결과 원고의 주식수는 변동이 없으나 원고의 주식지분은 25%에서 2.5%로 감소되어 원고는 졸지에 대주주의 지위에서 소액주주의 지위로 강등되었습니다.

4. 피고들의 불공정 신주발행과 원고에 대한 신주발행절차의 불이행

또한 위 빛나금속의 이사들인 피고들은 위와 같은 제1, 2차 신주발행을

하면서 원고에 대하여 당연히 하여야 할 신주발행절차를 전혀 이행하지 아니하였습니다. 피고들은 원고에게 당연히 부여하여야 할 신주인수권을 부여하는 절차를 전혀 이행하지 아니하고 원고 몰래 위와 같은 제1, 2차 신주발행절차를 완료하였습니다. 만약 피고들이 위와 같이 신주발행을 하려면 원고의 정당한 신주인수권을 보호하기 위하여 신주배정일을 지정, 공고하거나 원고에 대한 최고를 하는 등 원고의 신주인수의 청약의 기회를 부여하여야 하였음에도 불구하고 이러한 절차를 전혀 이행하지 아니하였습니다.

5. 피고들의 악의 또는 중대한 과실로 인한 원고의 손해의 발생

위 빛나금속의 순자산가액은 2017. 12. 31. 제1차 신주발행일인 2018. 3. 18. 제2차 신주발행일인 2018. 4. 27. 각 금 2,144,472,974원으로 전혀 변동이 없습니다. 그런데 위와 같은 신주발행으로 인하여 위 빛나금속의 1주당평가액은 다음과 같이 변동하였습니다.

2017. 12. 31. 현재 금 536,513원

2018. 3. 18. 현재 금 165,081원

2018. 4. 27. 현재 금 53,651원

이로 인하여 원고가 입은 손해는 다음과 같습니다.

1) 제1차 신주발행으로 인하여 입은 손해액

[2017. 12. 31. 기준 1주당 평가액 금 536,513×원고의 주식수 1,250주=670,641,250원]-[2018. 3. 18. 기준 1주당 평가액 금 165,081원×원고의 주식수 1,250주=206,351,250원]=464,290,000원

2) 제2차 신주발행으로 인하여 입은 손해액

[2018. 3. 18. 기준 1주당 평가액 금 165,081원×원고의 주식수 1,250주=206,351,250원]-[2018. 4. 27. 기준 1주당 평가액 금 53,651원×원고의 주식수 1,250주=67,063,750원]=139,287,500원

3) 위 합계금

464,290,000원(제1차 신주발행으로 인한 손해액)+139,287,500원(제1차 신주발행으로 이한 손해액)=603,577,500원

6. 결 론

그렇다면 위 각 신주발행시의 이사들이었던 피고들은 그 임무를 악의, 중과실에 의하여 게을리하여 위와 같이 신주발행을 하였으므로 위와 같은 부당한 신주발행으로 인하여 원고가 입은 손해를 배상하여야 할 책임이 있다고 할 것입니다.

따라서 피고들은 각자 원고에게 603,577,500원 및 위 금원에 대하여 위 제2차 신주발행일의 다음날인 2018. 4. 28.부터 이 사건 소장 부본 최후 송달일까지는 연 5%의, 그 다음날부터 다 갚을 때까지는 연12%의 각 비율에 의한 금원을 지급할 의무가 있다할 것입니다.

입 증 방 법

1. 갑제1호증의 1	법인등기부 등본	1통
1. 갑제1호증의 2	정관	1통
1. 갑제2호증의 1	주식인수내역	1통
1. 갑제2호증의 2	주식이동상황명세서	1통
1. 갑제3호증의 1	주주명부	1통
1. 갑제4호증	비상장주식평가조서	1통

첨 부 서 류

1. 위 각 입증방법 각1통

2. 위임장	1통
3. 송달료 납부서	1통
4. 소장 부본	3통

2019. 7. 4.

위 원고 송 길 섭 (인)

서울중앙지방법원 귀중

– 별지목록 1 –

7. 소멸시효

일반 채권으로서 민법 제162조 제1항에 따라에 따라 10년이다(대법원 2006.12.22. 선고 2004다63354 판결). 상법 제401조의 책임에 대한 손해배상채권은 상법상 인정하는 특수한 책임이라는 점을 감안할 때, 일반 불법행위책임의 단기소멸시효를 규정한 민법 제766조 제1항은 적용될 여지가 없기 때문이다.

제4절 회사・대표이사・회계법인에 대한 손해배상청구의 소

Case) 상장회사인 박어피혁(주)의 대표이사 박어준은 부실업체인 박어피혁(주)를 우량기업체로 둔갑시키고 수년간 허위 세금계산서를 발급하여 매출을 늘리는 방법으로 제무재표를 허위 작성하였나.

이를 모르는 윤수일은 동 회사의 주식을 5억 원어치 매입하였는데, 매입 후 5분이 지나자마자 동 회사의 주식거래가 중지되어 결국 윤수일은 5억 원의 피해를 보게되었다.

이 경우 윤수일이 취할 수 있는 조치는 무엇이 있을까 생각해보자.

상법 제389조 (대표이사) ③ 제208조 제2항, 제209조, 제210조와 제386조의 규정은 대표이사에 준용한다.

상법 제210조 (손해배상책임) 회사를 대표하는 사원이 그 업무집행으로 인하여 타인에게 손해를 가한 때에는 회사는 그 사원과 연대하여 배상할 책임이 있다.

주식회사 등의 외부감사에 관한 법률 제31조(손해배상책임)

① 감사인이 그 임무를 게을리하여 회사에 손해를 발생하게 한 경우에는 그 감사인은 회사에 손해를 배상할 책임이 있다.

② 감사인이 중요한 사항에 관하여 감사보고서에 적지 아니하거나 거짓으로 적음으로써 이를 믿고 이용한 제3자에게 손해를 발생하게 한 경우에는 그 감사인은 제3자에게 손해를 배상할 책임이 있다.

자본시장과 금융투자업에 관한 법률

제115조(회계감사인의 손해배상책임) ① 회계감사인은 제114조 제3항에 따른 회계감사의 결과 회계감사보고서 중 중요사항에 관하여 거짓의 기재 또는 표시가 있거나 중요사항이 기재 또는 표시되지 아니함으로써 이를 이용한 수익자에게 손해를 끼친 경우에는 그 수익자에 대하여 손해를 배상할 책임을 진다.

제170조(회계감사인의 손해배상책임) ① 「주식회사 등의 외부감사에 관한 법률」 제31조 제2항부터 제9항까지의 규정은 선의의 투자자가 사업보고서등에 첨부된 회계감사인(외국회계감사인을 포함한다. 이하 이 조에서 같다)의 감사보고서를 신뢰하여 손해를 입은 경우 그 회계감사인의 손해배상책임에 관하여 준용한다.

제241조(회계감사인의 손해배상책임) ① 회계감사인은 제240조 제3항에 따른 회계감사의 결과 회계감사보고서 중 중요사항에 관하여 거짓의 기재 또는 표시가 있거나 중요사항이 기재 또는 표시되지 아니함으로써 이를 이용한 투자자에게 손해를 끼친 경우에는 그 투자자에 대하여 손해를 배상할 책임을 진다.

1. 회계법인, 당신들도 잘못했네. 손해배상 해라 (소송의 의의와 성질)

가. 소송의 의의

회사와 이사의 관계는 위임관계이다. 이사는 회사로부터 위임을 받아 그 업무를 처리한다. 따라서 이사는 회사에 대하여 선관주의의무, 충실의무, 회사업무 전반에 대한 감시의무 등을 부담하고 대표이사 역시 이사이므로 이사로서의 책임도 지고 대표자로서의 책무도 부담한다. 회사를 대표하는 사원(대표이사)이 그 업무집행으로 인하여 타인에게 손해를 가한 때에는 회사는 그 사원과 연대하여 배상할 책임이 있다(상법 제210조).

한편, 외부감사인 역시 회사와의 관계에서 위임관계로 보는 것이 일반적이다[41]. 따라서 민법상 채무불이행책임이나 불법행위책임을 부담하

41) 이수천, 외부감사인의 법적 책임에 관한 연구 p36 건국대학교 대학원

는 것은 당연하다. 이에 더하여 주식회사 등의 회부감사에 관한 법률 제31조에서는 '감사인이 그 임무를 게을리하여 회사에 손해를 발생하게 한 경우에 그 감사인은 회사에 손해를 배상할 책임이 있다'고 규정하여 감사보고서를 허위작성 등으로 제3자가 피해를 본 경우 손해배상책임을 인정하고 있다.

대표이사의 책임에 관하여는 이사의 책임과 중복되는 부분이 있으니 설명을 줄이고, 주로 외부감사인의 책임에 관해 쓰기로 한다. 또한 이 책에 있는 소장을 보며 실무적 감각만 익히게 하는 정도만 욕심을 부린다.

나. 소송의 성질

민사소송법상 이행의 소송이다.

2. 회계감사인의 손해배상 책임의 요건

가. 주식회사 등의 외부감사에 관한 법률 제31조

감사인이 그 임무를 게을리하여 회사에 손해를 발생하게 한 경우

나. 자본시장법 제115조

회계감사인이 회계감사의 결과 회계감사보고서 중 중요사항에 관하여 거짓의 기재 또는 표시가 있거나 중요사항이 기재 또는 표시되지 아니함으로써 이를 이용한 수익자에게 손해를 끼친 경우

다. 자본시장법 제170조

선의의 투자자가 사업보고서 등에 첨부된 회계감사인(외국회계감사인을 포함)의 감사보고서를 신뢰하여 손해를 입은 경우

라. 자본시장법 제241조

회계감사인이 회계감사의 결과 회계감사보고서 중 중요사항에 관하여

거짓의 기재 또는 표시가 있거나 중요사항이 기재 또는 표시되지 아니함으로써 이를 이용한 투자자에게 손해를 끼친 경우

3. 소장의 청구원인에는 어떤 사실을 기재하나? (요건사실) (대법원 2011.1.13. 선고 2008다36930 판결)

가. 피고가 회사의 회계감사인(또는 외부감사인)인 사실

나. 피고가 중요한 사항을 감사보고서에 기재하지 아니하거나 거짓으로 기재한 사실

다. 원고가 그 감사보고서를 믿고 이용한 사실

라. 손해의 발생 사실

마. 피고의 행위와 손해 사이에 인과관계

4. 손해배상책임이 인정되는 행위

감사인이 그 임무를 게을리하여 회사에 손해를 발생하게 한 경우에는 그 감사인은 회사에 손해를 배상할 책임이 있고, 중요한 사항에 관하여 감사보고서에 적지 아니하거나 거짓으로 적음으로써 이를 믿고 이용한 제3자에게 손해를 발생하게 한 경우에는 그 감사인은 제3자에게 손해를 배상할 책임이 있다(주식회사 등의 외부감사에 관한 법률 제31조). 그리고 자본시장법 상의 손해배상책임 역시 대체로 비슷하다고 보여진다. 아래에 보듯이 판례는 대부분 형사사건의 판례이다. 회계감사인 등에 대한 손해배상책임의 근거는 기본적으로 위임계약에 근거한 계약에 위반한 채무불이행책임이다. 그러나 이러한 행위들과 계약책임으로 포착할 수 없는 부분들은 거의 불법행위를 구성하게 될 것이므로 불법행위에 기한 손해배상책임 역시 상당히 많은 부분을 차지하고 있다. 아래는 판례상 몇가지 예이다.

가. 역외펀드 관련사항을 재무제표에 기재하지 않은 행위는 주식회사의외부감사에관한법률위반에 해당한다(대법원 2004.10.28. 선고 2002도3131 판결)

나. 외부감사인이 재무제표 감사 결과 분식회계로 인한 왜곡이 있음을 인식하고도 다른 조치 없이 감사보고서에 '적정의견'이라고만 기재한 경우(대법원 2007.08.23. 선고 2005도4471)

다. 공인회계사가 직무를 행할 때 고의로 진실을 감추거나 허위보고를 한 때(대법원 2012.05.24. 선고 2010도2797)

5. 누가 원고가 되고 누가 피고가 되나? (소송당사자)

가. 원고

(1) 외부감사인의 감사보고서 기재를 믿고 이용한 제3자

(2) 회계감사인의 회계감사보고서를 믿고 투자한 투자자

나. 피고

부실한 감사보고서를 작성 · 제출한 외부감사인(회계감사인)

6. 관할 및 인지액 · 송달료

가. 관할

회사소송이 아니라 일반 재산권상의 소송으로서 민사소송법의 일반원칙에 따른다. 원칙적으로 피고의 주소지 또는 주된 영업소를 관할하는 법원에 소송을 제기한다. 단독관할인지 합의부관할인지 역시 소송 목적의 값(소가)로 정해진다.

나. 소가와 인지액

이 소는 재산권상의 소송이므로 소가는 원고가 전부 승소할 경우에 직접 받게 될 경제적 이익이고, 그 금액에 따라 인지를 계산한다.

다. 송달료

송달료는 민사 제1심 단독사건의 경우 15회분의 송달료를 납부한다. 원고·피고를 포함하여 당사자가 2인인 경우 153,000원(당사자수 2인 × 1회분 송달료 5,100 원 × 15회)이다. 소가가 2억원을 초과하는 합의사건 역시 15회분의 송달료를 납부한다.

7. 손해배상액

가. 손해배상액의 추정(자본시장법 제170조 제2항)

배상할 금액은 청구권자가 그 증권을 취득 또는 처분함에 있어서 실제로 지급한 금액 또는 받은 금액과 다음의 어느 하나에 해당하는 금액과의 차액으로 추정한다.

(1) 손해배상을 청구하는 소송의 변론이 종결될 때의 그 증권의 시장가격(시장가격이 없는 경우에는 추정처분가격을 말한다)

(2) 위 변론종결 전에 그 증권을 처분한 경우에는 그 처분가격

나. 민법상 손해배상책임을 묻는 경우

외부감사인에게 민법상 손해배상책임을 묻는 경우에는 위 자본시장법 상 손해배상액 추정규정은 적용하지 않는다.

회사의 분식결산 및 피고의 부실감사로 인하여 입은 손해액은 위와 같은 분식결산 및 부실감사로 인하여 상실하게 된 주식가격에 해당하는 금액이다. 그리고 분식결산 및 부실감사로 인하여 상실하게 된 주식가격에 해당하는 금액은 특별한 사정이 없는 한 분식결산 및 부실감사가 밝혀져 거래가 정지되기 전에 정상적으로 형성된 주가와 분식결산 및 부실감사로 인한 거래정지가 해제되고 거래가 재개된 후 계속된 하종가를 벗어난 시점에 정상적으로 형성된 주가의, 또는 그 이상의 가격으로 매도한 경우에는 그 매도가액과의 차액 상당이라고 볼 수 있다(대법원 1997.09.12. 선고 96다41991 판결 손해배상(기)).

8. 제척기간 (주식회사 등의 외부감사에 관한 법률 제31조 제9항)

외부감사인이 중요한 사항에 관하여 감사보고서에 적지 아니하거나 거짓으로 적음으로써 이를 믿고 이용한 제3자에게 손해를 발생하게 한 경우 손해배상책임은 그 청구권자가 해당 사실을 안 날부터 1년 이내 또는 감사보고서를 제출한 날부터 8년 이내에 청구권을 행사하지 아니하면 소멸한다. 다만, 외부감사인을 선임을 할 때 계약으로 그 기간을 연장할 수 있다.

9. 소멸시효(민법 제766조)

불법행위로 인한 손해배상의 청구권은 피해자나 그 법정대리인이 그 손해 및 가해자를 안 날로부터 3년간, 불법행위를 한 날로부터 10년간 이를 행사하지 아니하면 시효로 인하여 소멸한다.

10. 청구권경합 (자본시장법 상 책임 & 민법상 책임 둘 다 추궁 가능)

자본시장법 제170조 제1항에 의한 감사인의 책임은 결국 손해배상책임 발생의 요건이 특정되어 있고, 그에 대한 입증책임이 전환되어 있을 뿐만 아니라 손해배상액이 추정되어 선의의 투자자가 보다 신속하게 구제받을 수 있게 하는 한편 유가증권 시장의 안정을 도모하기 위하여 그 책임을 물을 수 있는 기간이 단기간으로 제한되어 있는 손해배상책임으로서 민법상의 불법행위책임과는 별도로 인정되는 법정책임이라 할 것이므로, 감사인의 부실감사로 인하여 손해를 입게 된 선의의 일반 주식투자자들은 감사인에 대하여 증권거래법상의 손해배상책임과 민법상의 불법행위로 인한 손해배상책임을 다 함께 물을 수 있다(대법원 1998.04.24. 선고 97다32215 판결 손해배상(기)).

[주식회사 주주가 외부감사 담당 회계사에 손해배상청구를 한 소장]

소 장

원 고 윤수일 (670125-1234567)

서울시 서초구 서초동 하나빌라 303호

피 고 1. 박어피혁 주식회사 (110111-1234567)

서울시 서초구 서초동 111-11

대표이사 박어준

2. 박 어 준

송달주소 : 성동구치소 재소 중 수인번호 : 1234

3. 다마자 합동회계법인

서울시 강남구 강남대로 33길 123

대표이사 김마자

손해배상(기)청구의 소

청 구 취 지

1. 피고들은 연대하여 원고에게 금 500,000,000 및 이 사건 소장 부본 송달익일부터 완제일까지 연 15%의 비율에 의한 금원을 지급하라.
2. 소송비용은 피고들의 부담으로 한다.
3. 위 제1항은 가집행할 수 있다.

라는 판결을 구합니다.

청 구 원 인

1. 당사자의 지위

피고 박어피혁 주식회사는 피혁제조 판매 등을 영위하는 코스닥 상장회사이고, 피고 박어준은 위 회사의 대표이사이자 같은 회사의 실질적 사주이고, 피고 다마자 합동회계법인은 위 회사의 외부감사 담당 회계사입니다.

2. 불법행위의 성립

가. 피고 박어준과 피고 박어피혁 주식회사의 불법행위

피고 박어준은 피고 박어피혁 주식회사(이하 '피고회사'라 한다)의 실질적 사주로서 피고회사와 공모하여 부실기업체인 피고 회사를 우량기업체로 둔갑시키기 위해, 여러 해 동안 허위 세금계산서를 발급하여 매출액을 늘리고 어음 발행액 등 금융채무를 실제보다 적게 기장하고, 심지어는 피고회사가 발행하여 사채시장에 유통시킨 어음채무를 대표이사의 개인채무인 것처럼 위장하여 재무제표를 허위작성 하는 등의 방법으로, 2016년 상반기에만 150억 원의 적자를 낸 피고회사가 150억 원의 순이익을 낸 우량업체인 것처럼 가장하였습니다.

나. 피고 다마자 합동회계법인의 불법행위

피고 다마자 합동회계법인은 피고회사의 외부감사회계사로서 피고회사의 재무제표가 허위조작 된 것임을 알았거나 조금만 주의를 기울였다면 능히 알 수 있었음에도, 위 재무제표가 법령의 규정에 따라 정당하게 작성된 것이라는 감사의견을 제시함으로써 피고 박어준과 피고회사 등의 위 불법행위를 방조하였습니다.

3. 원고를 포함한 선량한 증권투자자의 피해 발생

이와 같이하여 증권거래소에 상장된 피고회사의 주식은 위와 같은 사정을 모르는 증권투자자들 사이에 정상적으로 매매거래가 이루어지고 있었습니다. 원고도 위의 재무제표를 믿은 선량한 증권투자자의 한 사람으로서 소외 한나증권 주식회사 압구정지점을 통하여 증권 등을 매매거래 하던 중 2019년 9월 15일 피고회사 주식 50,000주를 대금 5억 원에 매입하였는바, 피고회사가 위와 같이 계획적인 부도를 냄으로써 위 매수 후 5분이 지나고 피고회사의 주식거래가 중지되었습니다.

따라서 원고의 피고회사 주식매입으로 인하여 입은 손해는 피고들의 위와 같은 불법행위로 인한 손해라고 할 것입니다.

4. 원고가 입은 손해액

원고는 2019년 9월 15일 피고회사 주식 50,000주를 주당 10,000원씩 합계 금 5억 원에 매입하였으나, 피고회사의 부도로 주가가 폭락한 후 이를 수차에 걸쳐 매도한 차액 금 500,000,000원의 손해를 입었습니다.

5. 결론

사정이 이러하므로 원고는 피고들에 대하여 위 손해금 500,000,000원과 이에 대한 지연 손해금의 지급을 구하는 것입니다.

입 증 방 법

1. 갑 제1호증 법인등기부등본 각 1통

1. 갑 제2호증 주식거래확인서 1통

1. 갑 제3호증 재무제표증명원 1통

1. 갑 제4호증 감사보고서 1통

첨 부 서 류

1. 위 입증방법 각 1통

1. 소장 부본 3통

1. 송달료 납부서 1통

2019년 10월 일

위 원 고 윤 수 일 (인)

서울중앙지방법원 귀중

제5절 이사회 결의 무효확인·부존재확인의 소

1. 이사님은 뭐하는 사람이에요?

가. 이사는 이사회의 구성원으로서 회사의 업무를 집행하는 주식회사의 기관이다. 이사의 자격에는 별다른 제한이 없으나 자연인이어야 하며 특별한 경우를 제외하고는 법인은 이사가 될 수 없다.

나. 이사는 상무에 종사하는 '사내이사(inside director)', 상무에 종사하지 않는 '사회이사(outside director)', '그 밖에 상무에 종사하지 않는 이사' 3가지로 상법은 규정하고 있다(상법 제317조 제2항 제8호). 사내이사는 앞에서 본 바와 같이 별다른 제한이 없으나, 사외이사가 되기에는 많은 제한이 있다. 사외이사의 경우 연줄·인맥에 의한 낙하산, 정경유착 논란에 휩쓸리는 경우가 종종 있어서, 상법은 최대주주의 본인과 배우자·아들·존속 같은 사람, 거래관계 등 중요한 이해관계 있는 법인의 이사·피용자, 미성년자·파산선고 받고 복권되지 않은 자 등 많은 경우를 제시하여 사외이사가 될 수 없게 하였다(상법 제382조 제3항 각호, 548조의8 제2항).

다. 비상장기업일 경우 규모 사외이사가 강제되지 않으나, 상장기업에는 1/4 이상의 사외이사 선임이 강제되며(상법 제542조의8 제1항), 자산 규모 등을 고려하여 최근 사업연도 말 현재의 자본금이 1천억원 이상인 상장회사는 사외이사를 3명 이상으로 하되, 이사 총수의 과반수가 되도록 하여야 한다. 감사위원회는 사외이사가 위원의 3분의 2 이상이어야 한다(상법 제415조의2 제2항).

2. 이사회는 무엇을 하는 회의체인가?

가. 이사회

이사회는 이사들이 모여서 회사의 업무집행에 관한 의사결정을 하는 회의체 기관이다. 상법은 소유와 경영의 문제를 분리한다는 원칙 아래, 이사회중심주의를 채택하여 경영권을 이사회에 집중시키고 있다. 주주총회의 권한을 정관 및 법률에 있는 사항으로 제한하는 대신 모든 회사의 업무에 관한 권한을 이사회에 둠으로써 소유와 경영의 분리 및 경영전문화를 꾀하고 있다.

법률 또는 정관 등의 규정에 의하여 주주총회 또는 이사회의 결의를 필요로 하는 것으로 되어 있지 아니한 업무 중 이사회가 일반적·구체적으로 대표이사에게 위임하지 않은 업무로서 일상 업무에 속하지 아니한 중요한 업무에 대하여는 이사회에게 그 의사결정권한이 있다(대법원 1997. 6. 13. 선고 96다48282 판결).

나. 이사회의 소집

이사회는 각 이사가 소집한다. 그러나 이사회의 결의로 소집할 이사를 정한 때에는 그러하지 아니하다(상법 제390조). 보통은 정관에 이사회 소집권자로서 대표이사를 정하는 것이 일반적이다. 소집권자로 지정되지 않은 다른 이사는 소집권자인 이사에게 이사회 소집을 요구할 수 있다. 소집권자인 이사가 정당한 이유없이 이사회 소집을 거절하는 경우에는 다른 이사가 이사회를 소집할 수 있다.

이사회는 소집일 1주일 전에 각 이사 및 감사에게 소집일시, 장소, 중요사항 등을 기재한 소집 통지서를 발부하여 소집하도록 한다. 단, 이사 및 감사 전원의 동의가 있을 경우에는 이 절차는 생략될 수 있으며, 1주일 전에 통지해야 한다는 기간 규정은 정관으로 단축할 수 있다.

다. 이사회의 의결사항

① 대표이사 선임 및 대표결정과 업무 집행 결정

② 이사와 회사 간의 거래 승인

③ 대표이사 및 이사의 직무집행을 감독

④ 피용자의 업무에 관하여 보고 받는 것을 요구

⑤ 자산의 처분 및 양도, 대규모 재산의 차입

⑥ 지점의 설치 및 이전, 폐지 등의 결정

⑦ 주주총회의 소집결정

⑧ 중간배당 결정 및 기업합병의 승인

⑨ 준비금 자본전입, 전환사채의 발행

⑩ 기타 대표이사에게 위임하지 않은 업무로서 일상 업무에 속하지 아니한 중요한 업무

라. 이사회의 회의진행

이사회의 의장은 보통 사장이나 대표이사가 맡게 되며 일반적인 회의진행 원칙에 따라 진행할 수 있다.

마. 이사회의 결의방법

이사회의 결의는 이사과반수의 출석과 출석이사의 과반수 찬성으로 한다. 그러나 정관으로 그 비율을 높게 정할 수 있다.

바. 이사회 의사록의 작성 및 비치

기업에서 이사회를 개최하는 경우 반드시 이사회의사록을 작성해야 한다. 의사회의사록에는 이사회를 개최한다는 취지와 부의된 안건, 경과요령, 그 결정사항, 반대하는 자와 그 반대이유를 기재하고 이사회를 폐회한다는 취지 등 의사 진행의 과정과 그 결과를 빠짐없이 기록해야 한다. 출석한 이사 및 감사가 기명날인 하거나 서명을 하여야 한다. 이사회의사록 원본은 기업의 본점 비치하여야 하며 이사회의사록에는 회사의 중요한 정책결정이나 정보가 담겨져 있으므로 잘 보관해야 할 것이다.

[이사회 의사록의 예]

2019년 제10차 이사회 의사록

Ⅰ. 일 시 : 2019. 6. 22(水) 10:00~12:00

Ⅱ. 장 소 : 바아코리아인베스트 본사 20층 회의실

Ⅲ. 출석이사 : 이사수 7명 출석이사수 7명

상법 제390조 및 당사 정관 제32조, 제33조에 의거 대표이사 이상걸은 이사회를 소집하여 성원을 확인한 후 본 이사회가 적법하게 성립되었음을 선언하다.

Ⅳ. 의안상정 및 결의사항

이어서 이사회 의장인 대표이사 최치원이 아래의 안건을 상정하여 출석이사에게 심의를 구한 바, 출석한 각 이사가 신중히 합의하여 당사 정관 제34조에 의거 만장일치로 결의하다.

제1호 의안 : 주주총회 의장 선임의 件

제2호 의안 : 정기주주총회 부의안건 일부 취소의 件

제3호 의안 : 사외이사 평가제도 도입 및 실시의 件

제4호 의안 : 유상증자의 件

■ 제1호 의안 : 주주총회 의장 선임의 件

○ 대표이사 최치원을 주주총회 의장으로 선임함

■ 제2호 의안 : 정기주주총회 부의안건 일부 취소의 件

가. 변경 전 부의안건

○ 제1호 안건 : 제24기 재무제표 승인의 건

○ 제2호 안건 : 정관개정의 건

○ 제3호 안건 : 이사선임의 건

○ 제4호 안건 : 이사보수 한도액 승인의 건

○ 제5호 안건 : 주식매수선택권 부여의 건

나. 변경 후 부의안건

○ 제1호 안건 : 제24기 재무제표 승인의 건

○ 제2호 안건 : 정관개정의 건

○ 제3호 안건 : 이사선임의 건

○ 제4호 안건 : 이사보수 한도액 승인의 건

다. 변경사유 : 주식매수선택권 미부여에 따라 제5호 안건 주식매수선택권 부여의 건을 주주총회 부의안건에서 삭제함.

■ 제3호 의안 : 사외이사 평가제도 도입 및 실시의 件

[첨부참조]

■ 제4호 의안 : 유상증자의 件

가. 취 지

○ RBC비율 개선을 통한 회사 재무 건전성 제고

나. 내 용

○ 제3자 배정 방식의 총 399,999,984,600원 규모로,

(– 이하 생략함)

V. 찬성, 반대 여부 및 반대이유에 관한 사항

성 명	결 의 안 건	찬반여부		반대이유 및 기타 의견
		찬성	반대	
최치원	제1호 의안			
	제2호 의안			
	제3호 의안			
	제4호 의안			
김덕만	제1호 의안			
	제2호 의안			
	제3호 의안			
	제4호 의안			

한치걸	제1호 의안			
	제2호 의안			
	제3호 의안			
	제4호 의안			
하애록	제1호 의안			
	제2호 의안			
	제3호 의안			
	제4호 의안			
하애진	제1호 의안			
	제2호 의안			
	제3호 의안			
	제4호 의안			

구체적인 추진방안은 대표이사에게 위임하기로 하며, 이상으로 의안결의를 마치고, 대표이사 최치원은 정관 제34조에 의거 이사회 의장으로서 본 이사회의 의안심의가 종료됨을 알리고 12:00에 폐회를 선언하다.

위 결의를 명확히 하기 위하여 이사회 의사록을 작성하고 의장과 출석이사가 각각 기명날인하다.

2019. 6. 22(水)

주식회사 바이코리아인베스트

의장 대표이사 : 최 치 원 (인)

대표이사 : 김 덕 만 (인)

이 사 : 한 치 걸 (인)

사외이사 : 하 애 록 (인) −이하 생략−

사. 이사회결의의 하자

이사회결의의 하자에 관해 상법에는 별다른 규정은 없다. 그러므로 이사회결의의 하자에 대하여는 민사소송법상 원칙에 따라 결의무효확인이나 부존재확인을 소송을 제기하여야 한다.

3. 이사회결의 무효확인 · 부존재확인의 소

가. 소송의 원인

(1) 이사회결의에 무효사유가 존재할 때

(2) 이사회결의에 부존재사유가 존재할 때

나. 확인의 이익

확인의 소이기 때문에 확인의 이익이 있어야 한다.

다. 당사자

(1) **원고** 확인의 이익이 있는 이해관계인은 이사회 결의의 무효 또는 부존재를 주장할 수 있다.

(2) **피고** 회사가 피고가 된다. 이사회 결의사항에 대한 신주발행에 대한 무효의 소송(상법 제429조) 등의 규정을 유추한다.

라. 관할 및 인지액 · 송달료

(1) **관할** 본점소재지의 지방법원의 전속관할이다. 회사소송이으로서 관할에 관한 상법 제186조를 준용한다.

(2) **소가와 인지액** 이 소송은 소송목적의 값을 계산할 수 없는 소송으로서, 회사등 관계소송, 특허소송, 무체재산권에 관한 소에 정한 소송의 소송목적의 값은 1억 원으로 한다. 인지액의 계산은 소가가 '1억 원 이상 10억 원 미만'의 구간에 해당하므로, 55,000+(1억 원×0.004)로 계산하고 그 인지액은 455,000원이 된다.

(3) **송달료** 송달료는 민사 제1심 사건의 송달료인 15회분의 송달료를 납부한다. 원고 · 피고를 포함하여 당사자가 2인인 경우 153,000원(당사자수 2인 × 1회분 송달료 5,100 원 × 15회)이다.

[이사회결의 부존재확인 청구 소장]

소　　장

원 고　오창근 (600102-1234567)

　　　서울시 서초구 방배동 190-23

피 고　주식회사 홍콩물산

　　　서울시 서초구 서초동 112

　　　대표이사 박대박

이사회결의부존재확인

청 구 취 지

1. 주위적청구

가. 피고 회사의 2016. 5. 7.자 이사회결의는 모두 존재하지 아니함을 확인한다.

나. 소송비용은 피고의 부담으로 한다.

2. 예비적 청구

가. 피고 회사의 2016. 5. 7.자 이사회결의는 모두 무효임을 확인한다.

나. 소송비용은 피고의 부담으로 한다.

라는 판결을 구합니다.

청 구 원 인

1. 피고회사는 블랙박스제조 판매 등을 그 목적으로 1985. 5. 8. 설립등기 한 주식회사입니다.

2. 이사회는 상법 및 정관의 규정에 따라 적법한 소집권자에 의하여 소집되어야 하는바, 피고 회사는 원고를 대표이사직에서 쫓아내기 위하여 일체의 이사회 소집행위 없이 이사회가 개최된 것처럼 이사회 의사록을 작성하였습니다.

3. 이러한 경우 이사회는 성립되지 아니하는 것이므로 당해 이사회에서의 결의는 부존재인 것이고 소집권자가 소집하였다고 하더라도 그 소집절차와 그 결의는 부존재인 것입니다. 만일, 소집권자가 소집하였다고 하더라도 그 소집절차와 그 결의의 절차 또는 결의내용이 법령 또는 정관의 규정에 위배되는 경우에는 그 이사회결의는 무효라고 보아야 할 것입니다.

4. 피고회사의 정관 제19조의 규정에 의하면 이사회는 대표이사가 소집하도록 되어 있으며 이사회를 소집하고자 할 때에는 적어도 회의 14일 전에 서면으로 회의일시, 목적, 안건 등을 명시하여 이사 및 감사에게 통지하여야 한다고 되어 있는 바 원고는 피고회사의 대표이사 사장으로서 2016. 5. 7. 이사회를 소집한 사실이 전혀 없으므로 이사회의 결의는 존재하지 아니하며 가령 이사회가 성립되었다고 가정하더라도 이사회 소집의 절차가 정관의 규정에 위배되어 각 이사회의 결의는 무효이므로 청구의 취지와 같은 판결을 구하기 위하여 이 사건 청구에 이르렀습니다.

입 증 방 법

1. 갑제1호증 법인등기부등본(말소사항 포함) 1통

[원고가 현 대표이사 이전에 대표이사로 등재되어 있었음을 입증]

1. 갑제2호증 이사회의사록 1통

첨 부 서 류

1. 위 입증방법 1통

1. 송달료 납부서 1통

1. 위임장 1통

1. 소장 부본 1통

2010. 7. 25.

위 원고 오 창 근 (인)

서울중앙지방법원 귀중

마. 제소기간

이사회결의를 한 날로부터 6월 내 소송으로 이사회 결의 무효 또는 부존재를 주장할 수 있다. 이 소송 역시 상법 제429조 신주발행무효 소송의 규정을 준용해야 할 것으로 보인다.

제 7 장

회사가 손해배상청구를 게을리할 때(주주대표소송)

회사의 경영진 등이 그 임무를 게을리하여 회사에 손해를 입혔음에도, 회사가 대주주나 가족 등 특수한 관계 때문에 이들의 책임 추궁 게을리하여 회사 또는 주주 전체의 이익을 해하는 경우가 많다. 이러한 경우 주주들에게 회사를 대신하여 그 소송을 제기할 권능과 자격을 부여한 제도가 대표소송이다. 주주들이 회사를 대신해서 책임을 추궁하는 대상은 이사·감사·발기인·청산인 등의 경영진과 불공정하게 신주를 인수한 사람, 돈이나 골프회원권을 받고 주주로서의 권리를 행사한 사람이다.

편의상 제1절에서 이사·감사·발기인·청산인 등에 대한 대표소송을, 제2절에서 불공정한 주식인수인에 대한 대표소송을, 제3절에서 이익공여를 받은 자에 대한 대표소송으로 나누어 보기로 한다.

제1절 이사·감사·발기인·청산인 등에 대한 대표소송

상법 제403조 (주주의 대표소송)

① 발행주식의 총수의 100분의 1 이상에 해당하는 주식을 가진 주주는 회사에 대하여 이사의 책임을 추궁할 소의 제기를 청구할 수 있다. ② 제1항의 청구는 그 이유를 기재한 서면으로 하여야 한다. ③ 회사가 전항의 청구를 받은 날로부터 30일 내에 소를 제기하지 아니한 때에는 제1항의 주주는 즉시 회사를 위하여 소를 제기할 수 있다. ④ 제3항의 기간의 경과로 인하여 회사에 회복할 수 없는 손해가 생길 염려가 있는 경우에는 전항의 규정에 불구하고 제1항의 주주는 즉시 소를 제기할 수 있다. ⑤ 제3항과 제4항의 소를 제기한 주주의 보유주식이 제소 후 발행주식총수의 100분의 1 미만으로 감소한 경우(발행주식을 보유하지 아니하게 된 경우를 제외한다)에도 제소의 효력에는 영향이 없다. ⑥ 제3항과 제4항의 소를 제기한 경우 당사자는 법원의 허가를 얻지 아니하고는 소의 취하, 청구의 포기·인락·화해를 할 수 없다. ⑦ 제176조 제3항, 제4항과 제186조의 규정은 본조의 소에 준용한다.

case) 박복순은 원소피혁(주)의 대표이사이고, 조땅달은 위 회사의 이사, 피고 서사기는 감사이다.

이들은 2010. 5. 10. 이사회결의로 제3자 발행의 방식으로 신주발행결의를 하였고, 신주를 발행하는 동안 가까운 양아치인 이환수에게 원소피혁(주)의 주식이 시가가 주당 50,000원임에도 불구하고 이를 20,000원에 발행하는 방법으로 회사에 대하여 100억 원의 피해를 주는 불법행위를 자행하였다.

이 회사의 소수주주인 갑은 대표이사 박복순, 이사 조땅달, 감사 서사기에게 어떤 책임을 물을 수 있을까?

1. 소액주주들의 권리, 주주대표소송 (소의 의의)

이사, 감사 등이 그 임무를 게을리하여 회사에 손해를 입혔으면 회사는 마땅히 이들에 대해 그 책임을 물어야 한다. 그러나 회사 또는 주주 전체의 이익을 해하는 경우에도 불구하고 대주주나 가족 등 특수한 관계 때문에 회사가 이들에게 책임 묻기를 게을리하여 책임 추궁을 하지 않는 경우가 있다. 이러한 경우 소수주주들에게 회사를 대신하여 그 소송을 제기할 권능과 자격을 부여한 제도가 대표소송이다(소수주주권). 소수주주가 회사를 대신하여 소송하는 제도이기 때문에 회사가 그 소를 제기할 권능을 가질 것을 전제로 하고 있다고 할 것이다[42].

2. 소의 성질

가. 대표소송은, 실제적인 측면에서는 주주가 회사의 대표기관 지위에서 소송을 하는 것이다. 하지만 소송의 형식상으로는 다른 사람인 회사의 이익을 위하여, 판결을 받을 자격을 법률에 의해 인정받아 원고로서 소송을 담당하는 제3자의 소송담당의 경우에 해당한다. 회사가 갖는 권리의 존재를 전제로 한 소송이어서 파생소송 혹은 대위소송이라고 할 수 있다[43]. 민법상 채권자대위권도 채권자가 채무자를 대신하여 소송을 수행하는 제3자의 소송담당이라는 점에서 대표소송과 비슷하다. 그러나 채권자대위권은 구체적인 권리를 근거로 자기의 채권을 보전하기 위하여 채무자의 권리를 행사할 수 있는 반면, 대표소송은 주주라는 추상적인 이해관계를 가진 자가 회사와 주주 전체의 이익을 위해 하는 것이다. 따라서 대표소송을 제기할 권리는 주주의 공익권의 일종으로 볼 수 있다.

나. 「상법 상의 주주대표소송의 성질은 주주들 모두가 필수적으로 공동원고가 되어야 하는 고유필수적 공동소송은 아니고 단지 공동소송인이 된 원고들 사이에 그 승패를 일률적으로 하여야 할 필요성이 있는 유사필수적 공동소송의 성격을 가진다」 라고 하여 상법상의 주주대표소송을 유

42) 회사가 파산선고를 받게 되면 파산재단의 관리・처분권은 파산관재인에게 전속하게 되고(파산법 제7조), 파산재단에 관한 소송에 있어서는 파산관재인이 당사자적격을 갖게 되어(파산법 제152조) 회사는 그 소송을 제기할 권능을 상실하게 된다. 따라서 이 경우에 파산회사의 주주들은 대표소송을 제기할 수 없다. (대구지법 2000.4.14, 선고, 98가합24390, 판결 : 항소기각・상고)

43) 최기원. 2009. 『신회사법론』 제13대정판. 박영사 p708

사필수적 공동소송으로 본 사례가 있다(서울중앙지법 2008.06.20. 선고 2007가합43745 판결 : 항소 소송비용). 바꾸어 말하자면, 주주들이 반드시 필수적으로 대표소송의 공동원고가 되어야 하는 것은 아니지만, 일단 공동소송인으로 된 이상 승패의 합일확정이 요청되는, 소위 유사필수적 공동소송의 관계에 있다는 것이다.

3. 누가 원고가 되고 누가 피고가 되나? (소송당사자)

가. 원고

발행주식의 총수의 1% 이상에 해당하는 주식을 가진 주주이다. 주주는 먼저 회사에 대하여 이사의 책임을 추궁할 소의 제기를 청구할 수 있고, 회사가 소의 제기를 청구를 받은 날로부터 30일 내에 소를 제기하지 아니한 때에 회사를 위하여 소를 제기할 수 있다. 보통은 소제기준비단계에서 원고 자격 요건을 맞추기 위하여 주주들의 모집에 착수한다. 그리고 이러한 작업은 법무법인 등에서 위임장 등에 날인하는 방법으로 원고모집에 나서게 되는 것이다.

상장회사의 경우 6개월 전부터 계속하여 발행주식 총수의 1만분의 1 이상에 해당하는 주식을 보유한 자도 대표소송에 따른 주주의 권리를 행사할 수 있다.

소를 제기한 주주의 보유주식이 제소 후 발행주식 총수의 1% 미만으로 감소한 경우에도 제소의 효력에는 영향이 없다(상법 제403조 제5항). 단, 주식을 전혀 가지지 않게 된 경우에는 당사자적격을 상실하므로, 소를 각하하여야 한다(서울고법 2011.6.16. 선고 2010나70751 판결 손해배상(기)).

나. 피고

이사・감사・발기인・청산인이다. 불공정한 가액으로 주식을 인수한 자・회사로부터 이익의 공여를 받은 자도 피고에 해당하지만 뒤에서 보기로 한다.

4. 먼저 회사에 제소청구를 해주세요 (제소요건)

가. 이사 등의 책임

(1) 이사의 책임

○ 이사의 법령·정관 위반으로 인한 손해배상책임

○ 이사 등의 임무해태, 즉 선관주의 의무 내지 충실의무 위반으로 인한 손해배상책임

○ 신주 발행시 이사의 인수담보책임

○ 이사가 회사에 대하여 부담하는 거래상의 채무

(2) 집행임원의 책임

집행임원이 고의 또는 과실로 법령이나 정관을 위반한 행위를 하거나 그 임무를 게을리한 경우에 회사에 손해를 배상할 책임이 있다(상법 제408조의8).

(3) 감사의 책임

감사가 그 임무를 해태한 때에는 그 감사는 회사에 대하여 연대하여 손해를 배상할 책임이 있다. 예를 들어, 이사가 이사회에서 보류된 사업계획을 독단적으로 진행하는 것을 방조하여 감사로서의 업무를 게을리 함으로 써 발생한 회사에 대한 손해배상책임이 이에 해당한다(상법 제414조, 대법원 2010.07.29. 선고 2008다7895 판결 손해배상(기)).

(4) 발기인의 책임

1) 발기인의 인수담보책임과 납입담보책임(상법 제321조). 회사설립시에 발행한 주식으로서 회사성립 후에 아직 인수되지 아니한 주식이 있거나 주

식인수의 청약이 취소된 때에는 발기인이 이를 공동으로 인수한 것으로 본다.

2) 설립에 관하여 그 임무를 해태한 때의 손해배상책임(상법 제322조). 발기인이 회사의 설립에 관하여 그 임무를 해태한 때에는 그 발기인은 회사에 대하여 연대하여 손해를 배상할 책임이 있다.

(5) 청산인의 책임

청산인의 부정행위 등 임무에 위배한 회사에 대한 손해배상책임(상법 제542조). 청산인에 관한 제542조에서 이사의 회사에 대한 책임에 관한 규정인 제399조를 준용한다. 청산인이 고의 또는 과실로 법령 또는 정관에 위반한 행위를 하거나 그 임무를 게을리한 경우에는 그 이사는 회사에 대하여 연대하여 손해를 배상할 책임이 있다.

나. 회사에 대한 제소청구

발행주식의 총수의 1% 이상에 해당하는 주식을 가진 주주는 회사에 대하여 이사의 책임을 추궁할 소의 제기를 청구할 수 있다. 이 청구는 그 이유를 기재한 서면으로 하여야 한다. 실무에서는 원고모집작업이 마쳐진 후 이사회에 "소제기청구서"를 발송하는 방법으로 회사에 소의 제기를 청구한다.

다. 대기기간

회사가 위 청구를 받은 날로부터 30일 내에 소를 제기하지 않을 때는 위의 주주는 즉시 회사를 위하여 소를 제기할 수 있다.

하지만 30일의 기간의 경과로 인하여 회사에 회복할 수 없는 손해가 생길 염려가 있는 경우에는 주주는 즉시 소를 제기할 수 있다. 예를 들어, 회사의 채권이 소멸시효에 걸린다든가, 이사가 재산을 해외로 도피시킬 경우 회사에는 회복할 수 없는 손해가 생길 수 있는 상황이다.

5. 소송의 절차

주주대표소송은 법인등기부등본, 정관, 주주명부, 회사에 대한 제소청구서 등 입증서면을 첨부하여 법원에 소장을 접수함으로써 시작한다.

가. 관할

회사의 본점소재지를 관할하는 지방법원이다.

나. 소가와 인지액

(1) 소송목적의 값을 산출할 수 없는 소송

주주대표소송의 경우 소가는 보통 수십억 원에서 수백억 원에 이르는 경우가 많다. 일반적인 소송이라면 인지액만 수억 원 또는 수천만 원이 되겠지만, 이 소는 소송목적의 값을 산출할 수 없는 소송(민사소송등인지법 제2조 제4항, 민사소송등인지규칙 제15조 제1항)으로서 소가는 1억 원(민사소송등인지규칙 제18조의2 단서)으로 본다. 따라서 인지액의 계산은 소가가 '1억 원 이상 10억 원 미만'의 구간에 해당하므로, 55,000+(1억 원×0.004)로 계산하고 그 인지액은 455,000원에 불과하다.

일반적으로 회사가 이사 등에게 제기하는 경우에는 소가를 계산할 수도 있고, 그 소가에 따라 인지액을 계산할 수 있다. 그러나 대표소송은 소수주주가 회사를 대신하여 소송을 하는 것이고, 그 법률효과(예를 들어, 손해배상액을 확정 받는 것)가 회사에 귀속되는 것이므로, 소수주주에게 직접적으로는 아무런 관련이 없다. 따라서 청구취지에서 「금 5억 원을 지급하라」 는 식의 청구를 하여도 소수주주 자신이 5억 원을 지급받는 것이 아니고 주주 전체를 위해 회사에 귀속되는 것이 된다. 편하게 표현하면, 소소주주 입장에서는 회사에 5억 원의 이익이 있어도, 자신에게는 어느 정도의 이익이 되는지는 알 수 없다. 그러므로 이 소송은 「소송목적의 값을 계산할 수 없는 소송」 으로 밖에 될 수 없는 것이다.

(2) 주주대표소송 계속 중에 소송참가[44)]

1) 회사가 공동소송참가 하는 경우 대표소송을 제기한 주주는 소를 제기한 후 지체없이 회사에 대하여 그 소송의 고지를 하여야 하고, 회사는 주주대표소송에 참가할 수 있다(상법 제404조 제1항). 이 소송참가의 성질은 공동소송참가(민사소송법 제83조)이다(대법원 2002. 3. 15. 선고 2000다9086 판결 【손해배상(기)】).

예를 들어, 청구취지가 "피고 윤한석은 주식회사 한별컴에 20억 원 및 이 사건 소상부본 송날 나음 날부터 나 갚는 날까지 연12%의 비율에 의한 금원을 지급하라"는 주주대표소송에서 회사가 공동참가를 하는 경우, 회사의 입장에서는 주주의 대표소송이 아니라 통상의 손해배상청구에 해당하므로 소송목적의 값에 따라 인지액을 납부한다. 예를들어 소송목적의 값은 20억 원이라면, 이에 대응하는 인지액을 납부해야 한다(민사소송등인지법 제6조 제1항). 따라서 인지액의 계산은 소송목적의 값 10억 원 이상의 구간에(민사소송등인지법 제2조 제1항 제4호)해당하므로 '소송목적의 값 × 0.0035 × 555,000원'으로 계산하여 7,555,000원이 된다.

2) 다른 주주가 공동소송참가 하는 경우 함께 싸우기 위하여 다른 주주가 공동소송참가 하는 경우에는 소송목적의 값 1억 원에 대한 인지를 납부하여야 하고(민사소송등인지법 제6조 제1항), 공동소송적 보조참가를 하는 경우에는 인지를 붙이지 않는다(민사소송등인지법 제10조).

다. 송달료

송달료는 15회분의 송달료를 납부한다. 원고·피고를 포함하여 당사자가 2인인 경우 153,000원(당사자수 2인 × 1회분 송달료 5,100 원 × 15회)이다.

라. 담보제공

소수주주가 대표소송을 청구를 한 때에는 법원은 회사의 청구에 의

44) 인지실무연구회. 2015.『인지실무』. 사법발전재단 p177하단

하여 상당한 담보를 제공할 것을 명할 수 있다(상법 제403조 제7항 → 상법 제176조 제3항 준용). 하지만 회사가 담보제공명령의 청구를 함에는 소수주주의 청구가 악의임을 소명하여야 한다.

마. 소송참가 · 소송고지

회사는 원고인 소수주주와 피고인 이사 등 사이에서 진행되는 주주대표소송에 참가할 수 있다. 소송의 진행은 소수주주가 하지만 그 판결의 효과는 회사에 귀속되므로, 제소주주와 피고가 짜고 소송을 진행하여 그 결과 회사에 피해를 줄 수 있기 때문이다. 또한 회사의 소송참가를 위하여 주주대표소송을 제기한 주주는 소를 제기한 후 지체없이 회사에 대하여 그 소송의 고지를 하여야 한다(상법 제404조). 회사가 참가할 경우, 이사에 대한 책임추궁인 경우는 감사가 회사를 대표한다(상법 제394조).

6. 피고의 항변

피고로서는 답변서나 준비서면에 ① 경영판단에 기한 필요성이 있었고 적법절차를 거쳤다는 항변 ② 이사 등의 행위, 예를 들어 회사의 주식을 비교적 싼 가격에 매각하였지만 그 매각한 가격이 적정했다는 항변45) ③ 피고 이사 등의 회사의 주식의 매

> ☞ **이사의 책임과 '경영판단의 원칙'**
>
> 기업경영자의 경영책임문제와 관련하여 일찍이 미국회사법 판례에서는 '경영판단의 원칙'이 있다. 이 원칙은 이사가 자신의 권한 내에서 합리적인 근거에 기초해 회사의 이익이 된다는 믿음 아래 적법한 정보와 절차에 따라 결단을 내렸다면 경영판단 상의 잘못으로 회사에 손해가 생길지라도 이사에게 손해배상책임을 물어서는 안 된다는 원칙을 의미한다. 우리나라에서도 활발하게 논의되고 있다.

45) LG주주대표소송 참조(서울남부지법 2006.8.17. 선고 2003가합1176 판결 손해배상(기) : 확정). 대선주조주주대표소송(부산지방법원 2002가합16791, 2003가합 10660-병합사건)과 약 977억 원의 배상이 명해진 삼성전자 주주대표소송 (수원지방법원 98가합22553사건)이 있다.

각과 관련하여 선량한 관리자로서의 주의의무를 다하였다는 항변 등을 하여 소송의 기각을 요청한다.

7. 소송의 종료

가. 판결의 효력

(1) 승소이익은 누가 가져갈까?

이 소송은 제3자가 소송담당을 하는 경우이므로, 판결의 효력은 회사에 대하여 미친다. 따라서 소주주주가 승소하였더라도 그 승소이익은 항상 회사에만 귀속된다.

(2) 소수주주가 이긴 경우 변호사비용은 누구에게 받나?

주주가 승소한 때에는 그 주주는 회사에 대하여 소송비용 및 그 밖에 소송으로 인하여 지출한 비용중 상당한 금액의 지급을 청구할 수 있다. 이 경우 소송비용을 지급한 회사는 이사 또는 감사에 대하여 구상권이 있다(상법 제405조 제1항).

(3) 소수주주가 패소한 경우 다른 주주가 또 똑같은 소송을 제기할 수 있는가?

판결의 효력은 반사적으로 다른 주주에게도 미친다. 다른 주주가 다시 대표소송을 제기하더라도 중복해서 동일한 주장은 할 수 없다. 소수주주가 패소한 경우 다른 주주는 직접 판결의 효력을 받는 것은 아니지만 기판력의 적용을 받기 때문에, 예를 들어 처음의 소수주주가 '이사가 2020. 3. 29. 나쁜 짓을 했다'는 주장을 해서 소송을 하고 그 소송에서 패했다면 다른 주주 역시 '이사가 2020. 3. 29. 나쁜 짓을 했다'는 주장을 해봐야 기각될 가능성이 크다는 것이다.

나. 당사자의 의사에 의한 종료의 제한

소수주주가 소를 제기한 경우 소수주주는 법원의 허가를 얻지 아니하고는 소의 취하, 청구의 포기·화해를 할 수 없다(상법 제403조 제6항). 마찬가지로 상대방인 피고는 인낙·화해를 할 수 없다. 제소주주와 피고가 짜고 소송을 진행하여 그 결과 회사에 피해를 줄 수 있기 때문이다.

8. 주주대표소송에서 승소시 강제집행의 문제

주주가 회사를 위하여 소송을 하여 승소를 하는 경우인데, 집행권원에서의 당사자와 급부수령권자가 일치하지 않음으로 다음과 같은 것이 문제된다.

① 판결문이 가지는 집행력은 누구를 위하여 미치는가? 주주 혹은 회사 중 누가 집행채권자로서 적격(standing to execute)이 있는지의 문제이다. 다시 말하면, 누가 강제집행을 할 수 있는가이다.

② 피고인 이사 등에 대하여 부동산이나 동산에 강제집행을 하는 경우, 누가 배당금을 받아갈 것인가?[46] 우리나라 법제 아래에서는 주주 자신에 의한 강제집행은 부정하는 것이 옳을 듯하고, 학자들도 그렇게 해석하는 것 같다. 따라서 승소판결에 의한 강제집행은 회사가 직접 해야 할 것이다. 따라서 배당금 수령할 권리도 회사에게 있다고 볼 것이다. 그러나 본 장의 제목처럼 '회사가 소송을 게을리해서' 주주에게 대표소송을 인정하는 것인데, 그런 게으른 회사에게 강제집행을 기대할 수 있을지는 솔직히 회의적인 생각이 든다. 원고인 주주에게도 강제집행을 할 수 있는 권한을 주되, 돈(폼나게 말하면 '급부')을 수령한 주주가 혼자 먹고 도망가는 경우가 없도록 하는 방향의 집행절차에 관한 입법이 필요하다고 본다.

46) 자세한 것은, 이정준. 2011. 주주대표소송의 승소판결에 의한 강제집행. 논문.

제2절 불공정한 주식인수인에 대한 대표소송 -차액반환의 소-

case) 박복순은 원소피혁(주)의 대표이사이고, 조땅달은 위 회사의 이사, 피고 서사기는 감사이다.

이들은 2010. 5. 10. 이사회결의로 제3자 발행의 방식으로 신주발행결의를 하였고, 신주를 발행하는 동안 자신들과 친한 양아치인 이환수에게 원소피혁(주)의 주식이 시가가 주당 50,000원임에도 불구하고 이를 20,000원에 발행하는 방법으로 회사에 대하여 100억 원의 피해를 주는 불법행위를 자행하였다.

이 회사의 소수주주인 갑은 불공정한 가액으로 주식을 인수한 이환수에게 어떤 책임을 물을 수 있을까?

제424조의2 (불공정한 가액으로 주식을 인수한 자의 책임)

① 이사와 통모하여 현저하게 불공정한 발행가액으로 주식을 인수한 자는 회사에 대하여 공정한 발행가액과의 차액에 상당한 금액을 지급할 의무가 있다.

② 제403조 내지 제406조의 규정은 제1항의 지급을 청구하는 소에 관하여 이를 준용한다.

③ 제1항 및 제2항의 규정은 이사의 회사 또는 주주에 대한 손해배상의 책임에 영향을 미치지 아니한다.

1. 너 짜고 싸게 샀지? 돈 내 놔 ! (소의 의의)

이사와 짜고(통하 모여) 현저하게 공정하지 못한 발행가액으로 주식을 인수한 사람은 회사에 대하여 공정한 발행가액과의 차액에 상당한 금액을 지급할 의무가 있다. 그런데 회사는 대주주나 가족 등 특수한 관계 때문에 이를 게을리하여 회사 또는 주주 전체의 이익을 해하는 경우가 많다. 이것을 막기 위하여 열 받은 주주들에게 회사를 대신하여 그 소송을 제기할 권능과 자격을 부여한 제도가 이 대표소송이다.

이 소송은 앞에서도 말한 바와 같이 대표소송의 하나이다. 앞의 이사에 대해 책임을 추궁하는 대표소송과 같이 설명을 해도 되는 것이나 분리해서 설명하는 것뿐이므로, 절차의 대부분이 이사에 대해 책임을 추궁하는 대표소송과 유사하다.

2. 소의 성질

가. 이사에 대한 대표소송처럼 소수주주가 회사의 이익을 위하여 원고로서 소송을 담당하는 제3자의 주주에게 소송담당의 경우에 해당한다.

나. 주주들이 공동으로 소송을 하게 된 이상 승패의 합일확정(소송에서 이기고 지는 게 같아야 한다는 것)이 요청되는, 소위 유사필수적 공동소송의 관계에 있다는 것이다.

3. 누가 원고가 되고 누가 피고가 되나? (소송당사자)

가. 원고

발행주식의 총수의 1% 이상에 해당하는 주식을 가진 주주이다.

상장회사의 경우 6개월 전부터 계속하여 발행주식총수의 1만분의 1 이상에 해당하는 주식을 보유한 자도 대표소송에 따른 주주의 권리를 행사할 수 있다(소상법 제542조의 6 (소수주주권) 제 6항).

나. 피고

(1) 불공정한 가액으로 주식을 인수한 자

불공정한 가액으로 주식을 인수한 자이다. 이 소송은 주로 제3자배정 방식으로 신주을 발행할 때 주로 발생한다.

(2) 전환사채를 불공정한 가액으로 인수한 경우에 준용

(3) 신주인수권부 사채를 불공정한 가액으로 인수한 경우에 준용

상법은 신주의 발행가 거의 동일한 효과를 발생시키는 신주인수권부 사채의 발행에도 이 소송제도를 인정하고 있다. 사채인수인이 이사와 통모하여 현저하게 불공정한 가액으로 인수한 경우, 신주인수권부 사채인수인이 회사에 대해 차액을 지급해야 할 의무를 인정하고 있다. 이사와 짜고 현저하게 불공정한 가액으로 사채를 인수한 사람도 회사에 대하여 공정한 발행과의 차액을 회사에 지급하여야 하고, 회사가 차액지급을 청구하는 소송을 제기하지 않는 때에는 주주의 대표소송으로 실행될 수도 있다(상법 제516조의 11 → 제516조 → 제424조의2 준용).

4. 먼저 회사에 제소청구를 해주세요 (제소요건)

가. 불공정한 가액으로 주식을 인수한 자의 책임 (차액지급의무)

이사와 통모하여 현저하게 불공정한 발행가액으로 주식을 인수한 사람은 회사에 대하여 공정한 발행가액과의 차액에 상당한 금액을 지급할 의무가 있다. 회사의 입장에서 보면 차액지급청구권이 있는 경우이다. 회사가 차액지급을 청구하는 소송을 제기하지 않는 때에는 주주의 대표소송으로 실행될 수도 있다.

물론 이 경우 불공정한 발행가액으로 주식을 인수하게끔 한 이사는 별개로 회사에 대하여 손해배상책임 등을 져야 한다. 또한 업무상 배임죄로 처벌될 수도 있다.

나. 회사에 대한 제소청구

발행주식의 총수의 1% 이상에 해당하는 주식을 가진 주주는 회사에 대하여 불공정한 가액으로 주식을 인수한 사람의 책임을 추궁할 소의 제기를 청구할 수 있다. 이 청구는 그 이유를 기재한 서면으로 하여야 한다.

다. 대기기간

회사가 위 청구를 받은 날로부터 30일 내에 소를 제기하지 않을 때는 위의 주주는 즉시 회사를 위하여 소를 제기할 수 있다. 하지만 30일의 기간의 경과로 인하여 회사에 회복할 수 없는 손해가 생길 염려가 있는 경우에는 주주는 즉시 소를 제기할 수 있다.

5. 소송의 절차

가. 관할 회사의 본점소재지를 관할하는 지방법원이다.

나. 소가와 인지액 이 소는 비재산권을 목적으로 하는 소송으로서 소가는 1억 원(민사소송등인지법 제2조 제4항, 민사소송등인지규칙 제18조의2 단서, 제15조 제2항)이다. 인지액의 계산은 소가가 '1억 원 이상 10억 원 미만'의 구간에 해당하므로, 55,000+(1억 원×0.004)로 계산하고 그 인지액은 455,000원이 된다.

다. 송달료 송달료는 15회분의 송달료를 납부한다. 원고・피고를 포함하여 당사자가 2인인 경우 153,000원(당사자수 2인 × 1회분 송달료 5,100 원 × 15회)이다.

라. 담보제공 소수주주가 대표소송을 청구를 한 때에는 법원은 회사의 청구에 의하여 상당한 담보를 제공할 것을 명할 수 있다(상법 제403조 제7항 → 상법 제176조 제3항 준용). 하지만 회사가 담보제공명령의 청구를 함에는 소수주주의 청구가 악의임을 소명하여야 한다.

마. 소송참가・소송고지 회사는 원고인 소수주주와 피고 사이에서 진행되는 주주대표소송에 참가할 수 있다. 소송의 진행은 소수주주가 하지만 그 판결의 효과는 회사에 귀속되므로, 제소주주와 피고가 짜고 소송을 진행하여 그 결과 회사에 피해를 줄 수 있기 때문이다. 또한 회사의 소송참가를 위하여 주주대표소송을 제기한 주주는 소를 제기한 후 지체없이 회사에 대하여 그 소송의 고지를 하여야 한다(상법 제404조).

6. 나 짜고 한 사실 없어. 왜 나만 갖고 그래 ! (피고의 항변)

피고로서는 답변서나 준비서면에 ① 이사와 통모하지 않았다는 항변 ② 이사가 주식발행가액을 결정할 때 경영판단에 기한 적법절차를 거쳤다는 항변 ③ 제3자 배정이 아니라, 주주배정방식으로 신주를 발행했다는 항변[47] 등의 항변으로 소송의 기각을 법원에 요청한다.

7. 소송의 종료

가. 판결의 효력

(1) 이 소송은 제3자가 소송담당을 하는 경우이므로, 판결의 효력은 회사에 대하여 미친다. 따라서 소주주주가 승소하였더라도 그 승소이익은 항상 회사에만 귀속된다.

(2) 소수주주가 이긴 경우 변호사비용은 누구에게 받나? 주주가 승소한 때에는 그 주주는 회사에 대하여 소송비용 및 그 밖에 소송으로 인하여 지출한 비용중 상당한 금액의 지급을 청구할 수 있다. 이 경우 소송비용을 지급한 회사는 이사 또는 감사에 대하여 구상권이 있다(상법 제405조 제1항).

(3) 소수주주가 패소한 경우 다른 주주가 또 똑같은 소송을 제기할 수 있는가? 판결의 효력은 반사적으로 다른 주주에게도 미친다. 따라서 다른 주주가 다시 대표소송을 제기하더라도 똑같은 주장을 할 수 없다.

나. 당사자의 의사에 의한 종료의 제한

소수주주가 소를 제기한 경우 소수주주는 법원의 허가를 얻지 아니하고는 소의 취하, 청구의 포기・화해를 할 수 없다(상법 제403조 제6항). 마찬가지로 상대방인 피고는 인낙・화해를 할 수 없다. 제소주주와 피고가 짜고 소송을 진행하여 그 결과 회사에 피해를 줄 수 있기 때문이다.

---

47) 대법원 2009. 5. 29. 선고 2007도4949 판결 삼성전자 에버랜드사건 참조

[손해배상(기) 청구의 소 (주주대표소송)의 소장]

소 장

원 고 1. 윤수일 (670125-1234567)
서울시 서초구 서초동 하나빌라 303호
2. 윤두일 (680125-1234567)
서울시 서초구 서초동 123
3. 홍길동 (721212-1234567)
서울시 서초구 서초동 789

피 고 1. 박복순 (321222-1234567)
서울시 서초구 방배동 200-200
2. 조땅달 (531214-1234567)
송달주소 : 성동구치소 재소 중 수인번호 : 444
3. 서사기 (621212-1234567)
서울시 마포구 마포동 411-444
4. 이환수 (601203-1234567)
서울시 서초구 서초동 411-444

손해배상(기) 청구의 소 (주주대표소송)

청 구 취 지

1. 피고들은 연대하여 소외 원소피혁공업 주식회사에게 100억 원 및 이에 대한 이 사건 소장부본 송달 다음날부터 다 갚는 날까지 연 12%의 비율에 의한 돈을 지급하라.
2. 소송비용은 피고들의 부담으로 한다.

3. 위 제1항은 가집행할 수 있다.
라는 판결을 구합니다.

청 구 원 인

1. 당사자

원고 윤수일, 원고 윤두일, 원고 홍길동은 피혁제조 판매 등을 업으로 하는 상장회사인 소외 원소피혁공업 주식회사(법인번호 110111-1234567, 본섬: 서울시 서초구 방배동 1234, 이하 '소외회사'라 합니다)의 주주들로서 6개월 전부터 계속하여 발행주식총수의 1만분의 1이상에 해당하는 주식을 보유하는 자들이고, 피고 박복순은 위 회사의 대표이사이고, 피고 조땅달은 위 회사의 이사, 피고 서사기는 감사, 피고 이환수는 위 회사로부터 불공정한 가액으로 신주를 인수한 자입니다.

2. 불법행위의 성립

① 피고 박복순은 소외회사의 실질적 사주로서 부실기업체인 소외회사를 우량기업체로 둔갑시키기 위해 수년간 허위 세금계산서를 발급하여 매출액을 늘리고 어음 발행액 등 금융채무를 실제보다 적게 기장하고 소외회사가 발행하여 사채시장에 유통시킨 어음채무를 대표이사의 개인채무인 것처럼 위장하여 재무제표를 허위작성 하는 등의 방법으로 2015년 상반기에만 50억 원의 적자를 낸 소외회사가 200억 원의 순이익을 낸 우량업체인 것처럼 가장한 후 금융기관들로부터 거액의 어음을 할인 받은 후 어음을 부도내 금 100억 원대의 부당이득을 취하였고, 피고 조땅달은 소외회사의 이사로서 소외회사의 재무제표가 허위조작 된 것임을 알면서도 이에 동조하여 부당한 이사회결의를 한 자이며, 피고 서사기는 회사의 업무와 회계를 감사하는 감사로서 위 대표이사와 이사의 불법행위를 알면서도 이에 동조하였던 자입니다.

② 또한 위 피고들은 2015. 9. 10. 이사회결의로 신주발행결의를 하면서 제3자 발행의 방식으로 신주를 발행하는 동안 피고 이환수에게 소외회사의 주식 시가가 주당 50,000원임에도 불구하고 이를 20,000원에 발행하는 방법으로 회사에 대하여 100억 원의 피해를 주는 불법행위를 자행하

였습니다.

3. 소외회사가 입은 손해액

소외회사는 거액의 어음부도 및 2015. 9. 10. 불공정한 가액의 신주발행을 통하여 금 100억 원의 손해를 입었습니다. 따라서 원고는 소외회사를 대표하여 피고들에 대하여 위 손해금 100억 원과 이에 대한 지연 손해금의 지급을 구하는 것입니다.

입 증 방 법

1. 갑 제1호증	법인등기부등본	1통
1. 갑 제2호증	약속어음	1통
1. 갑 제3호증	재무제표증명원	1통
1. 갑 제4호증	이사회의사록	1통
1. 갑 제5호증	신주청약서	1통

첨 부 서 류

1. 위 입증방법	각 1통
1. 소장 부본	3통
1. 송달료 납부서	1통

2010년 7월 일

위 원고 1. 윤수일 (인)
2. 윤두일 (인)
3. 홍길동 (인)

서울중앙지방법원 귀중

제3절 회사로부터 이익을 제공 받은 자에 대한 대표소송

제467조의2 (이익공여의 금지)

① 회사는 누구에게든지 주주의 권리행사와 관련하여 재산상의 이익을 공여할 수 없다.

② 회사가 특정의 주주에 대하여 무상으로 재산상의 이익을 공여한 경우에는 주주의 권리행사와 관련하여 이를 공여한 것으로 추정한다. 회사가 특정의 주주에 대하여 유상으로 재산상의 이익을 공여한 경우에 있어서 회사가 얻은 이익이 공여한 이익에 비하여 현저하게 적은 때에도 또한 같다.

③ 회사가 제1항의 규정에 위반하여 재산상의 이익을 공여한 때에는 그 이익을 공여 받은 자는 이를 회사에 반환하여야 한다. 이 경우 회사에 대하여 대가를 지급한 것이 있는 때에는 그 반환을 받을 수 있다.

④ 제403조 내지 제406조의 규정은 제3항의 이익의 반환을 청구하는 소에 대하여 이를 준용한다.

1. 너 돈 받고 찍어줬지. 받은 돈 내 놔 ! (소의 의의)

회사는 누구에게든지 주주의 권리행사와 관련하여 재산상의 이익을 제공할 수 없다. 회사가 특정의 주주에 대하여 공짜로 재산상의 이익을 주는 경우에는 주주의 권리행사와 관련하여 이를 준 것으로 추정한다. 회사가 특정의 주주에 대하여 유상으로 재산상의 이익을 공여한 경우에 있어서 회사가 얻은 이익이 공여한 이익에 비하여 현저하게 적은 때에도 또한 같다.

회사가 이에 위반하여 주주의 권리행사와 관련하여 주주에게 재산상의 이익을 공여한 때에는 그 이익을 공여 받은 주주는 이를 회사에 반환하여야 한다. 이 경우 그 주주가 회사에 대하여 대가를 지급한 것이 있는 때에는 그 반환을 받을 수 있다.

회사 또는 주주 전체의 이익을 해하는 경우에도 불구하고 대주주나 가족 등 특수한 관계 때문에 회사가 이들에게 책임 묻기를 게을리하여 책임 추궁을 하지 않는 경우가 많다. 이러한 경우 소수주주들에게 회사를 대신하여 그 소송을 제기할 권능과 자격을 부여한 제도가 대표소송이다(소수주주권). 소수주주가 회사를 대신하여 소송하는 제도이기 때문에 회사가 그 소를 제기할 권능을 가질 것을 전제로 하고 있다고 하는 것은 앞에서 본 바와 같다. 또한 이 소송은 대표소송의 하나이다. 앞의 이사에 대해 책임을 추궁하는 대표소송, 불공정 신주인수인에 대한 대표소송과 절차의 대부분이 비슷하다.

2. 소송의 성질

가. 이사에 대한 대표소송처럼 소수주주가 회사의 이익을 위하여 원고로서 소송을 담당하는 제3자의 주주에게 소송담당의 경우에 해당한다.

나. 주주들이 공동으로 소송을 하게 된 이상 승패의 합일확정(소송에서 이기고 지는 게 같아야 한다는 것)이 요청되는, 소위 유사필수적 공동소송의 관계에 있다는 것이다.

3. 누가 원고가 되고 누가 피고가 되나? (소송당사자)

가. 원고

발행주식의 총수의 1% 이상에 해당하는 주식을 가진 주주이다.

상장회사의 경우 6개월 전부터 계속하여 발행주식총수의 1만분의 1 이상에 해당하는 주식을 보유한 자도 대표소송에 따른 주주의 권리를 행사할 수 있다.

나. 피고

특정의 주주가 주주권의 행사와 관련하여

(1) 회사로부터 공짜로 재산상의 이익을 받은 경우

(2) 유상으로 재산상의 이익을 받은 경우에도 회사가 얻은 이익이 제공한 이익에 비하여 현저하게 작은 경우

4. 이익의 제공

재산상의 이익공여란 널리 금전·물품·신용·용역의 제공이나, 채무를 면제해 주는 것, 채권을 포기하는 것, 신주인수권을 부여해 주는 것, 재산상의 이익이 따르는 지위를 부여하는 것 등이 포함된다[48].

5. 먼저 회사에 제소청구를 해주세요 (제소요건)

가. 회사에 대한 제소청구

발행주식의 총수의 1% 이상에 해당하는 주식을 가진 주주는 회사에 대하여 불공정한 가액으로 주식을 인수한 사람의 책임을 추궁할 소의 제기를 청구할 수 있다. 이 청구는 그 이유를 기재한 서면으로 하여야 한다.

나. 대기기간

회사가 위 청구를 받은 날로부터 30일 내에 소를 제기하지 않을 때는 위의 주주는 즉시 회사를 위하여 소를 제기할 수 있다. 하지만 30일의 기간의 경과로 인하여 회사에 회복할 수 없는 손해가 생길 염려가 있는 경우에는 주주는 즉시 소를 제기할 수 있다.

6. 소송의 절차

---

48) 이철송, 회사법 강의 19판, 박영사 p842

가. 관할 회사의 본점소재지를 관할하는 지방법원이다.

나. 소가와 인지액 이 소는 비재산권을 목적으로 하는 소송으로서 소가는 1억 원(민사소송등인지법 제2조 제4항, 민사소송등인지규칙 제18조의2 단서, 제15조 제2항)이다. 인지액의 계산은 소가가 '1억 원 이상 10억 원 미만'의 구간에 해당하므로, 55,000+(1억 원×0.004)로 계산하고 그 인지액은 455,000원이 된다.

다. 송달료 송달료는 15회분의 송달료를 납부한다. 원고·피고를 포함하여 당사자가 2인인 경우 153,000원(당사자수 2인 × 1회분 송달료 5,100 원 × 15회)이다.

라. 담보제공 소수주주가 대표소송을 청구를 한 때에는 법원은 회사의 청구에 의하여 상당한 담보를 제공할 것을 명할 수 있다(상법 제467조의 2→제403조 제7항 → 제176조 제3항 준용). 하지만 회사가 담보제공명령의 청구를 함에는 소수주주의 청구가 악의임을 소명하여야 한다.

마. 소송참가·소송고지 회사는 원고인 소수주주와 피고 사이에서 진행되는 주주대표소송에 참가할 수 있다. 소송의 진행은 소수주주가 하지만 그 판결의 효과는 회사에 귀속되므로, 제소주주와 피고가 짜고 소송을 진행하여 그 결과 회사에 피해를 줄 수 있기 때문이다. 또한 회사의 소송참가를 위하여 주주대표소송을 제기한 주주는 소를 제기한 후 지체없이 회사에 대하여 그 소송의 고지를 하여야 한다(상법 제404조).

7. 주주에게 부당한 이익을 제공하면서 개최한 주주총회의 결의의 효력

주주제로 운영되는 골프장 회사의 차기 임원 선출과정에서 사전투표에 참여하는 주주들에게 주주 당 1회 양도가능 한 골프장 예약권을 부여하고, 의결권을 행사하는 주주들에게 20만 원 상당의 상품교환권을 지급하기로 이사회에서 결의하였고, 주주들이 예약권과 상품권을 제공받은 후 주주총회 결의가 이루어졌다.

이 사건 예약권과 상품권은 주주권행사와 관련되어 교부되었을 뿐만 아니라 그 액수도 사회통념상 허용되는 범위를 넘어서는 것으로서 상법상 금지되는 주주의 권리행사와 관련된 이익공여에 해당하고, 이러한 이익공여에 따른 의결권행사를 기초로 한 이 사건 주주총회는 그 결의방법이 법령에 위반한 것이다. 따라서 이러한 결의는 상법 제467조의 2(이익공여의 금지)를 위반한 것으로 주주총회결의 취소사유에 해당한다(대법원 2014. 7. 11. 선고 2013마 2397결정).

8. 상법 제467조의2 제1항의 '주주의 권리'의 의미 (대법원 2017. 1. 12. 선고 2015다68355, 68362 판결, 광남자동차 사건[49])

Case) A는 2005. 7. 자금난에 봉착한 광남자동차㈜의 주식 80,000주를 주당 5,000원에 매입하는 계약을 하였고, 따로 2억원을 추가로 빌려주었다. 이 주식매매계약의 내용 중 하나는 A가 광남자동차㈜의 임원 1인을 추천할 수 있는 '임원추천권'을 갖되, A가 임원추천권을 행사하지 않는 대신에 광남자동차㈜가 A에게 매월 200만 원씩을 지급하기로 약정하였고, 회사는 매월 200만원 씩을 지급하였다.

2013. 8. 까지 돈을 잘 주던 광남자동차(주)는 돌연 '이 사건 지급약정이 일부 주주에게만 금전적 이익을 제공한 것으로서 상법 제467조의2 제1항에 위반하여 효력이 없으므로, 피고들은 부당이득반환의무가 있다'고 주장하며, 2013. 8.까지 지급한 201,500,000원의 반환을 구하는 소송을 제기하였다.

A가 임원추천권을 행사하지 않는 대신 매월 200만 원씩 받은 것을 '주주의 권리행사와 관련하여 재산상의 이익을 공여받은 것'이라 할 수 있을까?

회사는 누구에게든지 '주주의 권리'행사와 관련하여 재산상의 이익을 공여할 수 없다. 여기서 '주주의 권리'에는 법률과 정관에 따라 주주로서 행사할 수 있는 모든 권리를 의미하고, 주주총회에서의 의결권, 대표소송 제기권, 주주총회결의에 관한 각종 소권 등과 같은 공익권뿐만 아니라 이익배당청구권, 잔여재산분배청구권, 신주인수권 등과 같은 자익권도 포함된다.

---

49) 노혁준, 2017년 회사법 중요 판례, 인권과정의 2017년 3월호 p132

그러나 회사에 대한 계약상의 특수한 권리는 포함되지 않는다. Case의 임원추천권의 경우 상법상의 주주제안권에 포함된 당연한 주주권으로 보아서는 안 되고, 주식매매약정에 정한 계약상의 특수한 권리로 봐야 한다. 즉, Case에서 '임원추천권'은 주주의 자격에서 가지는 공익권이나 자익권이라고 볼 수는 없고 '계약상의 특수한 권리'라는 것이다. 따라서 Case의 '임원추천권'은 상법 제467조의2 제1항에 정한 '주주의 권리'에 해당하지 않는다.

나아가 월200만원씩 지급한다는 약정은 A가 원고 광남자동차(주)에게 합계 6억 원의 운영자금을 조달하여 준 것에 대한 대가를 지급하기로 한 것일 뿐, 주주의 권리행사에 영향을 미치기 위하여 돈을 공여하기로 한 것이라고 할 수 없다.

제 8 장

신주의 발행과 자본의 감소와 관련된 소송

[=신주발행의 절차 대강]

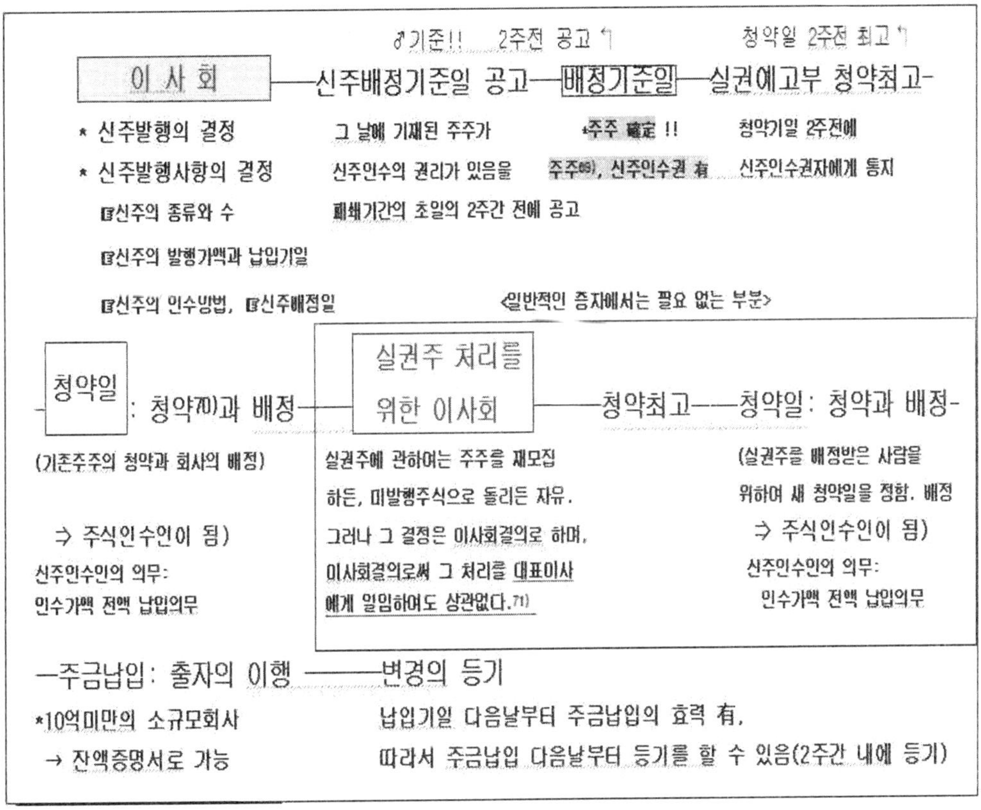

[위 그림의 추가설명]

68) 청약의 방법

1. 기존주주 : 주식인수증(신주인수권이 있으므로. 신주인수권증서로도 가능)

2. 모집주주의 경우 : 요식의 신주청약

69) 제3자배정방식의 경우에는 구주주에 신주인수권이 인정되지 않으므로 신주배정일공고와 실권예고부청약최고가 불필요 하다.

70)

<table>
<tr><td>기존 주주가 모두 청약한 경우</td><td>→</td><td colspan="2">신주를 인수케 해주면 됨</td></tr>
<tr><td rowspan="2">기존 주주가 모두 청약하지 않은 경우 (실권주 발생)</td><td rowspan="2">→</td><td>1. 대표이사에 일임하든지</td><td rowspan="2">알아서 하면 됨</td></tr>
<tr><td>2. 실권주처리를 위한 이사회를 하든지</td></tr>
</table>

제1절 새로운 주식의 발행

1. 신주발행

회사성립 후 회사 자금조달의 목적으로 수권주식총수의 범위 내에서 주식을 발행하는 것을 말한다. 보통의 신주발행은 주주 또는 제3자에게 돈을 받고 신주를 발행하는 것으로서, 발행되는 새로운 주식의 수에 액면가를 곱한 만큼 자본이 증가한다. 또한 그에 따라 순자산도 증가하는 것이 일반적이지만 자본이 증가한다고 반드시 순자산이 증가하는 것은 아니다.

2. 신주발행 사항의 결정

신주발행 및 발행사항의 결정은 원칙적으로 이사회에서 한다. 자본의 총액이 10억원 미만인 회사로서 이사가 1인인 경우에는 주주총회에서 발행사항을 결정한다. 신주의 발행이 발행할 예정주식총수를 초과하게 되면 신주를 발행하기 전 주총 특별결의로 정관의 발행할 예정주식총수를 변경한 후 신주 발행해야 한다.

회사가 그 성립 후에 주식을 발행하는 경우에는 다음의 사항으로서 정관에 규정이 없는 것은 이사회가 결정한다.

[이사회가 결정하는 사항]

(1) 신주의 종류와 수

(2) 신주의 발행가액과 납입기일

(3) 무액면주식의 경우에는 신주의 발행가액 중 자본금으로 계상하는 금액

(4) 신주의 인수방법

(5) 현물출자를 하는 자의 성명과 그 목적인 재산의 종류, 수량, 가액과 이에

대하여 부여할 주식의 종류와 수
(6) 주주가 가지는 신주인수권을 양도할 수 있는 것에 관한 사항
(7) 주주의 청구가 있는 때에만 신주인수권증서를 발행한다는 것과 그 청구기간

3. 신주발행의 기본적인 절차

가. 이사회의 결의

나. 새로운 주식을 받을 사람

(1) **신주배정일의 공고**주주는 정관에 다른 규정이 없으면 그가 가진 주식의 수에 따라서 신주의 배정을 받을 권리가 있다. 회사는 일정한 날(배정일)을 정하여 그 날에 주주명부에 기재된 주주가 신주인수권을 가진다는 뜻과 신주인수권을 양도할 수 있는 것으로 정한 때에는 그 배정일 전 2주전에 공고하여야 한다.

실무에서는 신주발행에 관한 이사회의 결의일과 배정일 사이에 2주간의 기간을 두지 않고 총주주의 기간단축동의서를 첨부하는 방식으로 신주배정일 공고를 생략하는 경우가 있다. 이 공고문을 등기신청에 필요한 서면으로 규정하고 있지는 않고 있다.

(2) **실권예고부청약최고**회사는 신주의 인수권을 가진 자에 대하여 그 인수권을 가지는 주식의 종류 및 수와 일정한 기일까지 주식인수의 청약을 하지 아니하면 그 권리를 잃는 다는 뜻을 2주 전에 통지하여야 한다. 회사의 이러한 통지 또는 공고에도 불구하고 그 기일까지 주식인수의 청약을 하지 아니한 때에는 신주의 인수권을 가진 사람은 그 권리를 잃는다. 실무에서는 신주인수권자의 일부가 신주인수를 포기하고 다른 사람이 이를 인수하는 등의 방법에 의하여 실권주가 생기지 않게 함으로써 이 절차를 생략하고 있다.

(3) **주식의 청약과 배정**신주인수의 청약은 주식청약서 또는 신주인

수권증서에 의하여야 한다. 신주의 청약이 있는 때에는 대표이사는 신주의 배정을 하여야 한다. 신주인수권자의 대하여는 반드시 배정을 하여하 하나, 그 이외의 자에 대하여는 자유롭게 배정한다.

(4) **출자의 이행**신주인수의 청약을 한 사람은 대표이사가 배정한 주식의 수에 따라 납입기일에 인수가액 전액을 납입할 의무를 진다.

다. 신주발행의 효력발생시기 (주주가 되는 시기)

납입기일의 다음날부터 주주의 권리의무가 있다.

라. 등기기간

납입기일의 다음날부터 본점소재지 2주간에 신주발행으로 인한 변경등기 신청하여야 한다.

마. 등록세

출자액의 4/1000를 등록세로 납부한다. 대도시에 설립한 회사 또는 대도시로 전입한 회사가 설립 또는 전입 후 5년 내에 증자 시 출자액의 12/1000 납부한다.

제2절 신주식의 위법 불공정한 발행

이사회의 결의로 신주발행을 결정하여 자금조달의 편의를 도모할 수는 있지만 이에 반하여 이사회의 위법 또는 불공정한 신주발행에 의하여 회사, 주주 또는 회사채권자의 이익을 해할 우려 역시 존재한다.

상법은 이사회의 위법 또는 불공정한 신주발행 대한 대응책을 두고 있는데 대략 다음의 세 가지로 요약된다.

(1) 불공정한 신주발행으로 인하여 불이익을 받을 염려가 있는 각 주주는 회사에 대하여 신주발행유지청구권을 행사할 수 있게 되었고(사전적 예방조치, 상법 제424조)

(2) 이사와 통모하여 현저하게 불공정한 발행가액으로 주식을 인수한 자에 대하여 회사에게 공정한 발행가액과의 차액에 상당한 금액을 지급할 의무가 있다. 회사가 소송을 제기할 수 있으며 회사가 이를 게을리하면 소수주주가 대표소송에 의하여 통모인수인의 책임을 추궁할 수 있다(사후의 구제조치, 상법 제424조의2 제2항).

(3) 주주・이사 또는 감사는 신주를 발행한 날로부터 6월 내에 회사를 상대로 하여 신주발행 무효의 소를 제기할 수 있다(사후의 구제조치, 상법 제429조 내지 제432조).

요약	불공정한 신주발행으로 인하여 불이익을 받을 염려	신주발행유지청구권 (미리 예방)
	이사와 통모하여 현저하게 불공정한 발행가액으로 주식을 인수	통모인수인의 책임을 추궁(공정한 발행가액과의 차액에 상당한 금액을 지급할 의무)
	법령 또는 정관에 위반하거나 현저하게 불공정한 방법에 의하여 주식을 발행	신주발행 무효의 소 (사후 구제)

제3절 신주발행유지청구의 소

제424조(유지청구권)

회사가 법령 또는 정관에 위반하거나 현저하게 불공정한 방법에 의하여 주식을 발행함으로써 주주가 불이익을 받을 염려가 있는 경우에는 그 주주는 회사에 대하여 그 발행을 유지할 것을 청구할 수 있다.

1. 신주 발행하는 거 그대로 유지 ! (신주발행유지청구권)

가. 법령 또는 정관에 위반하거나 현저하게 불공정한 방법에 의하여 새로운 주식을 발행

회사가 법령이나 정관에 위반한 신주를 발행(예컨대 수권주식총수를 초과하는 신주발행, 이사회의 결의 없는 신주발행, 주주의 신주인수권을 무시하고 신주발행, 법정요건을 무시한 신주의 할인발행 등)하거나 또는 현저하게 불공정한 방법에 의하여 주식을 발행하는 경우(예컨대 회사의 임원 또는 특정인에게 법정요건을 무시한 신주의 할인발행) 주주는 회사에 대해 신주발행을 유지할 것을 청구할 수 있다.

나. 신주발행유지청구권의 행사

신주발행유지청구권의 행사 반드시 소송에 의할 필요는 없으며, 소송 이외의 방법(의사표시, 내용증명)으로도 할 수 있다.

다. 회사의 신주발행의 유지여부를 결정

주주가 회사에 대해서 신주발행유지청구를 한 경우에 회사는 신주발행의 위법성 및 불공정성을 심사하여 신주발행의 유지여부를 결정하여야 한다. 하지만 주주의 신주발행유지청구만으로 신주발행절차에 영향을 받는 것은 아니다. 특정주주에게도 유지청구권이 행사된다는 점을 고려하면, 회사는 위법하거나 불공정한 사항을 시정하여 신주발행절차를 계속할 수 있다고 판단된다.

라. 신주발행금지 가처분의 필요성

신주발행유지를 회사에 청구하였으나 회사가 무시하는 경우 실효성이 없다. 더구나 소송을 하더라도 판결 전에 신주가 발행되어 버리면 사전적으로 방지하자는 취지는 낙동강 오리알 신세가 되어버린다. 결국 신주발행무효의 소를 또다시 제기해야 하는 상황인 것이다.

앞에서 말한 바와 같이 회사소송에서는 가처분이 무척이나 중요한 역할을 한다. 회사소송, 특히 M&A 관련 소송에서는 신속한 경영권 장악이 최우선인 경우가 많다. 본안소송은 시간이 오래 걸리고 그 사이에 어떤 행위들이 이루어져도 판결의 소급효가 제한되는 부분도 있기 때문이다.

Case) 주식회사 한별컴은 이사회결의를 통하여 2010. 5. 10. 액면가 5,000원의 보통주식 500,000주를 신주발행을 결정하였다.

그런데 이 신주발행은 원래 한별컴의 대표이사이던 최고봉이 소집하였던 주주총회에서 김태선과 조폭창업투자 등에 의하여 최고봉이 의장의 권한을 빼앗긴 채, 조폭창업투자와 관련 있는 자들이 이사 및 감사로 취임하고 그렇게 취임한 이사들이 결의한 위법한 것이었다.

이 경우 최고봉이 취할 수 있는 조치는 무엇이 있을까 생각해보자.

2. 누가 원고가 되고 누가 피고가 되나? (소송당사자)

가. 원고 불이익을 받을 염려가 있는 주주가 원고가 될 수 있다. 의결권 없는 주식의 주주 역시 원고로 될 수 있다. 다시 말하면 주주들이 회사가 불공정한 방법으로 주식을 발행하여 나에게 피해가 올 것으로 예상될 때 그 발행을 금지해달라고 요청하는 것이다.

나. 피고 회사이다.

3. 소송의 원인

신주발행유지청구의 요건은 ① 회사가 법령 또는 정관에 위반하거나 현저하게 불공정한 방법에 의하여 주식을 발행함으로써 ② 주주가 불이익을 받을 염려가 있는 경우이다(상법 424 제조).

가. 법령에 위반하는 신주발행

나. 정관에 위반하는 신주발행

다. 현저하게 불공정한 방법에 의하여 주식을 발행

라. 주주가 불이익을 받을 염려가 있는 경우

단, 회사의 불이익이 간접적으로 주주의 불이익이 되는 경우에는 상법 제402조의 위법행위유지청구의 대상이 될 것이고, 신주발행유지청구의 대상이 될 것은 아니다.

마. 이사회의 결의 등으로서 신주발행의 의사가 외부에 표시된 후에 신주발행유지청구를 할 수 있다. 납입기일의 다음날부터는 행사할 수 없는데, 신주 발행의 효력이 이미 발생하였기 때문이다.

4. 소송의 절차

가. 관할 회사의 본점소재지를 관할하는 지방법원이다. 전속관할에 관한 규정은 따로 없다.

나. 소가와 인지액 예를 들어, "피고는 2010. 5. 10. 이사회결의에 기하여 액면 5,000원의 보통주식 500,000주의 신주를 발행하여서는 안 된다"는 신주발행행유지청구의 소를 제기한 경우 소송목적의 값을 산출할 수 없는 경우(민사소송등인지법 제2조 제4항, 민사소송등인지규칙 제15조 제1항)로서 소송목적의 값은 1억 원이다. 인지액의 계산은 소가가 '1억 원 이상 10억 원 미만'의 구간에 해당하므로, 55,000+(1억 원×0.004)로 계산하고 그 인지액은 455,000원이 된다.

다. 송달료 송달료는 15회분의 송달료를 납부한다. 원고・피고를 포함하여 당사자가 2인인 경우 153,000원(당사자수 2인 × 1회분 송달료 5,100 원 × 15회)이다.

[신주발행유지를 청구하는 소장 사례]

소 장

원 고 최고봉 (670125-1234567)

서울시 서초구 서초동 하나빌라 303호

피 고 주식회사 한별컴 (110111-1234567)

서울시 서초구 서초동 111-1

대표이사 김태선

신주발행유지청구의 소

청 구 취 지

1. 피고는 2010. 5. 10. 이사회결의에 기하여 액면 5,000원의 보통주식 500,000주의 신주를 발행하여서는 안 된다.
2. 소송비용은 피고의 부담으로 한다.

라는 판결을 구합니다.

청 구 원 인

1. 당사자들의 관계

피고는 1980. 7. 12. 상호를 주식회사 한별컴(이하 '한별컴'이라 합니다), 자본금을 5,000,000,000원으로 의류제조업, 부동산매매 및 임대업, 지류의 제조 및 가공판매, 제약사업과 위 각 호에 부대되는 사업일체를 목적으로 하고, 서울 서초구 서초동 111-1을 본점으로 하여 원고의 선친이 설립한 회사입니다. 원고와 원고측은 원고가 주주명부상 한별컴의 발행주식 1,340,000주 중 621,963주(46.4%)를 소유하고 있고, 원고의 모 박병순 32,615주, 원고의 누나 최봉자 21,586주를 합하여 676,178주(전체 주식의 50.46%)로써 발행 주식의 과반수를 소유하고 있습니다.

---

2. 피고회사의 정기주주총회 및 김태선 등의 불법적인 이사선임

가. 2010. 3. 경 당시 한별컴의 대표이사이던 원고는 상법 제365조와 한별컴의 정관 제12조에 따라 2010. 3. 27. 10:00 서울 서초구 서초동 찌찌뽕 회관 5층 흑진주홀에서 ① 대차대조표 및 손익계산서 승인의 건 ② 결손금처리계산서(안) 승인의 건 및 회사 회생의 건 ③ 이사 및 감사 선임의 건, 임원보수 한도액결정의 건, 정관일부 변경의 건을 의안으로 하여 제21회 정기주주총회를 소집하겠다는 통지를 하였고 이에 따라 위 일시에 본건 주주총회가 개최되었습니다.

나. 그런데 총회당일 원고가 의장겸 원고 및 원고의 모 박병순 원고의 누나 최봉자의 모든 주주권을 대리행사 할 주주로서 총회장소에 도착하여 보니 신원을 알 수 없는 건장한 남자들이 총회장을 에워싸고 있었습니다.

다. 그럼에도 원고는 직무를 다하기 위하여 본건 주주총회의 의장으로서 소외 김태선 및 조폭창업투자 직원들의 위압에 의하여 1,177,207주(87.85%) 참석으로 성원보고를 한 후 의안을 상정하여 제1호 의안과 제2호 의안이 통과되었습니다.

라. 그러나 위 의안들을 -- 여러 명과 함께 단상을 점거한 후 원고로부터 의사봉과 의사봉 받침대를 빼앗고 원고를 단상에서 꼼짝 못하도록 하

는 한편 의장으로서의 권한을 전혀 행사할 수 없도록 물리력을 행사하였으며 그 직후 소외 김태선 등은 사회자를 협박하여 투표지를 나누어 주도록 한 후 주주의 주민등록증과 주주명부를 확인하는 절차도 무시한 채 멋대로 개표를 하고 계산을 하더니 이사선임 반대가 567,760주, 이사선임 찬성이 590,005주라고 발표하였습니다.

원고가 이에 대하여 항의하였으나 -- 그 후 소외 김태선 및 이훈 등은 멋대로 소외 김태선을 임시의장으로 선임하여 회의를 진행하고 소외 김태선, 오윤아, 박태환, 이주호, 이주접을 이사로, 소외 이봉알을 감사로 선임하였습니다.

3. 무자격 이사들의 이사회 개최 및 신주발행 결정

가. 그리고 2010. 4. 21.에는 소외 김태선이 임의로 소집한 이사회에서 원고를 대표이사직에서 해임하고 소외 김태선을 대표이사로 선임하였으며, 이를 등기까지 하였습니다. 그리고 소외인들은 같은 해 5. 10. 또다시 이사회를 개최하고 보통주식 500,000주의 신주를 발행하기로 결의한 것입니다.

나. 한별컴의 정관 제14조는 주주총회의 의장은 사장이 행사하고, ---. 그럼에도 불구하고 소외 김태선 등은 주주총회의 정상적인 진행을 방해하고, 의장권한을 강제로 탈취하였으며, 그 후 정관의 규정을 도외시하고 임시의장을 선출하여 회의를 진행하여 위 소외인들을 이사 및 감사로 선임하였던 것입니다.

다. 따라서 본건 주주총회는 원고의 의장권한이 탈취당하는 순간 이미 중단되었다고 보아야 할 것이고 그 후 정당한 절차에 따라 속행되지 않은 상태에서 위 소외인들을 이사 및 감사로 선임하는 결의를 한 것이므로 그 결의는 존재하지 않는다고 할 것입니다. 따라서 소외 김태선, 오윤아, 박태환, 이주호, 주접이, 이봉알은 적법한 절차를 거쳐서 선임된 것이 아니므로 위 소외인들은 이사 및 감사로서의 자격이 없습니다. 그러므로 무자격자들이 이사회에서 한 신주발행의 결의 또한 그 효력이 없습니다.

4. 결론

원고는 한별컴의 발행주식 1,340,000주의 46.4%를 소유하고 있는 대주주로서 위와 같은 소외인들의 신주발행계획을 그대로 방치하여 두면 많은 주주들에게 회복할 수 없는 손해를 끼칠 우려가 있으므로 본소의 제기에 이르렀습니다.

입 증 방 법

1. 갑제1호증 주주명부 1통
1. 갑제2호증 정관 1통
1. 갑제3호증의 1 대차대조표 1통
1. 갑제3호증의 2 손익계산서 1통
1. 갑제3호증의 3 이익잉여금처분계산서 1통
1. 갑제3호증의 4 현금흐름표 1통
1. 갑제4호증의 1 유상증자 공시내용 1통
1. 갑제4호증의 2 유상증자 개요 1통
1. 갑제5호증 신주발행예상가격 산정 1통
1. 갑제6호증 이사회 소집 통고 1통

첨부서류

1. 위 입증방법 1통

1. 송달료 납부서 1통

1. 소장부본 1통

1. 법인등기부등본 1통

2010. 5. 21.

위 원고 최고봉 (인)

서울중앙지방법원 귀중

5. 판결의 효력

신주발행을 유지하라는 판결은 신주발행에 위법, 불공정이 있으면 이를 시정하라는 내용으로 해석하여야 한다[50]. 주문의 형식으로 "피고는 2010. 5. 10. 이사회결의에 기하여 액면 5,000원의 보통주식 500,000주의 신주를 발행하여서는 안 된다"라는 형식이다. 하지만 이것은 신주발행 자체를 전면적으로 금지하는 것은 아니고 회사가 법령 또는 정관을 위반한 내용을 시정하거나, 현저하게 불공정한 방법을 시정하면 신주를 발행할 수 있다[51].

50) 임재연, 앞의 책 p254

51) 임재연, 앞의 책 p255

제4절 신주발행금지 가처분

제424조 (유지청구권) - 단독주주권

회사가 법령 또는 정관에 위반하거나 현저하게 불공정한 방법에 의하여 주식을 발행함으로써 주주가 불이익을 받을 염려가 있는 경우에는 그 주주는 회사에 대하여 그 발행을 유지할 것을 청구할 수 있다.

제402조(이사의 위법행위 유지청구권) - 소수주주권

이사가 법령 또는 정관에 위반한 행위를 하여 이로 인하여 회사에 회복할 수 없는 손해가 생길 염려가 있는 경우에는 감사 또는 발행주식의 총수의 100분의 1 이상에 해당하는 주식을 가진 주주는 회사를 위하여 이사에 대하여 그 행위를 유지할 것을 청구할 수 있다.

1. 신주발행을 금지하는 가처분

가. 의의

주식회사가 법령·정관에 위반하거나 현저하게 불공정한 방법으로 신주를 행함으로써 주주가 손해를 입을 우려가 있는 때에는 그 주주는 회사에 대하여 그 신주발행의 유지를 청구할 수 있다(상법 제424조). 또한 이사가 법령 또는 정관에 위반한 행위를 하여 이로 인하여 회사에 회복할 수 없는 손해가 생길 염려가 있는 경우에는 감사 또는 발행주식의 총수의 1% 이상에 해당하는 주식을 가진 주주는 회사를 위하여 이사에 대하여 그 행위를 유지할 것을 청구할 수 있다.

위 유지청구권을 피보전권리로 하여 신주발행을 금지하는 가처분을 신청할 수 있다.

나. 필요성

주주의 신주발행유지청구에도 불구하고 회사가 신주발행을 유지하지 않은 경우에는 주주는 회사를 피고로 하여 신주발행유지의 소를 제기할 수밖에 없다. 그러나 소송 중에 회사가 다툼이 된 신주발행을 완료하게 되면 신주발행유지청구권은 결국 소멸하여 본안소송을 유지할 수 없게 된다. 이를 방지하기 위하여 회사를 채무자로 하여 그 문제된 신주를 발행하지 못하도록 함으로써 주주는 손해를 방지할 필요가 있다.

또한 소수주주는 신주발행유지청구권뿐만 아니라, 이사의 위법행위유지청구권을 피보전권리로 하여 가처분을 신청할 수 있다(상법 제402조).

다. 주주의 신주발행유지청구를 위반한 신주발행의 효력

신주발행유지청구권을 피보전권리로 한 가처분을 위반하여 신주를 발행한 경우는 그 신주발행은 효력이 있을까? 신주발행유지청구권을 피보전권리로 하는 가처분을 무시한 신주발행은 무효라고 볼 것이다.

하지만 재판 외의 방법(의사표시, 내용증명 등)에 의한 유지청구를 무시한 경우는 이사의 책임이 생길 뿐이고 신주발행 자체는 유효하다고 할 것이다.

2. 피보전권리

가. 신주발행유지청구권(상법 제424조)

본안소송을 신주발행유지청구의 소로 하는 경우에 피보전권리가 인정되려면 법령이나 정관의 위반, 또는 현저하게 불공정한 방법으로 신주를 발행함으로써 주주가 불이익을 받을 염려가 있는 경우이어야 한다.

나. 이사의 위법행위유지청구권(상법 제402조)

이사가 법령 또는 정관에 위반한 행위를 하여 이로 인하여 회복할 수 없는 손해가 생길 염려가 있는 경우에 인정된다.

3. 신주발행금지가처분의 절차

가. 당사자적격

상법 제424조의 신주발행유지청구권을 피보전권리로 하는 경우 가처분채권자는 당해 신주의 발행으로 불이익을 받게 될 주주이고 채무자는 당해 회사이다.

상법 제402조의 이사의 위법행위유지청구권을 피보전권리로 하는 경우에는 발행주식총수의 1% 이상에 해당하는 주식을 가진 소수주주가 가처분채권자이고 채무자는 이사이다.

나. 관할

신주발행금지가처분신청의 관할은 회사본점소재지 지방법원의 관할에 속한다(민사소송법 제1조, 제4조).

다. 신청서의 신청원인에는 어떤 사실을 기재하나? (신청이유)

(1) 신청이유는 신청의 취지를 구하는 근거가 되는 이유를 말한다. 피보전권리의 존재와 보전의 필요성을 구체적으로 기재하여야 한다. 법령이나 정관의 위반 또는 현저하게 불공정한 방법으로 신주를 발행함으로써 채권자가 불이익을 입게 된다는 사실 또는 이사가 법령 또는 정관에 위반된 행위를 하여 회복할 수 없는 손해가 생길 염려가 있다는 것을 구체적으로 기재한다.

(2) **피보전권리** : 임시의 지위를 정하는 가처분에 있어서는 현재 분쟁 있는 권리 또는 법률관계를 기재한다. 피보전권리는 경우에 따라 복수일 수 있으며 예비적·선택적으로 기재하여도 된다. 예를 들면, 신주발행유지청구권, 위법행위유지청구권 같은 것이 그것이다.

(3) **보전의 필요성** : 현재 존재하는 보전의 필요성을 구체적으로 표시한다. 임시의 지위를 정하는 가처분이 인용되려면 계속하는 권리관계에 현저한 손해를 피하거나 급박한 강포를 방지하기 위하여 또는 기타 필요한 이유가 있어야 한다. 그런데 경영권 분쟁 아래에서 신주발행금지가처분의 경우 일반 가처분과는 달리 단순한 집행보전에 그치는 것이 아니라 가처분으로 경영권의 귀속을 변동시켜 버리는 거의 종국적인 만족을 가져오는 것으로서 그 결과가 중대하다. 또한 가처분채무자에게는 원상으로의 회복이 곤란한 점으로 말미암아 보전의 필요성에 대한 더욱 강도 높은 소명을 요구한다. 그러므로 보전의 필요성은 피보전권리의 존재로 사실상 추정될 수도 없고, 단순히 주주권 즉 지배적 이익이 계속 침해된다는 추상적 사유만으로도 부족하며, 더 나아가 본안판결의 확정 후에 비로소 경영권이 넘어와서는 본안판결의 의미가 거의 없게 되거나 혹은 그렇게 될 경우 신청인에게 회복하기 어려운 구체적 손해가 발생할 우려가 있다는 사정이 따로이 있어야 한다(당서울고법 1997. 5. 13., 자, 97라36 결정, 의결권행사금지가처분).

라. 소가와 인지액

인지액은 임시의 지위를 정하기 위한 가처분의 신청 및 그에 대한 이의 또는 취소의 신청은 그 본안의 소에 따른 인지액의 2분의 1이다. 이 소는 소송목적의 값을 산출할 수 없는 소송으로서 소가는 1억 원(민사소송등인지법 제2조 제4항, 민사소송등인지규칙 제18조의2 단서, 제15조 제2항)이다. 인지액의 계산은 소가가 '1억 원 이상 10억 원 미만'의 구간에 해당하므로, 55,000+(1억 원×0.004)로 계산하고 그 인지액은 455,000원이 된다. 이 가처분신청의 인지액은 그의 2분의 1인 252,500원이다.

마. 송달료

임시의 지위를 정하기 위한 가처분(카합, 카단사건)으로서 송달료는 8회분의 송달료를 납부한다. 채권자와 채무자를 포함하여 당사자가 2인인 경우 81,600원(당사자수 × 5,100원 × 8회분)이다.

[신주발행금지가처분신청서 사례]

신주발행금지가처분신청서

채권자 최고봉 (670125-1234567)
서울시 서초구 서초동 하나빌라 303호

채무자 주식회사 한별컴 (110111-1234567)
서울시 서초구 서초동 111-1
대표이사 김태선

피보전권리의 요지

상법 제424조의 신주발행유지청구권

신 청 취 지

1. 채무자는 2010. 5. 10. 이사회결의에 기하여 액면 5,000원의 보통주식 500,000주의 신주를 발행하여서는 안 된다.
2. 신청비용은 채무자의 부담으로 한다.

라는 판결을 구합니다.

신 청 원 인

1. 당사자들의 관계

채무자는 1980. 7. 12. 상호를 주식회사 한별컴(이하 '한별컴'이라 합니다), 자본금을 5,000,000,000원으로 의류제조업, 부동산매매 및 임대업, 지류의 제조 및 가공판매, 제약사업과 위 각 호에 부대되는 사업일체를 목적으로 하고, 서울 서초구 서초동 111-1을 본점으로 하여 채권자의 선친이 설립한 회사입니다. ---

2. 채무자회사의 정기주주총회 및 김태선 등의 불법적인 이사선임

가. 2010. 3. 경 당시 한별컴의 대표이사이던 채권자는 상법 제365조와 한별컴의 정관 제12조에 따라 2010. 3. 27. 10:00 서울 서초구 서초동 찌찌뽕 회관 5층 투명부라자홀에서 ① 대차대조표 및 손익계산서 승인의 건 ② 결손금처리계산서(안) 승인의 건 및 회사 회생의 건 ③ 이사 및 감사 선임의 건, 임원보수 한도액결정의 건, 정관일부 변경의 건을 의안으로 하여 제21회 정기주주총회를 소집하겠다는 통지를 하였고 이에 따라 위 일시에 본건 주주총회가 개최되었습니다.

나. 그런데 총회당일 채권자가 의장겸 채권자 및 채권자의 모 박병순 채권자의 누나 최봉자의 모든 주주권을 대리행사 할 주주로서 총회장소에 도착하여 보니 신원을 알 수 없는 건장한 남자들이 총회장을 에워싸고 있었습니다. --- 채권자는 어쩔 수 없이 의장권을 탈취당한 상태에서의 회의는 무효이므로 회의를 중단한다고 선언하고 소외외인들의 감시가 소홀한 틈을 타서 회의장을 도망쳐 나왔습니다.

그 후 소외 김태선 및 이훈 등은 멋대로 소외 김태선을 임시의장으로 선임하여 회의를 진행하고 소외 김태선, 오윤아, 박태환, 이주호, 이주접를 이사로, 소외 이봉알을 감사로 선임하였습니다.

3. 무자격 이사들의 이사회 개최 및 신주발행 결정

가. 그리고 2010. 4. 21.에는 소외 김태선이 임의로 소집한 이사회에서 채권자를 대표이사직에서 해임하고 소외 김태선을 대표이사로 선임하였으며, 이를 등기까지 하였습니다. 그리고 소외인들은 같은 해 5. 10. 또다시 이사회를 개최하고 보통주식 500,000주의 신주를 발행하기로 결의한 것입니다.

나. --- 그럼에도 불구하고 소외 김태선 등은 주주총회의 정상적인 진행을 방해하고, 의장권한을 강제로 탈취하였으며, 그 후 정관의 규정을 도외시하고 임시의장을 선출하여 회의를 진행하여 위 소외인들을 이사 및 감사로 선임하였던 것입니다.

4. 보전의 필요성

따라서 --- 그럼에도 불구하고 위 소외인들은 정관의 목적사항도 아니고, 경험도 없는 정보통신분야에 진출하려고 획책하고 있으며, 또한 25억원이라는 막대한 자금을 끌어들여 증자를 획책하고 있습니다.

채권자는 한별컴의 발행주식 1,340,000주의 46.4%를 소유하고 있는 대주주로서 위와 같은 소외인들의 신주발행계획을 그대로 방치하여 두면 채권자를 포함한 많은 주주들에게 회복할 수 없는 손해를 끼칠 우려가 있고, 회사가 엉뚱한 정보통신분야에 진출하여 손실을 볼 것이 명약관화합니다. 이와함께 소외인들은 현재에도 많은 회사돈을 횡령하고 있고 만일 신주식의 대금이 회사로 들어오면 이들은 즉시 그 돈을 횡령할 것이라 보이는 증거도 채권자는 가지고 있습니다.

5. 결론

사정이 이러하므로 추후 이건 신주발행의 유지를 구하는 본안소송을 제기하기로 하고, 우선 가처분으로서 채무자회사가 현재 추진 중인 신주발행을 통한 유상증자를 막음으로써 신주발행으로 인한 신청인의 이익침해를 예방하기 위하여 이 신청에 이르렀습니다.

입증방법

1. 소갑제1호증	주주명부	1통
1. 소갑제2호증	정관	1통
1. 소갑제3호증의 1	대차대조표	1통
1. 소갑제3호증의 2	손익계산서	1통
1. 소갑제3호증의 3	이익잉여금처분계산서	1통
1. 소갑제3호증의 4	현금흐름표	1통
1. 소갑제4호증의 1	유상증자 공시내용	1통
1. 소갑제4호증의 2	유상증자 개요	1통
1. 소갑제5호증	신주발행예상가격 산정	1통
1. 소갑제6호증	이사회 소집 통고	1통

첨부서류

1. 위 입증방법	1통
1. 송달료 납부서	1통
1. 신청서부본	1통
1. 법인등기부등본	1통

2010. 5. 21.

위 채권자 최고봉 (인)

서울중앙지방법원 귀중

4. 신주발행금지가처분이 내려져 있는 중에 그 피신청인이 신주발행을 강행한 경우(대법원 2010. 4. 29. 선고 2008다65860 판결)

신주발행을 결의한 회사의 이사회에 참여한 이사들이 하자 있는 주주총회에서 선임된 이사들이어서, 그 후 이사 선임에 관한 주주총회결의가 확정판결로 취소되었고, 위와 같은 하자를 지적한 신주발행금지가처분이 발령되었음에도 위 이사들을 동원하여 위 이사회를 진행한 측만이 신주를 인수하여, 위 신주발행은 신주의 발행사항을 이사회결의에 의하도록 한 법령과 정관을 위반하였을 뿐만 아니라 현저하게 불공정하고, 그로 인하여 기존 주주들의 이익과 회사의 경영권 내지 지배권에 중대한 영향을 미친 점 등에 비추어 무효로 보아야 할 것이다.

제5절 신주발행무효의 소송

제429조 (신주발행무효의 소) 신주발행의 무효는 주주·이사 또는 감사에 한하여 신주를 발행한 날로부터 6월 내에 소만으로 이를 주장할 수 있다.

제430조 (준용규정) 제186조 내지 제189조·제190조 본문·제191조·제192조 및 제377조의 규정은 제429조의 소에 관하여 이를 준용한다.

제431조 (신주발행무효판결의 효력) ① 신주발행무효의 판결이 확정된 때에는 신주는 장래에 대하여 그 효력을 잃는다. ② 전항의 경우에는 회사는 지체없이 그 뜻과 일정한 기간 내에 신주의 주권을 회사에 제출할 것을 공고하고 주주명부에 기재된 주주와 질권자에 대하여는 각별로 그 통지를 하여야 한다. 그러나 그 기간은 3월 이상으로 하여야 한다.

제432조 (무효판결과 주주에의 환급) ① 신주발행무효의 판결이 확정된 때에는 회사는 신주의 주주에 대하여 그 납입한 금액을 반환하여야 한다. ② 전항의 금액이 전조 제1항의 판결확정시의 회사의 재산상태에 비추어 현저하게 부당한 때에는 법원은 회사 또는 전항의 주주의 청구에 의하여 그 금액의 증감을 명할 수 있다. ③ 제339조와 제340조제1항, 제2항의 규정은 제1항의 경우에 준용한다.

1. 신주발행무효 소송의 의의 및 성질

가. 의의

신주발행무효 소송은 신주발행의 요건이나 절차 등의 하자를 이유로 발행된 신주의 전부를 무효화시키는 소송이다. 주식회사의 본질이나 회사법의 기본원칙에 반하거나 기존 주주들의 이익과 회사의 경영권 내지 지배권에 중대한 영향을 미치는 경우로서 신주발행과 관련된 거래의 안전, 주주 기타 이해관계인의 이익 등을 고려하더라도 도저히 묵과할 수 없는 정도라고 평가되는 경우에 신주발행을 무효로 할 수 있다

(대법원 2004. 6. 25. 선고 2000다37326 판결). 상법은 신주발행의 하자는 일정한 기간 내에 일정한 자에 한하여 소로써만 주장하도록 하고, 그 소급효를 제한하는 등 특별한 규정을 두고 있다.

판결문은 "피고 주식회사 바이코리아인베스트가 2018. 8. 22. 에 한 액면 금5,000원의 보통주식 40,000주의 신주발행을 무효로 한다"라는 방식을 취한다.

[청구취지 기재 방식]

> 1. 피고 주식회사 바이코리아인베스트가 2018. 8. 22.에 한 액면 금 5,000원의 보통주식 4,000주의 신주발행을 무효로 한다.
> 2. 소송비용 피고가 부담한다.

나. 성질

형성소송이다.

2. 무효원인 기준과 그 모습

상법은 무효원인에 관한 기준을 따로 두고 있지 않으므로, 상법 제424조 등에서 규정하는 "① 법령 또는 정관에 위반하거나 ② 현저하게 불공정한 방법에 의하여 주식을 발행하는 것"이 그 기준으로 작용한다고 본다.

가. 수권자본의 한계를 일탈한 신주 발행

상법은 정관 기재사항으로 발행예정주식총수를 규정하고 이것을 바꾸는 경우 주주총회 특별결의를 얻어서 먼저 정관을 변경할 것을 요구하고 있다. 이렇게 주주총회로부터 수권된 자본을 넘어선 신주발행을 이사회가 의결하고 발행하였다면 이는 법령에 위반한 것으로서 무효이다.

나. 필요한 절차를 거치지 아니한 액면미달발행

다. 기존주주의 신주인수권을 침해한 경우

신주인수권은 회사성립 후 신주를 발행하는 경우 신주를 우선적으로 배정 받을 권리를 말한다. 주주는 정관에 다른 규정이 없으면 그가 가진 주식수에 따라서 신주의 배정을 받을 권리가 있다(주주우선배정)(상법 제418조 제1항). 구주주에게 소유주식수에 따라서 가지는 비례적 이익(예컨데, 그 회사의 지분율 몇 %를 가진 주주냐?)을 보호하기 위하여 신주인수권을 주는 것이 원칙이다. 물론 정관에 정하는 바에 따라 주주 외의 자에게 신주를 배정할 수 있으며, 이를 제3자 배정이라 한다. 오로지 대표이사의 경영권 방어만을 위해 무리하게 이사회를 개최하고 제3자 배정을 결의하여 대표이사의 측근 사람들에게만 신주를 인수하게 한 경우 신주발행을 무효로 한 하급심이 있다.

라. 이사회결의 없이 신주를 발행한 경우

마. 신주를 현저히 불공정하게 발행한 경우

[판례메모]

신주발행 무효의 법리 [대법원 2010. 4. 29. 선고 2008다65860 판결]

신주발행 무효의 소를 규정하는 상법 제429조에는 그 무효원인이 따로 규정되어 있지 않으므로 신주발행유지청구의 요건으로 상법 제424조에서 규정하는 '법령이나 정관의 위반 또는 현저하게 불공정한 방법에 의한 주식의 발행'을 신주발행의 무효원인으로 일응 고려할 수 있다고 하겠으나 다른 한편, 신주가 일단 발행되면 그 인수인의 이익을 고려할 필요가 있고 또 발행된 주식은 유가증권으로서 유통되는 것이므로 거래의 안전을 보호하여야 할 필요가 크다고 할 것인데, 신주발행유지청구권은 위법한 발행에 대한 사전 구제수단임에 반하여 신주발행 무효의 소는 사후에 이를 무효로 함으로써 거래의 안전과 법적 안정성을 해칠 위험이 큰 점을 고려할 때, 그 무효원인은 가급적 엄격하게 해석하여야 하고, 따라서 법령이나 정관의 중대한 위반 또는 현저한 불공정이 있어 그것이 주식회사의 본질이나 회사법의 기본원칙에 반하거나 기존 주주들의 이익과 회사의 경영권 내지 지배권에 중대한 영향을 미치는 경우로서 신주와 관련된 거래의 안전, 주주 기타 이해관계인의 이익 등을 고려하더라도 도저히 묵과할 수 없는 정도라고 평가되는 경우에 한하여 신주의 발행을 무효로 할 수 있을 것이다 (대법원 2004. 6. 25. 선고 2000다37326 판결, 대법원 2009. 1. 30. 선고 2008다50776 판결 등 참조).

3. 소송절차

가. 제소기간 신주발행무효의 소는 회사가 신주를 발행한 날로부터 6월 이내에 제기하여야 한다(상법 제429조). 소송으로서만 무효를 주장할 수 있다.

나. 당사자

(1) **원고** 주주·이사 또는 감사이다. 소송을 제기할 당시에 이러한 지위에 있어야 함은 당연하다.

(2) **피고** 회사가 피고로 된다.

다. 관할 신주발행무효 소송은 회사의 본점소재지 지방법원의 관할에 전속한다(상법 제430조에서 상법 제186조 준용).

라. 소가 및 인지대 이 소는 소송목적의 값을 산출할 수 없는 소송으로서 소가는 1억 원(민사소송등인지법 제2조 제4항, 민사소송등인지규칙 제18조의2 단서, 제15조 제2항)이다. 인지액의 계산은 소가가 '1억 원 이상 10억 원 미만'의 구간에 해당하므로, 55,000+(1억 원 ×0.004)로 계산하고 그 인지액은 455,000원이 된다.

마. 송달료 송달료는 15회분의 송달료를 납부한다. 채권자와 채무자를 포함하여 당사자가 2인인 경우 153,000원(당사자수 × 5,100원 × 15회분)이다.

4. 판결의 효력

가. 대세적 효력(원고 승소판결의 경우)

원고가 승소한 경우 신주발행무효의 판결은 제3자에게도 효력이 미친다(상법 제430조에서 상법 제190조 준용). 원고가 패소한 경우에는 그 효과는 당사자에게만 미치고 원고가 손해배상책임을 질 수 있다.

나. 주식의 실효 - 소급효의 제한

신주발행무효의 판결이 원고 승소로 확정된 때에는 신주는 장래에 대하여 그 효력을 잃는다(소급효의 제한). 회사는 지체없이 그 뜻과 일정한 기간 내에 신주의 주권을 회사에 제출할 것을 공고하고 주주명부에 기재된 주주와 질권자에 대하여는 각별로 그 통지를 하여야 한다. 그러나 그 기간은 3월 이상으로 하여야 한다(상법 제431조).

5. 회사에 낸 신주대금을 주주에게 반환(무효판결과 주주에의 환급)

신주발행무효의 판결이 확정된 때에는 회사는 신주의 주주에 대하여 그 납입한 금액을 반환하여야 한다. 반환해줘야 할 금액이 판결확정시의 회사의 재산상태에 비추어 현저하게 부당한 때에는 법원은 회사 또는 주주의 청구에 의하여 그 금액의 증감을 명할 수 있다.

6. 공고, 병합심리

신주발행무효의 소가 제기된 때에는 회사는 지체없이 공고하여야 한다(상법 제430조에서 상법 제187조 준용). 여러 개의 신주발행무효의 소가 제기된 때에는 법원은 이를 병합심리하여야 한다(상법 제430조에서 상법 제188조 준용).

7. 하자의 보완과 청구기각

소가 그 심리 중에 원인이 된 하자가 보완되고 회사의 현황과 제반사정을 참작하여 신주발행을 무효로 하는 것이 부적당하다고 인정한 때에는 법원은 그 청구를 기각할 수 있다.

8. 제소주주의 담보제공의무

주주가 결의취소의 소를 제기한 때에는 법원은 회사의 청구에 의하여 상당한 담보를 제공할 것을 명할 수 있다. 그러나 그 주주가 이사 또는 감사인 때에는 그러하지 아니하다(상법 제430조에서 상법 제377조 준용).

9. 등기의 촉탁

신주발행무효의 소송이 확정되면 제1심 수소법원은 회사의 본점과 지점 소재지의 등기소에 그 등기를 촉탁하여야 한다(비송사건절차법 제107조 제7호).

서울중앙지방법원 제3부

등 기 촉 탁 서

1. 상　　호　주식회사 조폭커뮤니케이션 (등기번호: 123456)
1. 본　　점　서울시 서초구 서초동 111-111
1. 등기의목적　주식회사 신주발행무효의 판결에 의한 말소등기
1. 등기의사유　2010년 5월 10일 서울중앙지방법원 2009가합13호 신주발행무효판결이 같은 해 5월 24일 확정되었으므로 2010. 4. 5. 자 등기사항을 말소하는 등기를 구함.
1. 등기할 사항　서울중앙지방법원 2009가합13호 신주발행무효판결확정
1. 등 록 세　금　　원
1. 첨 부 서 류　판결등본　　1통

위와 같이 등기촉탁 함.

2010년　5월　　일

재판장 판사　나 판 사 (인)

서울중앙지방법원 상업등기소 귀중

10. 신주발행에 대한 무효의 주장은 신주발행무효의 소만 인정

신주인수무효확인청구의 소송 - 인정되지 않음

상법상 신주발행에 대한 무효의 주장은 회사의 법률관계의 안정을 위하여 주주 또는 이사에 한하여 신주발행일로부터 6월 내에 신주발행무효의 소를 제기하는 방법에 의하여서만 이를 할 수 있고, 신주발행절차의 일부로서 이루어진 특정인의 신주인수에 대하여 일반 민사소송절차로서 신주인수무효의 소를 제기하는 것은 허용되지 아니한다.

신주발행절차의 일부로서 이루어진 피고의 신주인수가 위조문서에 의하여 된 것이고 또한 같은 피고가 위 신주의 주금납입기일에 주금납입을 하지 아니하였다는 점을 들어 원고들이 상법상 인정되지 아니하는 신주인수무효의 소를 이 사건 일반 민사소송절차에 의하여 제기하고 여기에서 설사 승소판결을 받는다 하더라도 그 판결은 이른바 대세적효력을 가지는 것은 아니고 다만 이 사건 소송당사자에 대하여서만 그 효력을 미칠 수 있을 뿐이므로 위 승소판결에 의하여 당연히 피고 2의 위 신주인수에 관한 효력이 다른 주주와의 관계 기타 위 신주인수의 모든 법률관계에서 획일적으로 무효로 되어 신주인수권에 관한 원·피고의 지위가 확정된다고는 볼 수 없으니, 결국 위 신주발행무효의 소에 의하지 않은 원고들의 이 사건 신주인수무효의 소는 부적법하거나 권리보호의 이익이 없는 소라 할 것이다. (서울고등법원 1987. 4. 2. 선고 86나3345 [주식인수무효확인청구사건])

제6절 신주인수권증권 인도청구의 소

신주인수권증권인도 청구에 관하여는 간단히 소장만 기재한다.

소 장

원고 하늘공학주식회사

경기도 평택시 고덕면 새악길 11111

피고 해븐글로벌케피탈 주식회사

서울시 강남구 역삼동 22222

청 구 취 지

1. 피고는 2015. 4. 15. 제3회 신주인수권부사채발행에 근거한 신주인수권증권을 인도하라
2. 소송비용은 피고의 부담으로 한다.
3. 위 제1항은 가집행할 수 있다

라는 재판을 구합니다.

청 구 원 인

1. 원고는 다음과 같은 신주인수권부사채권의 발행조건을 가진 신주인수권부 사채를 발행하였습니다.

<table>
<tr><td>종목</td><td>발행 연월일</td><td>연이율 (%)</td><td>액면10만 원당 발행가액(원)</td><td>발행액면 총액(원)</td><td>현재까지의 상환액</td><td>거치기간</td><td>상환기간</td><td>비 고</td></tr>
<tr><td></td><td></td><td></td><td></td><td></td><td></td><td></td><td></td><td></td></tr>
<tr><td rowspan="2">담보</td><td>종 류</td><td colspan="2">목적물 및 순위</td><td colspan="2">담보기간</td><td rowspan="2">보증</td><td>원리금보증기관</td><td></td></tr>
<tr><td></td><td colspan="2"></td><td colspan="2"></td><td></td><td></td></tr>
<tr><td colspan="2">발행방법</td><td colspan="2"></td><td colspan="2">모집 또는 주선기관</td><td colspan="2"></td><td></td></tr>
<tr><td colspan="2">상환방법</td><td colspan="2"></td><td colspan="2">이자지급방법</td><td colspan="2"></td><td></td></tr>
<tr><td colspan="2">등록기관</td><td colspan="2"></td><td colspan="2">이자지급기일</td><td colspan="2"></td><td></td></tr>
<tr><td colspan="2">인 수 인</td><td colspan="2"></td><td colspan="2">원리금지급장소</td><td colspan="2"></td><td></td></tr>
</table>

2. 이에 따라 원고는 다음과 같은 조건을 가진 신주인수권증권의 발행하였습니다.

신주인수권의 내용	신주인수비율(%)	신주인수권 행사기간	주금대용납입 의제사항	신주의 이익배당사항
신주인수권 행사로 인하여 발행하는 주식의 내용				
종 류	1주의 금액(원)	1주의 발행가액(원)	발행주식수(주)	발행액면총액(원)

3. 원고와 피고는 2013년 5월 8일 원고와 피고는 흡수합병을 위하여 양해각서를 체결하며 피고에게 신주인수권증권을 인도하였습니다. 위 양해각서 제5조에는 합병이 무산되면 신주인수권부사채의 원상회복을 규정하였습니다.

4. 그러므로 피고는 "양해각서 제5조 규정(합병 무산 시 신주인수권부사채의 원상회복)"에 따라 신주인수권증권을 원고에 즉시 인도하여야 할 의무가 있으므로, 원고는 피고에 대하여 위 신주인수권증권의 인도청구권이 있음을 통보하였습니다.

5. 피고는 채무자로서 원고에게 신주인수권증권을 인도하여 야 할 의무가 있으나 이를 이행하고 있지 않으므로, 원고는 이 사건 청구에 이르게 되었습니다.

-- 이하 생략 --

제7절 자본감소 무효의 소송

1. 자본감소의 의의와 방법

자본감소는 말 그대로 등기부상의 자본금 금액을 축소시키는 것이다. 상법상 자본감소라는 규정의 바라는 이상적인 것은 주주들의 출자금을 감소한 자본만큼 반환해 주는 것이다. 그러나 실질적으로는 회계장부만을 조정하는 명목상의 자본감소가 이루어지는 경우가 많고, 또한 무상으로 자본을 감소하는 방법으로 주주들에게 출자금을 반환하지 않고 자본을 감소시키는 것이 오히려 일반적인 상황이다.

나아가 감자는 소액주주들을 축출하거나 증자와 합해져서 다른 주주를 배척하는 수단으로 남용되기도 한다. 또한 상장회사의 경우 기업공시를 제대로 확인하지 않아서 후에 주식을 잘못 매입한 어느 주주의 경우 예를들면 2,000주를 가지고 있던 것이 20주로 감소하는 경우도 있다. 이는 감자 결의를 한 후 어느 주주가 이에 관하여 이야기 하지 않고 다른 사람에게 주식을 매도한 경우에 흔히 일어나는 일이다.

자본감소는 회사의 채권자에 대하여는 책임재산을 줄이는 효과가 있고 주주로서는 그 지위가 약해지거나 소멸되는 것이므로, 채권자를 보호하기 위하여 채권자보호절차가 필요하고 또한 주주의 보호를 위하여 주주총회특별결의[52)]가 필요하다. 이렇게 상법에서 요구하는 수준의 보호절차가 이루어지지 않은 경우에는 '감자무효의 소송'으로서 구제받을 수 있다. 물론 부당이득이나 불법행위 또는 계약책임에 의하여 일반 민사소송에 의하여 구제받을 수도 있음은 당연하다. 하지만 여기서는 상법 제445조에서 규정한 상법상 감자무효 소송만을 보기로 한다.

---

52) 주주총회특별결의 : 출석한 주주의 의결권의 3분의 2 이상의 수와 그 종류의 발행주식의 총수의 3분의 1 이상의 수로써 하여야 한다.

자본감소에 관한 공시 [금융감독원 전자공시시스템(http://dart.fss.or.kr/)]

<table>
<tr><td rowspan="2">1. 감자주식의 종류와 수</td><td>보통주 (주)</td><td colspan="2">44,798,481</td></tr>
<tr><td>우선주 (주)</td><td colspan="2">661,514</td></tr>
<tr><td colspan="2">2. 1주당 액면가액 (원)</td><td colspan="2">5,000</td></tr>
<tr><td colspan="2" rowspan="2">3. 감자전후 자본금</td><td>감자전 (원)</td><td>감자후 (원)</td></tr>
<tr><td>227,299,975,000</td><td>8,161,250,000</td></tr>
<tr><td rowspan="3">4. 감자 전·후 발행주식수</td><td>구 분</td><td>감자전 (주)</td><td>감자후 (주)</td></tr>
<tr><td>보통주(주)</td><td>44,798,481</td><td>1,632,250</td></tr>
<tr><td>우선주(주)</td><td>661,514</td><td>-</td></tr>
<tr><td rowspan="2">5. 감자비율</td><td>보통주 (%)</td><td colspan="2">-</td></tr>
<tr><td>우선주 (%)</td><td colspan="2">-</td></tr>
<tr><td colspan="2">6. 감자기준일</td><td colspan="2">-</td></tr>
<tr><td colspan="2">7. 감자방법</td><td colspan="2">경영참여 대주주 및 특수관계인(황하수, 우리산업, 우리한별컴, 김한숙, 홍길동, 임걱정, 하늘마당) 보유한 주식은 액면가 5,000원의 보통주 및 우선주 200주를 액면가 5,000원의 보통주 1주로 감자
경영미참여 대주주가 보유한 주식은 액면가 5,000원의 보통주 및 우선주 50주를 액면가 5,000원의 보통주 1주로 감자
대주주 및 특수관계에 있는 주주를 제외한 기타주주가 보유한 주식은 액면가5,000원의 보통주 및 우선주 20주를 액면가 5,000원의 보통주 1주로 감자
단, 주식감자로 발생하는 1주 미만의 단주는 관리인이 법원의 허가를 받아 무상소각 함.</td></tr>
<tr><td colspan="2">8. 감자사유</td><td colspan="2">회생계획인가결정에 의한 주식 감자</td></tr>
<tr><td rowspan="6">9. 감자일정</td><td>주주총회 예정일</td><td colspan="2">-</td></tr>
<tr><td>명의개서정지기간</td><td colspan="2">-</td></tr>
<tr><td>구주권제출기간</td><td colspan="2">-</td></tr>
<tr><td>매매거래정지예정기간</td><td colspan="2">-</td></tr>
<tr><td>신주권교부예정일</td><td colspan="2">-</td></tr>
<tr><td>신주상장예정일</td><td colspan="2">-</td></tr>
<tr><td rowspan="2">10. 채권자 이의제출기간</td><td>시작일</td><td colspan="2">-</td></tr>
<tr><td>종료일</td><td colspan="2">-</td></tr>
<tr><td colspan="2">11. 구주권제출 및 신주권교부 장소</td><td colspan="2">-</td></tr>
<tr><td colspan="2">12. 이사회결의일(결정일)</td><td colspan="2">2011년 05월 17일</td></tr>
</table>

- 사외이사 참석여부	참석(명)	-
	불참(명)	-
- 감사(감사위원) 참석여부		-
13. 공정거래위원회 신고대상 여부		미해당
14. 기타 투자판단에 참고할 사항		- 당사는 '채무자 회생 및 파산에 관한 법률'에 따라 2011년 04월 06일 수원지방법원으로부터 회생계획 인가를 받은 회사로써, 이사회 및 주주총회는 법원의 허가로 갈음합니다. - 이사회결의일은 법원으로부터 자본금 변동에 관한 허가 문서를 수령한 날입니다. - 주식감사는 회생계획안 '제9장 주주의 권리변경 제2절 제2항 자본의 감소 조항에 의거합니다. - 상기 자본감소를 위한 일정은 법원결정 및 실무절차에 따라 변경될 수 있습니다.

[자본감소에 관한 주주총회의사록]

임시주주총회의사록

2010년 8월 20일 09:00시 본 회사 본점회의실에서 임시주주총회를 개최하다.

주주총수 10 명 출석주주수 3 명

주식총수 100,000 주 이의주식수 69,000 주

대표이사 송아지는 정관규정에 따라 의장석에 등단하여 위와 같이 법정수에 달하는 주주가 출석하였으므로 본총회가 적법히 성립되었음을 알리고 개회를 선언한 후 다음의 의안을 부의하고 심의를 구한 바, 만장일치로 다음과 같이 승인가결하다.

제 1 호 의안 자본감소에 관한 건

의장은 본 회사의 사업형편상 자본의 총액 금1,000,000,000원 중 금300,000,000원을 감소하여 금700,000,000원으로 하여야 할 필요성을 설명하고 그 가부 및 방법을 물은 바 전원 이의없이 찬성하여 만장일치로 그를 승인가결하다.

1. 본 회사의 자본금 1,000,000,000원 중 금300,000,000원을 감소한다.

2. 자본감소의 방법 : 현재 각 주주가 소유하고 있는 주식총수에서 위 감소액에 대한 균등비율로 유상소각하고 감소액에 해당하는 주식수에 대하여 액면금액으로 반환지급하기로 한다.

제 2 호 의안 정관 변경의 건

의장은 위 자본감소에 수반하여 정관 제7조를 다음과 같이 변경하여야 함을 설명하고 그 가부를 말하니 전원 이의없이 그를 승인가결하다.

제 7 조 (회사가 발행할 주식의 총수) 본 회사가 발행할 주식의 총수는 70,000주로 한다

의장은 이상으로서 총회 목적인 의안 전부의 심의를 종료하였으므로 폐회한다고 선언하다. (회의종료시간 10:00시)

위 의사의 경과 요령과 결과를 명확히 하기 위하여 이 의사록을 작성하고 의장과 출석한 이사가 기명날인하다.

2000년 8 월 20일

한별리아 주식회사

의장 대표이사 송 아 지

사내이사 박 아 지

사내이사 강 아 지

[자본감소 및 주권제출공고문 예시]

자본감소 및 주권제출공고

1. 본 회사는 2010년 8월 20일 임시주주총회에서 자본의 총액 금 1,000,000,000원을 금700,000,000원으로 감소하고 그 방법으로 현재 각 주주가 소유하고 있는 주식총수에서 위 감소액에 대한 균등비율로 유상소각하고 감소액에 해당하는 주식에 대하여 액면금액으로 상환하기로 하였습니다.
2. 이 자본감소에 이의가 있는 채권자는 이 공고게재일 다음 날로부터 2월 이내에 이의를 제출할 것을 공고합니다.
3. 또한 본 회사의 주주는 이 공고게재일로부터 1월 이내에 구주권을 본 회사에 제출하시기 바랍니다.

2010년 8 월 28일

한별리아 주식회사

대표이사 송 아 지

[채권자에 대한 최고서(채권자보호절차)]

최 고 서

당 회사는 2010년 8월 20일 주주총회에서 자본의 총액 금 1,000,000,000원을 금700,000,000원으로 감소하고 그 방법으로 현재 각 주주가 소유하고 있는 주식총수에서 위 감소액에 대한 균등비율로 유상소각하여 발행주식총수를 100,000주에서 70,000주로 감소할 것을 결의하였습니다.

이 자본감소에 이의가 있는 채권자는 2010년 10월 27일까지 이의를 제출할 것을 최고합니다.

2010년 8월 28일

한별리아 주식회사

대표이사 송 아 지

채권자 망 아 지 귀하

[증자와 감자의 비교]

	증자	감자
채권자에 위험?	X	O (→ 채권자보호절차 필요)
주주에 특별한 이해관계?	△	O (→ 주주총회특별결의)
방법	주식을 새로운 주주에게 인수시킴. 주식을 인수시키고 그 대금을 납입 받음	주식을 회사가 사서 없애거나 (유상소각) 무상으로 없애는 방법 사용 (무상소각)

[변제영수증]

<table>
<tr><td>

변 제 영 수 증

1. 금　　　　　　　　　　원정

(단,　　　　　　　대금채권)

귀 회사의 자본감소에 대하여 2010년 10월 　일 이의를 제출하였던 바 금일 귀 회사가 그 전액을 변제하였으므로 이에 영수합니다.

2010년 10월 일

채권자 사 가 지 (인)

한별리아 주식회사 대표이사 귀하

</td></tr>
</table>

[주식매매계약서]

<table>
<tr><td>

주 식 매 매 계 약 서

1. 상 호 :

2. 본 점 :

3. 주식의 종류 및 수량 : 액면가 금10,000원
보통주식 6,000주

4. 매 매 가 격 : 1주당 금10,000원

5. 매 매 대 금 : 금 60,000,000원

위 표시의 주식은 매도인 　　　　소유 금번 매수인 　　　　와

위 표시내용 대금으로 매매하기로 약정하였으므로 본 계약서 2통을 작성하고 각 1통씩 보관하기로 한다.

2017년 　　월 　　일

매도인

매수인

</td></tr>
</table>

Case) 한별리아 주식회사는 2010. 3. 24. 자본감소에 관한 결의를 하였다.

그런데 주주인 송아지는 한별리아 주식회사의 주식을 300,000주를 있음에도 불구하고 자본감소에 관한 주주총회와 관련한 일체의 통지를 받지 않았으며, 나아가 위 주주총회에 참석한 사실이 전혀 없음에도 회사는 송아지가 강아지를 대리인으로 선임하여 피고 회사에게 의결권을 행사할 권한을 위임한다는 내용의 위임장을 위조하여 결국 자본금을 300억 원에서 30억 원으로 하는 내용의 주주총회결의를 하고 이를 등기하였다.

이 경우 송아지가 할 수 있는 조치는?

제445조(감자무효의 소)

자본감소의 무효는 주주・이사・감사・청산인・파산관재인 또는 자본감소를 승인하지 아니한 채권자에 한하여 자본감소로 인한 변경등기가 있는 날로부터 6월 내에 소만으로 주장할 수 있다.

2. 소의 성질

형성의 소이다. 간혹 본 소송을 확인의 소송으로 제기하는 경우가 있는데 주의하여야 할 것이다. 감자무효의 소송이 주주총회결의의 중대한 하자로 무효임을 주장할 경우에는 주주총회결의 취소나 무효소송으로 다툴 수 있지만, 원고가 제기하는 소송이 감자무효의 형성판결인지 주주총회결의의 무효확인판결인지는 명확히 해야 할 것이다.

3. 언제까지 소송을 제기할 수 있나? (제소기간)

자본감소로 인한 변경등기가 있는 날로부터 6월 내에 소만으로 주장할 수 있다(상법 제445).

4. 누가 원고가 되고 누가 피고가 되나? (소송당사자)

가. 원고 주주 · 이사 · 감사 · 청산인 · 파산관재인 또는 자본감소를 승인하지 아니한 채권자에 한하여 본 소송을 제기할 수 있다.

나. 피고 회사이다.

5. 청구이유 (감자의 무효사유)

사본감소의 무효원인에 대해서는 상법에 특별한 규정은 없다. 일반적으로 자본감소에 관한 주주총회결의에 절차상 또는 내용상의 하자가 있는 경우, 자본감소방법의 결정을 흠결한 경우, 의결권 위임의 하자 같은 것을 들 수 있다.

자본감소는 회사의 채권자에 대하여는 책임재산을 줄이는 효과가 있고 주주로서는 그 지위가 약해지거나 소멸되는 것이므로, 채권자를 보호하기 위하여 채권자보호절차가 필요하고 또한 주주의 보호를 위하여 주주총회특별결의가 필요하다. 이렇게 상법에서 요구하는 수준의 보호절차가 이루어지지 않은 경우 감자무효의 소송으로서 구제받을 수 있다.

가. 주주총회 또는 종류주주총회의 특별결의에 하자

(1) 주주총회 소집절차의 하자

위 주총을 소집하려면 회일을 정하여 2주간 전에 각 주주에 대하여 서면 또는 전자문서로 통지를 발송하여야 하며(제363조 제1항), 그 통지에 자본의 감소에 관한 의안의 요령을 기재하여야 하고(상법 제438조 제2항), 나아가 감자의 방법으로 주식을 소각할 경우에는 1월 이상의 기간을 정하여 그 뜻과 그 기간 내에 주권을 회사에 제출할 것을 공고하고 주주와 질권자에 대하여 각별로 그 통지를 하도록 규정하고 있다(상법 제343조 제2항, 제440조). 이러한 적법한 소집 절차를 거치지 아니하고 결의된 자본감소의 결의라면 자본감소 무효소송의 원인이 된다.

[주주총회의 소집절차와 그에 관한 하자가 있을 때 구제방법]

<table>
<tr><th>주주총회 소집절차</th><th>하자 있을 때</th><th colspan="2">구제방법</th></tr>
<tr><td>① 이사회 결의로 소집결정</td><td>→</td><td colspan="2">(주주총회) 결의 취소의 소</td></tr>
<tr><td>② 대표이사가 소집</td><td>→</td><td colspan="2">(주주총회) 결의 부존재 사유</td></tr>
<tr><td rowspan="2">③ 통지(기명주주에게)·공고(무기명주주에게)</td><td rowspan="2">→</td><td>일부 주주에게 통지 ×</td><td>결의 취소사유</td></tr>
<tr><td>대부분 주주(과반수 이상)에게 통지 ×</td><td>결의부존재사유</td></tr>
<tr><td>④ 통지서에 목적사항 기재</td><td>→</td><td colspan="2">기재 안하면, (주주총회) 결의 취소 사유</td></tr>
</table>

(2) 정족수의 하자

상법은 주식회사에 있어 자본의 감소는 주총에서 출석한 주주의 의결권의 2/3 이상의 수와 발행주식 총수의 1/3 이상의 수로써 결의하여야 한다(주주총회 특별결의, 상법 제438조 제1항, 제434조). 하지만 결손의 보전(補塡)을 위한 자본금의 감소는 주주총회 보통결의에 의한다. 총회의 결의에 관하여 특별한 이해관계가 있는 사람은 의결권을 행사하지 못한다. 이러한 정족수에 충족에 하자가 발생하는 경우에도 자본감소 무효의 소송의 대상이 된다.

(3) 의결권 위임의 하자

자본감소의 결정을 이사회에 일임하는 주주총회가 이루어진 경우 자본감소무효의 소를 제기할 수 있다. 자본감소의 방법의 결정은 주주총회의 전속결의사항이어서 정관에 의해서도 이사회 결의에 위임하는 것은 불가능하기 때문이다.

나. 채권자보호절차(상법 제232조, 439조에서 준용)의 하자

회사는 감자의 결의가 있은 날부터 2주 내에 회사채권자에 대하여 합병에 이의가 있으면 일정한 기간 내에 이를 제출할 것을 공고하고 알고 있는 채권자에 대하여는 따로따로 이를 최고하여야 한다. 이 경우 그 기간은 1월 이상이어야 한다. 이의를 제출한 채권자가 있는 때에는 회사는 그 채권자에 대하여 변제 또는 상당한 담보를 제공하거나 이를 목적으로 하여 상당한 재산을 신탁회사에 신탁하여야 한다. 이러한 절차를 위반한 경우가 이에 해당한다.

다. 주주평등의 원칙 등 회사법상 일반 원칙에 위배된 때

라. 기타 법령•정관에 위반하거나 현저히 불공정한 경우

6. 관할, 인지대, 송달료

가. 관할 회사본점소재지의 지방법원의 전속관할(상법 제446조, 제186조)이다.

나. 소가 및 인지대 이 소는 소송목적의 값을 산출할 수 없는 소송으로서 소가는 1억 원(민사소송등인지법 제2조 제4항, 민사소송등인지규칙 제18조의2 단서, 제15조 제2항)이다. 인지액의 계산은 소가가 '1억 원 이상 10억 원 미만'의 구간에 해당하므로, 55,000+(1억 원 ×0.004)로 계산하고 그 인지액은 455,000원이 된다.

다. 송달료 송달료는 15회분의 송달료를 납부한다. 채권자와 채무자를 포함하여 당사자가 2인인 경우 153,000원(당사자수 × 5,100원 × 15회분)이다.

7. 소송절차에서의 특징 (상법제446조에서 준용)

가. 제소주주의 담보제공

주주가 감자무효의 소를 제기한 때에는 법원은 회사의 청구에 의하여 상당한 담보를 제공할 것을 명할 수 있다. 그러나 그 주주가 이사 또는 감사인 때에는 그러하지 아니하다(상법 제377조 제소주주의 담보제공의무).

나. 소제기의 공고

감자무효의 소가 제기된 때에는 회사는 지체없이 공고하여야 한다(상법 제187조 소제기의 공고).

다. 소의 필수적 병합심리

수개의 감자무효의 소가 제기된 때에는 법원은 이를 병합심리 하여야 한다(상법 제188조 소의 병합심리).

라. 하자의 보완등과 청구의 기각(재량기각)

상법 제446조는 감자무효의 소에 관하여 상법 제189조를 준용하고 있고, 상법 제189조는 "설립무효의 소 또는 설립취소의 소가 그 심리 중에 원인이 된 하자가 보완되고 회사의 현황과 제반사정을 참작하여 설립을 무효 또는 취소하는 것이 부적당하다고 인정한 때에는 법원은 그 청구를 기각할 수 있다."고 규정하고 있다. 따라서 법원이 감자무효의 소를 재량기각하기 위해서는 원칙적으로 그 소 제기 전이나 그 심리 중에 원인이 된 하자가 보완되어야 한다고 할 수 있을 것이지만, 추후 보완될 수 없는 성질의 것으로서 자본감소 결의의 효력에는 아무런 영향을 미치지 않는 것인 경우 등에는 그 하자가 보완되지 아니하였다 하더라도 회사의 현황 등 제반사정을 참작하여 자본감소를 무효로 하는 것이 부적당하다고 인정한 때에는 법원은 그 청구를 기각할 수 있다(대법원 2004. 4. 27. 선고 2003다29616 판결).

[감자무효의 소장]

소　　장

원 고　송아지 (6601212-1234567)

서울 성동구 송정동 236-111

피 고　한별리아 주식회사 (110111-1234678)

서울시 서초구 서초동 1111-2222

대표이사 강아지

감자무효의 소

청 구 취 지

1. 피고회사의 주주총회가 2010. 3. 24. 한 자본감소 결의는 무효로 한다.
2. 소송비용은 피고가 부담한다.

라는 판결을 구합니다.

청 구 원 인

1. 당사자간의 관계

피고 주식회사 한별리아 주식회사(이하 '피고 회사'라 한다)는 1980. 1. 5. 설립되었으며, 현재까지 정보통신업, 단말기제조 및 판매업을 해오고 있으며, 자본금은 300억 원이고 발행주식총수는 3,000,000주 1주의 금액은 10,000원입니다. 원고는 2010. 5. 10. 현재 피고 회사의 주식 300,000주를 소유한 주주입니다.

2. 피고 회사의 자본감소결의

(1) 피고 회사는 2010. 3. 24. 10:00 서울시 서초구 서초동 1111-2222 피고 회사 본점회의실에서 임시주주총회(이하 '이 사건 주주총회'라 합니다)를 개최하였는데, 이 사건 주주총회 의사록의 기재에 의하면, 이 사건 주주총회에는 피고 회사의 총 주주 941명 가운데 원고들을 포함한 31명의 주주가 참석한 것으로 되어 있고, 출석한 주주는 피고 회사의 발행주식 3,000,000주 중 1,200,000주에 대한 의결권을 행사하여 전원 찬성으로서 아래와 같은 내용의 재무구조 개선을 위한 자본감소(이하 '이 사건 감자'라고 한다) 결의를 한 것으로 되어 있습니다.

- 아 래 -

1) 자본금을 30,000,000,000원에서 3,000,000,000원으로 감액
(감자비율 90%)

2) 감자방법 : 1주당 액면금액 500원의 기명식 보통주 10주를 1주로 병합하여 발행주식수를 3,000,000주에서 300,000주로 변경

(2) 피고 회사는 이 사건 감자 결의에 따라 채권자 보호 절차, 주식 병합 절차를 모두 완료한 다음, 2010. 3. 28. 피고 회사의 발행주식수 및 자본의 총액에 대한 변경등기를 경료하였고 피고 회사의 주식은 2010. 4. 18. 부터 증권선물거래소에서 거래가 이루어지고 있습니다.

3. 피고회사의 위법한 자본감소결의

(1) 하지만 원고로서는 한별리아 주식회사의 주식을 300,000주를 소유하

고 있음에도 불구하고 자본감소에 관한 주주총회와 관련한 일체의 통지를 받지 않았으며, 나아가 위 주주총회에 참석한 사실이 전혀 없음에도 회사는 원고가 강아지를 대리인으로 선임하여 피고 회사에게 의결권을 행사할 권한을 위임한다는 내용의 위임장을 위조하여 결국 자본금을 300억 원에서 30억 원으로 하는 내용의 주주총회결의를 하고 이를 등기를 한 것입니다.

(2) 따라서 당시 출석한 것으로 집계된 주식수 1,200,000주에서 원고의 주식수 300,000주를 제외하면 당시 출석한 주식수는 900,000주가 되고 이는 발행 주식 총수의 30.00%에 불과할 뿐이어서 상법 제438조 제1항, 제434조에서 정한 요건인 발행 주식 총수의 1/3에 미달하므로, 이 사건 주주총회에서 이루어진 자본감소의 결의는 그 요건을 충족하지 못한 무효의 결의입니다.

4. 결　론

그렇다면 위 주주총회를 통하여 결의된 자본감소결의는 주주총회소집절차를 위반하였고 이에 더하여 자본감소결의에 필요한 정족수를 채우지 못한 무효의 결의이므로 이에 의한 자본감소는 무효가 되어야 할 것이므로 이에 관한 판단을 받고자 원고는 이 소송을 제기합니다.

5. 제소기간

상법 제445조는 감자무효의 소는 자본감소로 인한 변경등기가 있는 날로부터 6개월 이내에 소송을 제기할 것을 요구하고 있는 바, 피고 회사가 자본감소로 인한 변경등기는 2010. 3. 28. 이고 원고의 소제기는 같은 해

6. 10. 이므로 제소기간은 준수하였습니다.

입 증 방 법

1. 갑제1호증	법인등기부 등본(감자 이후)	1통
1. 갑제2호증	정관	1통
1. 갑제3호증	주주명부	1통
1. 갑제4호증	주권미발행확인서	1통
1. 갑제5호증	주주총회의사록	1통

첨 부 서 류

1. 위 각 입증방법	각1통
2. 위임장	1통
3. 송달료 납부서	1통
4. 소장 부본	1통

2010. 6. 10.

위 원고 송 아 지 (인)

서울중앙지방법원 귀중

8. 판결의 효력[53)]

가. 원고승소판결의 효력

감자무효의 판결은 제3자에 대하여도 그 효력이 있다. 그러나 판결 확정 전에 생긴 회사와 사원 및 제3자간의 권리의무에 영향을 미치지 아니한다[54)].

나. 원고패소판결의 효력 (패소원고의 책임)

감자무효의 소를 제기한 자가 패소한 경우에 악의 또는 중대한 과실이 있는 때에는 회사에 대하여 연대하여 손해를 배상할 책임이 있다[55)].

9. 판결 이후의 처리

설립무효의 판결 또는 설립취소의 판결이 확정된 때에는 본점과 지점의 소재지에서 등기하여야 한다[56)]. 하지만 패소한 회사에게 등기신청을 기대할 수 없으므로 수소법원이 등기소에 촉탁하는 형식의 촉탁등기에 의한다(비송사건절차법 제107조 제10호).

10. 주식대금 반환

특히 감자를 하면서 주주에게 주식대금을 환급하는 경우를 유상감자라 하는데(브릿지증권 Case), 이때 주식대금을 환급받은 주주는 감자무효의 판결이 확정되면 자신이 받은 주식대금을 도로 반환하여야 한다.

---

53) 상법 제446조를 통하여 각 조항을 준용
54) 상법 제190조를 준용
55) 상법 제191조를 준용
56) 상법 제191조 준용

[등기촉탁서 예시]

서울중앙지방법원 제3부

등 기 촉 탁 서

1. 상　　호　한별리아 주식회사 (등기번호: 123456)

1. 본　　점　서울시 서초구 서초동 1111-2222

1. 등기의목적　주식회사 자본감소무효의 판결에 의한 말소등기

1. 등기의사유　2010년 10월 10일 서울중앙지방법원 2010가합13호 자본감소무효판결이 같은 해 10월 24일 확정되었으므로 2010. 3. 28. 자 등기사항을 말소하는 등기를 구함.

1. 등기할 사항

서울중앙지방법원 2010가합13호 자본감소무효판결확정

1. 등 록 세　금40,200원

1. 첨 부 서 류

판결등본　1통

송달, 확정증명원1통

위와 같이 등기촉탁 함.

2010년 10월 일

재판장 판사 나 판 사 (인)

서울중앙지방법원 상업등기소 귀중

제 9 장

사채와 관련된 소송

제1절 전환사채 일반

1. 주식 값이 오르면 주식으로 바꾸지~ (전환사채)

가. 의 의

전환사채란 Convertible Bond, 즉 사채발행회사의 주식으로 진환할 수 있는 권리(전환권)가 인정된 사채이다. 전환사채는 주식으로 전환할 수 있기 때문에 사채에 의한 자금조달을 매우 용이하게 하다. 이 때문에 현재 우리나라에서도 많이 이용하고 있다. 전환사채권자의 청구에 의하여 전환사채는 주식으로 전환하게 된다. 회사는 주주배정에 의한 전환사채를 발행할 수 있으며, 주주가 아닌 사람에 대하여도 전환사채를 발행할 수도 있다.

나. 사채발행제한의 폐지

사채의 총액은 최종의 대차대조표에 의하여 회사의 현존하는 순자산액의 4배를 초과하지 못한다는 사채발행한도를 규정한 상법 제470조는 2012. 4. 15. 을 삭제되었다. 따라서 사채발행에 특별한 제한은 없다. 상장회사에는 처음부터 그 특례를 두어 사채발행총액에 제한을 두지 아니하였다.

다. 신주인수권부 사채와 비교

신주인수권부사채와 전환사채가 주식을 취득할 수 있다는 점에서 비슷하지만 가장 큰 차이점은, 채권자가 신주인수권부사채의 신주인수권을 행사하여 주식을 인수하는 경우에는 채권과 주식을 모두 갖지만, 전환사채를 주식으로 바꾸는 경우 채권은 사라지고 주식만 남게 된다는 것이다. 아래의 그림을 참조한다.

[전환사채]

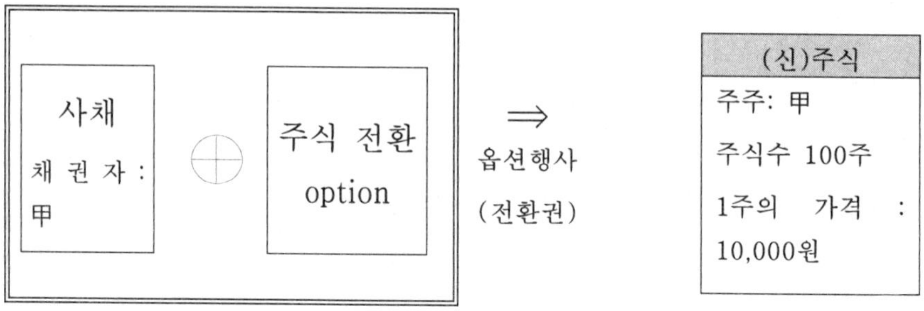

[신주인수권부 사채]

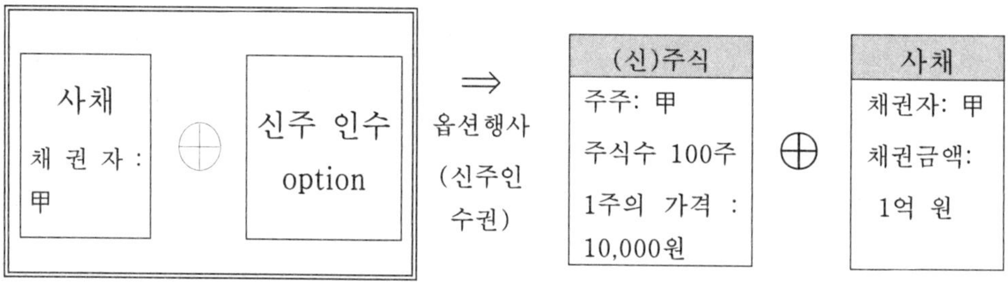

2. 전환사채 발행절차

가. 전환사채 발행의 결정

이사회의 결의로 발행한다. 결의를 할 때 정관에 전환사채에 관한 규정이 있으면 그에 따르면 되는 것이고, 정관에 규정이 없는 것으로 중요한 것은 이사회에서 정하면 된다(상법 제516조의2 제2항). 그러나 정관에 주주총회의 결의로 전환사채를 발행할 수 있다고 정해놓았다면 당연히 정관에서 정한 대로 주주총회에서 발행을 결정하고 중요한 사항을 결정한다(상법 제513조 제2항 단서). 자본의 총액이 10억 원 미만인 주식회사로 이사가 1인인 경우에는 이사회를 구성할 수 없기 때문에 주주총회에서 결의한다(상법 제383조 제4항).

사채의 일반적인 발행사항외에 다음의 중요한 사항에 대하여 정관에서 정해놓지 않았다면 이사회 또는 주주총회(정관에서 주주총회에서 결정하기로 한 경우)에서 이를 결정하여야 한다(상법 제513조 제2항).

> ① 전환사채의 총액 ② 전환의 조건 ③ 전환으로 인하여 발행한 주식의 내용 ④ 전환을 청구할 수 있는 기간 ⑤ 주주에게 전환사채의 인수권을 준다는 뜻과 인수권의 목적인 전환사채의 액 ⑥ 주주 외의 자에게 전환사채를 발행하는 것과 이에 대하여 발행할 전환사채의 액

[이사회의 전환사채 발행결의 -회사의 양식-]

<table>
<tr><td colspan="2">1. 사채의 종류</td><td>회 차</td><td></td><td>종 류</td><td></td></tr>
<tr><td colspan="2">2. 사채의 권면총액 (원)</td><td colspan="4"></td></tr>
<tr><td rowspan="3">3. 자금조달의 목 적</td><td>시 설 자 금 (원)</td><td colspan="4"></td></tr>
<tr><td>운 영 자 금 (원)</td><td colspan="4"></td></tr>
<tr><td>기 타 (원)</td><td colspan="4"></td></tr>
<tr><td rowspan="2">4. 사채의 이 율</td><td>표면 이자율 (%)</td><td colspan="4"></td></tr>
<tr><td>만기 이자율 (%)</td><td colspan="4"></td></tr>
<tr><td colspan="2">5. 이자지급방법</td><td colspan="4"></td></tr>
<tr><td colspan="2">6. 원금상환방법</td><td colspan="4"></td></tr>
<tr><td rowspan="6">7. 전환에 관한 사항</td><td>전환비율 (%)</td><td colspan="4"></td></tr>
<tr><td>전환가액 (원/주)</td><td colspan="4"></td></tr>
<tr><td>전환가액의 조정</td><td colspan="4"></td></tr>
<tr><td>전환에 따라 발행할 주식의 종류</td><td colspan="4"></td></tr>
<tr><td>전환으로 발행될 주식의 최초 배당금 및 이자지급방법</td><td colspan="4"></td></tr>
<tr><td>전환청구기간</td><td colspan="4"></td></tr>
<tr><td colspan="2">8. 청약일</td><td colspan="4"></td></tr>
<tr><td colspan="2">9. 납입일</td><td colspan="4"></td></tr>
</table>

<table>
<tr><td>10. 인수기관</td><td colspan="4"></td></tr>
<tr><td>- 발행회사와의 관계</td><td colspan="4">특수관계인, 주요주주,
계열회사, 최대주주,
기타</td></tr>
<tr><td>11. 보증 수탁기관</td><td colspan="4"></td></tr>
<tr><td>12. 이사회결의일</td><td colspan="4"></td></tr>
<tr><td>- 사외이사 참석여부</td><td>참석(명)</td><td></td><td>불 참(명)</td><td></td></tr>
<tr><td>- 감사 참석여부</td><td colspan="4">참석 ◎불참 ◎</td></tr>
<tr><td>13. 유가증권신고서 제출여부</td><td colspan="4">제출 ◎면제 ◎</td></tr>
<tr><td>14. 공정거래법 해당여부</td><td colspan="4">예 ◎아니오 ◎</td></tr>
<tr><td>15. 기타</td><td colspan="4"></td></tr>
</table>

나. 주주배정에 의한 발행

신주발행(증자)에서의 신주인수권과 달리 주주는 당연히 전환사채의 인수권을 갖는 것이 아니고 정관의 규정 또는 이사회의 결의에 의하여 인수권이 부여된다(상법 제513조 제2항 5호). 주주에게 전환사채의 인수권을 부여하는 경우(주주배정에 의한 발행)에는 배정일에 주주명부에 기재된 주주가 그 권리를 갖는 다는 뜻을 배정일 2주간 전에 공고하여야 한다(배정일 공고, 상법 제513조의2 → 상법 제418조 3항 준용). 주주가 전환사채의 인수권을 가진 경우에는 각 주주에 대하여 ① 그 인수권을 가지는 전환사채의 액, ② 발행가액, ③ 전환의 조건, ④ 전환으로 인하여 발행할 주식의 내용, ⑤ 전환을 청구할 수 있는 기간과 ⑥ 일정한 기일까지 전환사채의 청약을 하지 아니하면 그 권리를 잃는다는 뜻을 통지하여야 한다.(실권예고부 최고, 상법 제513조의3 제2항 → 상법 제419조 3항 준용).

다. 주주 아닌 사람에 대한 발행

전환사채는 신기술의 도입, 재무구조의 개선 등 회사의 경영상 목적을 달성하기 위하여 필요한 경우에 주주 아닌 사람에게 발행할 수 있다(상법 제513조 제3항 → 상법 제418조 제2항 준용). 주주 아닌 사람에 대하여 전환사채를 발행하는 경우에 ① 그 발행할 수 있는 전환사채의 액, ② 전환의 조건 ③ 전환으로 인하여 발행할 주식의 내용과 ④ 전환을 청구할 수 있는 기간에 관하여 정관에 규정하고 있어야 이사회결의만으로 가능하다. 이에 관한 정관에 규정이 없으면 주주총회특별결의로써 이를 정하여야 한다.

라. 청약과 납입

사채의 청약은 청약서에 의한다(상법 제474조). 다만 사채의 총액을 인수하는 경우(총액인수)와 사채모집의 위탁을 받은 회사가 사채의 일부를 인수하는 경우에는 그 일부의 인수권에 대하여는 인수증으로도 가능하다(상법 제475조). 사채의 모집이 완료한 때에는 이사는 지체없이 인수인에 대하여 각 사채의 전부 또는 제1회의 납입을 시켜야 한다(상법 제476조).

사채금의 납입장소는 은행 또는 기타 금융기관에 납입할 수 있다. 또한 발행회사의 자기증명도 가능하다. 사채금납입채무와 회사에 대한 채권을 상계할 수 있다.

마. 전환의 절차와 효력

전환을 청구하는 사람은 전환을 청구할 수 있는 기간 중 언제든지 전환청구서 2통에 전환사채권을 첨부하여 회사에 제출하여 전환을 청구할 수 있다(상법 제515조). 전환사채의 전환 청구에 의한 주식의 전환은 그 청구를 한 때에 효력이 생긴다. 전환청구와 동시에 사채권자는 주주가 된다.

3. 전환사채 발행의 등기

회사가 전환사채를 발행한 때에는 사채금의 납입이 완료된 날로부터 2주간 이내에 본점의 소재지에서 전환사채의 등기를 하여야 한다(상법 제514조의2). 지점소재지에서는 따로 등기할 필요가 없다. 등기할 사항은 ① 전환사채의 총액 ② 각 전환사채의 금액 ③ 각 전환사채의 납입금액 ④ 사채를 주식으로 전환할 수 있다는 뜻 ⑥ 전환의 조건 ⑦ 전환으로 인하여 발행할 주식의 내용 ⑧ 전환을 청구할 수 있는 기간 ⑨ 주식의 양도에 관하여 이사회의 승인을 얻도록 정한 때에는 그 규정이다.

[전환사채발행시 등기신청서 예]

<table>
<tr><td>상호</td><td>주식회사 한별컴</td><td>등기번호</td><td>123456호</td></tr>
<tr><td>본점</td><td colspan="3">서울시 서초구 동작대로 123</td></tr>
<tr><td>등기의 목적</td><td colspan="3">주식회사 변경등기</td></tr>
<tr><td>등기의 사유</td><td colspan="3">2015년 10월 30일 이사회에서 다음 등기할 사항과 같이 전환사채를 발행하기로 결의하고, 그 모집을 완료하여 2015년 10월 30일 각 전환사채의 전액(또는 1회) 납입을 완료하였으므로 다음 사항의 등기를 구함.</td></tr>
<tr><td colspan="4">등 기 할 사 항</td></tr>
<tr><td>전환사채</td><td colspan="3">주식회사 한별컴 제1회 사모 전환사채
가. 전환사채의 총액 : 금 500,000,000원
나. 각 전환사채의 금액 : 금100,000,000원권 단일권종(5매)
다. 각 전환사채의 납입금 : 액면금 전액(금 500,000,000원)
라. 본 사채는 이를 주식으로 전환할 수 있다.
마. 전환의 조건 :
가) 전환비율 : 각 사채권면액을 전환가액으로 나눈 주식수의 100%를 전환주식수로 하고, 1주 미만의 단수주에 대하여는 단수주에 상당하는 현금을 주권 교부할 때 외한은행 증권대행부에서 현금으로 지급하며, 단수주대금의 해당 기간 이자는 지급하지 아니한다. 단, 사채권면금액 일부에 대한 전환은 청구할 수 없다.
나) 전환가액 : 금255,100원을 전환가액으로 한다.
다) 전환가액의 조정 : ① 전환청구 전에 전환가액을 하회하는 발행가격으로 유상증가를 하거나 기주식배당, 준비금의 자본전입으로 주식을 발행하는 경우 다음과 같이 전환가액을 조정한다(다만, 유・무상 증자를 병행실시하는 경우 유상증자의 1주당 발행가액이 조정 전 전환가액을 상회하는 때에는 유상증자에 의한 신발행주식수는 전환가액조정에 적용하지 아니하고 무상증자에 의한 신발행 주식수만 적용한다).
$$\text{조정전 전환가액} \times \frac{\text{기발행주식수} + \text{신주발행주식수}\dfrac{\text{1주당 발행가격}}{\text{조정전 전환가액}}}{\text{기발행주식수} + \text{신발행주식수}}$$
단, 위의 산식에 의한 기발행 주식수는 조정 후 전환가액의 적용일 직전 월말 현재의 주식수로 함.
② 합병, 분할, 분할합병, 자본의 감소, 주식분할 및 병합 등에 의하여 전환가격의 조정이 필요한 경우에는 주간사와 협의하여 전환가액을 조정한다.
③ 제 1항의 산식에 의한 조정 후 전환가액의 원단위 미만은 절사한다.
바. 전환으로 인하여 발행할 주식의 내용 : 회사의 기명식 보통주식
사. 전환을 청구할 수 있는 기간 : 사채발행일 다음 날부터 사채 만기일의 직전 영업일까지
2015년 10월 30일 발행</td></tr>
</table>

<table>
<tr><td>등록면허세</td><td>금 40,200원</td><td>지방교육세</td><td>금 8,040 원</td><td>농어촌특별세</td><td>금 원</td></tr>
<tr><td>세액합계</td><td colspan="2">금 48,240원</td><td>등기신청수수료</td><td colspan="2">금 6,000원</td></tr>
<tr><td colspan="3">등기신청수수료 납부번호</td><td colspan="3"></td></tr>
<tr><td colspan="6">첨 부 서 면57)</td></tr>
<tr><td colspan="3">1. 정관58)59) 1통
1. 이사회의사록(사채모집에 관한) 1통
1. 사채인수증(또는 사채청약서<공모의 경우>) 1통
1. 사채금액 납입증명서 1통</td><td colspan="3">1. 등록면허세영수필확인서 1통
1. 위임장 1통
<기 타></td></tr>
<tr><td colspan="6">2015년 11월 일
신청인 상 호 주식회사 한별컴
본 점 서울시 서초구 동작대로 123
대표이사 성 명 김 한 별 (인) (전화 :)
주 소
대리인 성 명 변호사 이변호 (인) (전화 :)
주 소
서울중앙지방법원 등기국 귀중</td></tr>
</table>

57) 상업등기규칙 제144조 (전환사채 등의 등기) ① 전환사채, 신주인수권부사채, 이익참가부사채의 모집으로 인한 발행등기를 신청하는 경우에는 다음 각 호의 정보를 제공하여야 한다. 1. 사채의 인수를 증명하는 정보2. 사채의 청약을 증명하는 정보 3.「상법」 제476조에 따른 사채금 납입이 있음을 증명하는 정보

58) 이 등기신청서는 주주 아닌 사람(소위 '제3자배정')에게 전환사채를 발행하는 것이므로, 정관에 전환사채의 제3자배정에 관한 규정이 있는지를 알기 위해 정관을 첨부한 것이다. 정관에 제3자배정에 관한 규정이 있다면 이사회결의로도 가능하지만, 정관에 제3자배정에 관한 규정이 없는데 제3자배정을 하려고 한다면 주주총회 특별결의를 얻어야 한다.

59) 최종의 대차대조표 : 사채의 발행은 순자산의 4배를 초과하지 못한다는 상법 제470조 사채발행한도 조항을 폐지하였으므로 최종의 대차대조표는 첨부할 필요가 없어졌다.

제2절 전환사채발행 유지 소송

제516조(준용규정)

① 제346조 제4항, 제424조 및 제424조의2의 규정은 전환사채의 발행의 경우에 이를 준용한다.

제424조(유지청구권)

회사가 법령 또는 정관에 위반하거나 현저하게 불공정한 방법에 의하여 주식을 발행함으로써 주주가 불이익을 받을 염려가 있는 경우에는 그 주주는 회사에 대하여 그 발행을 유지할 것을 청구할 수 있다.

1. 사실상 신주발행 하는 것과 진배없어~ (전환사채발행)

가. 전환사채 발행은 신주를 발행하는 것과 유사

상법은 제516조 제1항에서 신주발행의 유지청구권에 관한 제424조 및 불공정한 가액으로 주식을 인수한 자의 책임에 관한 제424조의2 등을 전환사채의 발행의 경우에 준용한다고 규정하고 있다. 전환사채는 전환권의 행사에 의하여 장차 주식으로 전환될 수 있는 권리가 부여된 사채로서, 이러한 전환사채의 발행은 주식회사의 물적 기초와 기존 주주들의 이해관계에 영향을 미친다는 점에서 사실상 신주를 발행하는 것과 유사하다(민사대법원 2004. 6. 25. 선고 2000다37326 판결,대법원 2004. 8. 16. 선고 2003다9636 판결 [주주총회결의등무효확인]).

나. 전환사채발행 유지청구

회사가 법령 또는 정관에 위반하거나 현저하게 불공정한 방법에 의하여 주식을 발행함으로써 주주가 불이익을 받을 염려가 있는 경우에는 그 주주는 회사에 대하여 그 발행을 유지할 것을 청구할 수 있다. 회사의 불공정한 전환사채 발행으로부터 주주의 이익을 보호하기 위해 하는 전환사채발행유지청구는 전환사채의 발행의 효력이 생기기 전, 즉 납입기일까지 행사해야 한다. 전환사채권자가 전환청구를 하면 회사는 주식을 발행해서 주어야 하는 바, 전환권은 형성권이므로 전환사채권자가 전환을 청구한 때로부터 당연히 전환의 효력이 발생해 전환사채권자는 그 때부터 주주가 되고 사채권자로서의 지위를 상실하게 되므로 그 이후에는 주식전환의 금지를 구할 법률상 이익이 없게 되는 것이다.

다. 회사의 심사와 시정

주주가 회사에 대해서 전환사채발행유지청구를 한 경우에 회사는 전환사채발행의 위법성 및 불공정성을 심사하여 전환사채발행의 유지여부를 결정하여야 한다. 하지만 주주의 전환사채발행유지청구만으로 전환사채발행절차에 영향을 받는 것은 아니다. 회사는 위법하거나 불공정한 사항을 시정하여 전환사채발행절차를 계속할 수 있다고 판단된다.

라. 전환사채발행금지 가처분의 필요성

전환사채발행유지를 회사에 청구하였으나 회사가 무시하는 경우 실효성이 없다. 더구나 소송을 하더라도 판결 전에 전환사채가 발행되어 버리면 사전적으로 방지하자는 취지는 낙동강 오리알 신세가 되어버린다. 결국 전환사채발행무효의 소를 또다시 제기해야 하는 상황인 것이다.

앞에서 말한 바와 같이 회사소송에서는 가처분이 무척이나 중요한 역할을 한다는 점은 앞에서 말한 바와 같다.

Case) 주식회사 한별컴은 이사회결의를 통하여 2010. 5. 10. 전환사채발행을 결정하였다.

그런데 이 전환사채발행은 원래 한별컴의 대표이사이던 최고봉이 소집하였던 주주총회에서 김태선과 조폭창업투자 등에 의하여 최고봉이 의장의 권한을 빼앗긴 채, 조폭창업투자와 관련 있는 자들이 대표이사·이사 및 감사로 취임하고 그렇게 취임한 이사들이 결의한 것이었고, 전환조건 등이 매우 부당하여 최고봉 등 다른 주주에 손해를 끼칠 염려가 있는 것이다.

이 경우 최고봉이 취할 수 있는 조치는 무엇이 있을까 생각해보자.

[전환사채 발행유지 가처분신청서 사례(일부)]

전환사채 발행유지 가처분 신청서

채 권 자　　　최 고 봉

서울시 서초구 서초동 111111

채 무 자　　　주식회사 한별컴

서울사 강남구 삼성동 22222

대표이사 김태선

피보전권리의 요지

상법 제516조 전환사채발행유지청구권

신 청 취 지

1. 채무자가 2010년 5월 10일 개최한 채무자회사의 이사회의 결의에 근거한 별지목록 전환사채의 발행은 이를 유지한다.

2. 소송비용은 채무자의 부담으로 한다.

라는 재판을 구합니다.

신 청 이 유

1. 채무자 회사는

--- 이하 생략

2. 누가 원고가 되고 누가 피고가 되나? (소송당사자)

가. 원고 불이익을 받을 염려가 있는 주주가 원고가 될 수 있다. 의결권 없는 주식의 주주 역시 원고로 될 수 있다. 다시 말하면 주주들이

회사가 불공정한 방법으로 전환사채를 발행하여 나에게 피해가 올 것으로 예상될 때 그 발행을 금지해달라고 요청하는 것이다.

나. 피고 회사이다.

3. 소송의 원인

가. 법령에 위반하는 전환사채발행

나. 정관에 위반하는 전환사채발행

다. 현저하게 불공정한 방법에 의하여 전환사채를 발행

라. 주주가 불이익을 받을 염려가 있는 경우

단, 회사의 불이익이 간접적으로 주주의 불이익이 되는 경우에는 상법 제402조의 위법행위유지청구의 대상이 될 것이고, 전환사채발행유지청구의 대상이 될 것은 아니다.

마. 이사회의 결의 등으로서 전환사채발행의 의사가 외부에 표시된 후에 전환사채발행유지청구를 할 수 있다. 납입기일의 다음날부터는 행사할 수 없는데, 전환사채 발행의 효력이 이미 발생하여 그 때부터 주주가 되고 사채권자로서의 지위를 상실하게 되기 때문이다.

4. 관할 및 인지액 · 송달료

가. 관할

회사의 본점소재지를 관할하는 지방법원이다. 전속관할에 관한 규정은 따로 없다.

나. 소가와 인지액

예를 들어, "피고는 2010. 5. 10. 이사회결의에 기하여 액면 5,000원의 보통주식 500,000주의 전환사채를 발행하여서는 안 된다"는 전환사채발행행유지청구의 소를 제기한 경우 소송목적의 값을 산출할 수 없는 경우(민사소송등인지법 제2조 제4항, 민사소송등인지규칙 제15조 제1항)로서 소송목적의 값은 1억 원이다. 인지액의 계산은 소가가 '1억 원 이상 10억 원 미만'의 구간에 해당하므로, 55,000+(1억 원×0.004)로 계산하고 그 인지액은 455,000원이 된다.

다. 송달료

송달료는 15회분의 송달료를 납부한다. 원고·피고를 포함하여 당사자가 2인인 경우 153,000원(당사자수 2인 × 1회분 송달료 5,100 원 × 15회)이다.

[전환사채발행 유지청구의 소장]

소 장

원 고 최고봉 (670125-1234567)

서울시 서초구 서초동 하나빌라 303호

피 고 주식회사 한별컴 (110111-1234567)

서울시 서초구 서초동 111-1

대표이사 김광섭

전환사채발행유지청구의 소

청 구 취 지

1. 피고는 2010. 5. 10. 이사회결의에 기한 별지목록 전환사채를 발행은 이를 유지한다.
2. 소송비용은 피고의 부담으로 한다.

라는 판결을 구합니다.

청 구 원 인

1. 당사자들의 관계

피고는 1980. 7. 12. 상호를 주식회사 한별컴(이하 '한별컴'이라 합니다), 자본금을 5,000,000,000원으로 의류제조업, 부동산매매 및 임대업, 지류의 제조 및 가공판매, 제약사업과 위 각 호에 부대되는 사업일체를 목적으로 하고, 서울 서초구 서초동 111 1을 본점으로 하여 원고의 선친이 설립한 회사입니다. 원고와 원고측은 원고가 주주명부상 한별컴의 발행주식 1,340,000주 중 621,963주(46.4%)를 소유하고 있고, 원고의 모 박병순 32,615주, 원고의 누나 최봉숙 21,586주를 합하여 676,178주(전체 주식의 50.46%)로써 발행 주식의 과반수를 소유하고 있습니다.

---

2. 피고회사의 정기주주총회 및 김광섭 등의 불법적인 이사선임

----

3. 무자격 이사들의 이사회 개최 및 전환사채발행 결정

---- 그러므로 무자격자들이 이사회에서 한 전환사채발행의 결의 또한 그 효력이 없습니다.

4. 결론

원고는 한별컴의 발행주식 1,340,000주의 46.4%를 소유하고 있는 대주주로서 위와 같은 소외인들의 전환사채발행계획을 그대로 방치하여 두면 많은 주주들에게 회복할 수 없는 손해를 끼칠 우려가 있으므로 본소의 제기에 이르렀습니다.

입 증 방 법

1. 갑제1호증	주주명부	1통
1. 갑제2호증	정관	1통
1. 갑제3호증의 1	대차대조표	1통
1. 갑제3호증의 2	손익계산서	1통
1. 갑제3호증의 3	이익잉여금처분계산서	1통
1. 갑제4호증	이사회 의사록	1통
1. 갑제5호증	전환사채발행예상가격 산정	1통
1. 갑제6호증	이사회 소집 통고	1통

첨 부 서 류

1. 위 입증방법	1통
1. 송달료 납부서	1통
1. 소장부본	1통
1. 법인등기부등본	1통

2010. 5. 21.

위 원고 최고봉 (인)

서울중앙지방법원 귀중

5. 판결의 효력 범위

원고가 승소하여도 이는 전환사채발행 자체를 전면적으로 금지하는 것은 아니고 회사가 법령 또는 정관을 위반한 내용을 시정하거나, 현저하게 불공정한 방법을 시정하면 전환사채를 발행할 수 있다[60].

60) 임재연, 앞의 책 p255

제3절 전환사채발행 무효소송

윤수일이 주주로 있는 주식회사 한별컴의 정관 제14조에는 전환사채에 관해 '전환사채를 발행할 수 있는 액면 총액을 100억원으로 한정하고, 전환가액은 주식의 액면금액 이상의 가액이어야 한다'는 규정만 있다. 그리고 '나머지 사항은 이사회에 위임한다'는 추상적인 규정만 있다.

그런데 ㈜한별컴은 2015. 3. 24. 이사회를 개최하여 주주가 아닌 홍길동에게 전환사채를 발행하면서, 만기는 2020. 3. 24., 전환가격[61]은 50,000원, 전환기간은 2015. 9. 25.부터 2020. 3. 23.까지, 이자율은 연 4%로 정하였다.

문제는 주주가 아닌 홍길동이 전환청구기간 내에 전환을 청구하면, 홍길동이 대주주로 등장한다는 것이다. 회사의 지배권이 흔들리는 정도의 변화가 오게 되는 것이다.

이와 관련된 상법 제513조 제3항은 "주주외의 자에 대하여 전환사채를 발행하는 경우에 그 발행할 수 있는 전환사채의 액, 전환의 조건, 전환으로 인하여 발행할 주식의 내용과 전환을 청구할 수 있는 기간에 관하여 정관에 규정이 없으면 주주총회 특별결의 결의로써 이를 정하여야 한다"고 규정하고 있다.

그럼에도 ㈜한별컴 이사회는 정관의 막연한 규정을 근거로 이사회의 결정으로 홍길동에게 전환사채를 발행해 준 것이다.

이 경우 윤수일이 취할 수 있는 조치는?

상법은 제516조 제1항에서 신주발행의 유지청구권에 관한 제424조 및 불공정한 가액으로 주식을 인수한 자의 책임에 관한 제424조의2 등을 전환사채의 발행의 경우에 준용한다고 규정하면서도, 신주발행무효의 소에 관한 제429조의 준용 여부에 대해서는 별다른 규정을 두고 있지 않다.

---

61) 전환 사채와 주식을 교환할 때의 가격. 주식 한 주(株)와 교환되는 사채의 액면 기준 금액으로 표시된다.

전환사채는 전환권의 행사에 의하여 장차 주식으로 전환될 수 있는 권리가 부여된 사채로서, 이러한 전환사채의 발행은 주식회사의 물적 기초와 기존 주주들의 이해관계에 영향을 미친다는 점에서 사실상 신주를 발행하는 것과 유사하므로, 전환사채 발행의 경우에도 신주발행유지청구에 관한 상법 제424조나 신주발행무효의 소에 관한 상법 제429조가 유추적용 된다고 볼 것이다(대법원 2004. 6. 25. 선고 2000다37326 판결,대법원 2004. 8. 16. 선고 2003다9636 판결 [주주총회결의등무효확인]).

전환사채발행유지청구권은 위법한 발행에 대한 사전 구제수단임에 반하여, 전환사채발행무효의 소는 사후에 이를 무효로 함으로써 거래의 안전과 법적 안정성을 해칠 위험이 크다. 따라서 그 무효원인은 가급적 엄격하게 해석하여야 한다. 자세히 말하자면, 법령이나 정관의 중대한 위반 또는 현저한 불공정이 있어 그것이 주식회사의 본질이나 회사법의 기본원칙에 반하거나, 기존 주주들의 이익과 회사의 경영권 내지 지배권에 중대한 영향을 미치는 경우로서 전환사채와 관련된 거래의 안전, 주주 기타 이해관계인의 이익 등을 고려하더라도 도저히 묵과할 수 없는 정도라고 평가되는 경우에 한하여 전환사채의 발행 또는 그 전환권의 행사에 의한 주식의 발행을 무효로 할 수 있을 것이다(대법원 2004.06.25. 선고 2000다37326 판결 전환사채발행무효).

1. 전환사채발행 무효의 소

전환사채 발행 무효의 소에 관해 상법상 규정은 없다. 하지만 전환사채는 전환권의 행사에 의하여 장차 주식으로 전환될 수 있는 권리가 부여된 사채이므로, 이러한 전환사채의 발행은 주식회사의 물적 기초와 기존 주주들의 이해관계에 영향을 미친다는 점에서 사실상 신주를 발행하는 것과 유사하다. 따라서 전환사채의 발행에 흠이 있는 경우에 신주발행무효의 소에 관한 상법 제429조가 유추적용 되어 전환사채발행 무효의 소를 제기할 수 있다(대법원 2004.06.25. 선고 2000다37326 판결 전환사채발행무효).

2. 소의 성질

형성의 소이다. 전환사채의 발행이 무효라는 판단을 받게 되면, 전환사채의 발행이 무효라는 법률관계를 형성하게 된다. 또한 형성의 소로서 제소권자·제소의 기간·주장방법에 대해 일정한 제한이 있다.

3. 누가 원고가 되고 누가 피고가 되나? (소송당사자)

가. 원고

(1) 주주, 이사, 감사

소를 제기할 수 있는 사람은 주주, 이사, 감사에 한한다. 주주가 소송할 수 있는 권리는 단독주주권으로서 1주만 가지고 있어도 소송을 제기할 수 있다.

(2) 소송참가(공동소송참가)

원고적격을 가진 사람은 공동소송참가를 할 수 있다고 보아야 한다. 재판의 형성력이 미치기 때문이다. 일단 공동소송으로 되면 유사필수적 공동소송으로 취급한다.

나. 피고

전환사채를 발행한 회사이다.

4. 무엇이 문제인데? (소의 원인)

가. 법령 또는 정관에 위반, 현저하게 불공정한 방법

회사가 법령 또는 정관에 위반하거나 현저하게 불공정한 방법에 의하여 전환사채를 발행함으로써 주주가 불이익을 받을 염려가 있는 경우이다.

나. 전화사채발행 무효사유의 엄격한 기준 제시

대법원은 전환사채발행무효사유를 전환사채발행유지청구나 신주발행 무효의 소의 경우와는 달리 엄격한 기준을 제시한다. 즉 “전환사채와 관련된 거래의 안전, 주주 기타 이해관계인의 이익 등을 고려하더라도 도저히 묵과할 수 없는 정도라고 평가되는 경우”로 한정한 것이다[62].

다. "현저하게 불공정한 전환사채발행"의 판단기준

전환사채발행의 목적, 전환사채인수인과 회사의 특별주주 사이의 관계, 전환사채발행의 규모 및 그로 인한 영향력의 변동 여부, 전환가액의 적정성, 자금조달현황, 전환사채발행에 있어서 절차상 하자, 전환기간의 제한유무 및 전환권이 실제 행사된 시기, 거래의 안전을 종합적으로 고려하여 판단한다.

5. 관할 및 인지액 · 송달료

가. 관할 전환사채발행 무효소송은 회사의 본점소재지를 관할하는 지방법원의 전속관할이다(상법 제186조).

나. 소가와 인지액 이 소송은 비재산권을 목적으로 하는 소송으로서 소가는 1억 원(민사소송등인지법 제2조 제4항, 민사소송등인지규칙 제18조의2 단서, 제15조 제2항)이다. 인지액의 계산은 소가가 ‘1억 원 이상 10억 원 미만’의 구간에 해당하므로, 55,000+(1억 원 ×0.004)로 계산하고 그 인지액은 455,000원이 된다.

다. 송달료 송달료는 15회분을 납부하므로 원고 · 피고를 포함하여 당사자가 2인인 경우 153,000원(당사자수 2인 × 1회분 송달료 5,100 원 × 15회)이다.

6. 언제까지 소송을 제기할 수 있나? (제소기간)

---

62) 전현정, 게재지 BFL 제9호 p93~p112 / 서울대학교 금융법센터 발행연도 2005

전환사채를 발행한 날로부터 6개월 내에 제기해야 한다. 하지만 실무적으로 보면 6개월은 정말 짧은 기간이므로 제소기간을 지키는 것에 유의하여야 한다.

7. 심리와 입증

가. 제소주주의 담보제공의무

(1) 원고가 주주인 때에는 피고 회사의 청구에 의하여 악의가 소명된 경우 상당한 담보제공을 명할 수 있다. 담보액은 회사가 받고 또 받게 될 모든 손해를 헤아려 법원이 자유재량으로 정할 수 있다. 그러나 그 주주가 이사 또는 감사인 때에는 그러하지 아니하다. 이 제도는 주주의 남소방지를 위한 것이기 때문이다.

(2) 실제에서는 피고가 되는 회사의 경영규모, 원고의 악의의 소명 정도 등을 고려하고 원고의 권리행사를 부당하게 제약하지 않아야 한다. 담보가 무서워 소송을 진행하지 못하는 폐해가 있어서는 안 되기 때문이다. 또한, 소송의 제기에 의하여 피고가 입게 될 손해액 및 그 태양 등을 고려하여 결정하여야 한다.

나. 병합심리

여러 개의 전환사채발행 무효의 소가 제기된 때에는 병합심리 한다. 병합된 여러 개의 소는 유사필수적 공동소송의 형태가 된다.

다. 입증책임

전환사채 발행무효의 원인에 대하여는 원고가 입증하여야 한다.

8. 화해 · 조정의 불가능

전환사채발행 무효의 소송의 당사자는 화해를 할 수 없다. 소가 회사라는 단체의 법률관계를 대상으로 하고, 그 판결의 효력은 회사와 제3자에게도 미쳐서 제3자도 이를 다툴 수 없게 되기 때문이다. 전환사채발행의 무효로서 얻는 이익은 한 개인이 임의로 처분할 수 없는 이익이기 때문에 제소권자가 돈이나 향응을 받고 소를 취하한다거나 할 수 없다고 보아야 한다(소의 취하 또는 청구의 포기는 대세적 효력과 관계없으므로 허용된다는 주장도 있다. 임재연 회사소송 p297). 그리고 만일 이러한 내용의 청구인낙 또는 화해·조정이 이루어졌다 하여도 그 인낙조서나 화해·조정조서는 효력이 없다.

9. 법원의 재량기각

전환사채발행 무효의 소에 있어 법원은 재량에 의하여 청구를 기각할 수 있다(상법 제189조).

10. 원고가 승소한 판결, 원고가 패소한 판결 (판결의 효력)

가. 대세적 효력 · 소급효 제한

원고가 소송에서 이긴 경우 전환사채 발행이 무효라는 판결은 제3자에 대하여도 그 효력이 있다. 따라서 제소자(원고)와 회사 또는 그 누구도 새롭게 사채발행의 유효를 주장할 수 없다.

하지만 '전환사채 발행이 무효'라는 판결은 소급효는 없다. 소급효가 없는 신주발행무효판결과 같이 전환사채 발행도 장래에 대하여 그 효력을 잃을 뿐이다.

나. 패소원고의 책임

원고가 패소한 때에는 대세적 효력이 인정되지 않는다. 따라서 다른 제소권자는 사채발행 무효를 다시 주장할 수 있다.

전환사채발행 무효의 소를 제기한 자가 패소한 경우에 악의 또는 중대한 과실이 있는 때에는 회사에 대하여 연대하여 손해를 배상할 책임이 있다.

11. 납입한 사채금액은 돌려주세요 (납입금의 반환과 등기)

전환사채발행 무효의 판결이 확정된 때에는 회사는 전환사채권자에 대하여 그 납입한 사채금액을 반환하여야 한다(상법 제432조 유추). 하지만 그 반환할 금액이 판결확정시의 회사의 재산상태에 비추어 현저하게 부당한 때에는 법원은 회사 또는 주주의 청구에 의하여 그 금액의 증감을 명할 수 있다(상법 제432조 제1항, 제2항).

발행무효의 판결이 확정된 때에는 본점과 지점 소재지에서 등기하여야 하며, 이 경우 제1심 수소법원이 회사의 본점 및 지점 소재지의 등기소에 촉탁한다.

[전환사채발행 무효청구의 소장]

소　　장[63]

원　　고　　윤 수 일

서울 송파구 잠실동 11111

피　　고　　주식회사 한별컴

서울시 강남구 삼성동 22222

대표이사 한아름

전환사채발행무효청구의 소

청 구 취 지

1. 피고가 2015. 3. 24.자로 발행한 별지목록 기재 전환사채는 이를 무효로 한다.

2. 소송비용은 피고의 부담으로 한다.

라는 재판을 구합니다.

청 구 원 인

1. 당사자의 지위

가. 원고는 2013. 11. 11. 피고 회사의 발행주식 134주를 보유한 주주입니다.(갑제1,2호증)

나. 피고는 --- 회사입니다.

2. 피고회사의 이 사건 전환사채발행의 경위

63) 참여연대 경제민주화위원회(위원장: 장하성)는 1997. 6. 24. 수원지법에 삼성전자를 상대로 전환사채발행무효청구소송을 제기한 소장을 참고하여 교제에 맞게 임의로 재구성 해 보았다.

가. ㈜한별컴은 2015. 3. 24. 이사회를 개최하여 주주가 아닌 홍길동에게 전환사채를 발행하면서(총발행가액 90억원), 만기는 2020. 3. 24., 전환가격[64]은 50,000원, 전환기간은 2015. 9. 25.부터 2020. 3. 23.까지, 이자율은 연 4%로 정하였습니다. 그러나 이는 -- 진행시켜 온 ㈜한별컴의 승계작업의 일환으로 행해진 것입니다.

나. 피고로 하여금 90억원의 전환사채를 사모방식으로 발행케 한 다음 이를 위 홍길동에게 선액 인수시킴으로써 같은 사람에게 피고회사의 30%의 지분을 가질 수 있도록 하였는 바, 이는 --한별그룹 전체에 대한 지배 및 경영권 장악을 위해서는 반드시 지배해야만 하는 회사이기 때문입니다.(갑제6, 7호증)

다. 그러나 위와같은 피고의 이 사건 전환사채권 발행은 다음과 같은 점에서 무효라 할 것입니다.

3. 이 사건 전환사채발행의 무효

가. 원고의 전환사채인수권 혹은 사원권적, 재산권적 이익의 부당한 침해

(1) 전환사채는 사채의 일종이긴 하지만 이는 장래에 주식으로 전환할 수 있는 것이므로, 주주 아닌 자에 대한 전환사채의 발행은 실질상 주주 이외의 자에게 신주인수권을 부여하는 것과 같고, 이점에서 전환사채의 발행은 『조건부 신주발행』 또는 『잠재적 주식의 발행』 이라는 성격을 가집니다.

이러한 전환사채의 성격을 고려하여, 상법은 전환사채의 발행을 일반사채와 같이 이사회가 결정하도록 하면서(상법 제513조 제2항 본문) 주주에게 전환사채의 인수권을 부여함을 원칙으로 하고, 혹 주주 아닌 자에게 전환사채를 발행할 경우에는 정관에 근거를 두도록 하거나 주주총회의 특별결의를 거치도록 하고

64) 전환 사채와 주식을 교환할 때의 가격. 주식 한 주(株)와 교환되는 사채의 액면 기준 금액으로 표시된다.

있습니다(제513조 제2항,제3항, 참고자료; 이태로,이철송 회사법강의 제5판, 890-891).

(2) 설사 주주에게 위와같은 의미의 전환사채인수권이 인정되지 않는다고 할지라도, 주주는 회사의 지분권자로서 회사에 대하여 사원권적 지배권과 각종의 재산권적 이익을 가지고 있습니다.

(3) 한편, 주주외의 제3자에 대한 신주발행에 있어, 주주의 신주인수권 내지 주주의 사원권적, 재산권적 이익이 근거없이 혹은 부당하게 침해되는 경우 그 신주발행은 무효인 바, 앞서 본 바와 같이 전환사채의 발행은 그 실질상 신주발행과 같으므로 근거없는 혹은 부당한 전환사채의 제3자 배정발행으로 기존주주의 위와같은 전환사채인수권 내지 사원권적, 재산권적 이익이 침해될 경우 그 전환사채발행 역시 무효로 된다고 할 것입니다.(참고자료; 이준섭, 주주의 신주인수권배제; 정준영, 일반공모증자제도의 도입과 대책)

그런데 피고가 이 사건 전환사채를 발행한 것은 아래에서 보는 바와 같이 그 근거가 없을 뿐만아니라 부당하여 주주인 원고의 전환사채인수권 내지 사원권적, 재산권적 이익을 침해하고 있으므로 무효라 할 것입니다.

나. 원고는 이 사건 전환사채를 제3자배정방식으로 발행함에 있어 정관에 근거가 없음에도 주주총회의 특별결의를 거치지 않아 발행절차상 위법합니다.

(1) 이와 같이 조건부 신주발행 또는 잠재적 주식발행의 실질을 가지는 전환사채를 주주이외의 제3자에게 발행하는 근거로 되는 정관에는 『그 발행할 수 있는 전환사채의 액, 전환의 조건, 전환으로 인하여 발행할 주식의 내용과 전환을 청구할 수 기간』에 대한 정함이 있어야 하는 바(제513조 제3항), 그 내용은 얼마의 전환사채가, 주주 아닌 제3자 중 특정한 누구에 대하여, 어떠한 조건으로 발행될 것인지 알 수 있을 정도로 구체적이고 확정적이어야 하며, 예컨대

“사채총액의 2분의 1의 범위에서 주주가 아닌 자에게 인수권을 부여한다”든지, “전환조건은 주식의 액면가 이상으로 이사회가 정한다”는 식의 포괄위임은 무효라 할 것입니다(참고자료; 이태로, 이철송 회사법강의 제5판 892).

왜냐하면, ① 위와 같은 포괄위임은 결과적으로 이사회에 주주외의 제3자에 대한 전환사채발행사항의 결정권을 주는 것으로 된다는 점에서, 제3자에 대한 전환사채발행사항을 정관 또는 주주총회의 특별결의로 정하도록 한 상법 제513조 제3항의 취지를 잠탈하는 바, 동조항은 자본조달의 편의와 기존주주의 보호라는 단체내의 상반된 이해를 합리적으로 조정하기 위한 강행규정이고, ② 정관규정은 주주총회의 특별결의에 갈음한 것이므로 당연히 정관규정은 주총 특별결의만큼의 구체성과 확정성을 가질 것이 요구되기 때문입니다.

(2) 그런데 이에 관한 피고회사의 정관 제14조의 규정은 『본 회사는 사채의 액면총액이 100억원을 초과하지 않는 범위 내에서 주주외의 자에게 전환사채를 발행할 수 있다』(제1항), 『--전환가격은 주식의 액면금액 또는 그 이상의 가액으로 사채발행시 이사회가 정한다』(제3항)라는 식으로 규정하고 있어, 결국 ‘주주 외의 자’중 누구에게 발행할 것인가와 전환가격의 결정이 이사회에 포괄적으로 위임되어 있어 그 내용이 전혀 구체적이지도 확정적이지도 않습니다.(갑제8호증)

그렇다면 이러한 정관규정은 구체성을 결여하였다는 점에서 무효라 할 것이고, 따라서 이 사건 전환사채를 발행함에 있어서는 주주총회의 특별결의를 거쳐야 하였음에도(513조 3항), 피고는 그러한 절차를 거치지 않았으므로 이 사건 전환사채는 그 발행절차에 잘못이 있어 무효라고 할 것입니다.

다. 이 사건 전환사채발행의 부당성

(1) 전환사채 제3자배정의 내재적 한계

설사 위 정관규정이 유효하여 이를 근거로 이사회가 전환사채의 제3자 배정권한을 가짐이 인정된다고 할지라도, 이사회의 이러한 권한은 사익을 배제하고 객관적으로 회사 전체의 이익에 부합하는 범위 내에서 행사되어야 할 내재적 제약을 받습니다.

이에 학설은 전환사채를 발행함에 있어 주주의 인수권을 배제하고 제3자에게 배정함에 있어서는 절차적 근거규정 이외에 다시, 주주배정의 방법으로는 자본조달의 목적을 달성할 수 없는 것과 같은 『합리적 이유』가 있어야 하고, 또 제3자 배정이 불가피하더라도 필요한 최소한의 범위내에서만 제3자 배정을 하는 『목적과 수단의 비례성』을 고려할 것이 요구된다고 하며, 이러한 법리는 회사법상의 조리(條理)에 해당한다고 합니다.

따라서 이사들이 제3자에게 전환사채를 발행함에 있어서 특정지배주주나 이사들의 사익추구를 도모하거나, 지배주주측의 지분율을 높이고 회사에 대한 지배권을 강화할 목적으로 이를 악용하는 경우에는 위 조리상의 제약을 위반하였다는 점에서 무효로 된다고 할 것입니다.

(2)그런데 피고의 이 사건 전환사채 발행은 다음과 같은 점에서 위 내재적 한계를 일탈하고 있습니다.

(가) 발행목적의 점 ----

9. 그럼에도 불구하고 위 소외인들은 경영권 탈취를 목적으로 100억 원의 전환사채를 전환조건도 현저히 부당하게 결의하여 주주도 아닌 제3자인 홍길동에 발행하는 결의를 하였습니다.

10. 이를 그대로 방치하여 두면 많은 주주들에게 손해를 끼칠 것이 분명하므로, 원고는 이 건 소송에 이르렀습니다(원고가 제소한 일자는 2015. 7. 15. 로서 전환사채의 발행일인 2015. 3. 24.부터 6월 이내입니다).

입 증 방 법

1. 갑제1호증　법인등기사항 전부증명서　1통
1. 갑제2호증　주주명부　1통
1. 갑제3호증　정관　1통
1. 갑제4호증　이사회소집 통고의 건　1통
1. 갑제5호증　이사회 의사록　1통
1. 갑제6호증　주주총회소집 통지서　1통

첨 부 서 류

1. 위 소명방법　각1부
1. 송달료 납부서　1통
1. 신청서부본　1통

2015. 7. 15.

위 원고 윤 수 일 (인)

서울중앙지방법원 귀중

전환사채발행무효에 관한 판례 [대법원, 2000다37326, 2004.6.25]

【판시사항】

[1] 상법상 전환사채발행무효의 소가 허용되는지 여부(적극) 및 그 무효원인의 판단 방법

[2] 주주 외의 자에게 전환사채를 발행하는 경우, 전환의 조건 등이 정관에 이미 규정되어 있어서 주주총회의 특별결의를 다시 거칠 필요가 없다고 하기 위한 구체적인 특정의 정도

[3] 정관이 전환사채의 발행에 관하여 "전환가액은 주식의 액면금액 또는 그 이상의 가액으로 사채발행시 이사회가 정한다."라고 규정하고 있는 경우, 이는 구 상법 제513조 제3항이 요구하는 최소한도의 요건을 충족하고 있어 무효라고 볼 수 없다

[4] 신주발행무효의 소의 출소기간이 경과한 이후 새로운 무효사유를 추가하는 것이 허용되는지 여부(소극) 및 같은 법리를 전환사채발행무효의 소에도 적용할 수 있는지 여부(적극)

[5] 전환사채발행무효의 소에 있어서 무효원인

[6] 전환사채의 인수인이 회사의 지배주주와 특별한 관계에 있는 자라거나 그 전환가액이 발행시점의 주가 등에 비추어 다소 낮은 가격이라는 것 등의 사유는 이미 발행된 전환사채 또는 그 전환권의 행사로 발행된 주식을 무효화할 만한 원인이 되지 못한다

【판결요지】

[1] 상법은 제516조 제1항에서 신주발행의 유지청구권에 관한 제424조 및 불공정한 가액으로 주식을 인수한 자의 책임에 관한 제424조의2 등을 전환사채의 발행의 경우에 준용한다고 규정하면서도 신주발행무효의 소에 관한 제429조의 준용 여부에 대해서는 아무런 규정을 두고 있지 않으나, 전환사채는 전환권의 행사에 의하여 장차 주식으로 전환될 수 있는 권리가 부여된 사채로서, 이러한 전환사채의 발행은

주식회사의 물적 기초와 기존 주주들의 이해관계에 영향을 미친다는 점에서 사실상 신주를 발행하는 것과 유사하므로, 전환사채의 발행의 경우에도 신주발행무효의 소에 관한 상법 제429조가 유추적용 된다고 봄이 상당하고, 이 경우 당사자가 주장하는 개개의 공격방법으로서의 구체적인 무효원인은 각각 어느 정도 개별성을 가지고 판단할 수밖에 없는 것이기는 하지만, 전환사채의 발행에 무효원인이 있다는 것이 전체로서 하나의 청구원인이 된다는 점을 감안할 때 전환사채의 발행을 무효라고 볼 것인지 여부를 판단함에 있어서는 구체적인 무효원인에 개재된 여러 위법 요소가 종합적으로 고려되어야 한다.

[2] 구 상법(2001. 7. 24. 법률 제6488호로 개정되기 전의 것) 제513조 제3항은 주주 외의 자에 대하여 전환사채를 발행하는 경우에 그 발행할 수 있는 전환사채의 액, 전환의 조건, 전환으로 인하여 발행할 주식의 내용과 전환을 청구할 수 있는 기간에 관하여 정관에 규정이 없으면 상법 제434조의 결의로써 이를 정하여야 한다고 규정하고 있는바, 전환의 조건 등이 정관에 이미 규정되어 있어 주주총회의 특별결의를 다시 거칠 필요가 없다고 하기 위해서는 전환의 조건 등이 정관에 상당한 정도로 특정되어 있을 것이 요구된다고 하겠으나, 주식회사가 필요한 자금수요에 대응한 다양한 자금조달의 방법 중에서 주주 외의 자에게 전환사채를 발행하는 방법을 선택하여 자금을 조달함에 있어서는 전환가액 등 전환의 조건을 그때그때의 필요자금의 규모와 긴급성, 발행회사의 주가, 이자율과 시장상황 등 구체적인 경제사정에 즉응하여 신축적으로 결정할 수 있도록 하는 것이 바람직하다 할 것이고, 따라서 주주총회의 특별결의에 의해서만 변경이 가능한 정관에 전환의 조건 등을 미리 획일적으로 확정하여 규정하도록 요구할 것은 아니며, 정관에 일응의 기준을 정해 놓은 다음 이에 기하여 실제로 발행할 전환사채의 구체적인 전환의 조건 등은 그 발행시마다 정관에 벗어나지 않는 범위에서 이사회에서 결정하도록 위임하는 방법을 취하는 것도 허용된다.

[3] 정관이 전환사채의 발행에 관하여 "전환가액은 주식의 액면금액 또는 그 이상의 가액으로 사채발행시 이사회가 정한다."라고 규정하고 있는 경우, 이는 구 상법(2001. 7. 24. 법률 제6488호로 개정되기 전의 것) 제513조 제3항에 정한 여러 사항을 정관에 규정하면서 전환의 조건 중의 하나인 전환가액에 관하여는 주식의 액면금액 이상이라는

일응의 기준을 정하되 구체적인 전환가액은 전환사채의 발행시마다 이사회에서 결정하도록 위임하고 있는 것이라고 할 것인데, 전환가액 등 전환의 조건의 결정방법과 관련하여 고려되어야 할 특수성을 감안할 때, 이러한 정관의 규정은 같은 법 제513조 제3항이 요구하는 최소한도의 요건을 충족하고 있는 것이라고 봄이 상당하고, 그 기준 또는 위임방식이 지나치게 추상적이거나 포괄적이어서 무효라고 볼 수는 없다고 한 사례.

[4] 상법 제429조는 신주발행의 무효는 주주·이사 또는 감사에 한하여 신주를 발행한 날로부터 6월 내에 소만으로 이를 주장할 수 있다고 규정하고 있는바, 이는 신주발행에 수반되는 복잡한 법률관계를 빠른 시간 안에 확정하고자 하는 것이므로, 새로운 무효사유를 출소시간의 경과 후에도 주장할 수 있도록 하면 법률관계가 불안정하게 되어 위 규정의 취지가 몰각된다는 점에 비추어 위 규정은 무효사유의 주장시기도 제한하고 있는 것이라고 해석함이 상당하고, 한편 상법 제429조의 유추적용에 의한 전환사채발행무효의 소에 있어서도 전환사채를 발행한 날로부터 6월의 출소기간이 경과한 후에는 새로운 무효사유를 추가하여 주장할 수 없다고 보아야 한다.

[5] 신주발행무효의 소에 관한 상법 제429조에도 무효원인이 규정되어 있지 않고 다만, 전환사채의 발행의 경우에도 준용되는 상법 제424조에 '법령이나 정관의 위반 또는 현저하게 불공정한 방법에 의한 주식의 발행'이 신주발행유지청구의 요건으로 규정되어 있으므로, 위와 같은 요건을 전환사채 발행의 무효원인으로 일응 고려할 수 있다고 하겠으나 다른 한편, 전환사채가 일단 발행되면 그 인수인의 이익을 고려할 필요가 있고 또 전환사채나 전환권의 행사에 의하여 발행된 주식은 유가증권으로서 유통되는 것이므로 거래의 안전을 보호하여야 할 필요가 크다고 할 것인데, 전환사채발행유지청구권은 위법한 발행에 대한 사전 구제수단임에 반하여, 전환사채발행무효의 소는 사후에 이를 무효로 함으로써 거래의 안전과 법적 안정성을 해칠 위험이 큰 점을 고려할 때, 그 무효원인은 가급적 엄격하게 해석하여야 하고, 따라서 법령이나 정관의 중대한 위반 또는 현저한 불공정이 있어 그것이 주식회사의 본질이나 회사법의 기본원칙에 반하거나 기존 주주들의 이익과 회사의 경영권 내지 지배권에 중대한 영향을 미치는 경우로서 전환사채와 관련된 거래의 안전, 주주 기타 이해관계인의 이

익 등을 고려하더라도 도저히 묵과할 수 없는 정도라고 평가되는 경우에 한하여 전환사채의 발행 또는 그 전환권의 행사에 의한 주식의 발행을 무효로 할 수 있을 것이며, 그 무효원인을 회사의 경영권 분쟁이 현재 계속 중이거나 임박해 있는 등 오직 지배권의 변경을 초래하거나 이를 저지할 목적으로 전환사채를 발행하였음이 객관적으로 명백한 경우에 한정할 것은 아니다.

[6] 전환사채의 인수인이 회사의 지배주주와 특별한 관계에 있는 자라거나 그 전환가액이 발행시점의 주가 등에 비추어 다소 낮은 가격이라는 것과 같은 사유는 일반적으로 전환사채발행유지청구의 원인이 될 수 있음은 별론으로 하고, 이미 발행된 전환사채 또는 그 전환권의 행사로 발행된 주식을 무효화할 만한 원인이 되지는 못한다.

제4절 전환사채발행 부존재 확인의 소

전환사채 발행의 실체가 없음에도 전환사채 발행의 등기가 되어 있는 외관이 존재하는 경우 이를 제거하기 위한 전환사채발행부존재 확인의 소에 있어서는 상법 제429조 소정의 6월의 제소기간의 제한이 적용되지 않는다(대법원 2004.08.20. 선고 2003다20060 판결 주주총회결의등무효확인).

제5절 차액청구의 소

앞의 대표소송 중 불공정한 발행가액으로 주식을 인수한 자에 대한 차액반환 청구 부분 참조

제6절 신주인수권부사채(Bond with Warrant : BW) 일반

1. 사채 사면 신주인수권을 덤으로 줘요 (신주인수권부사채 개관)

가. 의의

신주인수권부사채(Bond with Warrant : BW)는 사채권자에게 사채의 발행 이후 회사가 신주를 발행하는 경우에 미리 확정한 가액에 따라 신주를 인수할 수 있는 권리를 부여한 사채를 말한다. 그러나 신주인수권을 행사하더라도 사채가 소멸하지 않고 신주인수의 대가로 별도의 출자를 필요로 한다(다만, 대용납입의 경우에는 전환사채와 비슷하게 된다).

[신주인수권부 사채]

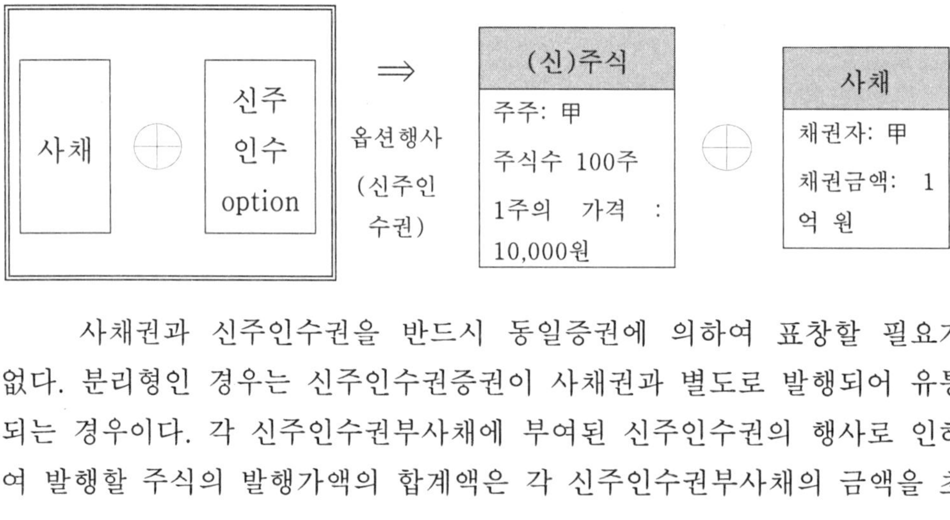

사채권과 신주인수권을 반드시 동일증권에 의하여 표창할 필요가 없다. 분리형인 경우는 신주인수권증권이 사채권과 별도로 발행되어 유통되는 경우이다. 각 신주인수권부사채에 부여된 신주인수권의 행사로 인하여 발행할 주식의 발행가액의 합계액은 각 신주인수권부사채의 금액을 초과할 수 없다(상법 제516조의2 제3항). 신주인수권부사채에는 분리형과 비분리형(결합형)이 있다. 분리형은 무기명 사채로서 유통될 수 있다.

한편, 신주인수권의 행사로 인하여 발행할 신주의 발행가액의 총액은 사채총액의 범위 내에서 회사가 자유롭게 정할 수 있는 점에서 전환사채와 다른 면이 있다.

나. 사채발행제한의 폐지

사채의 총액은 최종의대차대조표에 의하여 회사의 현존하는 순자산액의 4배를 초과하지 못한다는 사채발행한도를 규정한 상법 제470조는 2012. 4. 15. 을 삭제되었다. 따라서 사채발행에 특별한 제한은 없다. 상장회사에는 처음부터 그 특례를 두어 사채발행총액에 제한을 두지 아니하였다.

2. 신주인수권부사채의 발행사항의 결정

이사회의 결의로 발행한다. 결의를 할 때 정관에 신주인수권부 사채에 관한 규정이 있으면 그에 따르면 되는 것이고, 정관에 규정이 없는 것으로 중요한 것은 이사회에서 정하면 된다(상법 제513조 제2항). 그러나 정관에 주주총회의 결의로 전환사채를 발행할 수 있다고 정해놓았다면 당연히 정관에서 정한대로 주주총회에서 발행을 결정하고 중요한 사항을 결정한다(상법 제513조 제2항 단서). 자본의 총액이 10억 원 미만인 주식회사로 이사가 1인인 경우에는 이사회를 구성할 수 없기 때문에 주주총회에서 결의한다(상법 제383조 제4항).

사채의 일반적인 발행사항 외에 다음의 중요한 사항에 대하여 정관에서 정해놓지 않았다면 이사회 또는 주주총회(정관에서 주주총회에서 결정하기로 한 경우)에서 이를 결정하여야 한다(상법 제513조 제2항).

① 신주인수권부사채의 총액
② 각 신주인수권부사채에 부여된 신주인수권의 내용
③ 신주인수권을 행사할 수 있는 기간
④ 신주인수권만을 양도할 수 있는 것에 관한 사항
⑤ 신주인수권을 행사하려는 자의 청구가 있는 때에는 신주인수권부사채의 상환에 갈음하여 사채의 발행가액으로써 신주에 대한 납입이 있는 것으로 본다는 뜻(이를 '대용납입'이라 한다)

⑥ 주주에게 신주인수권부사채의 인수권을 준다는 뜻과 인수권의 목적인 신주인수권부사채의 액(주주에게 인수권을 주는 경우)

⑦ 주주 아닌 사람에게 신주인수권부사채를 발행하는 것과 이에 대하여 발행할 신주인수권부사채의 액(주주 아닌 사람에게 발행할 경우)

3. 신주인수권부 사채의 발행절차

가. 주주배정에 의한 발행

신주발행(증자)에서의 신주인수권과 달리 주주는 당연히 신주인수권부사채의 인수권을 갖는 것이 아니고 정관의 규정 또는 이사회의 결의에 의하여 인수권이 부여된다(상법 제516조의2 제2항 7호). 주주에게 신주인수권부 사채의 인수권을 부여하는 경우에는 배정일에 주주명부에 기재된 주주가 그 권리를 갖는다는 뜻을 배정일 2주간 전에 공고하여야 한다(배정일 공고, 상법 제516조의11 → 상법 제418조 3항 준용). 신주인수권부사채의 인수권을 가진 자에 대하여 신주인수권부 사채의 액, 발행가액, 신주인수권의 내용, 신주인수권을 행사할 수 있는 기간, 그리고 일정한 기일까지 신주인수권부 사채의 청약을 하지 아니하면 그 권리를 잃는다는 뜻을 청약일의 2주간 전에 통지하여야 한다(실권예고부 최고, 상법 제516조의3 제2항→ 상법 제419조 3항 준용).

우리사주조합은 회사 주식에 대하여는 우선배정 받을 권리는 있으나, 신주인수권부사채는 우선 배정권 받을 권리가 없다(대법원 2014. 8. 28. 선고 2013다18684 판결)

신주인수권부사채는 미리 확정된 가액으로 일정한 수의 신주 인수를 청구할 수 있는 신주인수권이 부여된 점을 제외하면 보통사채와 법률적 성격에서 차이가 없고, 신주인수권부사채에 부여된 신주인수권은 장래 신주의 발행을 청구할지 여부를 선택할 수 있는 권리로서 주식의 양도차익에 따라 신주인수권 행사 여부가 달라질 수 있는 것이므로 우리사주조합원의 주식우선배정권과는 법률적 성격이나 경제적 기능에서 차이가 있는 점, 우리사주제도는 근로자로 하여금 우리사주조합을 통하여 소속 회사의 주식을 취득・보유하게 함으로써 근로자의 경제적・사회적 지위향상과 함께 근로자의 생산성 향상과 노사협력 증진을 통하여 국민경제에 기여하는 사회정책적 효과를 도모하기 위하여 채택된 제도이고, 이러한 제도의 취지에 따라 우리사주조합원에게 부여된 주식우선배정권은 주주의 신주인수권을 법률상 제한하는 것인 점 등을 고려하면, 우리사주조합원에게 주식 외에 신주인수권부사채까지 우선적으로 배정받을 권리가 있다고 유추해석하기도 어렵다.

나. 주주 아닌 사람에 대한 발행

신주인수권부 사채는 신기술의 도입, 재무구조의 개선 등 회사의 경영상 목적을 달성하기 위하여 필요한 경우에 주주가 아닌 사람에게 발행할 수 있다(상법 제516조의2 제4항 → 상법 제418조 2항 준용). 주주가 아닌 사람에 대하여 신주인수권부사채를 발행하는 경우에 ① 그 발행할 수 있는 신주인수권부사채의 액, ② 신주인수권의 내용과 ③ 신주인수권을 행사할 수 있는 기간에 관하여 정관에 규정하고 있어야 이사회결의만으로 가능하다. 이에 관한 정관에 규정이 없으면 주주총회특별결의로써 이를 정하여야 한다.

4. 청약과 납입

일반적인 사채의 경우와 같다. 앞의 전환사채도 같으므로 그 부분을 참조한다.

5. 신주인수권증권의 발행

신주인수권만을 양도할 수 있는 것에 관한 사항을 정한 때(제516조의2 제2항 4호)에는 회사는 채권과 함께 신주인수권증권을 발행하여야 한다(상법 제516조의5 제1항). 이렇게 분리형인 경우에는 신주인수권을 표창하는 신주인수권증권이라는 유가증권을 발행하여야 한다.

6. 신주인수권의 행사와 효력

신주인수권부 사채권자 또는 신주인수권증권의 소지인은 신주인수권의 행사기간(제516조의2 제2항 3호) 안에 어느 때나 행사할 수 있다. 신주인수권의 행사기간 중 언제든지 신주인수 청구서 2통에 신주인수권부 사채권(비분리형의 경우) 또는 신주인수권증권(분리형의 경우)을 첨부하여 회사에 제출하여 신주의 인수를 청구할 수 있다. 비분리형이어서 사채권을 회사에 제출한 경우는 사채권에 신주인수권을 행사하였다는 사실만을 기재하고 사채권 자체는 사채권자에 반환해야 한다.

신주인수권을 행사할 때는 신주의 발행가액 전액을 납입하여야 한다. 신주의 발행하는 경우에 신주대금을 납입하는 것은 똑 같다. 주주가 되는 시기는 이러한 신주식에 대한 주식대금을 납입한 때가 된다(제516조의10). 다만, 주주총회에서 의결권을 행사하는 자나 이익배당을 받을 사람은 주주여야 하는 바, 이러한 주주를 확정하기 위해서 주주명부의 기재변경을 정지한 기간(주주명부폐쇄기간) 중에, 신주인수권을 행사하여 주주로 된 사람은, 그 기간 중의 총회의 결의에 관하여는 의결권을 행사할 수 없다(제516조의10 → 350조 2항 준용 → 354조 준용).

또한 신주인수권을 행사하여 주주가 된 사람은 그 받은 주식의 이익의 배당에 관하여는 그 청구를 한 때가 속하는 영업연도말에 주주가 된 것으로 본다(제516조의10 → 350조 3항 준용). 하지만 정관으로 신주에 대한 이익의 배당에 관하여는 그 청구를 한 때가 속하는 영업연도의 직전 영업연도말에 신주가 발행된 것으로 할 수 있다.

7. 등기

가. 등기기간

사채에 대한 납입이 완료된 날로부터 본점소재지에서 2주간 내에 등기를 하여야 한다(상법 제516조의8 2항 → 제514조의2 1항 준용). 신주인수권부사채도 전환사채와 마찬가지로 지점소재지에서는 따로 등기할 필요가 없다. 외국에서 전환사채를 모집한 경우에 등기할 사항이 외국에서 생긴 때에는 등기기간은 그 통지가 도달한 날로부터 기산한다(상법 제514조의2 제4항)하는데, 이 규정도 그대로 준용한다.

나. 등기할 사항

등기할 사항은 아래와 같다. 신주인수권부사채의 등기사항에 변경이 있는 때에는 등기기간 내에 대표이사가 그 변경등기를 신청하여야 한다.

① 신주인수권부 사채라는 뜻
② 신주인수권의 행사로 인하여 발행할 주식의 발행가액의 총액
③ 각 신주인수권부사채의 금액
④ 각 신주인수권부사채의 납입금액
⑤ 신주인수권부사채의 총액
⑥ 각 주식인수권부사채에 부여된 신주인수권의 내용
⑦ 신주인수권을 행사할 수 있는 기간

[신주인수권부 사채의 등기의 실제 기재례]

신 주 인 수 권 부 사 채

제1회 사모신주인수권부사채

1. 본 사채는 신주인수권부사채임.

1. 주식인수권의 행사로 인하여 발행할 주식의 발행가액 총액
 금 4,999,610,000원

1. 각 신주인수권부사채의 금액
 금 75,500,000원권 66매, 금 16,610,000원권 1매

1. 각 신주인수권부사채의 납입금액
 각 사채 권면금액의 100퍼센트

1. 신주인수권부사채의 총액
 금 4,999,610,000원

1. 각 신주인수권부사채에 부여된 신주인수권의 내용

가. 행사비율: 본건 사채권 권면금액(2 이상의 사채권으로 신주인수권을 행사하는 경우에는 그 권면금액의 합산금액)을 아래의 행사가액으로 나눈 주식수의 100%를 행사주식수로 하고, 1주 미만의 단수주는 그 단수주에 해당하는 금액을 주권 교부시 "피투자기업" 또는 "피투자기업 "이 지정한 금융기관에서 현금으로 지급하며, 단수주대금의 해당기간 이자는 지급하지 아니한다. 단, 신주인수권증권 권면금액의 일부에 대한 신주인수권행사는 청구할 수 없다.

나. 행사가격: 최초 행사가격은 1주당 금 칠십오만오천원(₩755,000)(1주당 액면금액: 금 5,000원)으로 한다.

다. 신주인수권 행사기간: 사채 발행일 후 3년이 경과하는 날 또는 "피투자기업"이 상장을 완료하는 날 중 먼저 도래하는 날부터 만기일 직전일까지로 한다.

라. 신주인수권 행사의 범위: "인수인"은 본건 사채의 신주인수권의 전부 또는 일부를 동시에 또는 순차적으로 행사할 수 있다.

마. 신주인수대금의 납입: 신주인수권 행사에 따른 신주인수대금은 신주인수권을 행사하는 신주인수권부사채의 권면금액에 해당하는 채권과 신주인수대금 납입 채무를 서로 상계하는 대용납입의 방식으로 한다.

바. 신주인수권행사의 효력발생: 신주인수권주식의 행사는 신주인수권 행사청구서와 당해 사채권을 제출하는 때에 효력이 발생한다.

사. 신주인수권의 양도성: 본건 사채는 사채권과 함께 신주인수권증권이 발행되지 않는 비분리형 신주인수권부사채로서 신주인수권만을 양도할 수 없다.

아. 신주인수권 행사가격의 조정: 전환을 청구하기 전에 당초의 행사가격을 하회하는 발행가격으로 유상증자(신주인수권부사채 및 전환사채의 경우를 포함한다)

를 할 경우 최종 발행가격은 상호 협의하여야 한다. 무상증자 또는 주식배당에 의하여 주식수가 증가하는 경우, 행사가격은 (기발행주식수X조정전 행사가격)/(기발행주식수+신발행주식수)의 산식에 기초하여 상호 협의하 여야 한다.

자. 사채권자의 조기 상환 청구권:

1) 본건 사채의 사채권자는 본 사채의 발행일로부터 3년이 되는 날 및 이후 매 6개월에 해당하는 날에 본 사채의 권면금액에 연복리 6%의 비율을 적용하여 산정한 금액을 가산한 금액의 전부 또는 일부에 대하여 만기 전 조기상환을 청구할 수 있다. 단, 조기상환지급일이 은행 영업일이 아닌 경우에는 그 다음 영업일에 상환하고 조기상환지급일 이후의 이자는 계산하지 아니한다.

2) 조기상환 청구장소와 지급장소는 "피투자기업"의 본점으로 한다.

3) 사채권자는 조기상환지급일 60일전까지 "피투자기업"에게 사채권의 권면금액을 단위로 하여 조기상환을 청구하여야 한다. 단, 조기상환청구기간의 종료일이 영업일이 아닌 경우에는 그 다음 영업일까지로 한다.

4) 조기상환청구권을 행사하고자 하는 사채권자는 조기상환 청구기간까지 조기상환 청구내역서 (조기상환 청구금액, 사채권자 내역 및 상환관련 결재은행 등)를 사채권자임을 증명하는 서류와 함께 조기상환 청구장소에 제출하여야 한다.

차. 회사의 조기 상환 청구권:

1) "피투자기업"은 "인수인"에 대하여 본 조에 따라 본건 사채의 100%까지를 조기 상환할 권리를 갖는다.

2) "피투자기업"은 본건 사채의 발행일로부터 2개월이 경과한 날부터 발행일로부터 3년이 경과한 날까지 본건 사채의 100%까지를 조기 상환 또는 "피투자기업"이 지정하는 제 3자에게 양도하도록 할 권리를 가지며, 이 경우 상환금액 또는 양도금액은 조기 상환되는 사채의 원금 잔액에 상환기일까지 연복리 6%를 적용하여 계산된 경과 이자를 합한 금액 (단, 상환되는 사채에 대하여 기지급된 이자금액이 있는 경우 이를 공제함)으로 한다.

3) "피투자기업"이 본건 사채를 조기 상환하고자 하는 경우에는 상환기일로부터 10일 이상의 기간 전에 본건 사채의 사채권자에게 상환금액 및 상환기일을 명시한 상환청구서를 발송하여야 한다.

4) "피투자기업"이 본건 사채를 제3자에게 양도하도록 하는 경우에는 양도기일로부터 10일 이상의 기간 전에 본건 사채의 사채권자에게 양수인과 양도금액 및 양도기일 등을 명시한 양도요구서를 발송하여야 한다.

1. 신주인수권을 행사할 수 있는 기간

사채 발행일 후 3년이 경과하는 날 또는 피투자기업이 상장을 완료하는 날 중 먼저 도래하는 날부터 만기일 직전일까지로 한다.

< 2014 년 10 월 30 일 발행 2014 년 11 월 06 일 등기 >

제7절 신주인수권부사채 발행 무효의 소

1. 신주인수권부사채 발행 무효의 소

신주인수권부사채는 전환사채와 같이 자금조달 외에 경영권방어 목적으로 발행되는 경우도 많으며, 상법은 전환사채발행무효소송과 같이 신주인수권부사채발행무효소송에 관한 규정을 두고 있지 않다. 신주인수권부사채의 효력이 이미 발생하였으나 발행절차 또는 발행조건에 중대한 하자가 있는 경우 신주인수권부사채발행무효소송을 가능한지 여부에 대하여 판례는 전환사채발행의 경우에도 신주발행무효소송에 관한 제429조가 유추적용된다는 입장이다. 신주인수권부사채발행무효소송의 관하여도 유사하게 그 법리가 적용된다고 볼 수 있다.

2. 소의 성질

형성의 소이다. 신주인부권부사채의 발행이 무효라는 판단을 받게 되면, 전환사채의 발행이 무효라는 법률관계를 형성하게 된다. 또한 형성의 소로서 제소권자·제소의 기간·주장방법에 대해 일정한 제한이 있다.

3. 누가 원고가 되고 누가 피고가 되나? (소송당사자)

가. 원고

(1) 주주, 이사, 감사

소를 제기할 수 있는 사람은 주주, 이사, 감사에 한한다. 주주가 소송할 수 있는 권리는 단독주주권으로서 1주만 가지고 있어도 소송을 제기할 수 있다.

(2) 소송참가(공동소송참가)

원고적격을 가진 사람은 공동소송참가를 할 수 있다고 보아야 한다. 재판의 형성력이 미치기 때문이다. 일단 공동소송으로 되면 유사필수적 공동소송으로 취급한다.

나. 피고

신주인수권부사채를 발행한 회사이다.

4. 무엇이 문제인데? (소의 원인)

가. 법령 또는 정관에 위반, 현저하게 불공정한 방법

회사가 법령 또는 정관에 위반하거나 현저하게 불공정한 방법에 의하여 신주인수권부사채를 발행함으로써 주주가 불이익을 받을 염려가 있는 경우이다.

나. "현저하게 불공정한 전환사채발행"의 판단기준

전환사채발행의 목적, 전환가액의 적정성, 자금조달현황, 전환사채발행에 있어서 절차상 하자, 거래의 안전을 종합적으로 고려하여 판단하여야 할 것이다.

다. 실무에 있어서 중요한 문제 : 신주발행가액

실무상 신주인수권부사채발행에 있어서 중요한 부분이 신주의 발행가액이다. 발행무효사유를 다툴 때 신주인수권부사채의 발행과 인수로 인한 이익의 존재 여부 등을 심도 있게 연구해서 서면을 작성해야 할 것이다.

[판례메모]

대법원 2014.09.04. 선고 2013다40858 판결 신주인수권 행사가격 조정

신주인수권만의 양도가 가능한 분리형 신주인수권부사채를 발행한 발행회사가 신주인수권의 발행조건으로 주식의 시가하락 시 신주인수권의 행사가액을 하향 조정하는 이른바 '리픽싱(refixing) 조항'을 둔 경우, 주식의 시가하락에 따른 신주인수권 행사가액의 조정사유가 발생하였음에도 발행회사가 그 조정을 거절하고 있다면, 신주인수권자는 발행회사를 상대로 조정사유 발생시점을 기준으로 신주인수권 행사가액 조정절차의 이행을 구하는 소를 제기할 수 있다.

이 경우 신주인수권자가 소송과정에서 리픽싱 조항에 따른 새로운 조정사유의 발생으로 다시 조정될 신주인수권 행사가액의 적용을 받겠다는 분명한 의사표시를 하는 등의 특별한 사정이 없는 한 위와 같은 이행의 소에 대하여 과거의 법률관계라는 이유로 권리보호의 이익을 부정할 수는 없다.

그리고 위와 같은 발행조건의 리픽싱 조항에서 신주인수권의 행사를 예정하고 있지 아니하고 신주인수권자가 소로써 신주인수권 행사가액의 조정을 적극적으로 요구하는 경우와 발행회사가 자발적으로 행사가액을 조정하는 경우를 달리 볼 이유가 없는 점, 주식의 시가하락이 있는 경우 리픽싱 조항에 따른 신주인수권 행사가액의 조정이 선행되어야만 신주인수권자로서는 신주인수권의 행사 또는 양도 등 자신의 권리행사 여부를 결정할 수 있는 점, 반면 위와 같은 이행의 소에 신주인수권의 행사가 전제되어야 한다면 이는 본래 신주인수권의 행사기간 내에서 신주인수권의 행사 여부를 자유로이 결정할 수 있는 신주인수권자에 대하여 신주인수권의 행사를 강요하는 결과가 되어 불합리한 점 등을 종합하면, 신주인수권 행사가액 조정절차의 이행을 구하는 소는 신주인수권의 행사 여부와 관계없이 허용된다고 보아야 한다.

5. 관할 및 인지액 · 송달료

가. 관할 회사의 본점소재지를 관할하는 지방법원의 전속관할이다(상법 제186조).

나. 소가와 인지액 이 소송은 비재산권을 목적으로 하는 소송으로서 소가는 1억 원(민사소송등인지법 제2조 제4항, 민사소송등인지규칙 제18조의2 단서, 제15조 제2항)이다. 인지액의 계산은 소가가 '1억 원 이상 10억 원 미만'의 구간에 해당하므로, 55,000+(1억 원 ×0.004)로 계산하고 그 인지액은 455,000원이 된다.

다. 송달료 송달료는 15회 분이고, 원고·피고를 포함하여 당사자가 2인인 경우 153,000원(당사자수 2인 × 1회분 송달료 5,100 원 × 15회)이다.

6. 언제까지 소송을 제기할 수 있나? (제소기간)

신주인수권부사채를 발행한 날로부터 6개월 내에 제기해야 한다. 하지만 실무적으로 보면 6개월은 정말 짧은 기간이므로 제소기간을 지키는 것에 유의하여야 한다.

7. 심리와 입증

가. 제소주주의 담보제공의무

(1) 원고가 주주인 때에는 피고 회사의 청구에 의하여 악의가 소명된 경우 상당한 담보제공을 명할 수 있다. 담보액은 회사가 받고 또 받게 될 모든 손해를 헤아려 법원이 자유재량으로 정할 수 있다. 그러나 그 주주가 이사 또는 감사인 때에는 그러하지 아니하다. 이 제도는 주주의 남소방지를 위한 것이기 때문이다.

(2) 실제에서는 피고가 되는 회사의 경영규모, 원고의 악의의 소명 정도 등을 고려하고 원고의 권리행사를 부당하게 제약하지 않아야 한다. 담보가 무서워 소송을 진행하지 못하는 폐해가 있어서는 안 되기 때문이다. 또한, 소송의 제기에 의하여 피고가 입게 될 손해액 및 그 태양 등을 고려하여 결정하여야 한다.

나. 병합심리

여러 개의 신주인수권부사채발행 무효의 소가 제기된 때에는 병합심리 한다. 병합된 여러 개의 소는 유사필수적 공동소송의 형태가 된다.

다. 입증책임

신주인수권부사채 발행무효의 원인에 대하여는 원고가 입증하여야 한다.

8. 화해 · 조정의 불가능

신주인수권부사채발행 무효의 소송의 당사자는 화해를 할 수 없다. 소가 회사라는 단체의 법률관계를 대상으로 하고, 그 판결의 효력은 회사와 제3자에게도 미쳐서 제3자도 이를 다툴 수 없게 되기 때문이다. 신주인수권부사채발행의 무효로서 얻는 이익은 한 개인이 임의로 처분할 수 없는 이익이기 때문에 제소권자가 돈이나 향응을 받고 소를 취하한다거나 할 수 없다고 보아야 한다(소의 취하 또는 청구의 포기는 대세적 효력과 관계없으므로 허용된다는 주장도 있다. 임재연 회사소송 p297). 그리고 만일 이러한 내용의 청구인낙 또는 화해 · 조정이 이루어졌다 하여도 그 인낙조서나 화해 · 조정조서는 효력이 없다.

9. 법원의 재량기각

신주인수권부사채발행 무효의 소에 있어 법원은 재량에 의하여 청구를 기각할 수 있다(상법 제189조).

10. 원고가 승소한 판결, 원고가 패소한 판결 (판결의 효력)

가. 대세적 효력 · 소급효 제한

원고가 승소한 신주인수권부사채 발행이 무효라는 판결은 제3자에 대하여도 그 효력이 있다. 따라서 제소자(원고)와 회사 또는 그 누구도 새롭게 사채발행의 유효를 주장할 수 없다.

하지만 '신주인수권부사채 발행이 무효'라는 판결은 소급효는 없다. 소급효가 없는 신주발행무효판결과 같이 신주인수권부사채 발행도 장래에 대하여 그 효력을 잃을 뿐이다.

나. 패소원고의 책임

원고가 패소한 때에는 대세적 효력이 인정되지 않는다. 따라서 다른 제소권자는 사채발행 무효를 다시 주장할 수 있다.

신주인수권부사채발행 무효의 소를 제기한 자가 패소한 경우에 악의 또는 중대한 과실이 있는 때에는 회사에 대하여 연대하여 손해를 배상할 책임이 있다.

11. 납입한 사채금액은 돌려주세요 (납입금의 반환과 등기)

신주인수권부사채발행 무효의 판결이 확정된 때에는 회사는 신주인수권부사채권자에 대하여 그 납입한 사채금액을 반환하여야 한다(상법 제432조 유추). 하지만 그 반환할 금액이 판결확정시의 회사의 재산상태에 비추어 현저하게 부당한 때에는 법원은 회사 또는 주주의 청구에 의하여 그 금액의 증감을 명할 수 있다(상법 제432조 제1항, 제2항).

발행무효의 판결이 확정된 때에는 본점과 지점 소재지에서 등기하여야 하며, 이 경우 제1심 수소법원이 회사의 본점 및 지점 소재지의 등기소에 촉탁한다.

[신주인수권부사채발행무효의 소장 사례]

소 장

원 고 윤 수 일

서울 송파구 잠실동 11111

피 고 주식회사 한별컴

서울시 강남구 삼성동 22222

대표이사 한아름

신주인수권부사채발행무효의 소

청 구 취 지

1. 피고가 2015. 3. 24.자로 발행한 별지목록기재 신주인수권부사채는 이를 무효로 한다.

2. 소송비용은 피고의 부담으로 한다.

라는 재판을 구합니다.

청 구 원 인

1. 당사자의 지위

가. 원고는 2013. 11. 11. 피고 회사의 발행주식 134,000주를 보유한 주주입니다.(갑제1,2호증)

나. 피고는 --- 회사입니다.

2. 피고회사의 이 사건 신주인수권부 사채발행의 경위

가. ㈜한별컴은 2015. 3. 24. 이사회를 개최하여 주주가 아닌 홍길동에게 사채 총액 90억원의 신주인수권부 사채를 발행하면서, ---

나. 피고로 하여금 90억원의 신주인수권부사채를 사모방식으로 발행케 한 다음 이를 위 홍길동에게 전액 인수시킴으로써 같은 사람에게 피고회사의 30%의 지

분을 가질 수 있도록 하였는 바, 이는 --한별그룹 전체에 대한 지배 및 경영권 장악을 위해서는 반드시 지배해야만 하는 회사이기 때문입니다.(갑제6, 7호증)

다. 그러나 위와 같은 피고의 이 사건 신주인수권부사채권 발행은 다음과 같은 점에서 무효라 할 것입니다.

3. 이 사건 신주인수권부사채 발행의 무효

가. 원고의 신주인수권부사채 인수권 혹은 사원권적, 재산권적 이익의 부당한 침해

(1) 신주인수권부사채는 사채의 일종이긴 하지만 이는 장래에 주식으로 신주인수권부할 수 있는 것이므로, 주주 아닌 자에 대한 신주인수권부사채의 발행은 실질상 주주 이외의 자에게 신주인수권을 부여하는 것과 같고, 이 점에서 신주인수권부사채의 발행은 『조건부 신주발행』 또는 『잠재적 주식의 발행』 이라는 성격을 가집니다. ---

(2) 설사 주주에게 위와 같은 의미의 신주인수권부사채 인수권이 인정되지 않는다고 할지라도, 주주는 회사의 지분권자로서 회사에 대하여 사원권적 지배권과 각종의 재산권적 이익을 가지고 있습니다. --

그런데 피고가 이 사건 신주인수권부사채를 발행한 것은 아래에서 보는 바와 같이 그 근거가 없을 뿐만아니라 부당하여 주주인 원고의 신주인수권부사채인수권 내지 사원권적, 재산권적 이익을 침해하고 있으므로 무효라 할 것입니다.

나. 원고는 이 사건 신주인수권부사채를 제3자배정방식으로 발행함에 있어 정관에 근거가 없음에도 주주총회의 특별결의를 거치지 않아 발행절차상 위법합니다.

(1) 이와 같이 조건부 신주발행 또는 잠재적 주식발행의 실질을 가지는 신주인수권부사채를 주주이외의 제3자에게 발행하는 근거로 되는 정관에에서 -- 이사회로의 포괄위임은 무효라 할 것입니다. --

(2) 그런데 이에 관한 피고회사의 정관 제14조의 규정은 --- 이사회에 포괄적으로 위임되어 있어 그 내용이 전혀 구체적이지도 확정적이지도 않습니다.(갑제8호증) --

다. 이 사건 신주인수권부사채발행의 부당성

(1) 신주인수권부사채 제3자배정의 내재적 한계 ---

(2) 그런데 피고의 이 사건 신주인수권부사채 발행은 다음과 같은 점에서 위 내재적 한계를 일탈하고 있습니다.

(가) 발행목적의 점 ----

9. 그럼에도 불구하고 위 소외인들은 경영권 탈취를 목적으로 90억 원의 신주인수권부사채를 조건도 현저히 부당하게 결의하여 주주도 아닌 제3자인 홍길동에 발행하는 결의를 하였습니다.

10. 이를 그대로 방치하여 두면 많은 주주들에게 손해를 끼칠 것이 분명하므로, 원고는 이 건 소송에 이르렀습니다(원고가 제소한 일자는 2015. 7. 15. 로서 신주인수권부사채의 발행일인 2015. 3. 24.부터 6월 이내입니다).

입증방법

1. 갑제1호증	법인등기사항 전부증명서	1통
1. 갑제2호증	주주명부	1통
1. 갑제3호증	정관	1통
1. 갑제4호증	이사회소집 통고의 건	1통
1. 갑제5호증	이사회 의사록	1통
1. 갑제6호증	주주총회소집 통지서	1통

첨부서류

1. 위 소명방법	각1부
1. 송달료 납부서	1통
1. 신청서부본	1통

2015. 7. 15.

위 원고 윤 수 일 (인)

서울중앙지방법원 귀중

제 10 장

위법한 이익배당에 관련된 소송

제1절 회사의 이익은 어떻게 주주에게 돌려주는가

제462조 (이익의 배당)

① 회사는 대차대조표의 순자산액으로부터 다음의 금액을 공제한 액을 한도로 하여 이익배당을 할 수 있다.

1. 자본금의 액
2. 그 결산기까지 적립된 자본준비금과 이익준비금의 합계액
3. 그 결산기에 적립하여야 할 이익준비금의 액
4. 대통령령으로 정하는 미실현이익

② 이익배당은 주주총회의 결의로 정한다. 다만, 제449조의2제1항에 따라 재무제표를 이사회가 승인하는 경우에는 이사회의 결의로 정한다.

③ 제1항을 위반하여 이익을 배당한 경우에 회사채권자는 배당한 이익을 회사에 반환할 것을 청구할 수 있다.

④ 제3항의 청구에 관한 소에 대하여는 제186조를 준용한다.

제462조의2 (주식배당)

① 회사는 주주총회의 결의에 의하여 이익의 배당을 새로이 발행하는 주식으로써 할 수 있다. 그러나 주식에 의한 배당은 이익배당총액의 2분의 1에 상당하는 금액을 초과하지 못한다.

② 제1항의 배당은 주식의 권면액으로 하며, 회사가 종류주식을 발행한 때에는 각각 그와 같은 종류의 주식으로 할 수 있다.

③ 주식으로 배당할 이익의 금액 중 주식의 권면액에 미달하는 단수가 있는 때에는 그 부분에 대하여는 제443조 제1항의 규정을 준용한다.

④ 주식으로 배당을 받은 주주는 제1항의 결의가 있는 주주총회가 종결한 때부터 신주의 주주가 된다. 이 경우 제350조 제3항 후단의 규정을 준용한다.

⑤ 이사는 제1항의 결의가 있는 때에는 지체없이 배당을 받을 주주와 주주명부에 기재된 질권자에게 그 주주가 받을 주식의 종류와 수를 통지하여야 한다.

⑥ 제340조 제1항의 질권자의 권리는 제1항의 규정에 의한 주주가 받을 주식에 미친다. 이 경우 제340조 제3항의 규정을 준용한다.

제462조의4 (현물배당)

① 회사는 정관으로 금전 외의 재산으로 배당을 할 수 있음을 정할 수 있다.

② 제1항에 따라 배당을 결정한 회사는 다음 사항을 정할 수 있다.

1. 주주가 배당되는 금전 외의 재산 대신 금전의 지급을 회사에 청구할 수 있도록 한 경우에는 그 금액 및 청구할 수 있는 기간
2. 일정 수 미만의 주식을 보유한 주주에게 금전 외의 재산 대신 금전을 지급하기로 한 경우에는 그 일정 수 및 금액

1. 이익 없으면 배당 없다

이익배당이란 영업활동의 결과로서 생긴 이익을 주주에게 분배하는 것이다. 하지만 적법한 이익배당을 하려면 배당할 수 있는 이익(배당가능이익)이 있어야 한다. 이익이 없으면 배당이 없다는 것은 철칙이다. 또한 원칙적으로 회사의 주인들이 모인 주주총회에서 이를 승인해야 하며, 예외적으로 이사회의 승인결의로 정하는 경우도 있다.

주식투자자들은 배당액이 많은 주식을 매입하려 하므로, 이익배당이 많으면 주식의 가격은 일반적으로 상승한다. 이익배당은 유상의 자본감소와 함께 투자금의 회수를 위해서도 이용되기도 한다. 과거 영국계 펀드 BIH가 브릿지증권으로부터 고배당을 받아간 것이 이에 해당한다.

대주주나 대표이사의 주도로 이익이 없는 상황 또는 몇 천억원의 부실이 있음에도 분식회계를 통해 재무제표 상 가공이익을 만들어내어 주주의 욕심을 충족하기 위해 배당을 하거나(대주주는 더 많은 배당을 받을 것이다) 절차적인 요건을 무시하고 한 이익배당을 <u>위법한 이익배당</u>이라 한다. 과거 영국계 펀드 BIH가 브릿지증권으로부터 고배당을 받아간 것, 국내의 일부그룹의 Case 등 많은 문제도 있다. 분식결산에 의해 하는 배당도 위법한 이익배당에 해당함은 당연하다.

2. 주식회사에서 회사의 돈을 빼 쓰는 순서

주식회사에서 회사의 돈을 빼 쓰는 순서는 일반적으로 다음과 같다.

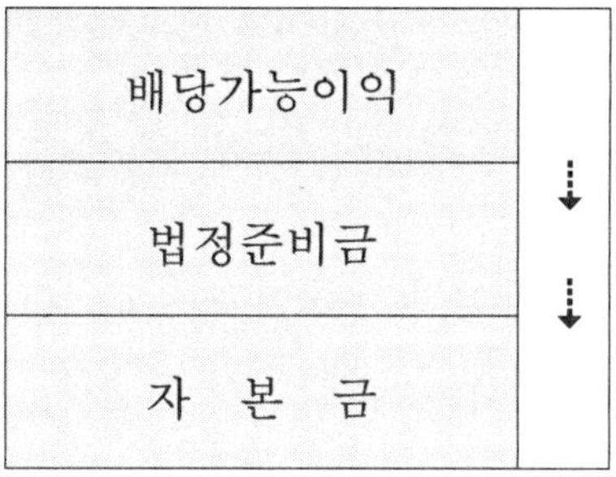

3. 이익의 배당

가. 배당가능이익

앞에서 말한 바와 같이 이익을 배당하기 위해서는 배당가능이익이 존재하여야 하고, 또한 주주총회의 승인이 있어야 한다. 배당가능이익이란 회사대차대조표 상 순자산액으로부터 ① 자본, ② 자본준비금과 이익준비금의 합계액, ③ 결산기에 적립하여야 할 이익준비금 및 ④ 대통령령으로 정하는 미실현이익을 공제한 차액을 말한다(상법 제464조 제1항). 이러한 배당가능이익이 없다면 회사는 주주들에게 이익을 배당할 수 없는 것은 철칙이다.

나. 주주총회 또는 이사회의 결의

이익배당은 주주총회의 결의(보통결의)로 정한다.

다만, 제449조의2 제1항[65]에 따라 재무제표를 이사회가 승인하는 경우에는 이사회의 결의로 정한다.

---

65) 제449조의2 (재무제표 등의 승인에 대한 특칙)

① 제449조에도 불구하고 회사는 정관으로 정하는 바에 따라 제447조의 각 서류를 이사회의 결의로 승인할 수 있다. 다만, 이 경우에는 다음 각 호의 요건을 모두 충족하여야 한다.

1. 제447조의 각 서류가 법령 및 정관에 따라 회사의 재무상태 및 경영성과를 적정하게 표시하고 있다는 외부감사인의 의견이 있을 것
2. 감사(감사위원회 설치회사의 경우에는 감사위원을 말한다) 전원의 동의가 있을 것

[이익배당에 관한 주주총회 의사록의 예]

㈜한별컴 제20기 정기주주총회의사록

일 시 : 2013년 3월 25일 09:00

장 소 : 당 회사 본점 제1회의실에서 제20기 정기주주총회를 개최하다.

주주총수 312명, 발행주식수 400,000주

출석주주수 205명, 출석주식수 250,000주

의장은 정관규정에 따라 의장석에 등단하여 위와 같이 법정수에 달하는 주주가 출석하였으므로 본 총회가 적법히 성립되었음을 알리고, 오전 9시 대표이사 박대포는 의장석으로 가서 총회의 개최를 선언하였다. 경리이사 김경리로부터 당기의 영업상황에 대한 보고·설명이 있었고 그 뒤 의사진행으로 들어갔다. 의장은 다음의 의안을 부의하고 심의를 구하다.

제1호 의안 전년도 결산보고의 건

의장은 본안을 상정하고 감사로 하여금 서류에 감사를 요구한바 그 계산에 대한 계수의 정확함을 조사보고 만장일치로 원안대로 승인가결하다.

제2호 의안 재무제표 승인의 건

의장은 본안을 상정하고 감사로 하여금 금기의 재산목록 대차대조표 손익계산서 및 영업보고서 이익잉여금 처분계산서에 대한 감사를 요구한바 감사는 그 계산에 대한 계수의 정확함을 조사보고 한 바, 역시 만장일치로 승인가결하다.

제3호 의안 정관 제50조 배당금의 지급 건

의장은 제20기 사업년도의(2012. 1. 1.~2012. 12. 31.) 이익잉여금 처분안에 대하여 주주에게 현금배당을 할 것을 상정한 바, 만장일치로 승인가결하다.

의장은 이상으로서 총회의 목적인 의안 전부의 심의를 종료하였으므로 폐회한다고 선언하다. (회의종료시각 : 11 : 00)

위 의사의 경과요령과 결과를 명확히 하기 위하여 이 의사록을 작성하고 의장과 출석한 이사가 기명날인 또는 서명하다.

2013년 3월 25일

주식회사 한별컴

서울특별시 서초구 반포대로 345길

의장 대표이사 박대포 (인)

사내이사 김경리 (인)

사내이사 나회장 (인)

다. 이익배당의 시기

회사는 주주총회나 이사회에서 이익배당을 결의 한 날부터 1개월 내에 하여야 한다. 하지만, 주주총회 또는 이사회에서 배당금의 지급시기를 따로 정할 수도 있다(상법 제464조의2).

라. 이익배당의 기준, 방법

(1) **배당의 기준** 이익배당은 주주가 가진 주식의 수에 따라 지급한다(상법 제464조). 그러나 처음부터 이익의 배당, 잔여재산의 분배, 주주총회에서의 의결권의 행사, 상환 및 전환 등에 관하여 다른 내용을 정해 발행하는 종류주식의 경우는 그렇지 않다.

(2) **배당의 방법** 이익배당의 방법에는 현금으로 배당하는 방법과 현물로 배당하는 방법 그리고 신주를 발행하여 주식으로 배당하는 방법이 있다.

제2절 배당금지급 청구의 소

1. 회사의 영리성

주식회사는 기본적으로 영리성를 가진다. 회사는 돈을 벌어서 주식회사 자신의 주인(owner)인 주주들에게 이익을 많이 돌려주는(배당) 하는 것이 목적인 사람이다(영리성). 이러한 영리성에 근거한 것이 바로 사원의 추상적 이익배당청구권이다. 주주가치극대화는 이미 경영학계에서는 정설로 자리잡고 있다[66]. 주주를 회사의 소유자로 보는 관점에서는 당연한 것이다. 주주 또는 사원의 이익배당청구권은 대표적인 주주의 자익권이며 고유권으로서 회사가 이를 박탈하거나 제한할 수 없다.

하지만, 회사가 배당이 가능한 이익이 있어도 앞에서 본 배당결의가 없는 한 주주는 회사에 대하여 적극적으로 배당금지급청구권을 행사할 수 없다.

[잠깐 딴 생각 ; 기피배당의 문제]

그런데 만일 배당가능이익이 발생했음에도 불구하고 경영진에서 배당을 아예 하지 않기로 한 경우(소위 '기피배당' 또는 '저배당')는 어떻게 평가할 수 있을까. 특히 우리나라 기업들이 다른 선진국보다 현저히 낮은 배당수익률을 유지하고 회사 내에 현금을 확보해 두는 경우가 많다. 이에 관해서 현행 상법은 아무런 규정을 두지 않고 있다. 주식회사의 일차적인 목적은 회사의 주인인 주주들의 이익실현이니만큼 이에 관한 규정이 절실히 필요하다.

이러한 추상적인 이익배당청구권은 주주총회(또는 이사회)에서 이익배당의 결의를 하거나(상법 제462조 제2항), 중간배당의 결의(상법 제462조의 3 제1항)가 있게 되면

---

66) 김건식 녹혁준 박준 송옥렬 안수현 윤영신 최문희, 회사법 제2판 p25, 박영사

구체적인 배당금 지급청구권이 발생하고 회사는 1개월 이내에 주주에게 배당금을 지급하여야 한다. 배당금의 지급이 지연되는 것을 막기 위한 규정이지만, 주주총회 또는 이사회에서 배당금의 지급시기를 따로 정할 수도 있다.

제464조의2(이익배당의 지급시기)

① 회사는 제464조에 따른 이익배당을 제462조 제2항의 주주총회나 이사회의 결의 또는 제462조의3 제1항의 결의를 한 날부터 1개월 내에 하여야 한다. 다만, 주주총회 또는 이사회에서 배당금의 지급시기를 따로 정한 경우에는 그러하지 아니하다.

② 제1항의 배당금의 지급청구권은 5년간 이를 행사하지 아니하면 소멸시효가 완성한다.

2. 소송의 의의와 성질

구체적인 배당금 지급청구권을 가진 주주는 회사를 상대로 배당금지급청구 소송을 제기할 수 있다. 배당금지급청구의 소는 이행의 소이다.

3. 무엇이 문제인데? (소의 원인)

주주는 다음의 경우 회사에 구체적인 배당금지급청구권을 가진다.

가. 주주총회에서 재무제표의 승인을 결의했을 때(배당결의)

나. 제449조의2 제1항에 따라 재무제표를 이사회가 승인하는 경우에는 이사회의 결의가 있을 때(배당결의)

다. 이사회가 중간배당의 결의를 하였을 때(정관으로 정하고, 영업년도 중 1회에 한함)

회사는 위 결의를 한 날부터 1개월 이내에 배당금을 지급하여야 하는데, 배당금 지급의 지연하거나 또는 지급하지 않았을 때 주주는 회사에 대해 그 배당을 청구할 수 있다.

4. 누가 원고가 되고 누가 피고가 되나? (소송당사자)

가. 원고 재무제표 승인을 하고 이익배당 결의 당시 주주명부상의 주주이다. 보통 전년도(ex 2019년) 재무제표를 올해(2020년) 정기주주총회(대개 3월경에 개최함)에서 승인한다.

나. 피고 회사이다.

5. 제소기간, 관할 및 인지액 · 송달료

가. 제소기간 배당금지급청구 소송은 이행의 소이므로 별도의 제소기간 규정은 없다. 배당금의 지급청구권은 5년간 이를 행사하지 아니하면 소멸시효가 완성한다(상법 제464조의 2 제2항).

나. 관할 토지관할은 민사소송법의 일반원칙에 따른다. 그러므로 회사인 피고의 본점소재지 관할 법원에 소송을 제기하면 된다.

다. 인지액 상법 제462조의4에 의한 배당금지급청구 소송은 상법상의 소송이 아니고 일반 민사소송이다. 그러므로 앞에서 본 민사소송 등 인지규칙 제6조에 따라 판단하면 소가는, 전부승소 할 경우 원고가 직접 받게 될 경제적 이익이 되고, 그것은 '원고가 인도를 구하는 유가증권의 액면금액 또는 표창하는 권리의 가액'이라고 할 수 있다. 예를 들어 지급을 청구하는 배당금 5억 원이라고 할 경우 그 금액을 소가로 하므로, 인지액은 2,055,000원이다(계산 : 5억원×0.004+55,000원). 다만, 상법 제462조(이익배당청구권)에서 규정하는 주주의 자익권을 바탕으로 제기하는 출자금에 대한 수익을 위한 권리행사는 상법상의 회사소송이므로 소송목적의 값은 1억원이다[67].

라. 송달료 소가가 5억원인 이 Case의 경우 민사 제1심 합의사건 송달료 15회분을 납부하며, 당사자가 2인인 경우 153,000원(당사자수 2인 × 1회 송달료 5,100 원 × 15회분)이다. 단독사건 역시 15회분을 납부한다.

---

67) 인지실무, 앞의 책 p181

[배당금지급 청구의 소장]

소 장

원 고 정은솔

서울시 동대문구 청량리동 111111

피 고 불칸건설 주식회사

서울시 강남구 삼성동 22222

대표 청산인 조 선 만

배당금 지급 청구의 소

청 구 취 지

1. 피고는 원고에게 금 500,000,000원 및 이에 대한 2016. 3. 10.부터 이 사건 소장부본 송달일까지는 연 5%의, 그 다음 날부터 다 갚는 날까지는 연12%의 각 비율에 의한 금원을 지급하라.
2. 소송비용은 피고의 부담으로 한다.
3. 위 제1항은 가집행할 수 있다.

라는 판결을 구합니다.

청 구 원 인

1. 원고회사는 건설전문업체이고 피고회사는 해외건설촉진법에 의하여 원고 회사와 같은 해외건설업자가 공동으로 출자하여 설립한 회사입니다.

2. 피고 회사는 2016년에 개최된 제25차 정기주주총회에서 제24기 사업년도의(2015. 1. 1.~2015. 12. 31.) 이익잉여금 처분안에 대하여 원고와 같은 주주에게 현금배당을 하기로 의결한 바 있습니다.

3. 피고회사는 원고에게 배당할 배당금이 금 500,000,000원인 사실을 2016. 3. 5.자로 원고회사에 통보하여 2016. 3. 9.부터 금원을 수령해 갈 것을 원고에게 알려왔습니다. 원고는 이에 따라 피고회사에게 2016. 3. 9. 위 배당금 500,000,000원의 지급을 청구하였으나 피고회사는 위 배당금의 지급을 거절하고 있습니다.

4. 그렇다면 피고회사는 원고에게 배당금으로 금 500,000,000원 및 이에 대한 피고회사가 위 금원을 지급하기로 스스로 정한 지급일의 다음 날인 2016. 3. 10.부터 이 사건 소장부본 송달일까지는 연5%의, 그 다음 날로부터 다 갚는 날까지는 연12%의 각 비율에 의한 지연손해금을 지급할 의무가 있다 할 것이므로 그 의무와 이행을 구하기 위하여 이건 소송에 이르게 된 것입니다.

입 증 방 법

1. 갑제1호증　　배당금지급 통지서　　1통
1. 갑제2호증　　정관　　1통

첨 부 서 류

1. 법인등기부등본　　1통
1. 소송위임장　　1통
1. 소장부본　　1통
1. 송달료 납부서　　1통

2016. 6.

위 원고　정 은 솔 (인)

서울중앙지방법원 귀중

6. 판결의 효력

일반적인 이행소송이므로 예를 들어 A라는 사람이 소송을 해서 이겼더라도, 다른 주주 B에게 효력이 미치지 않는다. 따라서 B는 자신의 배당금을 지급받기 위해서는 별개의 소송을 제기하여야 한다.

제3절 위법한 이익배당

그런데 회사가 위법한 방법에 의해서 이익을 배당을 하게 되면 회사 및 주주에는 커다란 피해를 줄 수 있다. ① 배당가능이익이 없는데도 이익배당을 한 경우 ② 분식회계에 의해서 배당하는 경우 ③ 차별적인 이익배당을 한 경우 등이 이에 해당한다.

1. 위법한 현금배당(위법한 현물배당도 같다)

가. 배당가능이익이 없는데도 이익배당을 한 경우

배당가능이익이 없는데도 이익을 배당하거나 배당가능이익을 초과해서 배당하는 위법배당은, 무효인 배당결의를 통해 **회사의 자금이 법률상 원인 없이 불법하게 유출**되는 것이다. 법률상 원인 없이(= 무효인 배당결의이므로 법률상 원인이 없다고 평가되는 것이다) 주주가 배당받은 것이니만큼 회사는 주주에 대하여 **부당이득의 반환**을 청구할 수 있으며(민법 제741조, 다만 이에 관해서는 먼저 주주총회의 결의무효 확인을 통하여야 한다는 학자도 계신다.), 특히 회사채권자도 상법 자체의 규정(상법 제463조 제3항)에 의하여 회사에 반환을 청구할 수 있다. 분식회계에 의해 배당가능 한 이익을 조작하여 위법한 이익배당 하는 경우도 같다. 소위 '적자배당'의 경우는 주주총회결의 무효사유에도 해당한다.

나. 주주총회에서 차별적인 이익배당을 결의한 경우

주주평등의 원칙에 위배되므로 차별적인 이익배당을 주주총회에서 결의하였더라도 그것은 무효이다. 주주의 차등배당은 주주총회에서 결정할 성질의 것이 아니기 때문이다. 다만, 대주주가 스스로 배당을 포기하고 다른 주주들에게 배당금을 돌려주라는 취지로 해석된다면 그 경우에 한하여 유효하다.

위법한 이익배당을 간단하게 유형화 해보면 다음과 같다.

(1) 적자 배당 – [배당가능이익 부존재 혹은 초과]
(2) 분식 배당 – [분식회계]
(3) 차별 배당 – [대주주 우대 등]
(4) 기피 배당 – [무배당 결의]

2. 위법한 주식배당

배당가능이익이 있음을 전제로 회사는 주주총회의 결의에 의하여 이익의 배당을 새로이 발행하는 주식으로써 할 수 있는데, 이를 **주식배당**이라 한다. 바꾸어 말하면, 금전 대신 주식으로 이익을 배당하는 것이다. 이것은 사실상 무상으로 신주를 발행한 것과 같은 효과가 있다. 그러므로 주식배당을 하게 되면 발행주식수와 자본금이 증가하게 되는 것이다. 따라서 증자등기도 해야 함은 물론이다.

하지만 배당가능이익의 과도한 자본전입은 무상으로 신주 발행효과(무상증자)를 발생하고 주식이 아니라 돈으로 받고 싶은 주주의 이익을 침해할 수도 있다.

주식배당이 법령이나 정관을 위반한 경우, 즉 위법한 주식배당의 경우 주주·이사 또는 감사에 한하여 **주식배당무효의 소**를 제기할 수 있다(상법 제429조의 신주발행무효의 소를 유추적용 한다). 주식배당의 결과, 발행예정주식총수를 초과하는 경우도 법령에 위반한 주식배당이 된다. 한편, 수권자본을 넘은 주식배당은 정관위반이 되고 상법상 초과발행죄에 해당할 수 있다. 주식의 초과발행은 5년 이하의 징역 또는 1천5백만 원 이하의 벌금에 처한다(상법 제629조. 초과발행죄는 이사의 신주발행 권한의 남용을 방지하기 위한 것이다.).

위법한 금전배당(위법한 현물배당도 같다)		위법한 주식배당	
1. 배당가능이익이 없는데 행한 배당	2. 배당결의 등에 하자 있는 배당	1. 배당가능이익이 없는데 행한 주식배당	2. 신주발행요건을 위반한 주식배당
무효 (이익이 없이 이익배당금을 지급하는 행위 자체가 위법하므로)	무효 (이익이 없이 이익배당금을 지급하는 행위 자체가 위법하므로)	신주발행무효의 소와 마찬가지로 소로써만 무효 주장 가능(상법 제429조 유추적용)	신주발행무효의 소와 마찬가지로 소로써만 무효 주장 가능(상법 제429조 유추적용)
회사와 채권자의 반환청구권 인정	회사만 반환청구권 인정	주주는 주식대금의 반환청구권 없음 (주주가 주금을 납입한 바 없으므로)	주식이 무효로 되는 대신 원래의 이익배당은 해야 함

제4절 위법배당금의 반환을 청구하는 소송

제462조 (이익의 배당)

① 회사는 대차대조표의 순자산액으로부터 다음의 금액을 공제한 액을 한도로 하여 이익배당을 할 수 있다. - 생략

② 이익배당은 주주총회의 결의로 정한다. - 생략

③ 제1항을 위반하여 이익을 배당한 경우에 회사채권자는 배당한 이익을 회사에 반환할 것을 청구할 수 있다.

④ 제3항의 청구에 관한 소에 대하여는 제186조를 준용한다.

[분식회계를 통한 위법배당 caes][68)]

한별컴 주식회사는 2014. 11. 1. 부도가 났고, 2015. 5. 3. 서울중앙지방법원으로부터 기업회생절차개시결정을 받았고 김치국은 동 회사의 관리인으로 선임되었다.

그런데 관리인으로 선임된 김치국이 보니 한별컴은 이익을 내지 못하고 자본잠식상태여서 이익배당을 할 수 없는 처지였다. 그럼에도 불구하고 대주주인 회장과 대표이사, 경리이사의 지시에 의해 제20기 사업연도(2012 회계연도)부터 2년 간 분식결산을 하여 마치 당기순이익이 수십억이나 되는 것처럼 재무제표가 작성되었다. 이는 주주총회의 승인을 받았고, 또 주주총회에서 보통주에 대해 6%, 우선주에 대하여 7%의 현금배당을 결의하고 주주들에게 약27억원을 이익배당을 하였다.

이 상황에서 한별컴 주식회사의 관리인 김치국이 취할 수 있는 조치는?

이익의 배당은 배당가능이익이 있어야 하고 주주총회의 승인 또는 재무제표 등의 승인에 대한 특칙에 따라 이사회가 승인하는 경우에는 이사

68) 대법원 2007. 11. 30. 선고 2006다 19603 판결을 참고함

회결의가 있어야 한다. 이 중 일부의 흠결이 있는 위법배당의 경우 강행규정인 상법 제462조 위반으로서 그 효력은 당연무효[69]이다. 따라서 배당을 받은 사람은 법률상 원인 없이 부당이득을 취한 것이므로 민법상 **부당이득반환청구권**의 법리에 따라 이를 반환해야 한다.

이러한 위법배당액에 대하여 회사는 주주에 대하여 부당이득반환청구를 할 수 있다. 또한 회사채권자는 직접 주주(상법 제462조 제4항 회사의 권리를 대위하는 것이 아니다. 따라서 채권자대위권 요건이 필요한 것은 아니다..)에 대하여 회사로 반환할 것을 청구할 수 있다. 이 경우 아직 변제기에 이르지 않은 채권의 채권자라도 법원의 허가 없이 위법하게 이익배당을 받은 주주에게 반환청구를 할 수 있다. 회사채권자가 회사를 대신해서 대위소송을 하는 것이 아니라 상법 제462조 제4항에 의해 직접 소송을 하는 것이므로 채권보전의 필요성은 따로 요하지 않는다.

회사채권자가 회사에 돈을 반환하라는 청구를 할 때 반환청구금액은 채권액과 무관하게 위법배당액 전액에 대하여 반환청구 할 수 있다. 이때 위법배당을 받은 주주의 선의·악의은 따지지 않는다[70]. 다시말해 위법배당을 받고 이에 대해 반환청구를 받은 주주는 '나는 위법배당인 줄 몰랐고, 그냥 회사에서 배당해주는 대로 배당받았을 뿐이다'라는 항변 같은 것은 하지 못한다는 것이다.

위법하게 배당한 이익의 반환을 청구하는 방법은 소송이나 소송 이외의 방법 모두 가능하다.

1. 소송의 의의와 성질

위법배당금의 반환을 청구하는 소송은 ① 배당가능이익이 없는데도 이익배당을 한 경우와 ② 기타 위법한 배당의 경우, 즉 이익배당결의 자체에 하자가 있거나 주주평등의 원칙에 위반하는 경우의 두 가지 경우로 나누어 볼 수 있다.

---

69) 임재연 앞의 책 p312

70) 이철송 앞의 책 p828

두 가지 소송 모두 상법상 강행규정인 상법 제462조를 위반하였음을 근거로 하여 이미 실행된 배당금 등의 반환을 청구하는 것으로서, 민법 제741조에서 정하는 부당이득의 반환을 청구하는 형태의 소송이다. 그러므로 위법배당반환청구는 부당이득의 반환을 청구하는 소로서, 이행의 소에 해당한다.

가. 배당가능이익이 없는 이익배당을 한 경우

배당가능이익이 없는데도 이익을 배당하거나 배당가능이익을 초과해서 배당하는 위법배당은 결국 무효인 배당결의를 통해 법률상 원인 없이 주주가 배당받은 것이 된다. 따라서 회사와 채권자는 위법한 배당을 받은 주주에 대하여 부당이득의 반환을 청구할 수 있는 것이다. 그러므로 민법상 부당이득반환청구권을 행사하는 방법으로 소를 제기해야 할 것이다. 상법 제462조 제3항에서 회사채권자에게 이 소를 인정하는 이유는, 위법배당이 있게 되면 회사의 자산(책임재산)이 감소하는 것이고 책임재산의 감소는 결국 회사채권자에게 손해가 될 수 있기 때문이다.

나. 기타 위법한 배당의 경우

배당가능이익이 있고 그 범위 내에서 배당이 이루어졌더라도, 이익배당결의 자체에 하자가 있거나 주주평등의 원칙에 위반하는 경우에는 위법한 배당으로서 무효이다. 이러한 위법배당 역시 무효이고 회사는 부당이득을 근거로 하여 주주에 대하여 반환을 청구할 수 있다.

다만, 이 경우에는 회사채권자는 직접 위법배당을 받은 주주에 대하여 반환을 청구할 수 없다. 배당가능이익의 한도에서 배당이 이루어졌기 때문에, 채권자에게 회사의 책임재산 감소로 인한 손해가 발생한다고 볼 수 없기 때문이다.

2. 청구이유 (배당의 위법사유)

회사가 이익이 없음에도 불구하고 주주에게 이익배당을 하거나, 준비금을 적립하지 않고 배당한 경우 및 소위 숨은 이익[71] 지급, 자산의 부당평가, 가공전표의 이용, 감가상각의 부족 등에 의한 실질적인 위법배당 등도 이에 포함된다.

위법한 재무제표를 승인하는 결의, 위법한 배당결의가 있는 경우 본 소송 이외에 주주총회결의 무효확인의 소를 통해 구제받을 수 있다(상법 제380조).

3. 언제까지 소송을 제기할 수 있나? (제소기간)

명문의 규정 없다. 물론 회사나 회사채권자 모두 직접 회사에 대하여 주주총회무효확인의 소를 제기함 없이 이 소송을 제기할 수 있지만, 반환청구권은 실질적으로는 주주총회 결의의 무효를 확인을 전제로 하기 때문에 주주총회결의무효확인의 소송을 참조해야 할 것으로 보인다. 주주총회결의무효확인 소송은 소의 이익이 있으면 언제든지 제소할 수 있다.

4. 누가 원고가 되고 누가 피고가 되나? (소송당사자)

가. 원고

회사와 회사채권자가 원고가 될 수 있다.

나. 피고

위법하게 배당을 받은 주주이다. 회사는 피고가 아니다.

5. 관할, 소가 및 인지액, 송달료

71) 숨은 이익 : 주주의 회사에 대한 급여에 대하여 과도한 대가를 지급하거나, 회사의 주주에 대한 급여에 대하여 과소한 대가를 수령하는 경우에 성립한다.

가. 관할

회사본점소재지의 지방법원의 전속관할(상법 제462조 제3항, 제186조)이다.

나. 소가와 인지액

부당이득반환청구의 소 형태로서 회사에 금전을 지급하라는 형태의 소송이다. 그러나 이 소송은 상법상 회사소송으로서 민사소송 등 인지규칙 제15조(회사 등 관계소송 등) 제1항의 주주의 대표소송, 이사의 위법행위유지청구의 소 및 회사에 대한 신주발행유지청구의 소들과 마찬가지로 「소송목적의 값을 계산할 수 없는 소송」으로 보아야 할 것이다. 위법배당으로서 부당이득을 반환청구를 하는 것은 회사가 하든 회사채권자가 하든 그 법률효과(예를 들어, 부당이득액 반환을 확정 받는 것)가 주주 전체를 위해 회사에 귀속되는 것이기 때문이다. 이 소의 소가는 1억 원(민사소송등인지법 제2조 제4항, 민사소송등인지규칙 제18조의2 단서, 제15조 제2항)으로 본다. 인지액의 계산은 소가가 '1억 원 이상 10억 원 미만'의 구간에 해당하므로, 55,000+(1억 원 ×0.004)로 계산하고 그 인지액은 455,000원이 된다.

다. 송달료

송달료는 15회분이다. 원고・피고를 포함하여 당사자가 2인인 경우 153,000원(당사자수 2인 × 1회분 송달료 5,100 원 × 15회)이다.

[손해배상(기) 청구의 소 (또는 부당이득반환청구의 소송으로도 가능)]

소 장

원 고 회생회사 한별컴 주식회사의 관리인 김치국
서울시 서초구 서초동 하나빌라 303호

피 고 1. 나회장 (51026-1234567)
서울시 강남구 삼성동 123
2. 박대포 (560123-1234567)
서울시 강남구 역삼동 123
3. 김경리 (5801220-1234567)
서울시 강남구 논현동 234

손해배상(기) 청구의 소 (또는 부당이득반환청구의 소)

청 구 취 지

1. 소외 회생회사 한별컴 주식회사에게,

피고 1. 은 100억 원 및 이에 대하여 2016. 3. 26.부터 이 사건 소장 부본 송달일까지는 연 6%, 그 다음 날부터 다 갚는 날까지는 연 12%의 각 비율로 계산한 돈을, 피고 1과 연대하여, 피고 2, 3은 위 돈 중 5억 원 및 이에 대하여 2016. 3. 26.부터 이 사건 소장 부본 송달일까지는 연 6%, 그 다음 날부터 다 갚는 날까지는 연 12%의 각 비율로 계산한 돈을 지급하라.

2. 소송비용은 피고들의 부담으로 한다.

라는 판결을 구합니다.

청 구 원 인

1. 당사자의 지위

피고1. 나회장은 주식회사(이하 '한별컴'이라 합니다)의 사내이사이지만 실질은 회장인 자이고, 피고2. 박대포는 같은 회사의 대표이사이며, 피고3. 김경리는 같은 회사의 경리이사입니다. 한편, 한별컴은 2016. 5. 25. 부도가 났고, 2016. 10. 3. 서울중앙지방법원으로부터 기업회생절차개시결정을 받았고 원고는 같은 회사의 관리인으로 선임되었습니다.

2. 피고1.은 경리이사인 피고3.으로부터 당기순손실이 발생하였다는 한별컴의 제20기 사업연도(2015. 1. 1.부터 2015. 12. 31.까지)에 관한 가결산보고를 받은 뒤, 한별컴의 자본잠식 상태를 숨긴 채 부채비율을 양호하게 하여 금융기관으로부터 용이하게 자금을 대출받고 기업의 대외신인도를 높이기 위하여 대표이사인 피고 2에게 당기순이익이 발생한 것처럼 분식결산을 하라고 지시하고, 피고 2는 경리담당 이사인 피고 3에게, 피고 3은 다시 경리팀에게 위와 같은 내용의 분식결산을 지시하였습니다. ----

3. 그 결과 2015. 12. 31. 현재 한별컴의 자산은 9,683억 5,400만 원, 부채는 1조 239억 9,400만 원으로 자기자본이 완전히 잠식된 상태였고 당기순손실이 1,488억 5,500만 원이었는데도, 가공자산을 만들어 자산을 과대 계상하고 금융기관으로부터의 장기차입금·지급어음채무금 등을 대차대조표상 누락시켜 부채를 과소계상하며 판매비와 관리비 등의 비용을 과소계상하고 전기오류수정손실을 반영하지 않는 등의 방법으로 분식결산을 하여, 자산 9,928억 800만 원, 부채 8,237억 8,200만 원, 자기자본 1,690억 2,500만 원, 당기순이익 378억 1,100만 원으로 된 허위의 재무제표가 작성되었습니다. -- --

4. 한별컴은 2016. 3. 25. 정기주주총회에서 보통주에 대하여는 6%, 우선주에 대하여는 7%의 비율로 현금배당을 결의하여 주주들에게 합계 270억 2,900만 원의 이익배당을 하였습니다. ----

5. 피고들은 위법한 배당으로 인하여 회사에 대하여 손해를 입힌 불법행위와 회사의 손해 사이에 인과관계가 엄연하므로 피고 1. 은 한별컴의 위법한 배당으로 인한 부당이득금 100억 원을, 피고 2, 3 은 각각 손해배상금 5억 원에 대하여 피고1과 연대하여 반환함이 마땅하므로 이 소송을 제기합니다.

입 증 방 법

1. 갑제1호증	법인등기부등본	1통
1. 갑제2호증	정관	1통
1. 갑제3호증	제20기 사업연도 가결산보고서	1통
1. 갑제4호증	제20기 재무제표	1통
1. 갑제5호증	주주총회의사록	1통
1. 갑제6호증	주주명부	1통

기타 추후 제출하겠습니다.

첨 부 서 류

1. 위 증거서류	각1부
2. 소장 부본	1통
3. 송달료 납부서	1통

2015년 9월 30일

위 원 고　회생회사 한별컴 주식회사

의 관리인 김치국 (인)

서울중앙지방법원 귀중

6. 원고가 승소한 판결, 원고가 패소한 판결 (판결의 효력)

가. 원고승소판결의 효력

위법하게 배당받은 주주는 민법상 부당이득반환청구의 법리에 따라 회사에게 배당받은 이익을 반환해야 한다. 위법한 배당을 받은 주주의 선·악을 묻지 않는다. 민사소송의 기본은 판결에 대하여 대세효를 인정하지 않기 때문에 대세효는 따로 인정되지 않는다. 장래 이행에 대한 청구이므로 소급효라는 말은 논리상 무의미 하다.

나. 원고패소판결의 효력

위법배당금을 회사에 반환할 것을 청구하는 이 소송은 이사에 대하여 책임을 묻는 것이 아니라 위법배당을 받은 주주에 대하여 그 반환을 청구하는 경우이므로 이 소송 자체를 대표소송으로는 볼 수 없다. 그러나, 위법배당을 한 이사에 대하여 연대책임을 묻는 형태일 경우 대표소송으로 볼 수 있으므로 상법 제405조 제2항을 준용하여 원고에게 악의가 있는 경우 회사에 대하여 손해를 배상의 책임이 있다.

7. 기타

위법배당을 한 이사는 회사에 대하여 연대하여 위법배당에 대한 손해를 배상할 책임이 있다(상법 제399조). 감사가 위법배당 의안을 포함한 이익잉여금처분계산서에 대하여 허위의 감사보고를 한 때에도 회사에 대하여 연대하여 손해배상 책임을 진다(상법 제414조 제1항). 이러한 이사·감사의 회사에 대한 위 손해배상 책임을 추궁하기 위해서는 주주의 대표소송이 인정된다(상법 제403조, 제415조). 한편 이사·감사에게 악의 또는 중대한 과실이 있는 경우에는 제3자에 대하여도 손해배상의 책임이 있다(상법 제401조).

위법배당이 있는 때에는 이사·감사 등은 5년 이하의 징역 또는 1,500만 원 이하의 벌금의 제재를 받는다(상법 제625조 3호).

제5절 (위법한) 주식배당 무효의 소

1. 주식배당의 요건

금전에 의한 이익배당과 같이 주식배당의 경우에도 ① 배당가능이익의 존재와 ② 주주총회의 배당결의(보통결의)가 요건이다(상법 제462조의2 제1항). 그러나 주식배당은 이익배당총액의 50%에 상당하는 금액을 초과하지 못한다.

주식배당의 결과, 발행예정주식총수를 초과하는 경우 법령에 위반하는 주식배당이 된다. 수권자본을 넘은 주식배당은 정관위반이 되고 상법상 초과발행죄에 해당할 수 있다.

제462조의2 (주식배당)

① 회사는 주주총회의 결의에 의하여 이익의 배당을 새로이 발행하는 주식으로써 할 수 있다. 그러나 주식에 의한 배당은 이익배당총액의 2분의 1에 상당하는 금액을 초과하지 못한다.

④ 주식으로 배당을 받은 주주는 제1항의 결의가 있는 주주총회가 종결한 때부터 신주의 주주가 된다. --

⑤ 이사는 제1항의 결의가 있는 때에는 지체없이 배당을 받을 주주와 주주명부에 기재된 질권자에게 그 주주가 받을 주식의 종류와 수를 통지하여야 한다.

주권상장법인의 경우, 상법의 규정에도 불구하고 '이익배당총액에 상당하는 금액'까지는 새로 발행하는 주식으로 이익배당을 할 수 있다. 다만, 새로 발행하는 주식의 시가가 주식의 액면액에도 미치지 못하는 경우 다시 상법상 원칙으로 돌아가서 이익배당총액의 50% 상당하는 금액을 초과하지 못한다(자본시장법 제165조의13 제1항).

2. 소의 원인

주식배당이 법령이나 정관을 위반한 경우, 즉 위법한 주식배당의 경우 주주·이사 또는 감사에 한하여 **주식배당무효의 소**를 제기할 수 있다(상법 제429조의 신주발행무효의 소를 유추적용 한다). 주식배당의 결과, 발행예정주식총수를 초과하는 경우도 법령에 위반한 주식배당이 된다. 한편, 수권자본을 넘은 주식배당은 정관위반이 되고 상법상 초과발행죄에 해당할 수 있다. 주식의 초과발행은 5년 이하의 징역 또는 1천5백만 원 이하의 벌금에 처한다(상법 제629조. 초과발행죄는 이사의 신주발행 권한의 남용을 방지하기 위한 것이다.).

3. 소송절차

소송에 의해서만 주식배당의 무효를 주장할 수 있다. 주식을 배당한다는 것은 결국 새로운 주식을 발행해서 주주에게 공짜로 준다는 것이기 때문에 신주발행무효의 소에 관한 429조를 유추적용 하여 배당의 무효를 주장할 수 있는 것이다. 따라서 소의 성질은 형성소송으로 본다.

가. 제소기간

신주발행무효의 소는 회사가 신주를 발행한 날로부터 6월 이내에 제기하여야 한다(상법 제429조). 소송으로서만 무효를 주장할 수 있다.

나. 당사자

(1) **원고** 주주·이사 또는 감사이다. 소송을 제기할 당시에 이러한 지위에 있어야 함은 당연하다.

(2) **피고** 회사가 피고로 된다.

다. 관할

회사의 본점소재지 지방법원의 관할에 전속한다(상법 제430조에서 상법 제186조 준용).

라. 소가 및 인지대

이 소는 소송목적의 값을 산출할 수 없는 소송으로서 소가는 1억 원(민사소송등인지법 제2조 제4항, 민사소송등인지규칙 제18조의2 단서, 제15조 제2항)이다. 인지액의 계산은 소가가 '1억 원 이상 10억 원 미만'의 구간에 해당하므로, 55,000+(1억 원×0.004)로 계산하고 그 인지액은 455,000원이 된다.

마. 송달료

송달료는 15회분의 송달료를 납부한다. 채권자와 채무자를 포함하여 당사자가 2인인 경우 153,000원(당사자수 × 5,100원 × 15회분)이다.

4. 공고, 병합심리

주식배당무효의 소가 제기된 때에는 회사는 지체없이 공고하여야 한다(신주발행 무효에 관한 상법 제430조에서 상법 제187조 준용). 여러 개의 주식배당무효의 소가 제기된 때에는 법원은 이를 병합심리하여야 한다(신주발행 무효에 관한 상법 제430조에서 상법 제188조 준용).

5. 하자의 보완과 청구기각

소가 그 심리 중에 원인이 된 하자가 보완되고 회사의 현황과 제반사정을 참작하여 주식으로 배당한 것에 대해 무효로 하는 것이 부적당하다고 인정한 때에는 법원은 그 청구를 기각할 수 있다.

6. 제소주주의 담보제공의무

주주가 주식배당무효의 소를 제기한 때에는 법원은 회사의 청구에 의하여 상당한 담보를 제공할 것을 명할 수 있다. 그러나 그 주주가 이사 또는 감사인 때에는 그러하지 아니하다(상법 제430조에서 상법 제377조 준용).

7. 판결의 효력

가. 대세적 효력(원고 승소판결의 경우)

(1) 원고가 승소한 경우 신주발행무효의 판결은 제3자에게도 효력이 미친다(상법 제430조에서 상법 제190조 준용).

(2) 원고가 패소한 경우에는 그 효과는 당사자에게만 미치고 원고가 손해배상책임을 질 수 있다.

나. 새로 발행했던 주식의 실효

(1) **주식의 실효** 회사가 주식배당으로 신주식을 발행한 경우 그것이 위법하다고 평가되면 신주발행무효의 소의 원인이 된다. 따라서 주식배당무효의 판결이 원고 승소로 확정된 때에는 신주식의 발행은 무효로서 장래에 대하여 그 효력을 잃는다.

(2) **소급효의 제한** 장래에 대하여 효력을 잃는 것이므로 소급효가 제한된다. 회사는 지체없이 그 뜻과 일정한 기간 내에 신주의 주권을 회사에 제출할 것을 공고하고 주주명부에 기재된 주주와 질권자에 대하여는 각별로 그 통지를 하여야 한다. 그러나 그 기간은 3월 이상으로 하여야 한다(상법 제431조).

(3) **주식대금은 주나요?** 위법한 주식배당으로서 신주발행이 무효가 되어도 주주는 주식대금을 납부한 바가 없으므로 회사가 주식을 배당받았던 주주에게 신주의 액면총액을 환급해주어야 하는 것은 아니다.

8. 등기의 촉탁

주식배당무효의 소송이 확정되면 제1심 수소법원은 회사의 본점과 지점 소재지의 등기소에 그 등기를 촉탁하여야 한다(비송사건절차법 제107조 제7호).

제 11 장

M&A 관련 소송

제 1 절 기업인수합병이 왜 필요한가?

제 2 절 회사합병(흡수합병의 경우) 절차

제 3 절 합병 무효의 소

제 4 절 회사 분할 또는 분할합병 무효의 소

제 5 절 주식교환 무효의 소

제 6 절 주식이전 무효의 소

제1절 기업인수합병이 왜 필요한가?

기업인수합병(M&A[72]))란 경영환경의 변화에 대응하기 위하여 기업의 업무 재구축의 유효한 수단으로 행하여지는 기업의 매수·합병을 말한다. 합병(merger)이란 기업들이 하나로 합쳐져 하나의 회사가 되는 합병을 말하고 '취득, 획득'을 뜻하는 Acquisitions은 말 그대로 한 기업이 다른 기업의 자산이나 주식을 인수하는 것을 말한다[73]).

1. 똑똑하고 성실한 경영진에 기업을 맡긴다.

기업의 인수합병에 의해 기존의 비효율적이고 구태의연해진 경영진을 새로운 경영진으로 교체하여 회사의 주인들인 주주들에게 봉사하게 하는 것이다. 경영진들이 나태해지고 비도덕적이 되어 결국 기업을 망치게 되면 그 손해는 고스란히 주주들에게 돌아가므로 이러한 것을 방지하기 위한 것이다[74]). 또한 인수당할 수 있는 기업에서는 '앗 뜨거라'하는 경영자들이 나태하거나 불성실한 기존 경영마인드를 반성하고 기업 스스로 구조조정을 하는 기회도 생기게 된다. 또한 경영합리화의 노력을 할 수밖에 없는 상황이 전개되기도 한다.

사회적으로는 경영진의 교체에 의해 인적자원 시장의 수요·공급에 커다란 영향을 끼칠 수도 있다.

---

72) 영문으로는 Mergers and Acquisitions라고 쓴다.

73) M&A는 결합합형태에 따라 수평적 M&A, 수직적 M&A, 복합적 M&A로 나누기도 한다. 결제수단에 따라 현금매수, 주식교환매수, LBO, 복합매수의 방법으로 나누기도 한다. 화인경영회계법인 외 2인 저, M&A를 알아야 경영을 할 수 있다(13쇄), 2007. 1. 25. 매일경제신문사 p33

74) 이를 '대리비용의 해결책'이라는 말을 쓰기도 한다. 기업인수합병(김화진 송옥렬 著) -박영사 2007. 8. 30.- p15

2. 기업의 확장과 사업영역의 확대

장사가 잘 되는 회사는 기업을 확장하기 위해서 기업인수합병을 하기도 한다. 또 새로운 사업영역을 처음부터 투자하기에는 돈이 너무 많이 들 수 있는데 이것을 아끼는 방법으로 이미 그 사업을 하는 다른 회사를 흡수하여 사업영역을 확대할 수 있는 것이다. 반대로 사업이 원활하지 않으면 회사의 자산, 생산라인, 자회사 또는 기업의 일부를 다른 기업에게 매각하거나 손해가 나는 부분을 따로 분할할 수도 있다[75].

특히 사회적으로 논란이 많은 것은 삼성이나 엘지 같은 커다란 비금융권회사가 금융권기업(예, 은행이나 종금사)을 가질 수 있느냐는 것이다. 현재는 돈을 쥔 금융기관이 대기업과 결합이 되면 그 힘이 너무 막강해질 수 있으므로[76] '금산분리[77]'라고 하여 이것이 어렵지만 금융권과 비금융권이 합쳐진 시너지를 주장하는 측에서는 그룹이 은행을 가지고 있으면 효율성이 더 많다는 주장도 하고 있고, 세계적으로도 금융기관을 가지고 있는 복합그룹이 많다는 사실도 '금산분리의 원칙'이 반드시 좋은 것만은 아니라고 이야기하기도 한다. 개인적으로는 글로벌화 되는 기업인수합병시장[78]에서 소위 외국자본에 의한 '장난'을 방지하기 위해서라도 복합그룹이 유용하다는 생각을 한다.

3. 주식가치를 높이기 위한 방편으로도 쓰인다.

특히 코스닥시장에서 주식가치를 높이기 위한 한 방법으로도 기업인수합병을 추진하기로 한다. 약간 다를 수도 있지만 제3자 배정 유상증자에 참여하는 방식에 의해 인수합병을 전개한 1999년 경의 리타워텍의 경

---

[75] M&A는 크게는 이러한 분리매각(이른바 '역M&A')도 포함하는 개념이다.

[76] 은행에서 예금을 받아 그 돈으로 기업의 인수합병에 참여한다면 그 힘은 매우 막강할 것이다. 어찌보면 남의 돈으로 손 안대고 코푸는 경우가 될 수도 있는 것이다.

[77] 금융과 산업자본은 분리되어야 한다는 뜻

[78] '자본시장'이라고도 할 수 있다.

우 1주당 2천원에 불과하던 주식이 무려 362만 원까지 상승했던 일을 기억해보면 잘 알 수 있을 것이다.

실제 어느 기업이 합병을 추진한다거나 적대적 기업인수를 준비하고 있다고 소문이 나면 대상기업의 주가가 상승하는 것이 일반적이다[79].

4. 협력하여 선을 이룬다[80].

자동차 엔진을 만드는 A회사와 이를 공급받아 자동차를 만드는 회사 B가 있다. 이런 회사들이 서로 A는 B회사의 주식을, B는 A회사의 주식을 가지거나 혹은 좋은 연대관계를 가지고 있다면 서로 모르는 것이 있으면 물어보고 잘 아는 것이 있으면 가르쳐주고 고객도 서로 소개해 준다면 협력효과가 크게 된다는 것은 당연한 일이다. 그 한 방편으로 기업인수합병이 이루어지기도 한다.

이를 시너지효과(Synergy effect)라고도 이야기 하는데 기업이 결합된 후의 기업가치가 결합되기 전의 각 기업가치의 합보다 큰 경우에 얻어지는 효과를 말하며, 이 차이를 시너지라고 한다.

5. 자원, 기술력, 판로확보, 경영능력, 시장지배력의 확보

새로운 성장동력이나 신기술력, 판로 등은 하루 아침에 확보할 수 있는 것이다. 물론 사람을 빼오거나 기술을 훔치는 스파이로도 일정 부분 가능하겠지만 이러한 것들을 확보하는 가장 확실한 방법은 그 기업을 인수해버리는 것이다.

최근 중국의 상하이 자동차가 기업인수를 통하여 쌍용자동차의 기술력과 디자인을 얻으려는 시도한 것과 같이, 기업인수는 대상회사의 모든 것을 가질 수 있기 때문에 각종 노하우나 능력, 지배력을 큰 힘을 들이지

79) 근거를 댈 것

80) 이를 '기업간 자본적 유대'라는 말을 쓰기도 한다. 기업인수합병(김화진 송옥렬 著) -박영사 2007. 8. 30.- p21

않고 얻을 수 있다는 이유에서도 기업인수합병이 일어나게 된다.

6. 대상기업의 저평가

기업인수합병의 가장 큰 이유이다. 단순하게 부동산 1,000억원을 소유한 회사가 500억에 시장에 나왔다면, 합병 또는 기업인수에 의해서 500억원을 벌게 되는 것이다.

7. 세금을 작게 내기 위해서

이익이 많은 기업은 어차피 세금을 많이 내게 되는데, 이 때 손실이 많은 기업을 인수하게 되면 세금부담이 줄어드는 혜택을 볼 수 있다. 남는 돈으로 기업을 다른 기업을 인수하여 인수대금을 지급하는 등의 과정에서 대상기업의 손실 같은 것을 처리하다보면 장부상으로는 더 이상 남는 돈이 없을 수 있기 때문이다. 즉, 높은 세율의 소득세와 법인세를 내기 보다는 비교적 세율이 낮은 자본이득세를 내겠다는 것이다. 더구나 부가가치세도 사업의 포괄양도는 부가가치세가 비과세되므로, 합병의 경우 역시 과세를 하지 않게 된다. 또한 기업을 파는 측의 대주주는 인수기업에 주식을 매각하여 현금화 하는 경우, 상대적으로 작은 양도소득세를 부담하므로 나중에 낼 상속세 혹은 증여세의 부담을 줄이기 위한 방편으로 사용하기도 한다.

[M&A를 표로 나타내면 다음과 같이 생각해 볼 수 있다]

<table>
<tr><td rowspan="2">합병
(merger)</td><td colspan="4">흡수합병</td></tr>
<tr><td colspan="4">신설합병</td></tr>
<tr><td rowspan="7">인수
(Acquisitions)</td><td>자산인수
(Asset Acquisition)</td><td colspan="3"></td></tr>
<tr><td>영업양수도</td><td colspan="3">영업 전부의 양수도
영업 일부의 양수도</td></tr>
<tr><td rowspan="5">주식인수
(Stock Acquisition)</td><td rowspan="2">우호적 주식인수</td><td>주식양도</td><td>지배주식의 양도[81]
시장매수
공개매수</td></tr>
<tr><td>신주인수</td><td>제3자 신주배정
전환사채
신주인수권부사채</td></tr>
<tr><td>적대적 주식인수</td><td colspan="2">(*아래의 표 참조)</td></tr>
<tr><td rowspan="2">주식교환</td><td colspan="2">원래의 주식Swap</td></tr>
<tr><td colspan="2">제3자 배정 유상증자 방식</td></tr>
<tr><td>분리매각[82]
(역M&A)</td><td colspan="4">회사의 분할·분리 → 매각</td></tr>
</table>

81) 상장기업의 경우 대주주의 지분인수 후에도 공개매수, 5%룰 등 자본시장법의 제한을 받으나, 비상장의 중소기업의 경우 단지 지배주식의 양도와 임원변경등기만으로 특별한 절차 없이 기업인수가 끝이나가도 한다. 이에 의하여 결과적으로 기업의 주인(엄연히는 지배주주와 경영진)이 바뀌는 것이다. 시중에서 흔히 '기업매매'라는 말로 기업을 사고파는 경우가 많은데 이 경우가 그 경우이다. 반드시 그런 것은 아니지만 대부분의 기업인수에서는 임원변경등기가 필연적으로 뒤따르게 된다.

82) 합병과 인수 외에 분리매각(divestiture)이라는 개념도 크게는 M&A라는 틀 속에 들어갈 수 있는데 분리매각이란 기업의 자산, 생산라인, 자회사 및 기업의 일부분 또는 전부를 제3자에게 매각하는 逆 M&A(reverse M&A)기법을 말한다. 우리상법에서는 회사의 분할이라는 제목으로 논하고 있다.

<table>
<tr><td rowspan="4">적대적 주식 인수[83]</td><td>공격 전략[84]</td><td colspan="2">시장매집 – 대량보유상황보고 해야(5%룰[85] 및 그 후 1% 이상 변동시)
시장 외 매집 – 공개매수(개별매수의 반대말) 의무
위임장 대결(Proxy fight)</td></tr>
<tr><td rowspan="2">방어 전략[86]</td><td>예방적 전략</td><td>안정지분확보
인수방지 정관개정[87]
황금낙하산 조항(막대한 퇴직금 보장조항)
독약조항(Poison pill)[88]
고주가전략
불가침협정
주식양도제한–비상장회사에서만 가능</td></tr>
<tr><td>사후적 전략[89]</td><td>그린메일[90]
백기사[91]
자본구조 개편
역매수전략
반대소송
반인수캠페인
사채발행
자사주매입</td></tr>
<tr><td>중간적 전략[92]</td><td colspan="2">이사직무집행정지 및 직무대행자 선임가처분
이사의 위법행위금지가처분
임시주주총회소집청구
주주명부·회계장부열람청구(주로 <인[93]>이 사용)
검사인선임청구(주로 <인>이 사용)
대표소송제기(주로 <인>이 사용)
손해배상청구
의결권행사금지가처분
주주총회결의 무효·취소소송
신주발행</td></tr>
</table>

83) 일반적으로 쓰이는 적대적 M&A는 결국 주식수의 싸움(이른바 '표대결')에 의해 경영진의 교체 등에 의해 이루어지는 경향이 있으므로 본서에서는 적대적M&A와 적대적주식인수라는 개념을 혼용해서 사용하기로 한다. 이 또한 실무서인 본서의 특성이고 더욱더 세밀한 부분의 분류는 교

수님들에게 맡기기로 한다.

84) 여기서 나열한 것들은 대표적인 전략들이고 그 외 흡수합병의 경우 '반대주주 혹은 소액주주'의 축출의 방법으로 쓰일 수 있다.

85) 자본시장과금융투자업에관한법률 제147조 내지 제151조

86) 방어행위가 옳은가?의 문제는 매일경제 p301

87) shark repellent라는 말로 쓰인다.

88) 적대적 M&A공격을 받는 기업이 기존주주에게 1주에 대해 싼값에 한 개 또는 다수의 주식을 매입하거나 또는 다수의 주식으로 전환될 수 있는 권리를 주는 것을 말한다. 이것은 한마디로 요약을 하자면 주주차별과 신주인수권을 이용한 경영권 방어방법이라고 할 수 있다. 차별방법은 보통 '포이즌 필을 작동시킨 인수회사(주주)는 포이즌 필을 행사할 수 없다'는 조항을 통하여 이루어진다.(적대적 기업인수와 경영권 방어 p233, 김화진, 송옥렬 편저, 도서출판 소화 2007. 12. 5. 발행)

89) 사전적전략이나 사후적 전략은 상대적인 개념이다. 서로 섞어서 쓸 수 있다.

90) 방어적인 성격도 있지만 원칙적으로 인수회사의 입장에서 돈을 버는 방법

91) 백기사 전략 : 백기사(white knight)전략이란 적대적 인수기업의 공개매수가 진행되는 동안 대상기업의 경영진이 방어를 위해 동원 가능한 방법을 사용했음에도 불구하고 효과가 없을 때, 공개매수 가격을 올릴 목적으로 대상기업과 평소 우호적인 관계를 유지하고 있는 제3자에게 대상기업을 인수해 줄 것을 요청해 적대적 M&A를 방어하는 방법이다. 이때의 제3자를 백기사라 한다. 백기사 전략은 사실상 방어전략이라기보다는 경영진이 주주에 대한 수탁의무를 다하기 위해 주주의 이익을 극대화할 목적으로 제3장에게 매각하는 방안이다. 둘 이상의 회사가 대상기업을 상대로 공개매수를 하고 이 과정에서 인수희망자 간에 경쟁하는 것을 공개매수 경쟁이라 한다. 이런 경우 주가가 큰 폭으로 상승하게 된다.

그 외 이와 비슷한 '화이트 스콰이어(white squire)' 전략이 있는데, 스콰이어란 기사보다는 한 단계 아래의 지방명사를 일컫는 말로서, 화이트 스콰이어(white squire)는 백기사처럼 대상기업을 인수하는 단계까지는 가지 않고, 다만 대상기업의 경영진에게 우호적인 관계를 맺어 적대적인 인수시도가 들어올 때 경영진의 편을 들어주는 투자가를 지칭한다. 따라서 적대적 인수시도가 있을 때 대상기업이 화이트 스콰이어에게 양호한 조건으로 주식을 대량 발행해 우호적인 지분을 늘리고 적대적 인수기업의 지분을 상대적으로 희석화시킴으로써 방어하는 행위다. 이 전략은 단독으로 사용되기 보다는 다른 전략과 혼합하여 사용하는 경우가 더 많다. 특히 화이트 스콰이어에게 주식을 발행할 때에는 동시에 불가침협정을 맺는 경우가 많다.

자본거래법에 따르면 기업을 둘러싼 경영권 분쟁이 발생할 경우 이사진은 대상기업의 주식수(전환사채, 신주인수권부 사채 등 잠재주권을 포함)를 변동시키는 행위를 하지 못하므로 종업원지주제도를 이용하는 것도 이 전략의 한 방법이다.

92) 공격자 측 방어자 측 모두 사용하는 것

93) 인수회사를 줄여서 쓴 것임

제2절 회사합병(흡수합병의 경우) 절차

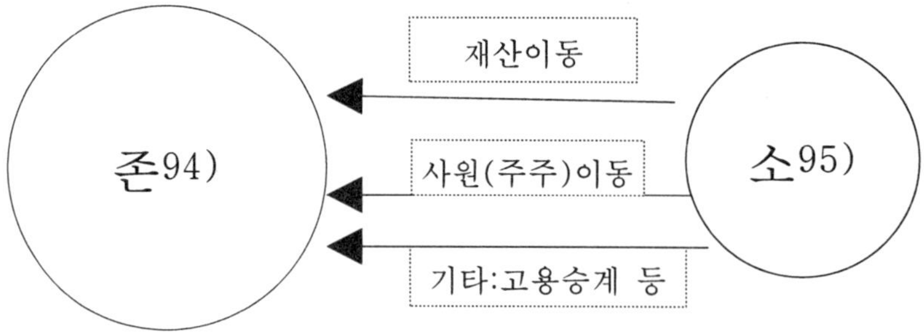

존 신주발행 → 소 의 주주가 존 의 주주로 됨

소 1주에
존 의 신주 몇 주를 받는가? → 합병비율 (ratio of merger)

if)) 존 1주에 5,000원 소 1주에 10,000원
두 회사의 합병의 경우

1. 1주의 금액을 일치하게 만든 후 합병하는 것이 원칙. 합병비율이 1:1인 경우를 대등합병이라 한다.[96]
2. 1주의 금액을 일치하게 만들지 않더라도 '합병비율' 또는 '주식평가비율'을 정하여 합병하는 것도 가능하다.
3. 위 Case에서 합병비율은 10,000원의 소 1주를 5,000원짜리인 존 2주로 바꾸어 주는 것이 원칙이다. 이 경우 합병비율을 1:2 라고 표현한다.

* 불공정한 합병비율은 합병무효의 訴의 대상이 된다.

---

94) 합병 후 존속하여 변경등기를 하는 회사 = 합병회사
95) 합병으로 인한 소멸등기를 하는 회사 = 피합병회사

[합병계약서 작성 전의 절차]	
1. 기업가치평가	
2. M&A주간사 선정	* 주간사의 자체실사
3. 인수의향서 제출	– 우선협상대상자 선정
4. 양해각서(MOU 작성)	– 우선협상대상자의 정밀실사– 인수대금 조정
5. 본계약[합병계약서] 의 체결	회생기업 M&A의 경우 변경계획안 작성도 이 때 쯤 시행. 합병계약서 작성 등 상법에서 정한 일련의 절차와 함께 감자・출자전환・증자・회사채의 인수 등 절차이행 된다. 인수회사측에서 인수기획단 파견, 임원진 개편 등 진행

[합병계약서 작성 이후의 절차]		
	가상의 일정	참고사항
1. 합병계약서 작성	2016. 10. 1.	사적인 계약서임에 불구하고 기재할 사항 法定되어 있음(제523조).
2. 주주명부의 폐쇄, 기준일 공고	2016. 10. 2.	상법 제354조. 폐쇄 기간 또는 기준일의 2주간 전에 이를 공고하여야 한다.
3. 주주명부 폐쇄 실행일 또는 기준일	2016. 10. 17.	일정한 기간을 정하여 주주명부의 기재변경을 정지하거나 / 일정한 날에 주주명부에 기재된 주주로 볼 수 있다.
4. 주주총회 소집	2016. 10. 18.	주주총회일의 2주 전에 각 주주에게 서면으로 통지를 발송하거나 / 각 주주의 동의를 받아 전자문서로 통지를 발송
5. 공 시	2016. 10. 18. 주주총회 2주 전부터 공시	*합병계약서 & 최종대차대조표와 손익계산서 *합병으로 인하여 소멸하는 회사의 주주에게 발행하는 주식의 배정에 관하여 그 이유를 기재한 서면
3. 임시주주총회	2016. 11. 3.	합병계약서 승인을 위한 총회(당사자 각 회사

96) 합병계약서에는 '제 3 조 【 합병비율 】 ① 갑은 합병 시, 보통주식 주(1주 액면금액 금 000원)를 발행하고 합병기일 현재 을의 최종 주식에서 을이 소유하고 있는 액면 000원의 보통주식 1주에 대해 갑의 보통주식 1주당 비율을 할당 교부한다. ② 이 합병에 의해 갑은 자본금 000원, 자본준비금 000원, 이익준비금 000원, 임의준비금 00원으로 증가한다. 단, 자본준비금에 대해서는 병합기일을 기준으로 을의 자산상태에 따라 갑과 을이 협의하여 변경할 수 있다.'라는 형식으로 기재한다.

(특별결의)		가 따로 주주총회 결의한다. 따라서 등기할 때 합병회사와 피합병회사의 주주총회의사록 같이 첨부하고 있다 → 여기서는 주주총회에서 합병이 승인되었다고 가정하고 서술함.
4. 반대주주의 주식매수청구권[97]	총회결의일로부터 20일 이내	*서면으로 주식의 매수를 청구. *형성권
5. 채권자보호절차 & 주권제출공고	2016. 11. 4.	*채권자 이의제출을 공고 및 최고: 합병승인결의가 있는 날로부터 2주내에, 실무상 합병공고라는 이름으로 1월 이상의 기간 내에 이를 제출할 것을 공고하고 알고 있는 채권자에 대하여는 따로따로 이를 최고 *주권제출공고기간[98]도 1월 이상이므로 실무상 채권자보호절차와 동시에 공고하는 것도 유효한 것으로 처리 (합병회사·피합병회사가 함께 공고한다)
6. 채권자 이의기간 만료	2016. 12. 4.	이 기간이 만료하면 더 이상 채권자들이 이의를 걸지 못함
7. 합병기일 (합병실행)	2016. 12. 5.	*재산인수·인계 *소멸회사주주는 존속회사의 주식인수인의 지위를 취득. 이 날 해산회사의 주주는 존속회사의 주식을 배정받게 되어 그 주식인수인이 된다. * 실질적으로 두 회사가 합체. 실질적으로 합체되므로 이제는 사실상 존속회사만 남게 되는 것이다.
8. 사후공시		위 5.의 사항을 합병한 날 이후 6월이 경과하는 날까지 공시
9. 합병보고총회 (주주총회)	2016. 12. 6.	*존속회사의 이사가 채권자보호절차 완료 후 지체없이 주주총회를 소집[99] *채권자이의 공고기간만료일인 11. 27.부터 가능 *승인은 필요 없음(보고만 하면 됨) *이사회의 결의와 신문공고로서 갈음 가능
10. 합병으로 인한 변경등기 및 해산등기	2016. 12. 6.	*합병회사(존속회사)의 경우 '합병에 의한 변경등기'와 피합병회사(소멸회사)는 '해산등기신청'에 의하여 비로소 합병은 그 효력을 발생한다[100]. → 이 두 개의 신청서를 존속회사의 본점소재지 관할 등기소에 제출한다. *존속회사는 해산회사의 모든 권리의무를 포괄적으로 승계하게 된다. *합병으로 인한 존속회사는 합병으로 인하여 소멸된 법인에 부과된 세금을 납부할 의무가 있다(지방세법 §15).

11. 이사·감사임기연장 등	합병 후 최초로 도래하는 결산기의 정기총회가 종료하기 전에	*합병 전에 취임한 경영진이 합병 후 재신임을 받으라는 취지 *상법 제527조의4 (이사·감사의 임기) ① 합병을 하는 회사의 일방이 합병 후 존속하는 경우에 존속하는 회사의 이사 및 감사로서 합병 전에 취임한 자는, 합병계약서에 다른 정함이 있는 경우을 제외하고는, 합병 후 최초로 도래하는 결산기의 정기총회가 종료하는 때에 퇴임한다.

신주인수, 의결권에 관한 소송 등 일체가 M&A와 관련 있지만, 여기서는 합병, 회사분할, 주식교환무효 등에 한해 다루기로 한다.

97) 도산기업에 있어 부채가 자산을 초과하는 경우 임시주주총회와 반대주주의 주식매수청구권 등은 무시될 수 있음

98) 배정기준일(예를 들어 2016. 9. 25.)을 기준으로 합병비율로서 존속회사의 주식을 교부하겠다는 내용으로 공고한다. 단, 소멸회사의 주식 1주에 대하여 존속회사의 주식 1주를 부여하는 경우에는 주권제출공고절차가 필요하지 않다. 소멸회사의 주권은 합병 후에는 바로 존속회사의 주식을 표창하는 주권이 되기 때문이다.

99) 소멸회사의 주주로서 존속회사의 신주의 배정을 받은 자는 이 총회에서 주주와 동일한 권리가 있다.

100) 법인세법 제8조 【사업연도의 의제】 ② 내국법인이 사업연도 중에 합병 또는 분할에 따라 해산한 경우에는 그 사업연도 개시일부터 합병등기일 또는 분할등기일까지의 기간을 그 해산한 법인의 1사업연도로 본다 → 그러므로 부가가치세의 신고에 있어서는 합병기일이 아니라 합병등기일부터 25일 이내에 피합병법인 명의로 부가가치세 확정신고하고 납부를 하여야 할 것이다(부가가치세법 제49조).

제3절 합병 무효의 소

상법 제529조 (합병무효의 소)

① 합병무효는 각 회사의 주주·이사·감사·청산인·파산관재인 또는 합병을 승인하지 아니한 채권자에 한하여 소만으로 이를 주장할 수 있다.

② 제1항의 소는 제528조의 등기가 있은 날로부터 6월 내에 제기하여야 한다.

윤수일이 주주로 있는 ㈜한별컴은 2015. 7. 1. 을 합병기일로 하여 ㈜곰두리컴퓨터를 흡수합병하고 같은 날 합병등기를 마친 후 그 상호를 ㈜한별곰두리컴으로 변경하였다.
그런데 두 회사의 합병비율의 현저한 불공정하였다.
주주 윤수일이 취할 수 있는 조치는?
(합병비율 : 소멸법인의 주주에게 존속법인의 주식 몇 주를 교부할 것인지를 비율로 나타낸 것 ; ex 소멸법인 1주 당 존속법인 0.5주를 준다는 형식)

1. 소송의 의의와 성질

가. 의의

합병무효의 소는 회사의 합병이 합병제한에 관한 법률 위반, 합병계약서의 법정요건이 흠결, 채권자보호절차 위반, 합병승인 주주총회결의 하자 등이 있는 경우 합병을 무효로 하는 소송이다.

나. 성질

형성의 소이다. 형성의 소는 법률관계의 변동, 즉 발생·변경·소멸을 목적으로 하는 소송이다. 이행의 소가 실체법상의 청구권을 실현시키려고 하는 것처럼 형성의 소는 실체법상의 형성권을 실현시키려는 소송이다[101]. 따라서 제소권자・제소기간・주장방법 등에 대하여 제한이 있다. 해당 부분에서 본다.

2. 무엇이 문제인데? (소의 원인)

합병무효사유는 일반적으로 합병제한에 관한 법률위반, 합병계약서의 법정요건 흠결, 채권자보호절차위반, 합병승인 주주총회결의의 하자 등을 들 수 있다.

가. 채권자보호절차

회사는 합병에 대한 주주총회의 승인결의가 있은 날로 부터 2주 내에 채권자에 대하여 '이의신청' 공고하여야 한다(간이합병과 소규모합병의 경우 이사회의 승인결의를 주주총회의 승인결의로 본다). 그 내용은 회사가 1개월 이상의 이의기간을 정하고 채권자에게 '합병에 이의가 있으면 그 기간 안에 이의를 제출해 달라'는 것이다. 회사가 별도로 알고 있는 채권자에 대하여는 따로따로 이를 최고하여야 한다(상법 저527조의5 제1항).

회사가 채권자에 대해 이의신청 공고(또는, 최고) 했는데도 불구하고 이의를 제기하지 않은 채권자는 합병을 승인한 것으로 간주한다. 이의를 제출한 채권자가 있는 때에는 회사는 그 채권자에 대하여 변제 또는 상당한 담보를 제공하거나 이를 목적으로 하여 상당한 재산을 신탁회사에 신탁하여야 한다.

나. 합병승인 주주총회 결의에 무효나 취소의 원인이 있을 때

주주총회의 합병승인결의의 하자는 결국 합병무효사유에 해당하므로, 합병무효사유로 흡수되어 주주총회결의에 대한 무효, 취소의 소송은 별도로 제기할 수 없다. 회사합병에 있어서 합병등기에 의하여 합병의 효

---

101) 호문혁, 민사소송법 12판 p79, 법문사

력이 발생한 후에는 합병무효의 소를 제기하는 외에 합병결의무효확인청구만을 독립된 소로서 구할 수 없다(대법원 1993.05.27. 선고 92누14908 판결 건설업면허취소처분취소).

다. 합병비율이 현저하게 불공정할 때

(1) 우리 상법은 합병비율에 관하여 합병계약서의 절대적 기재사항을 규정하고 있으나, 합병비율을 공정하게 산정하는 방법에 대한 별다른 규정이 없다. 합병계약서 상의 합병비율은 소멸회사 주식 1주당 존속회사 주식 몇 주가 배정되는지 구체적이고 명확하게 기재하여야 한다.

(2) 합병비율은 합병할 각 회사의 재산 상태와 그에 따른 주식의 객관적 가치에 비추어 공정하게 정함이 원칙이다. 그러나 그 비율이 합병할 각 회사의 일방에게 불리하게 정해진 경우에는 그 회사의 주주가 합병전 회사의 재산에 대하여 가지고 있던 지분비율을 합병 후에 유지할 수 없게 된다. 이것은 실질적으로 주식의 일부를 상실케 하는 결과를 초래하는 점에 비추어 현저하게 불공정한 합병비율을 정한 합병계약은 사법관계를 지배하는 신의성실의 원칙이나 공평의 원칙 등에 비추어 볼 때 무효라 할 것이다(대전지방법원 2006.12.28. 선고 2006가합252 판결 주식회사합병무효청구).

(3) 이에 비하여 자본시장법과 동법 시행령에서는 주권상장법인이 합병의 일방당사자인 경우의 합병비율에 대하여 규정을 두고 있다(자본시장법 제165조의4(합병의 특례) 및 같은 법 시행령 제176조의5(합병의 요건·방법)). 합병비율 산정시 공정가치에 의하는데, 자본시장법이 말하는 공정가치는 주가를 말한다. 주가를 공정가치라고 하는 이유는 일반인들의 매매가 빈번히 이루어지기 때문에 기업의 적정 가치로 평가할 수 있기 때문이다. 자본시장법은 이사회의 합병결의[102] 하루 전과 일주일 전, 한 달 전의 주가를 가중평균해서 합병비율을 정한다(자본시장법 시행령 제176조의5).

라. 기타 : 창립총회나 보고총회를 소집하지 않는 경우, 주식매수청구권에 관한 규정을 위반한 때 등 여러가지

102) 합병을 위한 이사회 결의일과 합병계약을 체결한 날 중 앞서는 날의 전일

3. 누가 원고가 되고 누가 피고가 되나? (소송당사자)

가. 제소권자(원고) 합병무효는 합병회사와 피합병회사 각 회사의 주주·이사·감사·청산인·파산관재인 또는 합병을 승인하지 아니한 채권자에 한하여 소만으로 이를 주장할 수 있다.

나. 피고 소송의 피고는 흡수합병의 경우 존속회사, 신설합병의 경우 신설회사이다.

4. 제소기간, 관할 및 인지액·송달료

가. 제소기간 합병의 등기가 있은 날로부터 6월 내 제기하여야 한다.

나. 관할, 공고 회사의 본점소재지를 관할하는 지방법원의 전속관할이다. 소가 제기된 때에는 회사는 지체없이 공고하여야 한다.

다. 소가와 인지액 합병무효의 소는 상법 제529조에 의한 비재산권을 목적으로 하는 소송으로서 소가는 1억 원이다. 인지액은 455,000원(계산 : 1억 원 × 0.004 + 55,000원)이다.

라. 송달료 송달료는 15회분을 납부하므로, 원·피고를 포함하여 당사자가 2인인 경우 153,000원(당사자수 2인 × 5,100원 × 15회분)이다.

5. 담보제공

합병무효의 소송을 청구를 한 때에는 법원은 피고인 회사의 청구에 의하여 상당한 담보를 제공할 것을 명할 수 있다(상법 제467조의 2→제403조 제7항 → 제176조 제3항 준용). 하지만 회사가 담보제공명령의 청구를 함에는 원고의 청구가 악의임을 소명하여야 한다.

6. 당사자의 의사에 의한 종료의 제한

합병의 무효소송은 판결이 확정되면 당사자 이외의 제3자에게도 그 효력이 미쳐 제3자도 이를 다툴 수 없게 되므로, 청구의 인낙이나 그 결의의 부존재·무효를 확인하는 내용의 화해·조정은 할 수 없고, 가사 이러한 내용의 청구인낙 또는 화해·조정이 이루어졌다 하여도 그 인낙조서나 화해·조정조서는 효력이 없다(대법원 2004.09.24. 선고 2004다28047 판결 주주총회결의무효확인).

소　　장[103)]

원 고　윤수일
　　　서울시 성동구 성수동 11111
피 고　주식회사 한별곰두리컴
　　　서울시 강남구 도곡동 22222

주식회사합병무효 청구의 소

청 구 취 지

1. 피고와 주식회사 곰두리컴퓨터 사이의 1985. 7. 1.자 합병은 이를 무효로 한다.
2. 소송비용은 피고의 부담으로 한다.

청 구 원 인

1. 당사자의 지위

원고는 피고회사의 주주이고, 피고회사는 1964. 6. 19. 유류연소기구, 가

103) 인천지법 1986.8.29. 선고 85가합1526 제2민사부판결 : 항소 【주식회사합병무효청구사건】을 재구성하였다.

스연소기구 및 전기용품의 제조, 판매 등을 목적으로 하여 설립되었으며 합병당시 발행주식 총수 500,000주, 1주의 금액 1,000원, 자본금 500,000,000원의 주식회사입니다.

소외 ㈜곰두리컴퓨터(이하 소멸회사라고만 한다)는 1973. 12. 29. 피고회사와 동일 또는 유사한 상품의 제조, 판매를 목적으로 하여 설립되었으며 합병 당시 발행주식 총수 1,000,000주, 1주의 금액 1,000원, 자본금 1,000,000,000원의 주식회사입니다.

소외 김치국은 피고회사의 위 발행주식 중 약 57.9퍼센트인 289,665주를 소멸회사의 위 발행주식중 약 69.9퍼센트인 698,500주를 각 소유하면서 양 회사를 사실상 지배하고 있었고, 피고회사도 소멸회사의 위 발행주식중 약 9.9퍼센트인 98,500주를 소유하는 등 양 회사는 이른바 계열관계에 있었습니다.

2. 피고회사와 소멸회사의 합병

그런데 소멸회사가 1983년경부터 사업부진으로 부채와 적자가 늘어가게 되자 동 회사의 경영합리화를 위하여 주거래은행인 한일은행은 계열회사로서 소멸회사의 한일은행 등에 대한 금 15,099,398,709원의 채무를 보증하고 있던 피고회사에게 소멸회사를 흡수합병 할 것을 종용 하였습니다.

이에 양 회사는 1985. 3. 20. 합병계약을 체결하고, 같은 해 4. 22. 각 임시주주총회를 개최하여 합병계약서를 승인하는 결의를 거쳐 합병절차를 모두 마쳤습니다.

피고회사는 1985. 7. 1.을 합병기일로 하여 소멸회사를 흡수합병하고 같은 날 합병등기를 마친 후 그 상호를 ㈜한별컴에서 ㈜한별곰두리컴으로 변경하였습니다.

3. 합병비율의 현저한 불공정

한편 양 회사의 합병대차대조표에 의하면, 피고회사는 1985. 6. 30. 현재 순자산액이 금 4,068,311,794원(자산총액 20,681,785,146원−부채총액 16,613,473,352원)으로 발행주식 1주의 순자산가액이 금 8,136원(4,068,311,794원+500,000주) 가량인 반면 소멸회사는 1984. 12. 31. 현재 순자산액이 금 480,102,979원(자산총액 26,486,514,194원−부채총액 25,988,411,215원)으로 발행주식 1주의 순자산가액이 금 480원(480,102,979원÷1,000,000주) 가량에 불과하여 순자산가액을 기준으로 한 양 회사 발행주식 1주의 재산가치는 그 비율이 무려 17 : 1 가량인데도 불구하고 양 회사는 위와 같은 발행주식의 재산가치를 전혀 고려하지 아니한 채 피고회사가 합병시 1주의 금액 1,000원인 주식 1,000,000주를 발행하여 소멸회사의 주주에게 각자 소유하는 소멸회사의 주식 1주당 피고회사의 주식 1주를 배정·교부한다는 내용으로 합병계약을 체결하고 동 계약대로 합병이 진행되었습니다.

원고는 합병당시 피고회사의 발행주식중 약 11.9퍼센트인 59,500주를 소유하여 그 재산가치가 순자산가액을 기준으로 할 때 금 484,092,000원(8,136원×59,500주) 상당이었으나, 위와 같은 주식할당비율에 의하여 합병이 진행된 결과 소유주식의 재산가치가 금 180,420,452원(4,068,311,794원+480,102,979원)+1,500,000주×59,500주 상당으로 감소되었습니다.

원래 이 사건과 같은 흡수합병의 경우 합병비율, 즉 존속회사가 합병당시 발행하는 신주를 소멸하는 회사의 주주에게 배정·교부함에 있어서 적용할 비율을 정하는 것이 합병계약의 가장 중요한 내용이 됩니다.

합병비율은 합병당사회사의 재산상태와 그에 따른 주식의 객관적 가치에 비추어 공정하게 정함이 원칙이라 할 것이고, 만일 그 비율이 합병당사회사의 일방에게 불리하게 정해진 경우에는 그 회사의 주주가 합병 전 회사재산에 대하여 가지고 있던 지분비율을 합병 후에 유지할 수 없게 됨으로써 실질적으로 주식의 일부를 상실케 하는 결과를 초래하는 만큼 현저하게 불공정한 합병비율을 정한 합병계약은 사법관계를 지배하는 신의성실의 원칙이나 공평의 원칙에 반하여 무효라고 할 것입니다.

합병당시 순자산액을 기준으로 할 때 피고회사와 소멸회사의 발행주식 1주의 가치가 무려 17 : 1이나 됨에도 불구하고 합병비율은 1:1로 정해비상식적으로 정해졌습니다.

이러한 합병비율을 수긍할 만한 아무런 합리적 이유도 찾아 볼 수 없는 이 사건에 있어 위 합병비율은 현저하게 불공정하다고 할 수 밖에 없고, 따라서 피고회사와 소멸회사 사이에 체결된 이 사건 합병계약은 그 내용으로 된 합병비율이 현저하게 부당하여 무효라 할 것입니다.

그렇다면, 피고회사와 소멸회사 사이의 1985. 7. 1.자 합병은 무효인 합병계약에 터잡아 이루어진 것으로서 무효라 할 것이므로 이 소송을 제기합니다.

입 증 방 법

1. 갑 제1호증	법인등기부등본	3통
1. 갑 제2호증	한별컴 대차대조표	1통
1. 갑 제3호증	곰두리컴퓨터 대차대조표	1통
1. 갑 제4호증	한별컴 주주명부	1통
1. 갑 제5호증	곰두리컴퓨터 주주명부	1통
1. 갑 제6호증	합병계약서	1통
1. 갑 제7호증	임시주주총회의사록	2통 -이하 생략-

7. 원고가 승소한 판결, 원고가 패소한 판결 (판결의 효력)

가. 대세적 효력(원고가 승소한 경우)

원고가 승소한 합병무효의 판결은 제3자에 대하여도 그 효력이 있다. 따라서 제소자(원고)와 회사 또는 그 누구도 새롭게 결의의 유효를 주장할 수 없다. 그래야 법률관계가 획일적으로 확정할 수 있기 때문이다.

그러나 거래의 안전을 위하여 합병무효판결의 소급효는 인정하고 있지 않다. 그러므로 무효판결 전에 한 이익의 배당이나 제3자와의 거래 같은 것은 모두 유효하다.

합병무효의 소송이 원고 승소로 결론나고 판결이 확정된 경우에는 본점과 지점의 소재지에서 합병 후 존속한 회사의 변경등기, 합병으로 인하여 소멸된 회사의 회복등기, 합병으로 인하여 설립된 회사의 해산등기를 하여야 한다. 원상태로 회복하는 것이다(상법 제530조에서 상법 제238조 준용).

다. 패소원고의 책임

원고가 패소한 경우 판결의 기판력은 다른 제소권자에게 미치지 않는다. 소를 제기한 자가 패소한 경우에 악의 또는 중대한 과실이 있는 때에는 회사에 대하여 연대하여 손해를 배상할 책임이 있다(상법 제530조에서 상법 제191조 준용).

제4절 회사 분할 또는 분할합병 무효의 소

1. 분할, 분할합병

가. 회사의 분할(단순 분할)

1개의 회사가 2개 이상의 부분으로 나뉘어 1개 또는 여러 개의 회사를 설립하는 것을 말한다. 합병과 반대현상이라고 볼 수 있다.

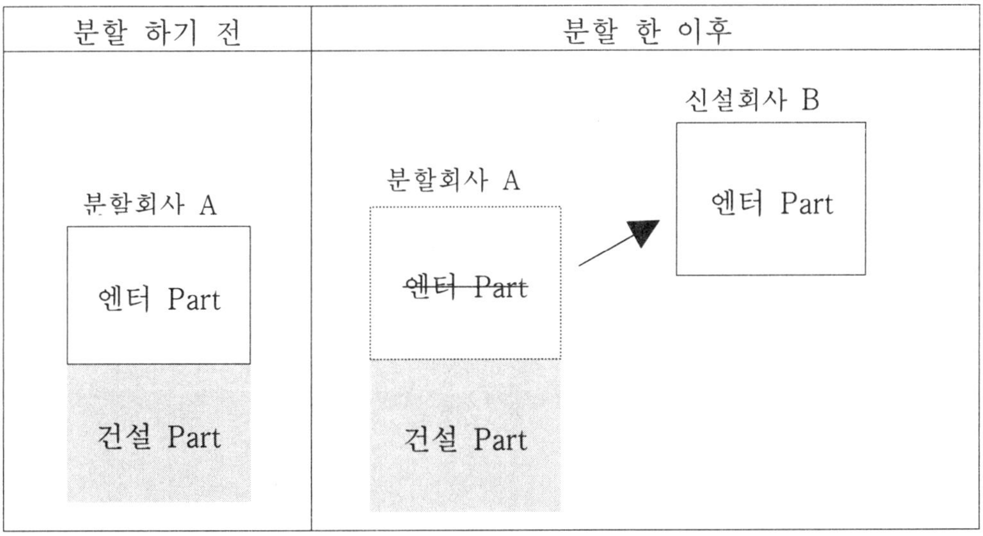

나. 회사의 분할합병

분할된 부분이 다른 회사에 흡수되는 「흡수분할합병」, 분할된 부분이 다른 기존회사 또는 다른 회사의 분할된 부분과 합쳐져 회사가 신설되는 「신설분할합병」이 있다.

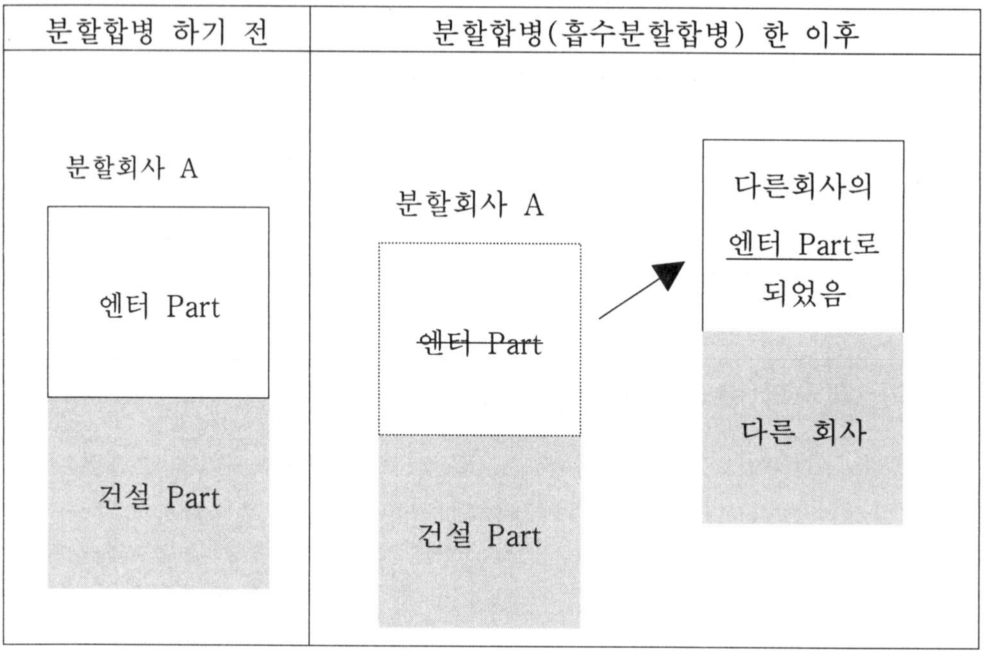

다. 회사 분할 이후 연대책임

분할 전 회사(피분할회사)의 권리의무는 분할 후 회사에 포괄승계되며, 기본적으로 분할 전 회사의 채무에 대해 분할 후 신설된 회사(분할신설법인)와 분할 후 존속하는 회사는 연대책임을 부담하게 된다.

라. 회사분할의 이유

회사분할을 하는데는 여러 가지 이유가 있는데, 보통 특정사업부분을 분할하여 전문화하기 위하여 행하여 진다. 이 경우 영업양도와 달리 사업상 인허가·면허 및 사업실적 등을 승계할 수 있어 이들의 연속적인 승계가 필요한 경우에 활용하기도 한다. 나아가 부진한 사업이나 적자사업을 분리시켜서 경영의 효율성을 높이고, 이익분산에 의한 절세 목적으로 이루어지기도 한다. 기업회생절차에서도 많이 이용되고 있다.

마. 분할의 절차 (상법 제530조의2 내지 530조의11)

(1) 분할계획서 작성

(2) 분할계약서, 분할되는 부분의 대차대조표 등의 사전공시(분할 승인 주주총회 2주 전부터 분할등기일 후 6월간)

(3) 분할계획서에 대한 주주총회 결의(특별결의)

(4) 채권자보호절차(상법 제527조의5) (분할승인결의가 있는 날로부터 2주 내에 1월 이상의 기간을 정하여 공고 및 최고)

(5) 주식매수청구권(합병반대주주의 주식매수청구권(상법 제522조의3), 따라서 분할합병의 경우에만 인정함)

(6) 분할등기 (본점에서 2주 이내, 지점에서 3주 이내)

바. 분할 또는 분할합병 무효의 소, 소송의 성질

분할·분할합병의 무효의 원인이 있을 경우 각 회사의 주주·이사·감사·청산인·파산관재인 또는 합병을 승인하지 아니한 채권자에 한하여 소만으로 이를 주장할 수 있다. 분할 또는 분할합병 무효의 소는 형성소송이다. 따라서 제소권자·제소기간·주장방법 등에 제한이 있다.

제530조의11 (준용규정)

① 분할 또는 분할합병의 경우에는 제234조, 제237조 부터 제240조까지, 제329조의2, 제440조 부터 제443조까지, 제526조, 제527조, 제527조의6, 제528조 및 제529조를 준용한다. 다만, 제527조의 설립위원은 대표이사로 한다.

② 제374조 제2항, 제439조 제3항, 제522조의3, 제527조의2, 제527조의3 및 제527조의5의 규정은 분할합병의 경우에 이를 준용한다.

제529조 (합병무효의 소) ① 합병무효는 각 회사의 주주·이사·감사·청산인·파산관재인 또는 합병을 승인하지 아니한 채권자에 한하여 소만으로 이를 주장할 수 있다. ② 제1항의 소는 제528조의 등기가 있은 날로부터 6월 내에 제기하여야 한다.

2. 무엇이 문제인데? (소의 원인)

합병계약서의 내용이 강행법규에 위반하거나 현저히 불공정한 경우, 채권자보호절차위반, 합병승인 주주총회결의 하자, 주주의 주식매수청구의 기회를 주지 않는 것 등을 들 수 있다.

가. 채권자보호절차

단순분할의 경우 채권자보호절차 위반은 분할 무효사유가 되지 않는다. 회사가 분할되어도 신설회사와 분할회사가 연대하여 책임을 지게 되므로(대법원 2004. 8. 30. 선고 2003다25973 판결 【약정금】), 채권자가 손해볼 일은 없기 때문이다.

분할합병의 경우 합병 부분에 있어서 채권자보호절차 위반은 합병무효의 소에서와 같이 분할합병무효 사유가 된다.

나. 합병승인 주주총회 결의에 무효나 취소의 원인이 있을 때

주주총회의 분할 또는 분할합병의 승인결의의 하자는 결국 합병무효사유에 해당하므로, 합병무효사유로 흡수되어 주주총회결의에 대한 무효, 취소의 소송은 별도로 제기할 수 없다.

다. 분할을 반대하는 주주의 주식매수청구의 기회를 부여하지 않은 경우

라. 기타

분할합병의 경우 합병무효의 경우와 같이 창립총회나 보고총회를 소집하지 않는 경우, 주식매수청구권에 관한 규정을 위반한 때 등 여러 가지가 이 소송의 원인이다.

3. 누가 원고가 되고 누가 피고가 되나? (소송당사자)

가. 제소권자(원고)

(1) **각 회사의 주주 · 이사 · 감사 · 청산인 · 파산관재인**

(2) **채권자** 단순분할에 있어서 채권자에 대하여는 신설회사와 분할회사가 연대하여 책임을 지게 되므로(대법원 2004. 8. 30. 선고 2003다25973 판결 【약정금】), 채권자가 손해볼 일은 없기 때문에 채권자보호절차를 이유로 분할무효를 주장할 수 없다. 분할합병에서는 분할합병을 승인하지 아니한 채권자에 한하여 소만으로 이를 주장할 수 있다.

나. 피고

소송의 피고는 존속회사와 신설회사이다. 두 회사 모두를 공동피고를 소송을 제기하여야 한다.

4. 제소기간, 관할 및 인지액 · 송달료

가. 제소기간 분할등기 · 분할합병의 등기가 있은 날로부터 6월 내 제기하여야 한다.

나. 관할, 공고 회사의 본점소재지를 관할하는 지방법원의 전속관할이다. 소가 제기된 때에는 회사는 지체없이 공고하여야 한다.

다. 병합심리 여러 개의 분할무효의 소송이 제기 된 때에는 병합하여 심리한다.

라. 소가와 인지액 분할 · 분할합병무효의 소는 비재산권을 목적으로 하는 소송으로서 소가는 1억 원이다. 따라서 인지액은 455,000원(계산 : 1억 원 × 0.004 + 55,000원)이다.

마. 송달료 송달료는 15회분을 납부하므로, 원 · 피고를 포함하여 당사자가 2인인 경우 153,000원(당사자수 2인 × 5,100원 × 15회분)이다.

5. 담보제공명령

분할·분할합병무효의 소를 제기한 때에는 법원은 피고인 회사의 청구에 의하여 상당한 담보를 제공할 것을 명할 수 있다.

6. 법원의 재량기각

회사 분할 또는 분할합병 무효의 소의 소가 그 심리 중에 원인이 된 하자가 보완되고 회사의 현황과 제반사정을 참작하여 분할 또는 분할합병을 무효로하는 것이 부적당하다고 인정한 때에는 법원은 그 청구를 기각할 수 있다(상법 제530조의 11에서 상법 제240조 준용).

7. 원고가 승소한 판결, 원고가 패소한 판결 (판결의 효력)

가. 대세적 효력(원고가 승소한 경우), 소급효 불인정

원고가 승소한 분할·분할합병 무효의 판결은 제3자에 대하여도 그 효력이 있다. 따라서 제소자(원고)와 회사 또는 그 누구도 새롭게 결의의 유효를 주장할 수 없다. 그래야 법률관계가 획일적으로 확정할 수 있기 때문이다. 그러나 거래의 안전을 위하여 분할·분할합병 무효판결의 소급효는 인정하고 있지 않다. 그러므로 무효판결 전에 한 이익의 배당이나 제3자와의 거래 같은 것은 모두 유효하다.

나. 원고 패소판결, 패소원고의 책임

원고가 패소한 경우 판결의 기판력은 다른 제소권자에게 미치지 않는다. 소를 제기한 자가 패소한 경우에 악의 또는 중대한 과실이 있는 때에는 회사에 대하여 연대하여 손해를 배상할 책임이 있다.

제5절 주식교환 무효의 소

1. 합병하자. 그런데 돈은 없으니 우리 주식 줄게, 너네 주식 몽땅 내놔 (주식교환)

주식교환은 지주회사의 설립을 쉽게 하기 위해 도입한 제도이다.

어떤 회사가 자(子)회사의 주식 전부를 소유하는 완전모(母)회사 관계를 형성할 수 있다. 모자회사관계를 만들기 위해 기존 영업양도나 사후설립 등으로 복잡하게 하던 것을 '주식교환' 한번으로 간단하게 만들기 위해 2001년에 상법에 도입된 것이다. 쉽게 표현하면, 완전모회사의 주식을 주고 자회사의 주식 전체를 완전모회사가 가져 오는 것이다. 자회사의 주주들 입장에서는 자신들의 주식 전체를 완전모회사에 주고 완전모회사의 주식을 대신 받아서 완전모회사의 주주가 되는 것이다.

제360조의2(주식의 포괄적 교환에 의한 완전모회사의 설립)

① 회사는 이 관의 규정에 의한 주식의 포괄적 교환에 의하여 다른 회사의 발행주식의 총수를 소유하는 회사(이하 "완전모회사"라 한다)가 될 수 있다. 이 경우 그 다른 회사를 "완전자회사"라 한다.

② 주식의 포괄적 교환(이하 이 관에서 "주식교환"이라 한다)에 의하여 완전자회사가 되는 회사의 주주가 가지는 그 회사의 주식은 주식을 교환하는 날에 주식교환에 의하여 완전모회사가 되는 회사에 이전하고, 그 완전자회사가 되는 회사의 주주는 그 완전모회사가 되는 회사가 주식교환을 위하여 발행하는 신주의 배정을 받거나 그 회사 자기주식의 이전을 받음으로써 그 회사의 주주가 된다.

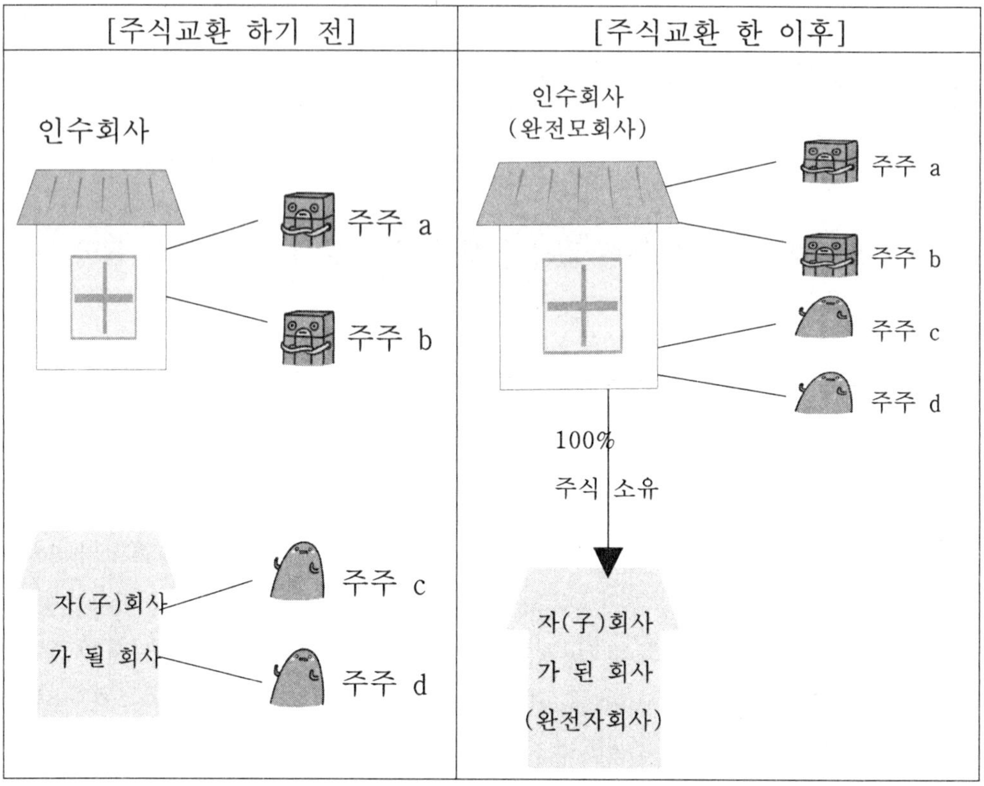

《이야기 하나 - 리타워텍, 돈 안 들이고 M&A해서 지주회사가 됨》

2000년 우리나라에는 주식의 맞교환이 허용되지 않았다. 그런데 우리나라 M&A시장에 외국의 금융기법을 배웠다는 C씨가 등장했다. 그는 현금이 없음에도 불구하고 곧 상장할 것 같은 유능한 벤처기업을 골라서 인수하고자 하였다. 그런데 합병을 하고자 하면 벤처기업의 주식을 사야 하므로 많은 돈이 필요했다.

C씨가 택한 방법은 그의 회사 리타워텍을 유상증자 하여 신주식을 발행해서 벤처기업의 대주주[104]가 이를 인수하고, 벤처기업의 대주주가 인수대금을 내면 그 돈으로 C씨의 리타워텍이 벤처기업의 주식을 매입하는 방식으로 M&A를 한 것이다(물론 벤처기업 대주주의 인수대금도 C씨의 지휘 아래 외국의 은행에서 빌려와 사용한 것이다. 돈을 빌려와 대주주의 통장에 아주 잠깐 있다가 바로 유상증자 대금으로 리타워텍의 통장으로 바로 들어간 것이다).

---

104) 경영자 등을 다 포함해 그냥 '대주주'라 한다

결론적으로 회사 하나를 합병하는데 돈이 거의 들어가지 않는다. 이렇게 C씨는 20여 개의 벤처기업을 인수하였다. 그 지주회사인 리타워텍의 주가는 폭등했다.

그 후 상법이 개정되었는데, 이렇게 복잡한 절차를 거치지 않고 한 번에 주식 맞교환을 할 수 있게 된 것이 2001년 7월에 신설된 주식교환의 규정이다. 이것은 지주회사의 창설을 위한 법적 수단을 마련해 준다는 목적이었다. 물론 피합병회사의 다른 주주들이 손해를 보지 않도록 완전자회사가 되게끔 규정하는 등 안전장치를 여러군데 해 놓았다.

2. 주식교환 무효의 소

제360조의14 (주식교환무효의 소)

① 주식교환의 무효는 각 회사의 주주·이사·감사·감사위원회의 위원 또는 청산인에 한하여 주식교환의 날부터 6월 내에 소만으로 이를 주장할 수 있다.

② 제1항의 소는 완전모회사가 되는 회사의 본점소재지의 지방법원의 관할에 전속한다.

③ 주식교환을 무효로 하는 판결이 확정된 때에는 완전모회사가 된 회사는 주식교환을 위하여 발행한 신주 또는 제360조의6의 규정에 의하여 이전한 주식의 주주에 대하여 그가 소유하였던 완전자회사가 된 회사의 주식을 이전하여야 한다.

④ 제187조 내지 제189조, 제190조 본문, 제191조, 제192조, 제377조 및 제431조의 규정은 제1항의 소에, 제339조 및 제340조 제3항의 규정은 제3항의 경우에 각각 이를 준용한다.

가. 각 회사의 주주·이사·감사·감사위원회의 위원 또는 청산인은 ① 주식교환계약서의 내용과 다른 내용으로 주식교환을 하거나 ② 주식교환계약서의 내용이 강행법규에 위반하거나 현저히 불공정한 경우 ③ 주주총회 승인결의의 하자가 있는 경우 ④ 주식교환비율이 현저히 불공정한 경우 ⑤ 반대주주에게 주식매수청구권행사의 기회를 주지 않는 경우 ⑥ 모회사의 자본이 자회사의 순자산을 초과하여 증가된 경우 같이 절차적 또는 실질적

인 면에 하자가 있는 경우 주식교환 무효의 소를 제기할 수 있다.

나. 주식교환 무효의 소는 형성소송이다. 따라서 제소권자·제소기간·주장방법 등에 제한이 있다.

3. 누가 원고가 되고 누가 피고가 되나? (소송당사자)

가. 제소권자(원고) 각 회사의 주주·이사·감사·감사위원회의 위원 또는 청산인에 한하여 제소권자가 된다. 채권자는 제소권자가 될 수 없다.

나. 피고 완전모회사와 완전자회사 둘 다 소송의 피고로 된다.

4. 제소기간, 관할 및 인지액·송달료

가. 제소기간 주식교환의 날부터 6월 내에 소만으로 이를 주장할 수 있다. 정확하게 표현하면 주식교환계약서에 "주식교환을 할 날"로 기재된 주식교환의 날부터 6개월이다[105].

나. 관할, 공고 완전모회사의 본점소재지를 관할하는 지방법원의 전속관할이다. 소가 제기된 때에는 회사는 지체없이 공고하여야 한다.

다. 병합심리 여러 개 주식교환 무효의 소송이 제기 된 때에는 병합하여 심리한다.

라. 소가와 인지액 주식교환 무효의 소는 비재산권을 목적으로 하는 소송으로서 소가는 1억 원이다. 따라서 인지액은 455,000원(계산 : 1억 원 × 0.004 + 55,000원)이다.

마. 송달료 송달료는 15회분을 납부하므로, 원·피고를 포함하여 당사자가 2인인 경우 153,000원(당사자수 2인 × 5,100원 × 15회분)이다.

---

105) 임재연 앞의 책 p359

5. 담보제공명령

주주가 주식교환 무효확인의 소를 제기한 때에는 법원은 회사의 청구에 의하여 상당한 담보를 제공할 것을 명할 수 있다. 그러나 그 주주가 이사 또는 감사인 때에는 그러하지 아니하다.

6. 법원의 재량기각

주식교환 무효의 소의 소가 그 심리 중에 원인이 된 하자가 보완되고 회사의 현황과 제반사정을 참작하여 주식교환을 무효로 하는 것이 부적당하다고 인정한 때에는 법원은 그 청구를 기각할 수 있다.

7. 원고가 승소한 판결, 원고가 패소한 판결 (판결의 효력)

가. 대세적 효력(원고가 승소한 경우)

원고가 승소한 주식교환 무효의 판결은 제3자에 대하여도 그 효력이 있다. 따라서 제소자(원고)와 회사 또는 그 누구도 새롭게 결의의 유효를 주장할 수 없다. 그래야 법률관계가 획일적으로 확정할 수 있기 때문이다. 그러나 거래의 안전을 위하여 주식교환 무효판결의 소급효는 제한된다. 이에 관하여 상법 제431조 "① 신주발행무효의 판결이 확정된 때에는 신주는 장래에 대하여 그 효력을 잃는다. ② 전항의 경우에는 회사는 지체없이 그 뜻과 일정한 기간 내에 신주의 주권을 회사에 제출할 것을 공고하고 주주명부에 기재된 주주와 질권자에 대하여는 각별로 그 통지를 하여야 한다. 그러나 그 기간은 3월 이상으로 하여야 한다." 조항을 준용하고 있다.

나. 패소원고의 책임

원고가 패소한 경우 판결의 기판력은 다른 제소권자에게 미치지 않는다. 소를 제기한 자가 패소한 경우에 악의 또는 중대한 과실이 있는 때에는 회사에 대하여 연대하여 손해를 배상할 책임이 있다.

제6절 주식이전 무효의 소

1. 지주회사를 만들자 (주식의 포괄적 이전)

> **제360조의15(주식의 포괄적 이전에 의한 완전모회사의 설립)**
>
> ① 회사는 이 관의 규정에 의한 주식의 포괄적 이전에 의하여 완전모회사를 설립하고 완전자회사가 될 수 있다.
>
> ② 주식이전에 의하여 완전자회사가 되는 회사의 주주가 소유하는 그 회사의 주식은 주식이전에 의하여 설립하는 완전모회사에 이전하고, 그 완전자회사가 되는 회사의 주주는 그 완전모회사가 주식이전을 위하여 발행하는 주식의 배정을 받음으로써 그 완전모회사의 주주가 된다.

가. 주식의 포괄적 이전의 뜻

어떤 회사가 완전모(母)회사를 설립하여 자신의 주식 전부를 이전해주고, 그 회사는 자신은 완전모회사의 완전자회사가 되는 절차이다.

나. 주식의 포괄적 이전을 하는 이유

주식의 포괄적 이전을 하는 이유는 지주회사를 만들기 위해서이다. 완전자회사(실질적으로는 완전자회사의 주주를)(S라 함)는 새로 설립한 완전모회사(M이라 함)에 자신의 주식을 전부 이전하고 이로 인해 자신의 주식을 100% 소유한 완전모회사에 완전히 지배당한다. 이로써 과거 S회사의 주주였던 사람들은 자신들의 주식을 이전함으로써 새로 설립한 M회사에 주주가 되고, M회사는 완전자회사인 S회사를 완전히 지배한다. 또한 여러 개의 회사들(S, S', S"..)이 공동으로 하나의 완전모회사를 설립할 수 있다(상법 제360조의 16 제8호 '회사가 공동으로 주식이전에 의하여 완전모회사를 설립'). 그렇게 되면 하나의 회사(M)가 여럿의 자회사들(S, S', S"..)을 거느린 지주회사가 되는 것이다. 신한금융지주회사는 이렇게 2001년 9월 신한은행, 신한증권, 신한캐피탈, 신한BNP파리바투자신탁운용의 주주로부터 주식 이전의 방법으로 설립되었고, 지주회사가 된 것이다.

다. 주주총회에 의한 주식이전의 승인

주식이전을 하고자 하는 회사는 다음 사항을 적은 주식이전계획서를 작성하여 주주총회의 승인을 받아야 한다(상법 제360조의16).

1. 설립하는 완전모회사의 정관의 규정
2. 설립하는 완전모회사가 주식이전에 있어서 발행하는 주식의 종류와 수 및 완전자회사가 되는 회사의 주주에 대한 주식의 배정에 관한 사항
3. 설립하는 완전모회사의 자본금 및 자본준비금에 관한 사항
4. 완전자회사가 되는 회사의 주주에게 제2호에도 불구하고 금전이나 그 밖의 재산을 제공하는 경우에는 그 내용 및 배정에 관한 사항
5. 주식이전을 할 시기
6. 완전자회사가 되는 회사가 주식이전의 날까지 이익배당을 할 때에는 그 한도액
7. 설립하는 완전모회사의 이사와 감사 또는 감사위원회의 위원의 성명 및 주민등록번호
8. 회사가 공동으로 주식이전에 의하여 완전모회사를 설립하는 때에는 그 뜻

라. 주식의 포괄적 교환·이전에 관한 금융위원회의 승인

참고로 금융투자업자는 주식의 포괄적 교환·이전을 하고자 하는 경우에는 금융위원회에서 승인을 받아야 하는데 그 신청서류를 보면 다음과 같다.

① 주식의 교환계약서(주식이전계획서) 사본 1부

② 주식교환(이전) 당사회사의 정관변경(안) 또는 정관제정(안) 각 1부

③ 주식교환 당사회사의 대차대조표 및 재산목록 각 1부

(주식이전의 경우 완전자회사가 되는 회사의 대차대조표 및 재산목록 각 1부)

④ 주식교환(이전) 후 3년간 사업계획서 및 예상수지계산서(사업전략, 추정재무제표 및 예상수탁고, 조직구조 등 포함) 1부

⑤ 주식의 교환(이전)을 결의한 이사회의사록 또는 주주총회 의사록 사본 1부

⑥ 주식교환(이전)의 이유·주식교환(이전)의 방법을 검토한 서류 1부

⑦ 주식교환(이전) 후 추정 순자본비율·최소영업자본액 또는 영업용순자본비율 및 산출근거자료 1부

⑧ 주식교환(이전) 후 대주주의 자격요건 및 재무상태 검토서류 1부

⑨ 주식교환(이전) 후 회사 임원의 이력서 및 경력증명서 각 1부

⑩ 당해 각 회사의 주식교환(이전) 전·후 주주명부 및 그 소유주식수의 변동 내용 1부

⑪ 주식교환비율 및 그 산출근거에 관한 요약서류 1부

(외부평가기관이 당해 회사와 이해상충관계가 없음을 확인할 수 있는 서류 포함)

⑫ 주식교환·이전의 일정을 기재한 서류 1부

⑬ 그 밖에 신청사실의 타당성을 심사하기 위하여 필요한 서류

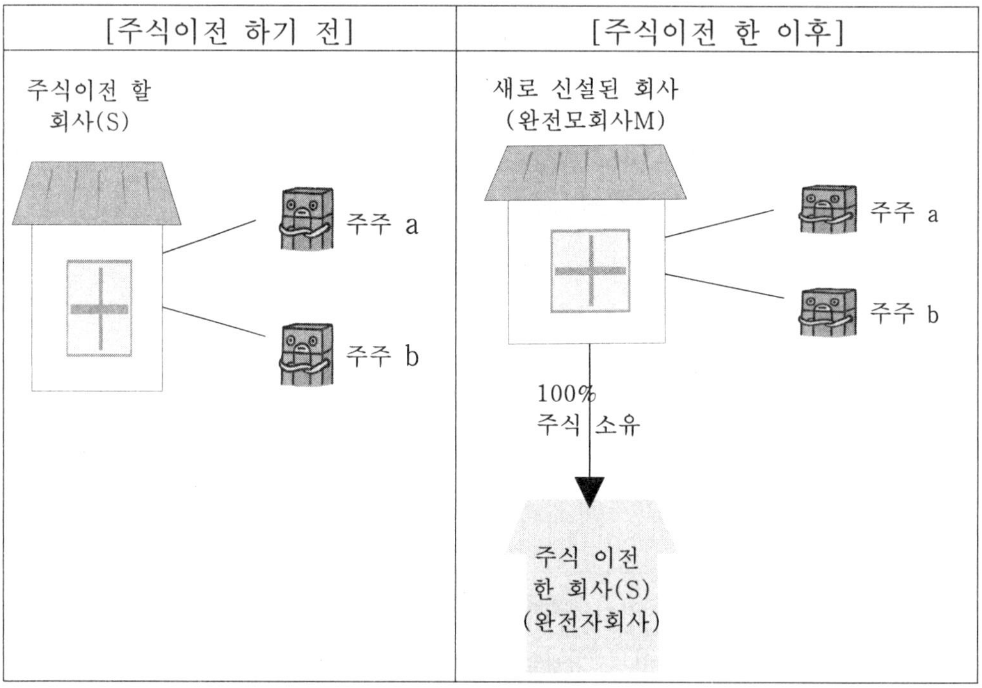

2. 주식이전 무효의 소송의 의의와 성질

가. 각 회사의 주주・이사・감사・감사위원회의 위원 또는 청산인은

① 주식이전계약서의 내용과 다른 내용으로 주식교환을 하거나 ② 주식이전계약서의 내용이 강행법규에 위반하거나 현저히 불공정한 경우 ③ 주주총회 승인결의의 하자가 있는 경우 ④ 반대주주에게 주식매수청구권행사의 기회를 주지 않는 경우 주식이전 무효의 소를 제기할 수 있다.

나. 주식교환 무효의 소는 형성소송이다. 따라서 제소권자·제소기간·주장방법 등에 제한이 있다.

제360조의23(주식이전무효의 소)

① 주식이전의 무효는 각 회사의 주주·이사·감사·감사위원회의 위원 또는 청산인에 한하여 주식이전의 날부터 6월 내에 소만으로 이를 주장할 수 있다.

② 제1항의 소는 완전모회사가 되는 회사의 본점소재지의 지방법원의 관할에 전속한다.

③ 주식이전을 무효로 하는 판결이 확정된 때에는 완전모회사가 된 회사는 주식이전을 위하여 발행한 주식의 주주에 대하여 그가 소유하였던 완전자회사가 된 회사의 주식을 이전하여야 한다.

④ 제187조 내지 제193조 및 제377조의 규정은 제1항의 소에, 제339조 및 제340조제3항의 규정은 제3항의 경우에 각각 이를 준용한다.

3. 누가 원고가 되고 누가 피고가 되나? (소송당사자)

가. 제소권자(원고) 각 회사의 주주·이사·감사·감사위원회의 위원 또는 청산인에 한하여 제소권자가 된다. 채권자는 제소권자가 될 수 없다.

나. 피고 완전모회사와 완전자회사 둘 다 소송의 피고로 된다.

4. 제소기간, 관할 및 인지액·송달료

가. 제소기간 주식을 이전한 날부터 6월 내에 소만으로 이를 주장할 수 있다. 주식이전의 날은 완전모회사의 설립등기일이다[106]. 주식이전은 완전모회사가 설립등기를 한 때에 효력을 발생하기 때문이다(상법 제360조의21(주식이전의 효력발생시기)).

나. 관할, 공고 완전모회사의 본점소재지를 관할하는 지방법원의 전속관할이다. 소가 제기된 때에는 회사는 지체없이 공고하여야 한다.

다. 병합심리 여러 개의 주식이전 무효의 소송이 제기 된 때에는 병합하여 심히한다.

라. 소가와 인지액 주식이전 무효의 소는 비재산권을 목적으로 하는 소송으로서 소가는 1억 원이다. 따라서 인지액은 455,000원(계산 : 1억 원 × 0.004 + 55,000원)이다.

마. 송달료 송달료는 합의부 관할로 15회분을 납부하므로, 원・피고를 포함하여 당사자가 2인인 경우 153,000원(당사자수 2인 × 5,100원 × 15회분)이다.

5. 담보제공명령

주주가 주식이전 무효확인의 소를 제기한 때에는 법원은 회사의 청구에 의하여 상당한 담보를 제공할 것을 명할 수 있다. 그러나 그 주주가 이사 또는 감사인 때에는 그러하지 아니하다(상법 제360조의 23 → 상법 제377조 준용).

6. 법원의 재량기각

주식교환 무효의 소의 소가 그 심리 중에 원인이 된 하자가 보완되고 회사의 현황과 제반사정을 참작하여 주식교환을 무효로 하는 것이 부적당하다고 인정한 때에는 법원은 그 청구를 기각할 수 있다.

---

106) 임재연 앞의 책 p367

7. 원고가 승소한 판결, 원고가 패소한 판결 (판결의 효력)

가. 원고가 승소한 경우

(1) **대세적 효력** 원고가 승소한 주식이전 무효의 판결은 제3자에 대하여도 그 효력이 있다. 따라서 제소자(원고)와 회사 또는 그 누구도 새롭게 결의의 유효를 주장할 수 없다. 그래야 법률관계가 획일적으로 확정할 수 있기 때문이다.

(2) **주식의 반대 이전** 주식이전을 무효로 하는 판결이 확정된 때에는 완전모회사가 된 회사는 주주에 대하여 그가 소유하였던 완전자회사가 된 회사의 주식을 이전하여야 한다(상법 제360조의 23 제2항).

(3) **소급효 제한** 그러나 주식이전 무효의 판결확정 전에 생긴 회사와 다른 사람(사원 또는 제3자) 사이의 권리의무에는 영향을 미치지 아니한다. 거래의 안전을 위하여 합병무효판결의 소급효는 인정하고 있지 않다. 그러므로 무효판결 전에 한 이익의 배당이나 제3자와의 거래 같은 것은 모두 유효하다.

다. 패소원고의 책임

원고가 패소한 경우 판결의 기판력은 다른 제소권자에게 미치지 않는다(대인적 효력). 소를 제기한 자가 패소한 경우에 악의 또는 중대한 과실이 있는 때에는 회사에 대하여 연대하여 손해를 배상할 책임이 있다.

제 12 장

법인격 남용

제1절 법인격의 부인 -배후자에 책임을 물음-

주식회사는 유한책임이란 말 그대로 한도가 있는 책임을 진다는 의미인데, 앞에서 말한 바와 같이 회사가 망하더라도 주주는 자신이 출자한 만큼의 돈(주식을 매입한 값)만 날리면 되고 그 이상의 책임은 지지 않는다는 의미이다.

이미 앞에서 설명하였듯이, 슈퍼마켓(주식회사가 아닌)을 운영하는 A라는 어느 개인사업자가 장사를 못하거나 받은 어음이 부도가 나서 10억 원의 빚을 졌면 A는 자신의 집을 팔아서라도 빚을 갚아야 한다. 하지만 A가 슈퍼마켓을 주식회사로 만들고 그 주식을 100%를 몽땅 소유하였고 자신이 그 주식회사의 대표이사까지 맡았다고 생각해보자. 그리고 앞의 Case와 마찬가지로 슈퍼마켓이 10억 원의 빚을 졌다고 하자. A는 빚을 모두 떠 안아야 하는가? 답은 No이다.

원칙적으로 A는 주식회사의 채무에 대하여 전혀 책임이 없다. 주식회사도 그 자체가 사람이기 때문에 A가 회사에 대하여 연대보증 등을 서지 않는 한, 회사의 채무는 회사만 부담하고 A는 추궁당하지 않아도 된다. 회사와 A는 별개의 사람인 것이다. 회사는 그 구성원인 사원과는 별개의 법인격을 가지는 것이고, 이는 이른바 1인 회사라 하여도 마찬가지이다.

그러나 회사가 외형상으로는 법인의 형식을 갖추고 있으나 이는 법인의 형태를 빌리고 있는 것에 지나지 아니하고 그 실질에 있어서는 완전히 그 법인격의 배후에 있는 타인의 개인기업에 불과하거나 그것이 배후자에 대한 법률적용을 회피하기 위한 수단으로 함부로 쓰여지는 경우가 많이 있다. 이런 것은 비록 외견상으로는 회사의 행위라 할지라도 회사와 그 배후자가 별개의 인격체임을 내세워 회사에게만 그로 인한 법적 효과가 귀속됨을 주장하면서 배후자의 책임을 부정하는 것은 신의성실의 원칙에 위반되는 법인격의 남용으로서 심히 정의와 형평에 반하여 허용될 수 없다. 따라서 회사는 물론 그 배후자인 타인에 대하여도 회사의 행위에 관한 책임을 물을 수 있다(대구고등법원 2007. 11. 16. 선고 2006나7366 판결 [매매대금]). 법인격을 부인한다는 것은 결국 회사와 사원을 동일시하여 사원(배후자)에게도 책임을 묻는 것이다.

Case) 이완용은 한일다나까유통 주식회사, 사사키산업주식회사 등 여러 회사를 사실상 지배하면서 이 이들 회사를 내세워 그 회사 명의로 또는 자신의 개인 명의로 빌딩 또는 오피스텔 등의 분양사업을 하고 있다.

사사키산업주식회사의 자본금은 5,000만 원이고 주식은 모두 5,000주인데 외형상 이완용 및 3명의 명의로 분산되어 있으나 실질적으로는 이완용이 위 주식 대부분을 소유하고 있다. 그러므로 주주총회나 이사회의 결의 역시 외관상 회사로서의 명목을 갖추기 위한 것일 뿐 실질적으로는 이러한 법적 절차가 지켜지지 아니한 채 이완용 개인의 의사대로 회사 운영에 관한 일체의 결정이 이루어졌다.

이완용은 사사키산업주식회사의 명의로 건물을 신축하여 분양하면서 윤수일로부터 5억 원 가량의 분양대금을 받았으나 사사키산업주식회사는 부도가 나고 그 대금 중 상당부분이 이완용 개인의 용도로 쓰이거나 사용용도가 명확하지 않았다.

이 경우 윤수일이 배후에서 일체를 조종을 한 이완용에 대하여 취할 수 있는 조치는 무엇이 있을까 생각해보자. (대법원 97다21604 판결 참조)

제2절 법인격 부인을 주장하는 소송

1. 법인격 부인의 주장

법인격의 주장은 특별히 정한 회사법상의 소송에서 따로 정한 것이 아닌 일반 민사소송법상의 소송에서 지켜야 할 법원칙으로 주장하는 것이다. 이행의 소이든 민사집행법상의 소송이든 주로 회사와 사원을 동일시하여 배후자인 사원에게노 책임을 붇는 공격에서 인용하는 '신의칙 상 법원칙 또는 판례이론'으로 많이 쓰인다.

2. 당사자능력, 관할 및 인지액 · 송달료

가. 당사자능력 법인격부인론을 근거로 공격하여 원고가 승소하더라도 회사의 법인격 자체가 전면적으로 부인되는 것은 아니다. 따라서 원고가 법인격 부인을 주장하는 대상인 회사도 피고로서 당사자능력이 있다. 이 경우 배후자인 사원과 회사를 공동피고로 삼는 경우가 많은데, 이러한 경우는 통상적인 공동소송이다. 필수적공동소송은 아니라고 볼 것이다.

나. 관할 법인격 부인을 주장하는 소송은 대부분 민사소송법상 관할이 적용된다. 피고의 보통재판적으로서 개인의 경우에는 피고의 주소지이고, 피고가 법인인 경우에는 피고의 주된 사무소 또는 영업소가 있는 곳을 관할하는 법원이 될 것이다(민사소송법 제5조 제1항).

다. 인지 · 송달료 민사소송 등 인지규칙 제6조는 소가산정의 원칙으로서 '소가는 원고가 청구취지로써 구하는 범위 내에서 원고의 입장에서 보아 전부 승소할 경우에 직접 받게 될 경제적 이익을 객관적으로 평가하여 금액으로 정함을 원칙으로 한다'고 규정하고 있다. 따라서 전부승소 할 경우 원고가 직접 받게 될 경제적 이익은 '원고가 명의개서를 구하는 주권의 가액'이라고 할 수 있다. 예를 들어 확인을 구하는 주식의 액면금액이 5억원이라고 할 경우 그 금액을 소가로 하므로, 인지액은 2,055,000원이고, 관할은 2억 원 이상이므로 합의부에서 관할하고, 송달료는 합의사건의 송달료인 15회분의 송달료를 납부하여 당사자가 2인인 경우 153,000원(당사자수 × 1회 송달료 5,100 원 × 15회분)이다.

3. 판결의 효력

법인격 부인을 주장하는 소송은 회사법상의 소송이 아니므로 대세적 효력이 있는 것이 아니고, 단지 일반 민사소송의 이행판결에 지나지 않으므로 대인적인 효력만 인정될 뿐이다. 법인격이 부인되더라도 이것은 해당 사건에 한할 뿐 회사의 법인격 자체를 전면적으로 소멸시키는 것은 아니다.

4. 법인격 형해화 및 법인격 남용을 인정하기 위한 판단기준(대법원 2001.1.19. 선고, 97다21604, 판결)

가. 회사가 그 법인격의 배후에 있는 타인의 개인기업에 불과하다고 보려면, 원칙적으로 문제가 되고 있는 법률행위나 사실행위를 한 시점을 기준으로 하여, 회사와 배후자 사이에 재산과 업무를 구분하기 어려울 정도로 혼용되었는지 여부, 주주총회나 이사회를 개최하지 않는 등 법률이나 정관에 규정된 의사결정 절차를 밟지 않았는지 여부, 회사 자본의 부실 정도, 영업의 규모 및 직원의 수 등에 비추어 볼 때, 회사가 이름뿐이고 실질적으로는 개인영업에 지나지 않는 상태로 될 정도로 형해화 되어야 한다.

또한, 위와 같이 법인격이 형해화 될 정도에 이르지 않더라도 회사의 배후에 있는 자가 회사의 법인격을 남용한 경우, 회사는 물론 그 배후자인 타인에 대하여도 회사의 행위에 관한 책임을 물을 수 있으나, 이 경우 채무면탈 등의 남용행위를 한 시점을 기준으로 하여, 회사의 배후에 있는 자가 회사를 자기 마음대로 이용할 수 있는 지배적 지위에 있고, 그와 같은 지위를 이용하여 법인 제도를 남용하는 행위를 할 것이 요구되며, 위와 같이 배후자가 법인 제도를 남용하였는지 여부는 앞서 본 법인격 형해화의 정도 및 거래상대방의 인식이나 신뢰 등 제반 사정을 종합적으로 고려하여 개별적으로 판단하여야 한다(대법원 2007다90982 매매대금).

[법인격을 부인함으로써 회사와 대표이사 개인의 함께 묻는 소장]

소 장

원 고 윤수일

서울시 성동구 성수동 11111

피 고 1. 이완용

서울시 강남구 논현동 22222

2. 사사키산업주식회사

서울시 강남구 역삼동 33333

분양대금 반환 청구

청 구 취 지

1. 피고들은 연대하여 원고에게 5억원 및 이에 대하여 2013. 5. 4.부터 이 사건 소장 송달일까지는 연 5%의, 그 다음 날부터 다 갚는 날까지는 연 12%의 각 비율로 계산한 돈을 지급하라.

2. 소송비용은 피고들의 부담으로 한다.

청 구 원 인

원고는 2011. 6. 19. 피고 이완용이 대표이사로 있는 피고 사사키산업주식회사(이하 '사사키산업'이라 합니다)로부터 이 사건 건물 중 5층 2호를 분양 받고, 2012. 3. 30.까지 계약금과 1, 2차 중도금을 지급하였습니다. 원고는 위 분양계약 당시 피고 회사와 입주시 잔금을 지급하기로 약정하였을 뿐 위 건물의 완공 및 입주 예정일에 관하여는 별도의 약정을 하지 아니하였습니다.

피고 이완용은 종전부터 한일다나까 주식회사 등 여러 회사를 사실상 지배하면서 이들 회사를 내세워 그 회사 명의로 또는 자신의 개인 명의로 빌딩 또는 오피스텔 등의 분양사업을 하여 왔습니다.

이러한 사업의 일환으로 피고 이완용은 이 사건 건물의 분양 및 관리를 위하여 2011. 5. 3. 피고 사사키산업회사 전 대표이사로부터 피고 사사키산업회사의 주식을 양수한 다음 자신이 대표이사로 취임하였고, 피고 사사키산업의 주식은 모두 5,000주인데 현재 외형상 피고 이완용 외 3인 명의로 분산되어 있으나 실질적으로는 피고 이완용이 위 주식의 대부분을 소유하고 있었습니다.

피고 이완용은 개인의 의사대로 사사키산업의 운영에 관한 일체의 결정을 하였으며 주주총회나 이사회의 결의 역시 외관상 회사로서의 명목을 갖추기 위한 것일 뿐 실질적으로는 이러한 법적 절차가 지켜지지 않았음은 물론입니다.

현재 피고 사사키산업회사의 사무실은 폐쇄되어 그 곳에 근무하는 직원은 없습니다. 피고 사사키산업이 수분양자들로부터 지급받은 분양대금 약 78억 원 중 30억 원 가량은 피고 이완용이 임의로 자신의 명의로 이 사건 건물의 부지인 이 사건 대지를 매입하는 자금으로 사용하였고, 회사채권자들에 의한 강제집행에 대비하여 위 대지에 관하여 제3자 명의로 가등기를 경료하였다가 이를 말소하는 등 피고 사사키산업회사의 재산과 피고 이완용의 개인재산이 제대로 구분되어 있지 않았습니다.

이 사건 공사는 공사 발주금액만도 166억 원 가량에 이르는 대규모 공사이고 이 사건 건물의 분양대금도 수백억 원에 이르는 데에 반하여 피고 회사의 자본금은 5,000만 원에 불과할 뿐만 아니라 이마저도 명목상의 것에 불과합니다. 위 분양대금으로 매수한 이 사건 대지는 피고 이완용 개인 명의로 소유권이전등기가 경료되어 있고, 나머지 분양대금 역시 그 용도가 명확히 밝혀지지 아니한 채 모두 사용되어 버려 피고 회사의 실제 자산은 사실상 전혀 없는 상태였다.

그런데 피고 사사키산업회사의 자금난으로 말미암아 시공회사에게 공사대금이 지체되자, 시공회사는 기성금 미지급을 이유로 골조공사만 마친 상태에서 2012. 8. 경 공사를 중단하였다.

이에 원고는 2013. 5. 3. 피고 사사키산업회사가 건물의 완공 및 입주에 필요한 신의칙상 요구되는 상당한 기간을 이미 지나쳤다고 판단하여 분양계약을 해제하고, 피고 사사키산업회사와 그 **배후자인 피고 이완용**을 상대로 납부한 분양대금을 받기 위해 이 소송을 제기하는 것입니다.

입 증 방 법

1. 갑 제1호증 법인등기부등본 2통
1. 갑 제2호증 분양계약서 1통
1. 갑 제3호증 1차중도금 지급납부 영수증 1통
1. 갑 제4호증 2차중도금 지급납부 영수증 1통
1. 갑 제5호증 토지매입계약서 1통
1. 갑 제6호증 사무실 사진 1통
1. 갑 제7호증 계약해제 내용증명 2통

--- 이하 생략

나. 회사는 그 구성원인 사원과는 별개의 법인격을 가지는 것이고, 이는 이른바 1인 회사라 하여도 마찬가지이다.

5. 기존회사가 채무를 면탈할 목적으로 똑같은 신설회사를 설립한 경우

[대법원 2006.07.13. 선고 2004다36130 판결 부당이득금반환]

기존회사가 채무를 면탈할 목적으로 기업의 형태·내용이 실질적으로 동일한 신설회사를 설립하였다면, 신설회사의 설립은 기존회사의 채무면탈이라는 위법한 목적달성을 위하여 회사제도를 남용한 것이다. 따라서 기존회사의 채권자에 대하여 위 두 회사가 별개의 법인격을 갖고 있음을 주장하는 것은 신의성실의 원칙상 허용될 수 없다 할 것이어서 기존회사의 채권자는 위 두 회사 어느 쪽에 대하여서도 채무의 이행을 청구할 수 있다(대법원 1995. 5. 12. 선고 93다44531 판결, 2004. 11. 12. 선고 2002다66892 판결 등 참조).

제 13 장

허위공시 등 관련 소송

최근 신문기사(히트뉴스 2020. 10. 18.)에 ㈜메디0000는 자사를 "2000년 설립 후 보툴리눔톡신(A형)을 이용한 의학제품의 제조 및 판매를 주력으로 성장한다"며 "독자적인 기술, KGMP 인증시설을 마련하고 있다"고 공시를 했는데 그것이 허위여서 "메디0000 주식투자자(원고)를 대리해 메디00와 주요 임원들을 상대(피고)로 손해배상청구 소장을 제출했다"는 기사를 읽었다. 허위공시에 관한 형사, 민사의 문제는 상당히 빈번하다. 허위공시하면 '허위공시에 의한 작전세력'이 생각날 정도로 현대사회에서는 중요하고도 빈번한 문제이다. 이 부분은 주로 자본시장법에서 규율하고 있으므로 일단 본 장에서는 법조항을 위주로 하여 간단하게 설명한다.

제1절 증권신고서에 뻥쳤으면 책임져야지 (증권신고서 등 부실기재 관련 손해배상소송)

1. 손해배상을 할 사람(배상책임을 질 자)(자본시장법 제125조)

가. 증권신고서의 신고인, 업무집행지시자 등

증권신고서[107]와 투자설명서[108] 중 중요사항에 관하여 거짓의 기재 또는 표시가 있거나 중요사항이 기재 또는 표시되지 아니함으로써 증권의 취득자가 손해를 입은 경우에는 그 책임이 있는 아래의 사람은 그 손해에 관하여 배상의 책임을 진다.

(1) 증권신고서의 신고인과 신고 당시의 발행인의 이사[109]

(2) 업무집행지시자[110]등으로서 그 증권신고서의 작성을 지시하거나 집행한 자

(3) 증권신고서의 기재사항 또는 그 첨부서류가 진실 또는 정확하다고 증명하여 서명한 공인회계사·감정인 또는 신용평가를 전문으로 하는 자 등 대통령령으로 정하는 자

(4) 증권신고서의 기재사항 또는 그 첨부서류에 자기의 평가·분석·확인 의견이 기재되는 것에 대하여 동의하고 그 기재내용을 확인한 자

(5) 증권의 인수인 또는 주선인(인수인 또는 주선인이 2인 이상인 경우에는 대통령령으로 정하는 자를 말한다)

(6) 투자설명서를 작성하거나 교부한 자

---

107) 정정신고서 및 첨부서류를 포함한다. 이하 이 조에서 같다

108) 예비투자설명서 및 간이투자설명서를 포함한다.

109) 이사가 없는 경우 이에 준하는 사람을 말하며, 법인의 설립 전에 신고된 경우에는 그 발기인을 말한다

110) 상법 제401조의2(업무집행지시자 등의 책임)

(7) 매출의 방법에 의한 경우 매출신고 당시의 매출인

나. 배상책임의 면제

다만, 배상의 책임을 질 자가 상당한 주의를 하였음에도 불구하고 이를 알 수 없었음을 증명하거나 그 증권의 취득자가 취득의 청약을 할 때에 그 사실을 안 경우에는 배상의 책임을 지지 아니한다.

2. 손해배상 할 금액(자본시장법 제126조)

가. 실제 지급금액에서 시장가격 또는 처분가격을 뺀 금액

청구권자가 해당 증권을 취득함에 있어서 실제로 지급한 금액에서 다음의 어느 하나에 해당하는 금액을 뺀 금액으로 추정한다.

(1) 손해배상을 청구하는 소송의 변론이 종결될 때의 그 증권의 시장가격(시장가격이 없는 경우에는 추정처분가격을 말한다)

(2) 위 변론종결 전에 그 증권을 처분한 경우에는 그 처분가격

나. 책임의 면제

배상책임을 질 자는 청구권자가 입은 손해액의 전부 또는 일부가 중요사항에 관하여 거짓의 기재 또는 표시가 있거나 중요사항이 기재 또는 표시되지 아니함으로써 발생한 것이 아님을 증명한 경우에는 그 부분에 대하여 배상책임을 지지 아니한다.

3. 배상청구권의 소멸(자본시장법 제127조)

허위공시에 대한 배상의 책임은 그 청구권자가 해당 사실을 안 날부터 1년 이내 또는 해당 증권에 관하여 증권신고서의 효력이 발생한 날부터 3년 이내에 청구권을 행사하지 아니한 경우에는 소멸한다.

제2절 사업보고서에 뻥쳤으면 책임져야지 (사업보고서 등 부실기재 관련 손해배상소송)

1. 손해배상을 할 사람 (배상책임을 질 자)(자본시장법 제162조 제1항)

가. 사업보고서 등에 거짓기재 한 자

회사의 사업보고서 등(사업보고서·반기보고서·분기보고서·주요사항보고서) 및 그 첨부서류 중 중요사항에 관하여 거짓의 기재 또는 표시가 있거나 중요사항이 기재 또는 표시되지 아니함으로써 사업보고서 제출대상법인이 발행한 증권[111]의 취득자 또는 처분자가 손해를 입은 경우에는 다음의 사람은 그 손해에 관하여 배상의 책임을 진다.

(1) 그 사업보고서 등의 제출인과 제출당시의 그 사업보고서 제출대상법인의 이사

(2) 업무집행지시자(상법 제401조의2(업무집행지시자 등의 책임))등으로서 그 사업보고서 등의 작성을 지시하거나 집행한 자

(3) 그 사업보고서 등의 기재사항 및 그 첨부서류가 진실 또는 정확하다고 증명하여 서명한 공인회계사·감정인 또는 신용평가를 전문으로 하는 자 등 대통령령으로 정하는 자

(4) 그 사업보고서 등의 기재사항 및 그 첨부서류에 자기의 평가·분석·확인 의견이 기재되는 것에 대하여 동의하고 그 기재 내용을 확인한 자

나. 배상책임의 면제

배상의 책임을 질 자가 상당한 주의를 하였음에도 불구하고 이를 알

111) 증권과 관련된 증권예탁증권 등

수 없었음을 증명하거나 그 증권의 취득자 또는 처분자가 그 취득 또는 처분을 할 때에 그 사실을 안 경우에는 배상의 책임을 지지 아니한다.

2. 예측정보(소위 '통밥'에 의한 것)라는 것을 표시한 경우 배상책임의 면제

가. 배상책임의 면제

사업보고서 등에 예측정보가 다음과 같은 방법으로 기재 또는 표시된 경우에는 피고는 손해에 관하여 배상의 책임을 지지 아니한다.

(1) 그 기재 또는 표시가 예측정보라는 사실이 밝혀져 있을 것

(2) 예측 또는 전망과 관련된 가정 또는 판단의 근거가 밝혀져 있을 것

(3) 그 기재 또는 표시가 합리적 근거 또는 가정에 기초하여 성실하게 행하여졌을 것

(4) 그 기재 또는 표시에 대하여 예측치와 실제 결과치가 다를 수 있다는 주의문구가 밝혀져 있을 것

나. 원고가 고의 등을 입증한 경우 피고의 배상책임

그러나 원고가 피고(손해배상 할 자)에게 그 기재 또는 표시와 관련하여 고의 또는 중대한 과실이 있었음을 증명한 경우에는 피고는 배상의 책임을 진다.

3. 손해배상을 하게 되면 얼마나 배상해야 되나? (배상할 금액)

가. 원고가 취득(또는 처분)한 금액과 시장가격의 차액

정보를 믿고 비싸게 주식을 샀는데(ex 한 주를 100만원에 매입), 현재는 1주 가격이 1만원밖에 안한다면 99만원의 손해라고 볼 수 있다. 배상할 금액은 청구권자가 그 증권을 취득(또는 처분)함에 있어서 실제로 지급한 금액(또는 받은 금액)과 다음 중 하나에 해당하는 금액과의 차액으로 추정한다.

(1) 손해배상청구 소송의 변론이 종결될 때의 그 증권의 시장가격112)

(2) 손해배상청구 소송의 변론종결 전에 그 증권을 처분한 경우에는 그 처분가격

나. 배상책임의 면제

배상책임을 질 사람은 청구권자가 입은 손해액의 전부 또는 일부가 중요사항에 관하여 거짓의 기재 또는 표시가 있거나 중요사항이 기재 또는 표시되지 아니함으로써 발생한 것이 아님을 증명한 경우에는 그 부분에 대하여 배상책임을 지지 아니한다.

다. 배상책임을 질 자의 고의 또는 중대한 과실

다만, 해당 증권의 취득자 또는 처분자가 그 취득 또는 처분을 할 때에 예측정보 중 중요사항에 관하여 거짓의 기재 또는 표시가 있거나 중요사항이 기재 또는 표시되지 아니한 사실을 알지 못한 경우로서 배상책임을 질 자에게 그 기재 또는 표시와 관련하여 고의 또는 중대한 과실이 있었음을 증명한 경우에는 배상의 책임을 진다.

4. 언제까지 소송을 제기할 수 있나? (제소기간)

배상의 책임은 그 청구권자가 해당 사실을 안 날부터 1년 이내 또는 해당 제출일부터 3년 이내에 청구권을 행사하지 아니한 경우에는 소멸한다.

112) 시장가격이 없는 경우에는 추정처분가격을 말한다

제3절 공개매수신고서에 뻥쳤으면 책임져야지 (공개매수자 등의 손해배상책임)

1. 공개매수자 등의 배상책임 (자본시장법 제142조 제1항)

가. 배상책임을 질 자

공개매수신고서(공매매수신고서 첨부서류를 포함한다) 및 그 공고, 정정신고서(정정신고서 첨부서류를 포함한다) 및 그 공고 또는 공개매수설명서 중 중요사항에 관하여 거짓의 기재 또는 표시가 있거나 중요사항이 기재 또는 표시되지 아니함으로써 응모주주가 손해를 입은 경우에는 다음의 사람은 그 손해에 관하여 배상의 책임을 진다.

(1) 공개매수신고서 및 그 정정신고서의 신고인[113]과 그 대리인

(2) 공개매수설명서의 작성자와 그 대리인

나. 책임의 면제

다만, ① 배상의 책임을 질 자가 상당한 주의를 하였음에도 불구하고 이를 알 수 없었음을 증명하거나 ② 응모주주가 응모를 할 때에 그 사실을 안 경우에는 배상의 책임을 지지 아니한다.

2. 예측정보(소위 '통밥'에 의한 것)라는 것을 표시한 경우 배상책임의 면제

가. 배상책임의 면제

사업보고서 등에 예측정보가 다음과 같은 방법으로 기재 또는 표시된 경우에는 피고는 손해에 관하여 배상의 책임을 지지 아니한다.

---

113) 신고인의 특별관계자를 포함하며, 신고인이 법인인 경우 그 이사를 포함한다

⑴ 그 기재 또는 표시가 예측정보라는 사실이 밝혀져 있을 것
⑵ 예측 또는 전망과 관련된 가정 또는 판단의 근거가 밝혀져 있을 것
⑶ 그 기재 또는 표시가 합리적 근거 또는 가정에 기초하여 성실하게 행하여졌을 것
⑷ 그 기재 또는 표시에 대하여 예측치와 실제 결과치가 다를 수 있다는 주의문구가 밝혀져 있을 것

나. 배상책임을 질 자의 고의 또는 중대한 과실

다만, 응모주주가 주식 등의 응모를 할 때에 예측정보 중 중요사항에 관하여 거짓의 기재 또는 표시가 있거나 중요사항이 기재 또는 표시되지 아니한 사실을 알지 못한 경우로서 배상책임을 질 자에게 그 기재 또는 표시와 관련하여 고의 또는 중대한 과실이 있었음을 증명한 경우에는 배상의 책임을 진다.

3. 손해배상을 하게 되면 얼마나 배상해야 되나? (배상할 금액)

가. 시장가격에서 실제 받은 금액을 뺀 금액 배상할 금액은 손해배상을 청구하는 소송의 변론이 종결될 때의 그 주식 등의 시장가격[114]에서 응모의 대가로 실제로 받은 금액을 뺀 금액으로 추정한다.

나. 책임의 면제 배상책임을 질 사람이 '응모주주가 입은 손해액이 중요사항에 관하여 부실기재(거짓의 기재 또는 표시가 있거나, 중요사항을 기재 또는 표시하지 않은 것)로 인해 발생한 것이 아님'을 증명한 경우에는 그 부분에 대하여 배상의 책임을 지지 아니한다.

4. 언제까지 소송을 제기할 수 있나? (제소기간)

이 배상책임은 응모주주가 해당 사실을 안 날부터 1년 이내 또는 해당 공개매수공고일부터 3년 이내에 청구권을 행사하지 아니한 경우에는 소멸한다.

---

114) 시장가격이 없는 경우에는 추정처분가격을 말한다

제4절 미공개중요정보 이용행위의 배상책임

1. 미공개중요정보 이용행위 금지 (자본시장법 제174조 제1항)

가. 임직원, 주요주주 등의 미공개중요정보 이용 금지

다음의 사람[115]은 상장법인[116]의 업무 등과 관련된 미공개중요정보[117]를 특정증권 등[118]의 매매, 그 밖의 거래에 이용하거나 타인에게 이용하게 하여서는 안 된다.

⑴ 그 법인[119] 및 그 법인의 임직원・대리인으로서 그 직무와 관련하여 미공개중요정보를 알게 된 자

⑵ 그 법인의 주요주주로서 그 권리를 행사하는 과정에서 미공개중요정보를 알게 된 자

⑶ 그 법인에 대하여 법령에 따른 허가・인가・지도・감독, 그 밖의 권한을 가지는 자로서 그 권한을 행사하는 과정에서 미공개중요정보를 알게 된 자

⑷ 그 법인과 계약을 체결하고 있거나 체결을 교섭하고 있는 자로서 그 계약을 체결・교섭 또는 이행하는 과정에서 미공개중요정보를 알게 된 자

⑸ 위 사람들의 대리인[120]・사용인, 그 밖의 종업원[121]으로서 그

115) 제1호부터 제5호까지의 어느 하나의 자에 해당하지 아니하게 된 날부터 1년이 경과하지 아니한 자를 포함한다

116) 6개월 이내에 상장하는 법인 또는 6개월 이내에 상장법인과의 합병, 주식의 포괄적 교환, 그 밖에 대통령령으로 정하는 기업결합 방법에 따라 상장되는 효과가 있는 비상장법인을 포함한다.

117) 투자자의 투자판단에 중대한 영향을 미칠 수 있는 정보로서 대통령령으로 정하는 방법에 따라 불특정 다수인이 알 수 있도록 공개되기 전의 것을 말한다

118) 상장예정법인등이 발행한 해당 특정증권등을 포함한다.

119) 그 계열회사를 포함한다

직무와 관련하여 미공개중요정보를 알게 된 자

(6) 위 사람들[122]로부터 미공개중요정보를 받은 자

2. 공개매수에 있어서 미공개정보 이용금지

가. 공개매수를 하려는 사람(공개매수예정자) 등

M&A를 하려 공개매수에 돌입하게 되면 보통 주식의 가격은 급격히 뛴다. 그것을 미리 알고 있는 사람이 이용한다면 큰 돈을 벌 수도 있을 것이다. 그러므로 다음의 어느 하나에 해당하는 사람[123]은 주식 등에 대한 공개매수[124]의 실시 또는 중지에 관한 미공개정보[125]를 그 주식 등과 관련된 특정증권 등의 매매, 그 밖의 거래에 이용하거나 타인에게 이용하게 하여서는 안 된다.

(1) 공개매수예정자[126] 및 공개매수예정자의 임직원·대리인으로서 그 직무와 관련하여 공개매수의 실시 또는 중지에 관한 미공개정보를 알게 된 자

(2) 공개매수예정자의 주요주주로서 그 권리를 행사하는 과정에서 공개매수의 실시 또는 중지에 관한 미공개정보를 알게 된 자

(3) 공개매수예정자에 대하여 법령에 따른 허가·인가·지도·감독, 그 밖의 권한을 가지는 자로서 그 권한을 행사하는 과정에서 공개매수의 실시 또는 중지에 관한 미공개정보를 알게 된 자

(4) 공개매수예정자와 계약을 체결하고 있거나 체결을 교섭하고 있는 자로서 그 계약을 체결·교섭 또는 이행하는 과정에서 공개매수의 실시 또는 중지에 관한 미공개정보를 알게 된 자

(5) 위 사람들의 대리인[127]·사용인, 그 밖의 종업원[128]으로서 그 직무와 관

120) 이에 해당하는 자가 법인인 경우에는 그 임직원 및 대리인을 포함한다

121) 법인인 경우에는 그 임직원 및 대리인

122) 이에 해당하지 아니하게 된 날부터 1년이 경과하지 아니한 자를 포함한다

123) 이에 해당하지 아니하게 된 날부터 1년이 경과하지 아니한 자를 포함한다

124) 제133조제1항의 공개매수를 말한다. 이하 이 항에서 같다

125) 대통령령으로 정하는 방법에 따라 불특정 다수인이 알 수 있도록 공개되기 전의 것을 말한다. 이하 이 항에서 같다

126) 그 계열회사를 포함한다

련하여 공개매수의 실시 또는 중지에 관한 미공개정보를 알게 된 자

(6) 위 사람들[129]로부터 공개매수의 실시 또는 중지에 관한 미공개정보를 받은 자

나. 거래에 이용할 의사가 없다고 인정되는 경우 책임면제

다만, 공개매수를 하려는 자가 공개매수공고 이후에도 상당한 기간 동안 주식 등을 보유하는 등, 주식 등에 대한 공개매수의 실시 또는 중지에 관한 미공개정보를 그 주식등과 관련된 특정증권등의 매매, 그 밖의 거래에 이용할 의사가 없다고 인정되는 경우에는 그러하지 아니하다.

3. 주식 등의 대량취득 · 처분 관련 미공개정보 이용금지

가. 주식 등의 대량취득 · 처분하려는 사람 등

M&A를 하려 누군가 어느 회사의 주식을 대량매입 한다는 것이 알려지면 앞의 공매매수의 상황처럼 그 회사의 주식의 가격은 급격히 뛰는 것이 일반적이다. 그것을 미리 알고 있는 사람이 이 상황을 이용한다면 큰 돈을 벌 수도 있을 것이다. 그러므로 다음에 해당하는 사람[130]은 주식 등의 대량취득 · 처분[131]의 실시 또는 중지에 관한 미공개정보[132]를 그 주식 등과 관련된 특정증권 등의 매매, 그 밖의 거래에 이용하거나 타인에게 이용하게 하여서는 안 된다.

(1) 대량취득 · 처분을 하려는 자[133] 및 대량취득 · 처분을 하려는 자의 임직원 · 대리인으로서 그 직무와 관련하여 대량취득 · 처분의 실시 또는 중지에 관한 미공개정보를 알게 된 자

---

127) 이에 해당하는 자가 법인인 경우에는 그 임직원 및 대리인을 포함한다

128) 법인인 경우에는 그 임직원 및 대리인

129) 이에 해당하지 아니하게 된 날부터 1년이 경과하지 아니한 자를 포함한다

130) 이에 해당하지 아니하게 된 날부터 1년이 경과하지 아니한 자를 포함한다

131) 경영권에 영향을 줄 가능성이 있는 대량취득 · 처분으로서 대통령령으로 정하는 취득 · 처분을 말한다

132) 대통령령으로 정하는 방법에 따라 불특정 다수인이 알 수 있도록 공개되기 전의 것을 말한다

133) 그 계열회사를 포함한다

(2) 대량취득·처분을 하려는 자의 주요주주로서 그 권리를 행사하는 과정에서 대량취득·처분의 실시 또는 중지에 관한 미공개정보를 알게 된 자

(3) 대량취득·처분을 하려는 자에 대하여 법령에 따른 허가·인가·지도·감독, 그 밖의 권한을 가지는 자로서 그 권한을 행사하는 과정에서 대량취득·처분의 실시 또는 중지에 관한 미공개정보를 알게 된 자

(4) 대량취득·처분을 하려는 자와 계약을 체결하고 있거나 체결을 교섭하고 있는 자로서 그 계약을 체결·교섭 또는 이행하는 과정에서 대량취득·처분의 실시 또는 중지에 관한 미공개정보를 알게 된 자

(5) 위 사람들의 대리인[134]·사용인, 그 밖의 종업원(법인인 경우에는 그 임직원 및 대리인)으로서 그 직무와 관련하여 대량취득·처분의 실시 또는 중지에 관한 미공개정보를 알게 된 자

(6) 대량취득·처분을 하려는 자 또는 위 사람들[135]로부터 대량취득·처분의 실시 또는 중지에 관한 미공개정보를 알게 된 자

나. 거래에 이용할 의사가 없다고 인정되는 경우 책임면제

다만, 대량취득·처분을 하려는 자가 제149조에 따른 공시 이후에도 상당한 기간 동안 주식 등을 보유하는 등 주식등에 대한 대량취득·처분의 실시 또는 중지에 관한 미공개정보를 그 주식 등과 관련된 특정증권등의 매매, 그 밖의 거래에 이용할 의사가 없다고 인정되는 경우에는 그러하지 아니하다

4. 미공개중요정보 이용행위의 배상책임

미공개중요정보 이용행위 금지규정을 위반한 사람은 해당 특정증권등의 매매, 그 밖의 거래를 한 사람이 그 매매, 그 밖의 거래와 관련하여 입은 손해를 배상할 책임을 진다.

5. 소멸시효

---

134) 이에 해당하는 자가 법인인 경우에는 그 임직원 및 대리인을 포함한다

135) 이에 해당하지 아니하게 된 날부터 1년이 경과하지 아니한 자를 포함한다

미공개중요정보 이용행위 금지규정을 위반에 대한 손해배상청구권은 청구권자가 위반한 행위가 있었던 사실을 안 때부터 2년간 또는 그 행위가 있었던 때부터 5년간 이를 행사하지 아니한 경우에는 시효로 인하여 소멸한다.

6. 형사처벌

미공개중요정보 이용행위 금지규정을 위반한 사람은 1년 이상의 유기징역 또는 그 위반행위로 얻은 이익 또는 회피한 손실액의 3배 이상 5배 이하에 상당하는 벌금에 처한다. 다만, 그 위반행위로 얻은 이익 또는 회피한 손실액이 없거나 산정하기 곤란한 경우 또는 그 위반행위로 얻은 이익 또는 회피한 손실액의 5배에 해당하는 금액이 5억원 이하인 경우에는 벌금의 상한액을 5억원으로 한다.

제5절 시세조종의 배상책임

1. 시세조종행위 등의 금지

누구든지 상장증권 또는 장내파생상품의 매매에 관하여 그 매매가 성황을 이루고 있는 듯이 잘못 알게 하거나, 그 밖에 타인에게 그릇된 판단을 하게 할 목적으로 아래의 행위를 하여서는 안 된다.

(1) 자기가 매도하는 것과 같은 시기에 그와 같은 가격 또는 약정수치로 타인이 그 증권 또는 장내파생상품을 매수할 것을 사전에 그 자와 서로 짠 후 매도하는 행위

(2) 자기가 매수하는 것과 같은 시기에 그와 같은 가격 또는 약정수치로 타인이 그 증권 또는 장내파생상품을 매도할 것을 사전에 그 자와 서로 짠 후 매수하는 행위

(3) 그 증권 또는 장내파생상품의 매매를 함에 있어서 그 권리의 이전을 목적으로 하지 아니하는 거짓으로 꾸민 매매를 하는 행위

(4) 위의 이러한 행위를 위탁하거나 수탁하는 행위

2. 상장증권 또는 장내파생상품의 매매의 유인 금지

누구든지 상장증권 또는 장내파생상품의 매매를 유인할 목적으로 다음에 해당하는 행위를 하여서는 안 된다.

(1) 그 증권 또는 장내파생상품의 매매가 성황을 이루고 있는 듯이 잘못 알게 하거나 그 시세[136]를 변동시키는 매매 또는 그 위탁이나 수탁을 하는 행위

(2) 그 증권 또는 장내파생상품의 시세가 자기 또는 타인의 시장 조작에 의하여 변동한다는 말을 유포하는 행위

(3) 그 증권 또는 장내파생상품의 매매를 함에 있어서 중요한 사실에 관하여

136) 증권시장 또는 파생상품시장에서 형성된 시세, 다자간매매체결회사가 상장주권의 매매를 중개함에 있어서 형성된 시세, 그 밖에 대통령령으로 정하는 시세를 말한다

거짓의 표시 또는 오해를 유발시키는 표시를 하는 행위

3. 시세를 고정시키거나 안정시킬 목적의 매매 등 금지

가. 매매 또는 그 위탁이나 수탁행위의 금지

누구든지 상장증권 또는 장내파생상품의 시세를 고정시키거나 안정시킬 목적으로 그 증권 또는 장내파생상품에 관한 일련의 매매 또는 그 위탁이나 수탁을 하는 행위를 하여서는 안 된다.

나. 매매 또는 그 위탁이나 수탁행위를 할 수 있는 경우

(1) **안정조작** 투자매매업자[137]가 자본시장법 시행령으로 정하는 방법에 따라 그 증권의 모집 또는 매출의 청약기간의 종료일 20일 전부터 그 청약기간의 종료일까지의 기간 동안 증권의 가격을 안정시킴으로써 증권의 모집 또는 매출을 원활하도록 하기 위한 매매거래를 하는 경우

(2) **시장조성** 투자매매업자가 자본시장법 시행령으로 정하는 방법[138]에 따라 모집 또는 매출한 증권의 수요·공급을 그 증권이 상장된 날부터 1개월 이상 6개월 이하의 범위에서 인수계약으로 정하는 날까지

---

137) 모집 또는 매출되는 증권의 발행인 또는 소유자와 인수계약을 체결한 투자매매업자로서 대통령령으로 정하는 자에 한한다

138) 자본시장법 시행령 제205조(시장조성의 방법 등) ① 제203조에 따른 투자매매업자는 법 제176조 제3항 제2호에 따라 시장조성을 하려는 경우에는 다음 각 호의 사항을 기재한 시장조성신고서를 미리 금융위원회와 거래소에 제출하여야 한다.

1. 시장조성을 할 투자매매업자의 상호 2. 다른 투자매매업자와 공동으로 시장조성을 할 경우에는 그 다른 투자매매업자의 상호 3. 시장조성을 할 증권의 종목 4. 시장조성을 개시할 날과 시간 5. 시장조성을 할 기간 6. 시장조성을 할 증권시장의 명칭

② 제203조에 따른 투자매매업자는 시장조성의 대상이 되는 증권의 모집 또는 매출가격을 초과하여 매수하거나 모집 또는 매출가격을 밑도는 가격으로 매도하여서는 안 된다. 다만, 권리락·배당락 또는 이자락이 발생한 경우에는 이를 고려하여 계산한 가격을 기준으로 한다.

③ 시장조성에 관하여서는 제204조제1항·제2항·제5항 및 제6항을 준용한다. 이 경우 "안정조작"은 "시장조성"으로 본다.

④ 법 제176조제3항제2호에서 "대통령령으로 정하는 기간"이란 모집되거나 매출되는 증권이 상장된 날부터 1개월 이상 6개월 이하의 범위에서 인수계약으로 정하는 날까지의 기간을 말한다.

⑤ 제1항부터 제4항까지에서 규정한 사항 외에 시장조성신고서·시장조성보고서의 서식과 작성방법 등에 관하여 필요한 사항은 금융위원회가 정하여 고시한다.

조성하는 매매거래를 하는 경우

(3) **안정조작의 위탁과 수탁**모집 또는 매출되는 증권 발행인의 임원 등이 투자매매업자에게 안정조작을 위탁하는 경우와 투자매매업자가 이러한 안정조작을 수탁하는 경우

(4) **시장조성의 위탁과 수탁**모집 또는 매출되는 증권의 인수인이 투자매매업자에게 시장조성을 위탁하는 경우와 투자매매업자가 이러한 시장조성을 수탁하는 경우

4. 부당이익을 목적으로 파생상품의 기초자산의 시세를 변동 또는 고정시키는 행위 금지

금지행위

누구든지 증권, 파생상품 또는 그 증권·파생상품의 기초자산 중 어느 하나가 거래소에 상장되거나 그 밖에 이에 준하는 경우로서 대통령령으로 정하는 경우에는 그 증권 또는 파생상품에 관한 매매, 그 밖의 거래와 관련하여 다음의 어느 하나에 해당하는 행위를 하여서는 안 된다.

(1) 파생상품의 매매 등에서 부당한 이익을 얻거나 제3자에게 부당한 이익을 얻게 할 목적으로 그 파생상품의 기초자산의 시세를 변동 또는 고정시키는 행위

(2) 파생상품의 기초자산의 매매 등에서 부당한 이익을 얻거나 제3자에게 부당한 이익을 얻게 할 목적으로 그 파생상품의 시세를 변동 또는 고정시키는 행위

(3) 증권의 매매 등에서 부당한 이익을 얻거나 제3자에게 부당한 이익을 얻게 할 목적으로 그 증권과 연계된 증권으로서 대통령령으로 정하는 증권 또는 그 증권의 기초자산의 시세를 변동 또는 고정시키는 행위

(4) 증권의 기초자산의 매매 등에서 부당한 이익을 얻거나 제3자에게 부당한 이익을 얻게 할 목적으로 그 증권의 시세를 변동 또는 고정시키는 행위

(5) 파생상품의 매매 등에서 부당한 이익을 얻거나 제3자에게 부당한 이익을 얻게 할 목적으로 그 파생상품과 기초자산이 동일하거나 유사한 파생상

품의 시세를 변동 또는 고정시키는 행위

5. 시세조종금지 규정을 위반한 사람의 배상책임

시세조종금지를 위반한 사람은 다음의 손해를 배상할 책임을 진다.

(1) 그 위반행위로 인하여 형성된 가격에 의하여 해당 증권 또는 파생상품에 관한 매매 등을 하거나 그 위탁을 한 자가 그 매매 등 또는 위탁으로 인하여 입은 손해

(2) 부당이익을 목적으로 파생상품의 기초자산의 시세를 변동 또는 고정시키는 행위[139]로 인하여 가격에 영향을 받은 다른 증권, 파생상품 또는 그 증권·파생상품의 기초자산에 대한 매매 등을 하거나 그 위탁을 한 자가 그 매매 등 또는 위탁으로 인하여 입은 손해

(3) 위 손해 외에 그 위반행위[140]로 인하여 특정 시점의 가격 또는 수치에 따라 권리행사 또는 조건성취 여부가 결정되거나 금전등이 결제되는 증권 또는 파생상품과 관련하여 그 증권 또는 파생상품을 보유한 자가 그 위반행위로 형성된 가격 또는 수치에 따라 결정되거나 결제됨으로써 입은 손해

6. 소멸시효

시세조종에 따른 손해배상청구권은 청구권자가 시세조종행위 금지를 위반한 행위가 있었던 사실을 안 때부터 2년간 또는 그 행위가 있었던 때부터 5년간 이를 행사하지 아니한 경우에는 시효로 인하여 소멸한다.

---

139) 자본시장법 제176조 제4항 각 호의 어느 하나에 해당하는 행위로 한정한다.

140) 자본시장법 제176조 제4항 각 호의 어느 하나에 해당하는 행위로 한정한다.

제6절 부정거래 등의 배상책임, 시장질서 교란 금지

1. 부정거래행위 등의 금지 (자본시장법 제178조)

자본시장법은 포괄적 사기금지 조항을 두고 있는데, 부정거래 등 배상책임을 규정한 제178조가 그것이다. 내부자거래, 시세조종과 같은 불공정거래가 그 태양이 다양하기는 하지만 규제가 쉽지 않기 때문에 이러한 포괄적인 성격의 규제를 두어 규제의 실효성을 보다 높이려 한 것이다[141]. 이 조항은 주식을 가지고 장난치는 사람을 고소하고 손해배상을 청구할 때 상당히 유용한 조항이다. 또한 손해배상과 함께 엄격한 형사처벌이 있어서 실효성을 더욱 높일 수 있다.

가. 부정거래행위 등

누구든지 금융투자상품의 매매(증권의 경우 모집·사모·매출을 포함한다), 그 밖의 거래와 관련하여 다음에 해당하는 행위를 하여서는 안 된다.

(1) 부정한 수단, 계획 또는 기교를 사용하는 행위

(2) 중요사항에 관하여 거짓의 기재 또는 표시를 하거나 타인에게 오해를 유발시키지 아니하기 위하여 필요한 중요사항의 기재 또는 표시가 누락된 문서, 그 밖의 기재 또는 표시를 사용하여 금전, 그 밖의 재산상의 이익을 얻고자 하는 행위

(3) 금융투자상품의 매매, 그 밖의 거래를 유인할 목적으로 거짓의 시세를 이용하는 행위

나. 부정거래 등 목적으로 위계 등의 금지

141) 김병연, 권재열, 양기진, 자본시장법 제2판 p399 -박영사-

누구든지 금융투자상품의 매매, 그 밖의 거래를 할 목적이나 그 시세의 변동을 도모할 목적으로 풍문의 유포, 위계(僞計)의 사용, 폭행 또는 협박을 하여서는 안 된다.

다. 부정거래행위 등의 배상책임 (자본시장법 제179조)

부정거래행위 등의 금지 규정을 위반한 사람은 그 위반행위로 인하여 금융투자상품의 매매, 그 밖의 거래를 한 자가 그 매매, 그 밖의 거래와 관련하여 입은 손해를 배상할 책임을 진다.

라. 소멸시효

이러한 손해배상청구권은 청구권자가 위반한 행위가 있었던 사실을 안 때부터 2년간 또는 그 행위가 있었던 때부터 5년간 이를 행사하지 아니한 경우에는 시효로 인하여 소멸한다.

마. 증권선물위원회의 검찰총장에게 통보

증권선물위원회는 시장질서 교란행위금지의 위반 혐의가 있다고 인정하는 경우에는 검찰총장에게 이를 통보하여야 한다. 증권선물위원회는 검찰총장이 시장질서 교란행위금지를 위반한 사람을 소추하기 위하여 관련 정보를 요구하는 경우에는 이를 제공할 수 있다.

바. 형사처벌

부정거래행위 등을 한 자는 1년 이상의 유기징역 또는 그 위반행위로 얻은 이익 또는 회피한 손실액의 3배 이상 5배 이하에 상당하는 벌금에 처한다. 다만, 그 위반행위로 얻은 이익 또는 회피한 손실액이 없거나 산정하기 곤란한 경우 또는 그 위반행위로 얻은 이익 또는 회피한 손실액의 5배에 해당하는 금액이 5억원 이하인 경우에는 벌금의 상한액을 5억원으로 한다(자본시장법 제443조 제1항).

2. 시장질서 교란행위의 금지 (자본시장법 제178조의 2)

가. 시장질서 교란행위자

(1) 미공개중요정보 또는 미공개정보인 정을 알면서 이를 받거나 전득(轉得)한 자

(2) 자신의 직무와 관련하여 제2호에 해당하는 정보를 생산하거나 알게 된 자

(3) 해킹, 절취, 기망(欺罔), 협박, 그 밖의 부정한 방법으로 정보를 알게 된 자

(4) 시장질서 교란행위자로부터 나온 정보인 정을 알면서 이를 받거나 전득한 자

나. 시장질서 교란행위 정보

(1) 그 정보가 지정 금융투자상품의 매매 등 여부 또는 매매 등의 조건에 중대한 영향을 줄 가능성이 있는 정보

(2) 그 정보가 투자자들이 알지 못하는 사실에 관한 정보로서 불특정 다수인이 알 수 있도록 공개되기 전인 정보

다. 매매, 그 밖의 거래에 이용 금지

시장질서 교란행위자는 시장질서 교란행위 정보를 증권시장에 상장된 증권[142]이나 장내파생상품 또는 이를 기초자산으로 하는 파생상품[143]의 매매, 그 밖의 거래에 이용하거나 타인에게 이용하게 하는 행위를 하여서는 안 된다.

---

142) 자본시장법 제174조 제1항에 따른 상장예정법인등이 발행한 증권을 포함한다

143) 이를 모두 포괄하여 "지정 금융투자상품"이라 한다

제7절 부당권유로 인한 손해배상청구

1. 부당권유의 금지 (자본시장법 제49조)

금융투자업자[144]는 투자권유를 함에 있어서 다음의 어느 하나에 해당하는 행위를 하여서는 안 된다.

가. 거짓의 내용을 알리는 행위

나. 불확실한 사항에 대하여 단정적 판단을 제공하거나 확실하다고 오인하게 할 소지가 있는 내용을 알리는 행위

다. 투자자로부터 투자권유의 요청을 받지 아니하고 방문·전화 등 실시간 대화의 방법을 이용하는 행위[145]

라. 투자권유를 받은 투자자가 이를 거부하는 취지의 의사를 표시하였음에도 불구하고 투자권유를 계속하는 행위[146]

마. 그 밖에 투자자 보호 또는 건전한 거래질서를 해할 우려가 있는 행위로서 대통령령으로 정하는 행위

2. 소장의 청구원인에는 어떤 사실을 기재하나? (손해배상 청구의 요건사실)[147]

가. (부당하게) 투자를 권유한 사실

나. 그 결과 손실을 본 사실

---

144) 투자권유대행인이 투자권유를 대행하는 겨우에도 준용(법제52조 제6항)

145) 다만, 투자자 보호 및 건전한 거래질서를 해할 우려가 없는 행위로서 대통령령으로 정하는 행위를 제외한다.

146) 다만, 투자자 보호 및 건전한 거래질서를 해할 우려가 없는 행위로서 대통령령으로 정하는 행위를 제외한다.

147) 김현채, 회사소송의 이론과 실무 p584, 법률정보센터

다. 부수적인 사실

부당권유를 판단하기 위한 간접사실로서 원고의 투자상황(나이, 학력, 직업, 재산상태, 사회적 경험 및 투자경험 등) 등

> 대법원 1994.1.11. 선고 93다26205 판결 【투자금】
>
> 증권회사 직원의 투자권유로 투자한 투자가가 손실을 본 경우 불법행위책임이 성립하기 위한 요건
>
> 【판결요지】
>
> 증권회사의 임직원이 강행규정에 위반된 이익보장으로 투자를 권유하였으나 투자결과 손실을 본 경우에 투자가에 대한 불법행위책임이 성립되기 위하여는, 이익보장 여부에 대한 적극적 기망행위의 존재까지 요구하는 것은 아니라 하더라도, 적어도 거래경위와 거래방법, 고객의 투자상황(재산상태, 연령, 사회적 경험 정도 등), 거래의 위험도 및 이에 관한 설명의 정도 등을 종합적으로 고려한 후, 당해 권유행위가 경험이 부족한 일반 투자가에게 거래행위에 필연적으로 수반되는 위험성에 관한 올바른 인식형성을 방해하거나 또는 고객의 투자상황에 비추어 과대한 위험성을 수반하는 거래를 적극적으로 권유한 경우에 해당하여, 결국 고객에 대한 보호의무를 저버려 위법성을 띤 행위인 것으로 평가될 수 있는 경우라야 한다.

3. 부당권유로 인한 손해배상 소송의 절차

가. 당사자

(1) **원고**　부당권유로 손해를 본 사람(투자자)이다.

(2) **피고**　투자를 권유한 증권회사의 임직원이 되는 경우가 많다. 그들을 고용한 증권회사의 경우 사용자책임을 부담한다. 증권회사의 임직원과 증권회사 양자에 대하여 부진정연대책임을 묻는 형태로 소송이 진행된다.

나. 관할

이행을 청구하는 소송으로서 민사소송법상 관할규정이 적용된다. 피고의 보통재판적으로서 개인의 경우에는 피고의 주소지이고, 피고가 법인인 경우에는 피고의 주된 사무소 또는 영업소가 있는 곳을 관할하는 법원이 될 것이다(민사소송법 제5조 제1항).

다. 인지 · 송달료

민사소송 등 인지규칙 제6조는 소가산정의 원칙으로서 '소가는 원고가 청구취지로써 구하는 범위 내에서 원고의 입장에서 보아 전부 승소할 경우에 직접 받게 될 경제적 이익을 객관적으로 평가하여 금액으로 정함을 원칙으로 한다'고 규정하고 있다. 따라서 전부승소 할 경우 원고가 직접 받게 될 경제적 이익은 '원고가 요구하는 손해배상액'이라고 할 수 있다. 예를 들어 손해배상 요구액이 5억원이라고 할 경우 그 금액을 소가로 하므로, 인지액은 2,055,000원이고, 관할은 2억 원 이상이므로 합의부에서 관할하고, 송달료는 합의사건의 송달료인 15회분의 송달료를 납부하여 당사자가 2인인 경우 153,000원(당사자수 × 1회 송달료 5,100 원 × 15회분)이다.

4. 판결의 효력

회사법상의 소송이 아니므로 대세적 효력이 있는 것이 아니고, 단지 일반 민사소송의 이행판결에 지나지 않으므로 대인적인 효력만 인정될 뿐이다. 법인격이 부인되더라도 이것은 해당 사건에 한할 뿐 회사의 법인격 자체를 전면적으로 소멸시키는 것은 아니다.

제8절 내부자에 대한 단기매매차익반환청구소송

기업 임직원이나 주요 주주, 기업정보에 쉽게 접근할 기회를 갖는 거래소의 공시 담당자 등을 내부자(insider-소위 '인싸')라고 부른다. 자본시장법 제172조에서 175조에서는 상장법인의 임직원, 주요주주 등 회사 내부의 기업 중요정보에 쉽게 접근할 수 있는 사람의 주식거래에 대해 원칙적 거래의 금지, 단기매매 차익에 대해 반환, 증권 등의 소유상황의 보고, 미공개중요정보 이용행위 금지를 규정하고 있다. 기업정보는 투자자가 투자를 판단할 때 가장 중요한 자료로 활용되고, 특히 주식가격의 형성에 큰 영향을 미치기 때문이다. 본 절에서는 이 중 내부자의 단기매매차익에 관해 간단하게 보기로 한다.

1. 내부자의 단기매매차익 (자본시장법 제172조)

주권상장법인의 임원[148] 또는 주요주주가 다음의 특정증권 등을 매수[149]한 후 6개월 이내에 매도[150]하거나 특정증권 등을 매도한 후 6개월 이내에 매수하여 이익을 얻은 경우 이를 단기매매차익이라 한다.

1) 그 법인이 발행한 증권

2) 위 증권과 관련된 증권예탁증권

3) 그 법인 외의 자가 발행한 것으로서 위 증권과 교환을 청구할 수 있는 교환사채권

4) 위 증권만을 기초자산으로 하는 금융투자상품

---

148) 「상법」 제401조의2제1항 각 호의 자를 포함한다. 이하 이 장에서 같다. 직원(직무상 제174조제1항의 미공개중요정보를 알 수 있는 자로서 대통령령으로 정하는 자에 한한다.

149) 권리 행사의 상대방이 되는 경우로서 매수자의 지위를 가지게 되는 특정증권 등의 매도를 포함한다

150) 권리를 행사할 수 있는 경우로서 매도자의 지위를 가지게 되는 특정증권 등의 매수를 포함한다

2. 법인의 반환청구 (자본시장법 제172조 제1항)

법인은 그 임직원 또는 주요주주에게 단기매매차익을 그 법인에게 반환할 것을 청구할 수 있다. 다만, 이 규정은 임직원 또는 주요주주로서 행한 매도 또는 매수의 성격, 그 밖의 사정 등을 고려하여 대통령령으로 정하는 경우 및 주요주주가 매도·매수한 시기 중 어느 한 시기에 있어서 주요주주가 아닌 경우에는 적용하지 아니한다.

3. 주주의 반환청구 요구권 및 대위청구권 (자본시장법 제172조 제2항)

해당 법인의 주주[151]는 그 법인으로 하여금 단기매매차익을 얻은 자에게 단기매매차익의 반환청구를 하도록 요구할 수 있으며, 그 법인이 그 요구를 받은 날부터 2개월 이내에 그 청구를 하지 아니하는 경우에는 그 주주는 그 법인을 대위(代位)하여 그 청구를 할 수 있다.

4. 승소한 주주의 비용지급청구권 (자본시장법 제172조 제4항)

반환청구의 소송을 제기한 주주가 승소한 경우에는 그 주주는 회사에 대하여 소송비용, 그 밖에 소송으로 인한 모든 비용의 지급을 청구할 수 있다.

5. 언제까지 소송을 제기할 수 있나? (제소기간) (자본시장법 제172조 제5항)

법인의 반환청구권, 주주의 요구권 및 대위청구권은 이익을 취득한 날부터 2년 이내에 행사하지 아니한 경우에는 소멸한다.

---

151) 주권 외의 지분증권 또는 증권예탁증권을 소유한 자를 포함한다

제9절 포괄적 일임매매 약정 또는 투자일임계약에 기한 과당매매행위 등에 대한 손해배상청구 소송

자본시장법 제70조(임의매매의 금지) 투자매매업자 또는 투자중개업자는 투자자나 그 대리인으로부터 금융투자상품의 매매의 청약 또는 주문을 받지 아니하고는 투자자로부터 예탁받은 재산으로 금융투자상품의 매매를 하여서는 안 된다.

자본시장법 제71조(불건전 영업행위의 금지) 제6호(일임매매의 금지)

투자매매업자 또는 투자중개업자는 다음 각 호의 어느 하나에 해당하는 행위를 하여서는 안 된다.

6. 투자자로부터 금융투자상품에 대한 투자판단의 전부 또는 일부를 일임받아 투자자별로 구분하여 금융투자상품을 취득·처분, 그 밖의 방법으로 운용하는 행위. 다만, 투자일임업으로서 행하는 경우와 제7조 제4항에 해당하는 경우에는 이를 할 수 있다.

자본시장법 제96조(선관의무 및 충실의무)

① 투자자문업자는 투자자에 대하여 선량한 관리자의 주의로써 투자자문에 응하여야 하며, 투자일임업자는 투자자에 대하여 선량한 관리자의 주의로써 투자일임재산을 운용하여야 한다.

② 투자자문업자 및 투자일임업자는 투자자의 이익을 보호하기 위하여 해당 업무를 충실하게 수행하여야 한다.

1. 일임매매

가. 투자일임업자

일반적으로 증권사 직원에게 주식투자의 전권을 위임하는 것을 '일임매매'의 위임이라고 한다. 일임매매를 위임하는 방식으로 증권계좌의 주인(투자자)이 피위임자와 함께 증권회사에 가서 위임장과 일임계약서를 작성하고 날인하는 것이 일반적인 관행이다. 원칙적으로 투자일임업자[152] 외의 사람이 투자자로부터 금융투자상품에 대한 투자판단의 전부 또는 일부를 일임받아 투자자별로 구분하여 금융투자상품을 취득·처분, 그 밖의 방법으로 운용하는 행위는 금지된다(자본시장법 제71조 제6호). 이렇게 일임매매가 원칙적으로 금지됨에도 불구하고 투자자로서는 전문적인 투자지식이 부족하고 증권사 직원은 영업실적 압박 및 주식매매 수수료 수입을 얻고자 하는 마음이 합해져 일임매매가 계속되고 있는 것이 현실이다.

문제는 증권사 직원이 손해를 낸 경우에 주로 발생한다. 보통 투자자문회사나 증권사가 투자일임업을 업으로 한다. 이러한 업체와 투자일임계약을 하는 것은 합법적이고, 그 운용 역시 합법적이라면 아무런 문제도 되지 않는다. 다만, 증권사 직원이 개인적으로 일임매매를 위임받고 행위를 한다면 불법이 될 수 있다. 투자일임업자가 아닌 사람이 일임매매를 맡아서 한 경우 자본시장법 제444조 제8호, 제71조 제6호에 의해서 5년 이하의 징역 또는 2억원 이하의 벌금으로 처벌된다.

나. 손해배상책임

증권회사와 고객 사이에 주식의 포괄적 일임매매의 약정이 있는 경우에 그 직원이 결과적으로 수익성 없는 주식 거래를 반복하였다는 사정만으로는 손해배상책임을 물을 수 없다. 일임매매를 담당한 직원과 증권

---

152) 투자자로부터 금융투자상품 등에 대한 투자판단의 전부 또는 일부를 일임받아 투자자별로 구분하여 그 투자자의 재산상태나 투자목적 등을 고려하여 금융투자상품등을 취득·처분, 그 밖의 방법으로 운용하는 것을 영업으로 하는 사람(자본시장법 제6조 제8항)

사에게 민사상 손해배상책임을 묻기 위해서는 일정한 요건이 필요하다. 즉, 선량한 관리자로서의 주의의무(충실의무)를 위배하였는지 여부를 판단하여야 한다. 증권회사가 고객과 포괄적 일임매매 약정을 하였음을 기화로 그 직원이 충실의무를 위반하여 고객의 이익을 무시하고 회사의 영업실적만을 증대시키기 위하여 무리하게 빈번한 회전매매를 함으로써 고객에게 손해를 입힌 경우에는 과당매매행위로서 불법행위가 성립한다(대법원 2005. 10. 7. 선고 2005다11541 판결 [손해배상(기)]).

다. 충실의무를 위반하여 과당매매를 한 것인지의 판단

증권회사의 직원이 충실의무를 위반하여 과당매매행위를 한 것인지의 여부는 고객 구좌에 대한 증권회사의 지배 여부, 주식 매매의 동기 및 경위, 거래기간과 매매횟수 및 양자의 비율, 매입 주식의 평균적 보유기간, 매매 주식 중 단기매매가 차지하는 비율, 동일 주식의 매입·매도를 반복한 것인지의 여부, 수수료 등 비용을 공제한 후의 이익 여부, 운용액 및 운용기간에 비추어 본 수수료액의 과다 여부, 손해액에서 수수료가 차지하는 비율, 단기매매가 많이 이루어져야 할 특별한 사정이 있는지의 여부 등 제반 사정을 참작하여 주식 매매의 반복이 전문가로서의 합리적인 선택이라고 볼 수 있는지의 여부를 기준으로 판단하여야 한다(대법원 1997. 10. 24. 선고 97다24603 판결 [주권인도등]).

무리하게 빈번한 회전매매를 함으로써 고객에게 손해를 입힌 경우에는 과당매매행위로서 불법행위가 성립하는데(대법원 1996. 8. 23. 선고 94다38199 판결, 1997. 10. 24. 선고 97다24603 판결), 주식거래기간 동안의 월 평균 매매회전율, 그 주식거래로 인한 손실액에서 수수료가 차지하는 비율 등이 많이 참작되는 요소이다. 주식 매매회전율이란 1년에 몇 번 거래하는지를 측정하는 지표로서, 1년에 1번 사고팔면 100%라고 할 수 있다. 매매회전율이 0% 인 경우는 비교적 장기투자를 한다는 말이고, 연간 매매 회전율이 300% 이상으로 높았던 투자자들은 빈번한 거래에 의한 높은 매매 비용을 감안하지 않더라도 평균적인 투자자들보다 낮은 수익률을 기록한다고 한다. 또한 회전율 300% 이상의 투자자는 총 투자손실의 80% 이상을 거래비용으로 지급한다고 한다[153].

2. 포괄적 일임매매에서의 과당매매로 인한 손해배상 청구

가. 청구원인에는 어떤 사실을 기재하나? (손해배상 청구의 요건사실)

(1) 주식매매거래계좌설정약정을 체결한 사실

(2) 금전 또는 증권을 예탁한 사실

(3) 증권회사 직원에게 주식거래를 포괄적으로 위임한 사실

(4) 과당매매로 인하여 원고가 손해를 입은 사실

과당매매로 인하여 원고가 입은 손해액에는 손해액에서 과도한 거래에 대하여 지급한 수수료가 차지하는 비율도 중요하게 참작된다.

나. 당사자, 관할 및 인지액 · 송달료

(1) 당사자 Case의 경우 원고는 손해를 본 투자자이고, 피고는 임직원과 그의 사용자인 증권회사가 된다.

(2) 관할 민사소송법상 관할이 적용된다. 피고의 보통재판적으로서 개인의 경우에는 피고의 주소지이고, 피고가 법인인 경우에는 피고의 주된 사무소 또는 영업소가 있는 곳을 관할하는 법원이 될 것이다(민사소송법 제5조 제1항). 불법행위에 관한 소를 제기하는 경우에는 행위지의 법원에 제기할 수 있다.

(3) 인지 · 송달료 전부승소 할 경우 원고가 직접 받게 될 경제적 이익을 소가로 하므로, 그 금액이 5억원인 경우 인지액은 2,055,000원(소가 × 40/10000 + 55,000원)이고, 관할은 2억 원 이상이므로 합의부에서 관할하고, 송달료는 합의사건의 송달료인 15회분의 송달료를 납부하여 당사자가 2인인 경우 153,000원(당사자수 × 1회 송달료 5,100원 × 15회분)이다. Case의 경우 당사자가 5인이므로 382,500원이다.

---

153) 한화투자증권 리서치센터, 당사 개인 고객의 2013년 실제 매매 데이터 기준, 등간격(회전율 100% 간격) 구간별 평잔 수익률 자료

[투자일임업자가 아닌 자의 일임매매, 과당매매로 인한 손해배상 청구]

소 장

원 고 송한수

서울시 성동구 성수동 22222

피 고 1. 임현관

강원도 원주시 시청로 11111

2. 배현진

서울시 영등포구 여의도동 22222 탈라스증권 여의도지점내

3. 장달수

서울시 영등포구 여의도동 22222 탈라스증권 여의도지점내

4. 탈라스증권 주식회사

서울시 영등포구 여의도동 33333

대표이사 심차반

손해배상(기) [주식 임의매매]

청 구 취 지

1. 피고들은 연대하여 원고에게 금 500,000,000원 및 이에 대한 2019. 2. 13.부터 이 사건 소장 부본 송달일까지는 연5%, 그 다음 날부터 완제일까지는 연12%의 각 비율에 의한 금원을 지급하라

2. 소송비용은 피고들의 부담으로 한다.

3. 제1항은 가집행할 수 있다

라는 판결을 구합니다.

청 구 원 인

1. 기초사실관계

가. 원고는 2018. 12. 28. 유가증권의 매매, 위탁매매, 매매의 중개 또는 대리 등을 목적으로 하는 피고 탈라스증권 주식회사 여의도지점에 원고들 명의의 주식매매거래계좌를 피고 임현관을 통하여 개설한 후 주식투자를 한 바 있습니다.

나. 원고는 신문지상에서 광고를 보고 2018. 12. 26. 여의도 소재 중소기업회관 2층 한방교육원주최 증권강좌에서 처음 피고 임현관을 만나게 되었습니다.

피고 임현관은 자신이 탈라스증권의 고문이며 탈라스증권 여의도지점에서 실전 펀드메니져로 3배 이상 실적을 냈으며 1억 5천만 원 이상 되는 투자만 관리해 준다고 강의 도중 언급하였습니다. 이에 원고는 2018. 12. 28. 피고 탈라스증권(주) 여의도지점 내 피고 임현관 사무실을 방문하여 투자상담을 하였고 피고 배현진에게 피고 임현관에 대하여 물으니 실적이 좋고 잘한다고 하였습니다.

다. 원고들은 피고 배현진의 확언과 위 증권사를 신뢰하고 피고 증권사에 원고들의 명의로 주식매매거래계좌를 개설하게 되었습니다. 원고는 캐나다 교포로서 한국에 있지 않기 때문에 피고들이 원고 소유의 주식을 잘 관리하여 보전해 주기를 바라는 차원에서 일임매매를 위탁한 것이지 결코 투기를 하여 단기수익을 올리자는 것이 목적이 아니었기에 피고 임현관에게도 미수거래 등의 위험한 투자는 하지 말아 달라고 특별히 부탁한 바 있습니다.

라. 원고가 2019. 1. 8. 출국하였다가 같은 달 29일 귀국하고 다음 날인 30일 잔고확인결과 엄청난 손실이 발생하였고 거래내역서를 검토하여 보니 과당거래(매일 매수매도)와 미수거래로 인한 손실이 발생하였습니다.

원고들은 2019. 2. 1. 피고 탈라스증권(주) 여의도지점 내 피고 임현관사무실을 방문하여 피고 임현관을 만나 거래내역을 이해할 수 없다고 했더니 피고 임현관은 2월말까지 복구 가능하다고 하였고 이에 일단 원고들은 미수로 인한 손해와 매일 매매로 손실이 많으니 과당거래와 미수거래를 하지 않도록 요구하였습니다.

마. 원고가 2019. 2. 5. 결과를 보니 과당거래 미수거래로 인한 손해가 막심하여 당일 8:30 경 다시 임현관의 사무실을 방문하여 거래중지를 요구하고 다시 피고 배현진의 지점장 사무실에 찾아가 일임매매를 중단하겠다는 통고를 하고 비밀번호를 바꾸었습니다. 그러나 피고 배현진이 오후에 다시 만나자고 하여 당일 오후 3:30경 피고 배현진의 중재 하에 피고 임현관은 원금을 보장한다는 각

서를 쓰기로 하고 미수거래, 과중거래 없이 자기계좌같이 관리하겠다고 약속하므로 계속 일임매매를 지속시켰습니다.

바. 그러나 같은 달 12일 결과를 보니 위험한 주식거래를 계속하는 관계로 신뢰감을 상실하여 오전 8시 30분경 피고 임현관에게 거래중지를 요구하고 지점장실에서 일임매매를 중단하고 비밀번호를 바꾸었습니다. 그러자 피고 배현진은 자신의 방에서 피고 임현관은 직원이 아니라 자기는 잘 모르는 사람이고 원고가 모르는 피고 장달수이라는 사람이 원고들의 계좌관리자라 하면서 관계자 모임을 3시 30분에 모임을 갖자고 하였습니다. 원고들이 과당거래와 미수 거래로 인한 손해부분에 대한 배상을 요구하자 피고 임현관은 손해가 없다고 주장하고 피고 배현진은 피고 임현관이 탈라스증권(주)의 직원도 아니라고 발뺌하였으며 원고들의 계좌담당자는 피고 장달수이라 하고 그날 처음 보는 피고 장달수이라는 사람이 나와서 역시 발뺌을 할 뿐이었습니다.

2. 피고들의 공동불법행위 책임

피고 배현진, 같은 장달수, 같은 임현관은 공동으로 원고들을 기망하여 피고 탈라스증권(주)에 동 회사의 직원이 아닌 피고 임현관을 투자상담사로 하여 일임매매를 위탁하게 하고, 피고 임현관을 이를 기화로 과당거래, 미수거래를 하고 피고 배현진, 같은 장달수은 증권회사의 임직원으로서 고객으로부터 일임매매를 위탁받은 경우 자본시장법 등에 근거하여 ① 일임매매거래를 하고자 할 경우에는 약정서에 의하여야 하며 또한 일임매매관리자는 영업소 임직원 중에서 정하여야 하고 ② 일임매매계좌는 일반계좌와 구분하여 특별히 관리하는 등 선량한 관리자의 주의의무를 다하여 원고들의 계좌를 관리하고 ③ 특히 원고들이 미수거래 등 위험한 거래를 하지 말아달라는 제한적인 위임을 하였다면 피고들은 미수거래를 하지 말아야 할 의무가 있음은 당연합니다. 그럼에도 불구하고 그 의무를 위반하여 수수료를 챙길 목적으로 피고 임현관이 위 과당거래, 미수거래를 하는데 가담하여 원고들에게 손해를 가하였으므로 피고들은 원고들에게 손해를 배상할 책임이 있습니다.

3. 피고 탈라스증권(주)의 사용자책임 -- 사용자책임의 외관 보호

피고 탈라스증권(주)는 피고 배현진과 장달수이 업무집행과 관련하여 공동불법행위를 하여 원고에게 손해를 가한 것에 대하여 사용자책임이 있습니다.

4. 손해배상의 범위

피고들은 위와 같은 불법행위로 청구취지 기재와 같이 원고에게 5억원의 손해를 가한 것입니다.

5. 결 론

그렇다면 피고들은 연대하여 원고에게 금 500,000,000원 및 이에 대하여 피고들의 불법행위로 인하여 거래를 중단한 다음 날인 2019. 2. 13. 부터 이 사건 소장부본 송달일까지는 연5%, 그 다음날부터 완제일까지는 소송촉진등에관한법률 소정의 연 12%의 각 비율에 의한 지연손해금을 지급할 의무가 있다 할 것이므로 이를 구하기 위하여 본 건 청구에 이르렀습니다.

입 증 방 법

1. 갑제1호증의 1내지 3	각 거래내역서	1통
1. 갑제2호증의 1내지 7	신문광고	1통
1. 갑제3호증원	금보장각서	1통
1. 갑제4호증	주식매매거래계좌설정약정서	1통
1. 갑제5호증	약관	1통
1. 갑제6호증	증권회사의 영업에 관한 규정	1통

그 밖의 입증방법은 소송의 진행에 따라 수시로 제출하겠습니다.

첨 부 서 류

1. 위 입증방법　　각 1통
1. 소장 부본4통

1. 법인등기부등본1통

1. 송달료 납부서1통

2019. 7. 8.

위 원고 송한수 (인)

서울중앙지방법원 귀중

- 별 지 -

1. 원고 송한수 계좌의 미수거래로 인한 손해 ; 금 450,000,000원

투자종목	거래주	산출한 미수거래 손익
(주)대우중공업	20,000주	20,098,000
쌍용화재(주)	900주	50,756,000
---- 생략		
서울증권(주)	13,080주	101,146,080
		합계 450,000,000원

2. 원고 송한수 계좌의 수수료로 인한 손해 : 금 40,000,000원

3. 원고 송한수 계좌의 거래세로 인한 손해 : 금 10,000,000원

총계 (1+2+3)=금 500,000,000원

합계 500,000,000원

3. 판결의 효력

일반 민사소송의 이행판결에 지나지 않으므로 대인적인 효력만 인정될 뿐이다.

제 14 장

회사의 내부를 들여다보자!

제1절 주주명부

주주명부는 주식, 주권 및 주주에 관한 사항을 명확히 하기 위하여 상법의 규정에 따라 회사가 작성·비치하는 장부이다.

[작은 규모 회사의 일반적인 주주명부]

주 주 명 부				
주주명	주 소	주식수	1주의 금액	금 액
이한돌 670212-1094625	서울 서초구 동광로39길 11 (반포동)	2,000주	5,000원	10,000,000원
김현미 770526-2011234	서울 중랑구 겸재로2길 51 (면목동)	2,000주	5,000원	10,000,000원
김현미 770526-2011234	서울 중랑구 겸재로1길 11 (면목동)	1,000주	5,000원	5,000,000원
합 계		5,000주	25,000,000원	
위는 당 회사의 주주명부임에 틀림없음. 2015년 8월 일 주식회사 한별컴 (인) 서울특별시 서초구 서초동 1591-3 대표이사 이한돌				

주주명부에는 추정력이 존재한다(대법원 1989.7.11. 선고 89다카5345 판결). 즉 주주명부에 주주로 등재되어 있는 사람은 그 회사의 주주로서 추정되며 주주총회에서 의결권을 행사할 자격이 있다는 사실 역시 추정된다. 그러므로 이를 번복하기 위하여는 그 주주권을 부인하는 측에서 입증책임을 부담한다(대법원 2010.03.11. 선고 2007다51505 판결 이사선임결의무효확인). 주주 또는 회사채권자가 상법 제396조 제2항에 의하여 주주명부 등의 열람등사청구를 한 경우 회사는 그 청구에 정당한 목적이 없는 등의 특별한 사정이 없는 한 이를 거절할 수 없고, 이 경우 정

당한 목적이 없다는 점에 관한 증명책임은 회사가 부담한다(대법원 2010.07.22. 선고 2008다37193 판결 분할합병무효 등, 대법원 1997. 3. 19.자 97그7 결정).

주주명부는 특히 주식회사의 등기를 할 때 중요하다. 등기소에 주식회사 변경등기를 할 때 첨부해야 하는 주주총회의사록 등 모든 의사록은 공증을 받아 제출해야 하는데, 주주총회의사록을 공증을 할 때는 예외없이 주주명부를 첨부해야 한다. 주주명부가 있어야 주식을 누가 얼마나 소유하고 있는지 알 수 있고, 그것을 바탕으로 보통결의 혹은 특별결의의 정족수를 계산할 수 있기 때문이다.

그런데 주주가 주식을 취득하기는 하였지만, 그 주권을 여의도에 있는 증권회사나 한국예탁결제원에 맡겨 놓은 경우는 어떨까? 이 때 그 주주를 실질주주라 하는데, 실질주주란 주식을 취득했지만 주권을 소유하지 않고 증권회사나 한국예탁결제원 등 수탁기관에 맡겨 놓고 있는 주주를 말한다. 예탁자의 투자자와 예탁자는 각각 그 주식에 대한 공유지분을 가지는 것으로 추정한다(자본시장법 제312조 권리추정 등). 위 주식의 공유자(실질주주)는 주주로서의 권리 행사에 있어서는 각각 공유지분에 상당하는 주식을 가지는 것으로 본다. 실질주주는 의결권·이익배당청구권 등 상법상 공익권과 자익권을 모두 가진다. 주주는 언제든 회사를 상대로 실질주주명부에 대한 열람·등사를 청구할 수 있다.

자본시장법 제315조(실질주주의 권리 행사 등)에서 실질주주에 대하여 '예탁증권 등 중 주식의 공유자'로 표현하며 「주주로서의 권리 행사에 있어서는 각각 제312조 제1항에 따른 공유지분에 상당하는 주식을 가지는 것으로 본다」고 하여, 주주로서의 권리를 인정하고 있다. 또한 예탁증권 등 주권의 발행인은 '주주명부폐쇄기준일'을 정한 경우에는 예탁결제원에 이를 지체없이 통지하여야 하며, 예탁결제원은 '주주명부폐쇄기준일'을 실질주주에 관하여 통지하여야 한다. 발행인은 실질주주명부를 작성해야 하며, 실질주주는 자신의 주식에 대한 권리를 거의 완전하게 행사할 수 있다.

제2절 주주명부 열람·등사 청구 소송

제396조 (정관 등의 비치, 공시의무)

① 이사는 회사의 정관, 주주총회의 의사록을 본점과 지점에, 주주명부, 사채원부를 본점에 비치하여야 한다. 이 경우 명의개서대리인을 둔 때에는 주주명부나 사채원부 또는 그 복본을 명의개서대리인의 영업소에 비치할 수 있다.

② 주주와 회사채권자는 영업시간 내에 언제든지 제1항의 서류의 열람 또는 등사를 청구할 수 있다.

자본시장법 제315조(실질주주의 권리 행사 등)

① 예탁증권등 중 주식의 공유자(이하 "실질주주"라 한다)는 주주로서의 권리 행사에 있어서는 각각 제312조 제1항에 따른 공유지분에 상당하는 주식을 가지는 것으로 본다.

② -- 다만, 회사의 주주에 대한 통지 및 상법 제396조 제2항에 따른 주주명부의 열람 또는 등사 청구에 대하여는 그 권리를 행사할 수 있다.

주주는 영업시간 내에 언제든지 주주명부의 열람 또는 등사를 청구할 수 있고, 자본시장법에서 정한 실질주주 역시 이러한 주주명부의 열람 또는 등사를 청구할 수 있음은 앞에서 본 바와 같다. 이는 주주가 주주권을 효과적으로 행사할 수 있게 함으로써 주주를 보호함과 동시에 회사의 이익을 보호하려는 데에 그 목적이 있다. 또한 소수주주들로 하여금 다른 주주들과의 주주권 공동행사나 의결권 대리행사 권유 등을 할 수 있게 하여 지배주주의 주주권 남용을 방지하는 기능도 담당한다.

회사가 주주명부의 열람·등사를 거부하는 경우에는 회사를 상대로 주주명부 열람·등사 가처분이나 청구소송을 제기할 것이다. 회사는 그 청구에 정당한 목적이 없다거나 개인정보가 악용될 수 있다는 등의 항변을 할 수 있지만, 정당한 목적이 없다는 점에 관한 증명책임은 회사가 부담한다. 본안판결시까지 오랜 시간이 소요되는 주주명부 열람·등사 청구소송보다는 긴급한 가처분이 더 목적 달성에 유리하므로 가처분을 더 많이 이용하는 형편이다. 이하의 절에서 가처분을 위주로 설명한다.

제3절 주주명부 열람·등사 가처분

1. 주주명부를 열람하고 복사하게 해주세요 (열람 · 등사 가처분의 의의)

예를 들어 어느 기업(A)이 어느 기업(B)을 M&A를 하려고 주식의 20%를 취득한 상황을 생각을 해 보자. 여러 가지 상황이 있지만 결국 M&A를 성공시키려면 최종적으로는 주주총회의 소위 '표대결'에서 이겨야 한다. 그런데 B기업의 방어하고자 하는 주주들의 주식이 20% 정도 된다면, A기업과 B기업의 주주는 각각 20% 정도씩 가지고 있으므로, 40% 정도가 회사의 M&A에 관심 있는 사람들이고 나머지 60%는 누구를 지지할 것을 정하지 않은 소위 '부동표(浮動票)'이다.

그렇다면 A기업과 B기업 방어주주 사이의 표대결에서 이기는 방법은 누가 부동표를 설득하여 이들로부터 더 많은 '위임장'을 받아내느냐(자본시장법 제152조 의결권 대리행사의 권유, 즉 주주에 '내가 당신의 의결권을 대신 행사할 테니 나에게 의결권을 위임해 달라'는 권유)에 달려 있다. 이를 위임장 대결(Proxy fight)이라 한다.

실례로, 금강고려화학(KCC)측에서 의결권 대리행사 권유 및 우호세력 설득을 위해 현대엘리베이터의 주주명부 열람 및 등사 요청한 사실이 있다. 현대엘리베이터에서 이를 거부하자 KCC는 주주명부 열람 및 등사 가처분을 제기하고, 법원은 '주주명부를 보여주고 복사하게 하라'고 인용(수원지방법원 여주지원 2004. 2. 17 2004카합47 결정)하였다. 그러나 법원의 결정에도 불구하고 현대엘리베이터는 주주명부 열람 및 등사를 거부하였다. 이에 법원은 현대엘리베이터는 1일 5,000만 원의 이행강제금 부과(간접강제)하였고, 어쩔 수 없이 현대엘리베이터는 KCC에게 주주명부를 제공한 사실이 있다. 이 같이 주주명부를 보여주고 복사하게 해달라고 법원에 신청하는 가처분이 주주명부 열람 및 등사 가처분신청이다.

2. 니가 온전히 보전받고 싶은 권리가 뭐야? (피보전권리)

상법 제396조에 기한 주주의 주주명부 열람 및 등사 청구권이다.

3. 누가 신청인이 되고 누가 피신청인이 되나? (보전소송의 당사자)

가. 신청인 (단독주주권)

주주명부 열람 및 등사 청구의 소송에서 원고는 해당회사의 주주이다. 주주명부 열람 및 등사 청구권은 단독주주권으로서 주주라면 누구라도 신청인이 될 수 있다. 이에 비하여 회계장부 열람 및 등사 청구권은 발행주식의 총수의 3% 이상에 해당하는 주식을 가진 주주가 신청인이 될 수 있다.

나. 피신청인

주주명부 또는 실질주주명부를 비치하고 있는 당해 회사이다.

4. 주주명부에는 열람 · 등사는 언제 신청할 수 있을까? (신청기간)

주주명부에는 열람 · 등사를 신청할 수 있는 기간에 관하여 별다른 제한 없다. 실질주주명부의 경우 주권의 발행인이 주주명부폐쇄기간 또는 기준일을 정하면 그 때부터 열람 · 등사를 청구할 수 있다[154].

상법 제315조 제3항 분설

주권의 발행인(회사A)이 주주명부폐쇄기간 또는 기준일을 정하면 → 예탁결제원에 통지 → 예탁결제원은 주주명부폐쇄기간의 첫날 또는 기준일의 실질주주를 판단 → 예탁결제원은 실질주주의 성명, 주소, 주식 수 등 자료를 주권의 발행인(회사A)에 통지 → 주권의 발행인(회사A)은 실질주주명부를 작성

154) 임재연, 앞의 책 p583

5. 어디에 가처분 신청서를 제출하지? (관할)

회사소송의 일반원칙에 따라 본안소송은 회사의 본점소재지 지방법원의 관할에 전속한다. 주주명부 열람 및 등사 가처분은 보전처분(disposal of maintenance)으로서 본안의 관할법원, 즉 본안소송을 제기한 법원이나 소를 제기하려고 하는 관할법원 민사신청과에 접수한다.

6. 소가와 인지액, 송달료

가. 본안소송의 인지액

주주명부 열람·등사를 청구하는 소송은 비재산권을 목적으로 하는 소송으로서 소가는 1억 원(민사소송등인지법 제2조 제4항, 민사소송등인지규칙 제18조의2 단서, 제15조 제2항)이다. 따라서 본안소송의 인지액은 455,000원(계산 : 1억 원 × 0.004 + 55,000원)이라고 볼 것이다.

나. 주주명부 열람·등사 가처분 신청의 인지액

주주명부 열람·등사 가처분 신청의 경우 이는 임시의 지위를 정하기 위한 가처분의 신청에 해당한다[155]. 임시의 지위를 정하기 위한 가처분의 신청 및 그에 대한 이의 또는 취소의 신청은 그 본안의 소에 따른 인지액의 2분의 1이다. 본안의 소의 소가가 1억 원이므로, 인지액의 계산은 소가가 '1억 원 이상 10억 원 미만'의 구간에 해당한다. 따라서 55,000+(1억 원×0.004)로 계산하면 인지액은 455,000원이다. 또한 본안의 인지액의 2분의 1 이므로 가처분 신청의 인지액은 227,500원이 된다.

다. 송달료

송달료는 임시의 지위를 정하기 위한 가처분으로서 8회분을 납부한다. 당사자가 2인인 경우 81,600원(당사자수 2명 × 5,100 원 × 8회분)이다.

---

155) 이영창. 2011.『보전소송』, 진원사 p469

7. 보전의 필요성 (고도의 소명이 필요함)

주주명부 열람·등사 가처분은 본안의 소송물인 주주명부에 대한 열람·등사청구권이 이행된 것과 같은 종국적 만족을 얻게 하는 것으로서, 그 집행에 의하여 채무자에게 회복할 수 없는 손해를 생기게 할 우려가 있으므로, 보전의 필요성에 대하여 고도의 소명이 필요하다(대법원 1997.03.19. 자 97그7 결정 강제집행정지). 예를 들어, 본안소송을 청구하였거나 청구할 예정이지만 주주총회 등이 임박해서 소송이 끝난 후에는 승소를 하여도 그 목적을 달성할 수 없다는 사실, 위임장 권유(Proxy fight)를 하려 하는데 소송이 끝날 때까지 기다리면 그 목적을 달성할 수 없다는 사실 등이 그것이다.

임시의 지위를 정하는 가처분은 다툼 있는 권리관계에 관하여 그것이 본안소송에 의하여 확정되기까지 사이에 가처분권리자가 현재의 현저한 손해를 피하거나 급박한 강포를 막기 위하여, 또는 기타 필요한 이유가 있는 때에 한하여 허용되는 응급적·잠정적 처분이다. 이러한 가처분을 필요로 하는지의 여부는 당해 가처분신청의 인용 여부에 따른 당사자 쌍방의 이해득실관계, 본안소송에 있어서의 장래의 승패 예상, 기타 제반 사정을 고려하여 법원의 재량에 따라 합목적적으로 결정하여야 할 것이다(대법원 1993. 2. 12. 선고 92다40563 판결).

8. 피신청인의 항변

① 신청의 이유가 없다는 일반적인 항변, ② 보전의 필요성이 없다는 것, ③ 열람·등사청구가 정당한 목적(proper purpose)이 없다는 주장, ④ 재량기각 사유가 존재한다는 주장 등이 될 것이다.

특히 열람·등사청구가 정당한 목적(proper purpose)이 없다는 것과 관련하여 일본 회사법은 다음과 같이 규정하고 있다(일본 회사법 제125조 제2항-제3항).

① 해당 청구를 하는 주주 또는 채권자가 그 권리의 확보 또는 행사에 관한 조사 이외의 목적으로 청구를 했을 때 ② 청구자가 해당 주식회사의 업무 수행을 방해하거나 주주의 공동이익을 해할 목적으로 청구한 경우 ③ 청구자가

주주명부의 열람 또는 등사로 알게 된 사실을 이익을 얻어 제3자에게 통보하기 위하여 청구를 한 경우[156)]

주주 또는 회사채권자가 상법 제396조 제2항에 의하여 주주명부 등의 열람등사청구를 한 경우 회사는 그 청구에 정당한 목적이 없다는 등의 특별한 사정이 없는 한 이를 거절할 수 없고, 이 경우 정당한 목적이 없다는 점에 관한 증명책임은 피신청인인 회사가 부담한다(대법원 2010.07.22. 선고 2008다37193 판결 분할합병무효등).

9. 가처분신청이 인용된 경우 주주명부의 열람 · 등사

가처분이 인용된 경우 신청인은 주주명부를 비지한 회사의 본점에 가서 그를 열람하고 이를 등사할 수 있다. 물론 회사의 '영업시간 내' 허용될 것이다. 또한 아래 신청서 Case과 같이 주주명부를 집행관에게 이전 보관시키는 가처분도 허용된다. 법원은 주주명부의 사본 교부도 명할 수 있다.

10. 주주명부 열람, 등사 청구의 범위

가. 실질주주명부의 포함 여부

상법 상 주주명부는 물론이고 실질주주명부 역시 열람, 등사청구가

156) 이에 관하여 일본 회사법(平成十七年法律第八十六号 会社法)은 다음과 같이 규정하고 있다(일본 회사법 제125조 제2항-제3항).

② 주주 및 채권자는 주식회사의 영업시간 내에는 언제든지 다음에 열거하는 청구를 할 수 있다. 이 경우, 해당 청구의 이유를 명확히 하여야 한다.

1호 주주명부가 서면으로 작성된 경우 해당 서면의 열람 또는 등사 청구

2호 주주명부가 전자적 기록으로 작성된 경우에는 해당 전자적 기록에 기록된 사항을 법무성령으로 정하는 방법으로 표시한 것의 열람 또는 등사 청구

③ 주식회사는 전항의 청구가 있는 때에는 다음의 어느 하나에 해당하는 경우를 제외하고 이를 거부할 수 없다.

1호 해당 청구를 하는 주주 또는 채권자가 그 권리의 확보 또는 행사에 관한 조사 이외의 목적으로 청구를 했을 때

2호 청구자가 해당 주식회사의 업무 수행을 방해하거나 주주의 공동이익을 해할 목적으로 청구한 경우

3호 청구자가 주주명부의 열람 또는 등사로 알게 된 사실을 이익을 얻어 제3자에게 통보하기 위하여 청구를 한 경우

(일본 회사법을 web-site '세계법제정보센터'에서 내려받아 인터넷번역기로 번역한 것이다)

가능하다. 주주명부의 열람등사를 청구하는 실익은 주주권을 행사할 자가 누구인지 알게 하는 것이고 실질주주명부는 주주명부 기재와 동일한 효력인 바, 주주명부의 열람등사를 청구권은 상법상 인정한 주주의 권리로서 실질주주명부에 주주들의 접근성을 보장하지 않는 경우 주주명부의 열람등사권이 무의미해질 수 있기 때문이다.

나. 공개의 범위

주주의 성명과 주소, 보유주식의 종류와 수는 일반적으로 제공해주어야 하는 반면 주민등록번호 등 기타 개인적 정보는 제공하지 않아도 된다.

11. 간접강제

법원에서 가처분 인용결정이 났음에도 불구하고, 회사가 주주명부 열람·등사를 거부하는 경우가 있다. 이 경우에는 「열람을 거부하는 1일에 5,000만 원의 이행강제금」을 부과하는 방법 등으로 간접강제를 할 수 있다. 이와 함께 정당한 사유없이 회사가 주주명부 열람·등사를 거부하는 경우 500만원 이하의 과태료에 처한다(상법 제635조 제4호).

12. 가처분의 이의와 집행정지·취소

가처분 결정에 대한 이의신청 또는 가처분 판결에 대한 상소의 제기가 있고, 장차 그 가처분 재판이 취소 또는 변경되어질 가능성이 예견되는 경우라고 하더라도 원칙적으로 그 집행의 정지는 허용될 수 없다. 하지만 구체적인 가처분의 내용이 권리보전의 범위에 그치지 아니하고 소송물인 권리 또는 법률관계의 내용이 이행된 것과 같은 종국적 만족을 얻게 하는 것으로서, 그 집행에 의하여 채무자에게 회복할 수 없는 손해를 생기게 할 우려가 있는 때에는 예외적으로 민사소송법 제474조, 제473조를 유추적용 하여 채무자를 위하여 일시적인 응급조치로서 그 집행을 정지할 수 있는 길을 열어줄 필요가 있다(대법원 1997.03.19. 자 97그7 결정 강제집행정지).

[주주명부를 집행관에게 보관시키는 가처분도 허용됨. 이에 관한 신청서]

주주명부 열람 및 등사 가처분신청서

신 청 인 윤 수 일
서울 강남구 도곡동 11111

피신청인 주식회사 바이코리아은행
서울 도봉구 창동 22222
대표이사 전 영 록

가처분 목적물의 표시

별지 목록 기재와 같음

피보전권리의 요지

상법 제396조 제2항, 제1항에 기한 주주의 주주명부 열람 및 등사 청구권

신 청 취 지

1. 피신청인의 별지 목록 기재 주주명부에 대한 점유를 풀고 신청인이 위임한 서울북부지방법원 소속 집행관에게 집행위임일로부터 10일간에 한하여 그 보관을 명한다.
2. 집행관은 위 기간 내에 신청인에게 위 주주명부의 열람·등사를 허가하고 열람·등사가 끝났을 때에는 이를 피신청인에게 반환하여야 한다.
3. 집행관은 피신청인이 업무상의 필요에 따라 위 주주명부의 사용을 신청했을 때에는 이미 기재된 것을 변경하지 않을 것을 조건으로 하여 피신청인에게 사용을 허가하여야 한다. 다만, 이 경우 집행관은 그것이 집행관 보관하에 있다는 사실 및 상기 명령의 취지를 적당한 방법으로 공시하여야 하며, 피신청인은 이 점유를 타인에게 이전하거나 또는 점유명의를 변경하여서는 아니된다.

4. 신청비용은 피신청인의 부담으로 한다.

라는 재판을 구합니다.

신 청 이 유

1. 당사자의 지위

피신청인은 신청외 한별컴 주식회사(이하 '신청외 회사'라고 합니다)의 명의개서대리인이며, 신청인은 신청외 회사의 보통주식 219,930주를 보유하고 있는 주주입니다. 한편, 신청외 회사는 현재 납입자본의 총액 금 48,0000,000,000원, 발행주식의 총수 48,000,000주(보통주 25,000,000주, 우선주 23,000,000주), 1주의 금액 금 10,000원의 컴퓨터부품 및 계량기 제조, 판매업 등을 목적으로 하는 상장주식회사입니다.

2. 피보전권리

상법 제396조 제1항 후단에 의하여 신청외 회사는 그 주주명부를 본점 또는 명의개서대리인인 피신청인의 영업소에 각 비치하여야 하며, 주주는 영업시간 내에 언제든지 주주명부의 열람 또는 등사를 청구할 수 있습니다. 따라서 피신청인 및 신청외 회사는 본건 주주명부에 대한 신청인의 열람 또는 등사 청구에 응할 의무가 있습니다. 그런데도 피신청인과 신청외 회사는 신청인으로부터 그동안 여러차례에 걸쳐 주주명부의 열람 및 등사요청을 받고서도 특별한 이유 없이 차일피일 미루며 이에 응하지 아니하고 있습니다.

3. 보전의 필요성

가. 신청외 회사는 2019. 1. 16. 미국의 빅존슨사가 설립하는 신설법인에게 회사의 영업 전부를 양도할 계획이라고 증권시장에 공시한 직후, 같은 달 19.자 이사회 결의로써 일부 영업과 자산을 제외하고 신청외 회사의 영업을 양도예정가액 금 8,619억 원에 같은 해 3. 15.자로 에이치아이엠컴퓨터 주식회사(위 빅존슨사의 자본으로

설립된 신설법인)에 양도하기로 결정하였으며, 그 다음 날에는 다시 영업전부의 양도 승인의 건을 의제로 한 임시주주총회를 같은 해 3. 8. 개최한다는 것과 그 주주확정을 위한 기준일을 같은 해 2. 4.로 정한다는 내용을 주주들에게 통지 또는 공고하였습니다.

나. 신청외 회사의 이사회는 같은 해 2. 20. 영업양수도를 위한 협상지연을 사유로 위 임시주주총회 개최일정을 변경하고 변경된 임시주주총회 일시는 추후 통지 또는 공고하기로 결정하였으나, 아직까지 변경된 임시주주총회의 일정을 정하지 않고 있습니다.

다. 신청인은 비록 현 상태에서 신청외 회사가 위 에이치아이엠컴퓨터 주식회사에 양도하기로 한 목적물이 영업의 전부인지 일부인지와 양도가액의 적정성 여부 및 임시주주총회 일정변경의 구체적 배경 등을 제대로 파악할 수 없는 처지이지만, 그동안 국내의 대표적인 우량기업의 하나로 꼽혀온 신청외 회사가 단지 기업회생인가결정에 따른 회생채권 변제조건의 이행 및 외자유치라는 명분 아래 위와 같은 양도가액만을 받고 외국계 기업에 인수되는 것이 혹 신청인을 비롯한 주주들의 정당한 이해관계에 배치되는 것은 아닌지에 대하여 깊은 관심을 가지고 있습니다. 따라서 신청인은 위와 같은 영업양도 승인의 건을 의결하기 위한 임시주주총회에서 신청인을 비롯한 소수주주들의 이익을 옹호하기 위하여 위 임시주주총회일 이전에 다른 소수주주들로부터 상법 제368조 제3항에 의한 의결권 대리행사의 위임을 받고자 상법 제396조에 의거하여 피신청인 및 신청외 회사를 상대로 별지 목록 기재 주주명부의 열람 및 등사를 구하는 본안소송을 법원에 제기하고자 준비 중이나, 상당한 시일이 소요될 것으로 예상되는 본안판결 확정시까지 기다릴 경우 위 임시주주총회가 종료되어 그 목적을 달성할 수 없게 될 것입니다. 이에 신청인은 부득이 이 사건 가처분신청에 이르게 된 것입니다.

4. 담보의 제공

신청인 회사는 이 사건 가처분에 대한 보증으로 담보제공이 필요한 경우 서울보증보험회사와 지급보증위탁계약을 체결한 문서를 제출하는 방법에 의하여 담보를 제공할 것을 허가하여 주시기 바랍니다.

소 명 방 법

1. 소갑제1호증의 1, 4 내지 7	잔고증명서	각 1통
1. 소갑제1호증의 2 내지 3	주식보유확인서	각 1통
1. 소갑제2호증	법인등기부등본	1통
1. 소갑제3호증	확인서	1통
1. 소갑제4호증 내지 7호증	공시내용	1통
1. 소갑제5호증 내지 7호증	내용증명	1통

첨 부 서 류

1. 위 소명방법	각 1통
1. 신청서 부본	1통
1. 송달료 납부서	1통
1. 목록	1통

2019. 3. 3.

위 신청인 윤 수 일 (인)

서울중앙지방법원 귀중

[별지 목록]

열람등사를 구하는 서류

신청외 한별컴 주식회사의 2019. 2. 4. 현재 주주명부(상법상 주주명부 및 자본시장과 금융투자업에 관한 법률 상 실질주주명부 포함)

– 이상 –

제4절 회계장부·서류 열람·등사 청구의 소

상법 제466조 (주주의 회계장부열람권)

① 발행주식의 총수의 100분의 3이상에 해당하는 주식을 가진 주주는 이유를 붙인 서면으로 회계의 장부와 서류의 열람 또는 등사를 청구할 수 있다.

② 회사는 제1항의 주주의 청구가 부당함을 증명하지 아니하면 이를 거부하지 못한다.

자본시장법 제91조(장부·서류의 열람 및 공시 등)

① 투자자는 집합투자업자에게 영업시간 중에 이유를 기재한 서면으로 그 투자자에 관련된 집합투자재산에 관한 장부·서류의 열람이나 등본 또는 초본의 교부를 청구할 수 있다. 이 경우 그 집합투자업자는 대통령령으로 정하는 정당한 사유가 없는 한 이를 거절하여서는 안 된다.

② 제1항에 따른 열람이나 등본 또는 초본의 교부 청구의 대상이 되는 장부·서류의 범위 등에 관하여 필요한 사항은 대통령령으로 정한다.

자본시장법 제113조(장부·서류의 열람 및 공시 등)

① 수익자는 신탁업자에게 영업시간 중에 이유를 기재한 서면으로 그 수익자에 관련된 신탁재산에 관한 장부·서류의 열람이나 등본 또는 초본의 교부를 청구할 수 있다. 이 경우 그 신탁업자는 대통령령으로 정하는 정당한 사유가 없는 한 이를 거절하여서는 안 된다.

② 제1항에 따른 열람이나 등본 또는 초본의 교부 청구의 대상이 되는 장부·서류의 범위 등에 관하여 필요한 사항은 대통령령으로 정한다.

1. 의의 (원시기록인 회계장부의 열람 및 복사를 청구)

가. 상법 제466조 등의 회계장부와 회계서류의 열람 · 등사 청구권

상법상 회사, 민법상의 법인, 비법인사단 같은 여러가지 단체에 있어 그 구성원들은 단체의 재산 운용의 불투명성을 해소하고, 운용상 문제점에 대한 임원(이사, 대표이사, 감사 등)들의 책임을 묻기 위해서는, 회사의 세부적인 정보를 알아야 한다(이사의 해임을 청구하거나, 위법행위유지를 청구하거나, 대표소송을 제기하기 위해). 주주가 재무제표와 그 부속명세서 · 영업보고서 및 감사보고서(이 정도는 금융감독원 전자공시시스템인 DART에서도 쉽게 찾아볼 수 있다)를 가지고도 충분히 진상을 알 수 없을 때에는 주주는 다시 그 기재가 진실하고 정확한 기재인가를 알기 위하여 그 원시기록인 회계의 장부와 서류의 열람 · 등사를 청구할 수 있는 권리를 가질 필요성이 있다[157]. 상법은 회사의 주인인 주주에게 회계장부와 회계서류의 열람 또는 등사를 청구할 권리를 법으로 인정하고 있는데, 이것이 상법 제466조 등의 회계장부와 회계서류의 열람 · 등사 청구권이다.

나. 발행주식 총수의 3% 이상의 소수주주권

발행주식 총수의 3% 이상에 해당하는 주식을 가진 주주는 회계장부와 회계서류의 열람 또는 등사를 청구할 권리를 가진다(상법 제466조). 또한 투자자는 집합투자업자에게 집합투자재산에 관한 장부 · 서류의 열람이나 등본 또는 초본의 교부를 청구할 수 있고, 수익자는 신탁업자에게 신탁재산에 관한 장부 · 서류의 열람이나 등본 또는 초본의 교부를 청구할 수 있다(자본시장법 제91조, 제113조).

다. 가처분도 인정

회사가 정당한 이유 없이 소수주주의 열람 · 등사 청구를 거절한 경우에는, 주주는 열람 · 등사 청구의 소를 제기할 수 있고 소송을 하는 중이나 소송을 제기하기 전에도 회사측에서 회계장부 등을 훼손하거나 폐기 또는 숨길 염려가 있는 경우에는 회계장부와 회계서류의 열람 · 등사 청구권을 피보전권리로 한 가처분도 인정하고 있다. 실무상 가처분이 더 많이

157) 최병규, 경영법률 20집 2호(2010년) p307, 한국경영법률학회

이용되고 있는 형편이다(가처분의 본안화).

case) Y회사의 회계장부 등의 열람·등사가처분을 신청한 X는 Y회사 발행주식총수의 50%를 소유하는 주주이다.

Y회사의 주식은 신청인 X와 현대표이사인 A가 50%씩 실질적으로 소유하고 있고, 회사설립시에는 X가 Y회사의 대표이사 직무를 담당하였지만, 그가 Y회사와 동종목적의 회사를 설립하자 A는 경업금지의무를 이유로 이사등 직무집행정지와 이사해임청구의 소를 제기하여 X를 Y회사의 경영으로부터 배제하였고, 그 후에도 X와 A 사이에는 주식소유 및 경영권과 관련하여 여러 차례 법적 분쟁이 있었다.

그동안 Y회사는 주주총회를 한 번도 개최한 적이 없으며, 이익배당을 실시한 적도 없고, 1994. 1. 31.에는 Y회사가 생산한 콘크리트 제품을 운반하는 데 사용되는 레미콘 트럭 50대를 주주총회의 특별결의 없이 타회사 명의로 소유권이전등록을 하였다.

X는 경영실태에 대한 조사를 위하여 회계장부 등의 열람 및 등사를 요청하였으나 Y회사는 이를 거절하였다[158].

2. 열람·등사 청구권의 행사 – '이유를 붙인 서면의 청구 '

가. 청구권자와 청구시기

회계장부열람청구권의 행사자는 지주요건으로서 발행주식총수의 3% 이상에 해당하는 주식을 보유한 주주라야 한다.

회사에 회계장부열람을 청구한 직후 회사가 거부하거나, 열람허가의 여부를 결정할 만한 상당한 시간이 경과하여도 아무런 응답이 없다면 법원에 제소할 수 있다[159].

나. 구체적인 이유의 기재

하지만 회계의 장부와 서류를 열람 또는 등사시키는 것은 회사로서는

158) 김재범. 1988. 회계장부열람청구권의 행사요건. 『경영법률 11집』 p208, 한국경영법률학회
159) 김재범. 1988. 회계장부열람청구권의 행사요건. 『경영법률 11집』 p214, 한국경영법률학회

뱃속까지 보여주는 것으로서 영업상 중대한 일이다. 따라서 그 절차를 신중하게 할 필요성이 있다. 회계장부의 열람·등사를 신청하는 사람은 회사로 하여금 ① 열람 및 등사에 응하여야 할 의무가 존재한다는 것 ② 열람 및 등사를 허용하지 않으면 안 될 이유와 ③ 회계의 장부 및 서류의 열람·등사 범위 등의 판단을 용이하게 만들어 줄 필요가 있다. 그러므로 주주가 회계장부의 열람·등사를 신청을 할 때는 이유를 붙인 서면으로 하여야 하고, 청구의 이유는 구체적으로 기재하여야 한다(대법원 1999. 12. 21. 선고 99다137 판결, 대법원 1999. 12. 21. 선고 99다120 판결). 이러한 구체적인 기재가 없다면 회사는 그 청구를 거부할 수 있고, 소송을 제기하였다면 기각될 수 있다.

그러므로 '회사의 경영상태가 궁금하므로 이를 파악하기 위해서'라든가, '대표이사가 자의적이고 방만하게 회사를 경영하고 있으므로 회사의 경영상태에 대한 감시의 필요가 있어서', '주주권의 행사에 필요한 조사를 위하여', '향후 회사가 예정하고 있는 신주의 발행 기타 회사재산이 적정하고 타당하게 운용되고 있는가에 대하여 알기 위하여', '주주의 이익을 위해서' 등의 추상적인 이유 기재는 충분하지 않다.

열람등사를 청구하는 본안소송의 경우에도 원고에게는 회계장부 등의 인도청구권까지는 인정할 수 없다. '피고는 원고에게 별지 목록 기재 회계장부 등을 인도하라'라는 등의 청구취지는 허용되지 않다.

다. 하자의 치유

소송의 제기 전까지 청구의 이유가 불충분하여도 소장, 준비서면, 가처분신청서, 항소장 등에 이유를 붙였고, 준비서면이 피신청회사에 송달되었으며 보완되는 경우 위 하자는 치유된다고 볼 것이다.

라. 청구의 정당성

회사는 주주의 열람·등사 청구가 부당함을 증명하면 주주의 열람·등사 청구를 거부할 수 있다. 주주는 형식을 갖추어 열람·등사 청구를 하여야 하고, 청구에 정당한 목적이 있어야 한다. 이러한 요건이 충족되면 회사는 청구이유가 부당함을 입증하여 청구를 거절할 수 있다[160].

3. 재판절차

가. 관할 · 소가 · 인지액 등

(1) **토지관할** 법인의 주된 사무소 또는 영업소가 있는 곳을 관할하는 법원에 제기한다.

(2) **소가** 비재산권을 목적으로 하는 소송으로서 소가는 1억 원이다.

(3) **인지액 · 송달료** 비재산권을 목적으로 하는 소송으로서 인지액은 455,000원(계산 : 1억 원 × 0.004 + 55,000원)이고, 송달료는 15회분으로, 당사자가 2인일 때 153,000원(당사자수 2인 × 1회분 송달료 5,100 × 15회)을 납부한다.

나. 누가 원고가 되고 누가 피고가 되나? (소송당사자)

(1) 원고

1) **3% 보유요건 (지주요건)** 열람 · 등사 청구의 권리는 때로는 남용될 위험성도 있으므로, 상법은 원고가 될 수 있는 자는 발행주식총수의 100분의 3 이상에 해당하는 주식을 가진 주주로 규정하고 있다. 이때 2인 이상의 주주가 공동하여 3% 이상을 만족시키는 경우에도 공동하여 청구할 수 있다. 의결권 없는 주식의 주주도 열람등사청구권을 가진다. 의결권이 없더라도 이익배당 등 재산적인 이해관계가 있기 때문이다.

열람 · 등사 청구의 권리행사 시점에 위 요건을 구비하면, 회사가 청구에 응하지 않은 사이에 신주발행 등으로 지주비율이 저하되어도 무관하다고 보아야 한다.

2) **주권상장법인 등의 특례** 6개월 전부터 계속하여 상장회사 발행주식총수의 0.1%(자본금이 1천억 이상인 상장회사의 경우에는 1만분의 5) 이상에 해당하는 주식을 보유한 사

---

160) 델라웨어주 일반회사법 제220조. 1994. 법무부

람은 회계장부와 회계서류의 열람·등사 청구권을 행사할 수 있다.

3) 자본시장법에 의한 투자자와 수익자

(2) 피고

피고는 회사이다. 자본시장법에 있어서 투자자와 수익자가 이 소송을 제기하는 경우에 피고는 집합투자업자와 신탁업자이다.

4. 열람·등사의 대상

가. 회계장부와 회계서류

열람·등사청구의 대상은 회사가 법률상의 의무로 작성하는 장부(회계장부 및 대차대조표, 상법 제29조) 외에 임의로 작성하는 장부를 포함한다. 열람·등사청구의 대상으로 되는 회계장부는 상법에서 말하는 상업장부(상법 제29조 참조), 특히 회계장부를 의미한다. 회계장부라 함은 재무제표와 그 부속명세서의 작성의 기초가 되는 장부이다. 즉, 회계에 관한 모든 장부를 말하는 것이다. 그러므로 원장·일기장·분개장·전표 등이 여기에 해당한다.

회계서류는 회계장부의 기재의 원재료가 되는 서류로서, 예컨대 계약서·전표·영수증·서신·납품증 등을 말한다. 열람, 등사의 대상이 되는 회계서류는 회계장부를 작성하는 재료가 된 서류 기타 회계장부를 실질적으로 보충하는 것으로 볼 수 있는 서류들도 모두 포함되는 것이다(비한정설)161)(서울고등법원 1999.09.03. 선고 99카187 판결 가처분이의). 구체적으로 '품의서', '사옥신축 입찰시 공개입찰과 관련된 서류 일체'와 '주식매매계약에 관한 서류' 같은 것이 이에 해당한다. 이렇게 보는 것이 회사실무에 대응하는 실제적인 해결방안이라고 본다.

---

161) 김재범. 1988. 회계장부열람청구권의 행사요건. 『경영법률 11집』 p215, 한국경영법률학회

나. 자회사의 회계장부 · 서류를 열람할 수 있나?

법인격을 달리하는 이상 원칙적으로 어느 회사의 주주가 다른 회사의 회계장부 · 서류를 열람 · 등사할 수는 없다. 그러나 자회사의 회계장부라 할지라도 그것이 모자관계에 있는 모회사에 보관되어 있고, 또한 모회사의 회계상황을 파악하기 위한 근거자료로서 실질적으로 필요한 경우에는 모회사의 회계서류로서 모회사 소수주주의 열람 · 등사청구의 대상이 될 수 있다(대법원 2001.10.26. 선고 99다58051 판결 장부등열람및등사가처분).

5. 열람등사의 방법

열람 · 등사는 주주 스스로 하거나 변호사 같은 제3자에게 위임하거나 보조자를 사용하여 행사하는 것이 가능하며, 회사의 영업시간 내로 한정된다.

6. 회사의 열람 · 등사 거부사유

상법 제466조 제2항은 회사는 '주주의 청구가 부당함으로 증명하지 아니하면 이를 거부하지 못한다'고 하여 회사에게 열람등사청구의 부당함을 입증할 책임을 지우고 있다. 판례는 부당한지 여부에 대하여 「그 행사에 이르게 된 경위, 행사의 목적, 악의성 유무 등 제반 사정을 종합적으로 고려하여 판단하여야 할 것이고, 특히 주주의 이와 같은 열람·등사권의 행사가 회사업무의 운영 또는 주주 공동의 이익을 해치거나 주주가 회사의 경쟁자로서 그 취득한 정보를 경업에 이용할 우려가 있거나, 또는 회사에 지나치게 불리한 시기를 택하여 행사하는 경우 등에는 정당한 목적을 결하여 부당한 것이라고 보아야 할 것(대법원 2004.12.24. 자 2003마1575 결정 회계장부등열람및등사가처)이라는 일반적인 기준을 제시하고 있다.

제5절 회계장부·서류 열람·등사 청구 가처분

상법 제466조 (주주의 회계장부열람권)

① 발행주식의 총수의 100분의 3이상에 해당하는 주식을 가진 주주는 이유를 붙인 서면으로 회계의 장부와 서류의 열람 또는 등사를 청구할 수 있다.

② 회사는 제1항의 주주의 청구가 부당함을 증명하지 아니하면 이를 거부하지 못한다.

1. 회계장부의 열람·등사신청권의 수단적 권리성

회계장부의 열람·등사를 신청할 수 있는 권리는 주주의 회사에 대한 경영감독을 위하여 인정된 일종의 공익권이다. 이사의 해임을 청구하거나, 위법행위유지를 청구하거나, 대표소송을 위한 주주의 회사 사무운영을 감시하는 기능 등 주주로서 가지는 다른 권리를 행사하기 위한 예비적·보조적 권리 또는 수단적 권리로 볼 수 있다. 그러므로 오히려 상당한 시일이 소요되는 본안소송보다는 보전처분(가처분)으로 구해지는 경우가 대부분일 것이고, 이러한 가처분은 현재로서는 당연히 허용되고 있다(대법원 1999. 12. 21. 선고 99다137). 또한 실무상 가처분이 더 많이 이용되고 있는 형편임은 앞에서 본 바와 같다(**가처분의 본안화**).

2. 니가 온전히 보전받고 싶은 권리가 뭐야? (피보전권리)

상법 제466조에 기한 주주의 회계장부의 열람·등사청구권이 피보전권리이다. 주주는 소수주주권의 행사로서 회사에 대하여 회계의 장부와 서류에 대한 열람 또는 등사를 청구할 수 있다(부산고등법원 2003.08.29. 자 2002라97 결정 회계장부등열람및등사가처분).

3. 보전의 필요성 (고도의 소명이 필요함)

이 가처분은 회계장부의 열람·등사를 신청할 수 있는 권리를 규정하고 있는 상법 제466조에 의해 회계장부의 열람·등사청구의 소와 일반적인 요건이 거의 대부분 동일하다. 이 건 가처분은 본안의 소송물인 주주명부에 대한 열람·등사청구권이 이행된 것과 같은 종국적 만족을 얻게 하는 것으로서, 그 집행에 의하여 채무자에게 회복할 수 없는 손해를 생기게 할 우려가 있으므로, 보전의 필요성에 대하여 고도의 소명이 필요하다(대법원 1997.03.19. 자 97그7 결정 강제집행정지).

임시의 지위를 정하는 가처분은 다툼 있는 권리관계에 관하여 그것이 본안소송에 의하여 확정되기까지 사이에 가처분권리자가 현재의 현저한 손해를 피하거나 급박한 강포를 막기 위하여, 또는 기타 필요한 이유가 있는 때에 한하여 허용되는 응급적·잠정적 처분이다. 이러한 가처분을 필요로 하는지의 여부는 당해 가처분신청의 인용 여부에 따른 당사자 쌍방의 이해득실관계, 본안소송에 있어서의 장래의 승패 예상, 기타 제반 사정을 고려하여 법원의 재량에 따라 합목적적으로 결정하여야 할 것이다(대법원 1993. 2. 12. 선고 92다40563 판결).

보전의 필요성의 존부는 신청주주들의 열람신청의 이유·목적, 열람대상 장부 등의 내용, 회계장부 등의 열람에 의하여 예상되는 회사의 불이익, 신청주주의 보유주식 비율, 대표이사 등의 회사운영 상 잘못 정도 등을 고려하여 종합적으로 판단하게 된다. 또한 소명 정도에 대하여는 만족적 가처분이기 때문에 엄격히 해석되어야 한다. 그렇지만 회계장부열람·등사청구권이 다른 권리행사를 위한 수단적 권리이므로 비교적 완화된 기분에서 판단하여야 한다는 견해가 있다.

4. 누가 신청인이 되고 누가 피신청인이 되나? (보전소송의 당사자)

가. 신청인 (소수주주권)

열람·등사 청구의 권리는 때로는 남용될 위험성도 있으므로, 상법 제466조는 원고가 될 수 있는 자로서 발행주식총수의 3% 이상에 해당하는 주식을 가진 주주로 규정하고 있다. 이 건 가처분 역시 3%의 주식 보유요건을 갖추어야 할 것이다. 상장회사의 경우, 6개월 전부터 계속하여 발행주식총수의 1만분의 10(자본금이 1천억원 이상인 상장회사의 경우에는 10만분의 5) 이상에 해당하는 주식을 보유한 자가 이사의 해임을 법원에 청구할 수 있다(상법 제542조의6 제3항).

나. 피신청인

회계장부를 작성·비치하고 있는 회사이다. 그 외 자본시장법 제91조의 집합투자업자, 제113조의 신탁업자가 피신청인이다.

5. 신청기간

별다른 제한 없다.

6. 관할

회사소송의 일반원칙에 따라 본안은 회사의 본점소재지 지방법원의 관할에 전속한다. 회계장부의 열람 및 등사 가처분도 보전처분(disposal of maintenance)이므로 본안의 관할법원, 즉 본안소송을 제기한 법원이나 소를 제기하려고 하는 관할법원 민사신청과에 접수한다.

7. 소가와 인지액, 송달료

회계장부의 열람·등사를 청구하는 소송은 비재산권을 목적으로 하는 소송으로서 소가는 1억 원(민사소송등인지법 제2조 제4항, 민사소송등인지규칙 제18조의2 단서, 제15조 제2항)이다. 따라서 인지액은 455,000원(계산 : 1억 원 × 0.004 + 55,000원)이라고 볼 것이다.

회계장부의 열람·등사 가처분 신청의 경우 이는 임시의 지위를 정하기 위한 가처분의 신청에 해당한다[162]. 임시의 지위를 정하기 위한 가처분의 신청 및 그에 대한 이의 또는 취소의 신청은 그 본안의 소에 따른 인지액의 2분의 1이다. 본안의 소의 소가가 1억 원이므로, 인지액의 계산은 소가가 '1억 원 이상 10억 원 미만'의 구간에 해당한다. 따라서 55,000+(1억 원×0.004)로 계산하면 인지액은 455,000원이다. 또한 본안의 인지액의 2분의 1 이므로 가처분 신청의 인지액은 227,500원이 된다. 송달료는 임시의 지위를 정하기 위한 가처분(카합, 카단사건)으로서 8회분을 납부한다. 당사자가 2인인 경우 81,600원(당사자수 2명 × 5,100 원 × 8회분)이다.

8. 담보의 제공

또한 법원의 담보제공명령에 의하여 담보도 제공하여야 한다.

9. 피신청인의 항변

① 신청의 이유가 없다는 일반적인 항변,

② 보전의 필요성이 없다는 것,

③ 열람・등사청구가 부당하다는 항변(상법 제466조 제2항)

④ 신청인의 피신청인 회사의 회계장부의 열람・등사 청구가 주로 경영권인수(적대적 M&A)를 쉽게 하기 위한 수단에 불과하다는 항변

⑤ 피신청인회사에 보관되어 있는 위 서류들에 관하여 훼손, 폐기, 은닉, 개찬 등이 행하여질 위험이 있다고 볼 사정에 대한 별다른 소명이 없다는 항변(부산고등법원 2003.08.29. 자 2002라97결정) 등이다.

162) 이영창. 2011. 『보전소송』, 진원사 p469

[회계장부등 열람 및 등사 가처분신청서 실제사례]

회계장부등 열람 및 등사 가처분신청서

신 청 인　　1. 윤 수 일 (560111-*******)
서울시 송파구 마천동 11111
2. 오 지 명 (630215-*******)
서울시 중랑구 면목동 11111

피신청인　　춘하추동공원 주식회사 (140111-1234567)
강원도 춘천시 동산면 종자리로 33333

신 청 취 지

1. 채무자는 채권자들 및 그 대리인에 대하여 별지목록 기재 장부 및 서류를 열람, 등사하게 한다.
2. 소송비용은 채무자가 부담한다.

라는 재판을 구합니다.

신 청 이 유

1. 채권자 윤수일, 오지명은 춘하추동공원 주식회사(이하 '춘하추동공원'라 합니다)의 100%의 주식을 소유한 주주입니다.

가. 채권자 윤수일, 오지명은 춘하추동공원의 주식을 각 80%, 20%를 소유한 전체 주주입니다. 신청외 한국놀이터공제회(이하 '공제회'라 합니다)는 춘하추동공원에게 300억 원을 대출한 채권자로서 채권자 윤수일와 오지명으로부터 그 소유의 춘하추동공원 주식을 양도담보로 제공받은 양도담보권자입니다. [소갑제1호증 주주명부, 소갑제2호증 대출약정서 참조]

나. 2016. 1.경 공제회는 대출채권과 담보권을 ㈜승리에프유동화에게 양도하였고, ㈜승리에프유동화는 춘하추동공원 주식의 양도담보권자로서 의결권을 행사하여 박근성, 허참봉, 김선달, 장사진을 대표이사, 이사 등으로 선임하였습니다. [소갑제3호증 법인등기부 등본 참조]

2. 공제회의 행위

가. 채무자 회사에 대한 주식의 양도담보권자에 불과함에도 불구하고 공제회는 2007. 9. 17.부터 2016. 1. 대출채권과 담보권을 ㈜승리에프유동화에게 양도할 때까지, 일체의 영업에 관한 사항의 보고나 정산의무를 다하지 아니하고 실질적으로 채무자 회사의 자산을 처분하였고, 여러 가지 춘하추동공원의 실질주주인 채권자들의 대출금 상환을 위한 노력을 묵살한 바 있습니다.

나. 이에 더하여 공제회는 양도담보권자에 불과함에도 불구하고 채무자 회사의 자산을 강탈하고자 몰래 주주총회를 개최하여 당시 채무자 회사의 대표이사 및 이사였던 채권자들을 해임하고, 채무자 회사의 집행기관을 모두 공제회의 직원으로 선임하였습니다.

다. 이로 인하여 채무자 회사의 예상 총수익 3,277억원(전체 분양시, 비용은 포함하지 않음)에 이르는 반면 대주인 공제회가 대여한 금액은 불과 300억원에 불과함에도 불구하고, 채무자 회사의 전체주주인 채권자들은 경영권과 의결권은 통째로 공제회 측에 빼앗기는 결과가 되었고 공제회는 채무자인 채무자 회사의 경영권을 차지하여 그 분양권을 매각하게 되었습니다. 공제회 측의 경영자들이 채무자 회사의 자산을 매각 처분하면서도 채권자들에게는 일체의 통지가 없었음은 물론입니다.
[소갑제2호증 대출약정서, 소갑제4호증 스토프기업평가 작성 「춘하추동공

원 수익가치평가 보고서」 제9쪽 참조]

라. 공제회로서는 처분정산을 하든지 귀속청산을 하든지 정산 후 채무자 회사의 경영권을 취득하고 채무자 회사의 자산인 묘지분양권을 분양하여야 하였으나, 공제회는 가등기담보등에관한법률 상 정산의무를 다하지 아니하였으며 정산의무 이행에 관한 의지 자체가 없었습니다. 처음 양도담보권을 설정한 공제회나 공제회로부터 양도담보권을 양도 받은 박근성 등은 외견상 적법한 의결권행사자로서 대표이사와 이사 등을 선임하는데 아무런 하자도 없다고 할 수 있지만, 새로 선임된 대표이사와 이사 등이 채무자 회사의 자산인 묘원의 판매하는 등 재산처분행위를 자행하면서 이에 대한 최소한의 영업보고, 변제충당 보고 혹은 정산을 하지 않는 경우에는 가등기담보등에관한법률 제4조에서 정하는 청산금 지급채무를 이행하지 않고 우회하여 실질적인 주주인 윤수일 등의 주주에 대한 권리를 침해하는 결과가 되므로, 업무상배임행위에 해당한다고 볼 수 있습니다.

다시 말하여 묘지 판매는 실질적으로 채무자 회사 자산의 처분행위에 해당하고, 양도담보권자와 그가 선임한 집행기관에게 채무자 회사의 자산을 임의로 처분할 수 있는 권리까지 완전하게 인정하는 것은, 정산하지 아니하고 처분행위를 막는 가등기담보등에 관한 법률 제4조 제2항의 취지와도 맞지 않고 나아가 배임적인 행위가 될 수밖에 없다고 사료됩니다.

3. 이에 더하여 공제회는 채권자들과 채무자 회사에게 정산의무를 다하지 아니하고, 채권을 2016. 1. 22. 제3자에게 양도하였습니다.

가. 공제회는 채무자 회사에 대한 채권자이고 주식의 양도담보권자인 지위를 이용하여 정산의무를 다하지 아니하고 실질적으로 채무자 회사 재산인 공원묘원을 분양하고 이를 처분하였음은 전술한 바와 같습니다. 공제회는 영업에 관한 사항, 매각처분 및 그 대금의 변제충당 등에 관하여

100%의 주주인 채권자들에 관하여 통지도 전혀 없었습니다.

나. 그리고 이에 더하여 공제회는 채권자들과 채무자 회사에게 정산의무를 다하지 아니하고, 2016. 1. 22. 채권을 제3자에게 양도하였습니다. 양수인은 신청외 ㈜승리에프유동화라는 회사로서 양수인은 공제회로부터 150억원 정도의 가격으로 채무자 회사를 인수한 사채업을 영위하는 회사라고 채권자는 알고 있으나, 정확한 것은 전술한 바와 같이 일체의 통지를 받지 못한 채권자들로서는 알지 못합니다. 공제회는 채권자들에게 일체의 통지도 없이 일을 진행하였기 때문입니다.

4. 현재 채무자 회사의 대표이사 및 이사들의 배임행위

가. 위 양수인은 2016. 4. 29.경 새로운 집행기관을 선임하였고 이들은 현재까지 그 직을 유지하고 있으며 새롭게 대표이사 및 이사·감사로 취임한 박근성 등 집행기관 역시, 채무자 회사의 재산을 처분하고 있으면서도 100% 주주인 채권자들에게는 주주총회의 통지도 없었고 재무제표에 관한 보고 내지 통지 역시 전혀 없었습니다. 채권자들은 2006. 11. 27. 대표이사 등 직무에서 해임된 이후 약12년 간 정기주주총회에 참석해 본 사실도 없고 통지 받은 사실도 없고, 판매대금의 변제충당이나 정산에 관하여 역시 단 한 번도 통지받은 사실이 없습니다. 심지어는 채권자 윤수일과 직원들이 여러차례 대출금 상환과 정산을 위하여 채무자 회사의 현 대표이사를 찾아갔으나 만나주지도 않는 등 대화 자체를 피하거나 거부하고 있을 뿐입니다.

나. 채무자 회사의 집행기관은 공제회로부터 채권을 양수받은 당사자와 동일시되거나 형식적으로 양수자가 의결권의 행사자로서 개최한 주주총회에서 선임된 자들입니다. 그리고 이들은 소갑제5호증의 감사보고서를 작성한 자들로서, 현재 주주 의결권을 행사하는 자들이 실질적인 주주가 아

닌 채권자에 불과하다는 사실 역시 당연히 알고 있다 할 것입니다. 감사보고서에 채권자로 기재되어 있는 자들이 있으므로, 채권자들에 대한 변제충당 여부와 그 내용은 반드시 재무제표에 올려야 하기 때문입니다. 그럼에도 불구하고 현재 집행기관은 정산의무를 도외시 하고 오로지 채무자 회사의 자산을 매각하는 데에만 혈안이 되어 있습니다.

[소갑제5호증 대단한회계법인 작성 2016년 재무제표에 대한 감사보고서 참조]

다. 결론적으로 채무자 회사의 집행기관들은 채권의 양수인의 배임행위에 동조하거나 양수인 그 자신이라 할 수 있습니다. 채무자 회사의 자산인 묘지분양권을 매각하면 그 대금으로 변제충당 여부와 그 내용은 반드시 재무제표에 올리고 그 내용을 실질적인 주주인 채권자들이 요구하면 이를 채권자들에게 알려주어야 함에도 불구하고, 현재 채무자 회사의 집행기관인 채무자들은 채권자들과는 일체 접촉을 끊고 채무자 회사의 자산을 매각하는 데에만 혈안이 되어 있습니다.

라. 또한 박근성 등은 2017 년 01 월 23 일 주주총회 의결을 통하여 '주주는 그가 가진 주식을 이사회의 승인을 얻어 양도할 수 있다.'는 주식양도제한규정을 채무자 회사 법인등기부에 등기를 한 사실이 있습니다. 주식의 양도를 제한함에는 정관에 주식의 양도에는 이사회의 승인을 얻어야 한다는 규정을 두어야 하며(상법 제335조 1항 단서), 그 내용을 설립등기 기타 일정한 서류 등에 공시하여야 하고, 정관변경은 주주총회의 특별결의사항이어서, 발행주식총수의 2/3 이상의 동의를 얻어야 합니다.

이렇게 정관까지 변경하여 주식양도제한규정까지 두는 행위에 대하여는 이를 양도담보권자가 의결권자라는 형식적 논리에 의해 이해하기보다는, 실질적으로 원래 주주의 이익을 침해하는 지와 회사의 이익을 침해하는 지 여부를 판단해야 할 것으로 생각됩니다. 그럼에도 불구하고 박근성 등 양수인은 실질적 100% 주주인 채권자들의 이익은 전혀 고려하지 아니하고, 단지 주식의 양도까지 제한하면서 양도담보권자가 회사를 차지하는 것을 공고히 하려는 획책으로서 주식양도제한 규정을 정관까지 변경하여 둔 것입니다.

결국 정산절차 없이 양도담보권자가 채무자 회사의 재산 전체를 영득하려는 술책이라 볼 수밖에 없다 할 것입니다.

마. 이에 더하여 채무자 회사의 외부감사기관인 대단한회계법인의 2016년 감사보고서에 의하면 '우리는 회사에 의한 감사범위 제한으로 인하여 매입채무, 미지급금, 선수금, 특수관계자에 대한 단기차입금 등에 대한 조회 등의 감사절차를 수행할 수 없었습니다. 또한 회사의 회계기록의 부실로 회계감사기준에서 요구하는 감사절차를 취하지 못하였습니다.'라고 감사인의 감사의견 거절이라는 보고를 한 바 있습니다. 감사의견거절은 감사인이 감사의견을 형성하는 데 필요한 합리적인 증거물을 얻지 못해 재무제표 전체에 대한 의견표명이 불가능한 경우나, 기업존립에 관계될 정도의 사항이 중대할 때 제시하는 의견입니다. 상장기업의 경우 주식 매매거래가 중지되고 상장폐지사유가 되는 중요한 의견표명이기도 합니다. 현 채무자 회사 집행부는 채권자들의 채무자 회사의 자산을 부당하게 처분하는 것도 모자라 이제는 외부감사인이 감사를 할 수 없을 정도로 부실한 재무제표를 작성하여 종국적으로 회사를 자칫 회생할 수 없는 상태로 만들고 있습니다.

[소갑제5호증 대단한회계법인 작성 2016년 재무제표에 대한 감사보고서 참조]

5. 상사소멸시효 완성

한편 상인이 금원을 차용한 행위는 보조적 상행위로서 영업을 위하여 한 것으로 추정되고(대법원 92다55008 판결), 회사는 상행위를 하지 아니하더라도 상인으로 보고, 상인이 영업을 위하여 하는 행위는 상행위로 보며, 상인의 행위는 영업을 위하여 하는 것으로 추정되므로, 회사가 한 행위는 반증이 없는 한 그 영업을 위하여 한 것으로 추정되고, 회사가 그 영업을 위하여 하는 행위는 상행위로 보아야 할 것입니다(대법원 2005다7863 판결).

위와 같이 공제회는 춘하추동공원에게 300억 원을 대출하였고, 그 후 2016. 1.경 대출금 채권과 담보권을 ㈜승리에프유동화에게 양도하였습니다. 아래와 같이 위 대출금 채권은 위 공제회는 춘하추동공원에게 기한의 이익 상실 통지를 하여 2005. 12. 12. 춘하추동공원에게 도달함으로써 변제기에 도달하였는바[소갑제6호증 기한이익상실 통지, 소갑제2호증 대출약정서 27쪽], 그로부터 5년이 경과한 2010. 12. 12.경 이미 상사소멸시효의 완성으로 인하여 모두 소멸되었다고 할 것입니다.

6. 보전의 필요성

채권자들은 정산금 반환청구의 본안의 소를 서두르고 있으나, 전술하였듯이 채권자들은 채무자 회사의 실질적인 100% 주주임에도 불구하고 공제회로부터 채권을 양수받은 자(㈜승리에프유동화일 것으로 추측만 하고 있습니다)의 인적사항조차 전혀 아는 바가 없습니다. 이에 따라 본안 소송은 시일이 오래 걸릴 것이 분명하고, 채무자들을 채무자 회사의 집행부로서 그대로 방치한다면 정산의무를 이행하지 않고 실질적인 배임행위를 계속할 염려가 있습니다. 그리하여 결국 채무자 회사의 현 집행기관은 2016년 외부감사인의 「재무제표에 대한 감사보고서」에서 감사의견 거절이라는 결과를 얻게 되었습니다. 자칫 각종 배임행위로 말미암아 채무자 회사는 파산에 이를 수도 있는 상황입니다.

사정이 이러하므로 채권자들이 판결을 받은 뒤에는 채무자 회사가 실체도 없이 껍데기만 남을 위험에 처해 있어 채권자들에게 회복하기 어려운 손해를 입을 우려가 크고, 채무자 회사의 현 집행기관이 이 사건 장부 및 서류를 훼손, 폐기, 은닉, 개찬 등을 할 가능성을 배제할 수 없어 그 현상의 변경을 방지하기 위한 보전적 가처분의 필요성이 있으며, 주주의 회계장부 등의 열람 및 등사청구권은 대표소송 등을 통하여 주주로서의 권리를 확보하기 위한 수단으로 이용되는 것으로 적기에 시행되지 아니하면 그 실효성을 잃게 될 염려가 있어 그 긴급성도 인정된다 할 것이어서 이 사건 회계장부서류의 열람 및 등사를 허용하는 가처분의 필요성(대법원 1999. 12. 21. 선고 99다137 판결)이 충분히 존재한다 할 것입니다.

소 명 방 법

1. 소갑제1호증 주주명부
1. 소갑제2호증 대출약정서
1. 소갑제3호증 법인등기부 등본
1. 소갑제4호증 수익가치평가 보고서
1. 소갑제5호증 재무제표에 대한 감사보고서

첨 부 서 류

1. 위 소명방법 각1통
1. 송달료 납부서 1통
1. 신청서부본 1통

2018. 5. .

채권자 윤수일 (인)

오지명 (인)

춘천지방법원 귀중

[별지]

열람, 등사 대상 서류목록

1. 채무자 회사의 정관
2. 채무자 회사의 주주명부

3. 채무자 회사의 사채원부
4. 2007.9.17.부터 2018.4.14.까지 사이의 채무자 회사의 주주총회의사록
5. 2007.9.17.부터 2018.4.14.까지 사이의 채무자 회사의 이사회의사록
6. 2007년부터 2018년까지 사이의 채무자 회사의,
   가. 대차대조표
   나. 손익계산서
   다. 이익잉여금처분계산서 또는 결손금처리계산서
   라. 위 가, 나, 다항 서류의 부속명세서
   마. 영업보고서 바. 감사보고서
7. 2007. 9. 17.부터 2018. 4. 14.까지 사이의 채무자 회사의,
   가. 일기장
   나. 분개장
   다. 원장
   라. 전표
   바. 위 가, 나, 다, 라항 서류의 부속서류. - 끝 -

10. 가처분결정의 주문례

가. 집행관보관을 구할 수 있는지 여부 주주의 회계장부열람등사청구권을 피보전권리로 하여 당해 장부 등의 열람·등사를 명하는 가처분이 실질적으로 본안소송의 목적을 달성하여 버리는 면이 있다고 할지라도, 나중에 본안소송에서 패소가 확정되면 손해배상청구권이 인정되는 등으로 법률적으로는 여전히 잠정적인 면을 가지고 있기 때문에 임시적인 조치로서 이러한 회계장부열람·등사청구권을 피보전권리로 하는 가처분도 허용된다고 볼 것이다. 이러한 가처분을 허용함에 있어서는 피신청인인 회사에 대하여 직접 열람·등사를 허용하라는 명령을 내리는 방법뿐만 아니라, 열

람·등사의 대상 장부 등에 관하여 훼손, 폐기, 은닉, 개찬이 행하여질 위험이 있는 때에는 이를 방지하기 위하여 그 장부 등을 집행관에게 이전 보관시키는 가처분을 허용할 수도 있을 것이다(대법원 1999.12.21. 선고 99다137 판결).

나. 간접강제 법원의 인용결정에도 불구하고 회사가 회계장부의 열람·등사 거부하는 경우 간접강제절차에 의하여 그 이행을 강제할 수 있다. 물론 가처분을 신청할 때 간접강제를 함께 신청할 수도 있다.

결정 주문례 : 「피신청인이 위 제1항의 열람등사 허용의무를 위반할 때에는 1일 5,000,000원씩을 신청인에게 지급하라.」

(1) 허용의무 부과형

피신청인은 신청인 또는 그 대리인에게, 이 판결정본 송달일의 3일 후부터 공휴일을 제외한 30일 동안 별지 목록 기재 각 회계장부 및 서류와 피신청인의 2015. 5. 15. 현재의 주주명부(실질주주명부 포함)를 피고의 본점에서 영업시간 내에 한하여 열람 및 등사(사진촬영 및 컴퓨터 디스켓의 복사를 포함)하도록 허용하여야 한다.

(2) 집행관보관의 경우

1. 피신청인은 별지 목록 기재 회계장부 등에 대한 점유를 해제하고, 신청인이 위임하는 집행관에게 인도하여야 한다.
2. 집행관은 신청인으로 하여금 위 보관일로부터 30일 이내에 현상을 변경하지 아니할 것을 조건으로 하여 위 회계장부 등을 열람 및 등사하게 할 수 있다.

(3) 간접강제를 함께 신청하는 경우

앞의 가. 또는 나. 신청취지에 다음을 더 한다.

3. 피신청인이 위 열람, 등사 허용의무를 위반할 때에는 1일 300만원씩을 신청인에게 지급하라.

11. 가처분의 이의와 집행정지 · 취소

주주의 회계장부 열람권을 피보전권리로 한 회계장부 열람 및 등사 가처분신청은 민사소송법 제300조 제2항에 정한 임시의 지위를 정하기 위한 가처분에 속하므로, 가처분에 대하여 피신청인인 회사는 결정을 한 법원에 이의를 신청하여야 하고, 이에 대해 민사소송법 제439조에 의한 항고로는 다툴 수 없다(서울고등법원 1997. 7. 11.자 97라100 결정).

가처분 결정에 대한 이의신청 또는 가처분 판결에 대한 상소의 제기가 있고, 장차 그 가처분 재판이 취소 또는 변경되어질 가능성이 예견되는 경우라고 하더라도 원칙적으로 그 집행의 정지는 허용될 수 없다. 하지만 구체적인 가처분의 내용이 권리보전의 범위에 그치지 아니하고 소송물인 권리 또는 법률관계의 내용이 이행된 것과 같은 종국적 만족을 얻게 하는 것으로서, 그 집행에 의하여 채무자에게 회복할 수 없는 손해를 생기게 할 우려가 있는 때에는 예외적으로 민사소송법 제474조, 제473조를 유추적용 하여 채무자를 위하여 일시적인 응급조치로서 그 집행을 정지할 수 있는 길을 열어줄 필요가 있다(대법원 1997.03.19. 자 97그7 결정 강제집행정지). 즉, 가처분 인용결정에 대하여는 회사가 집행정지신청을 할 수 있다.

[판례 메모] **부산고등법원 2003.8.29. 자 2002라97 결정 【회계장부등 열람 및 등사가처분】**

【신청인, 항고인】 주식회사 무학

【피신청인, 상대방】 대선주조 주식회사

【원심결정】 부산지방법원 2002. 10. 1.자 2002카합1243 결정

【주 문】 1. 신청인의 항고 및 당심에서 추가된 신청을 각 기각한다.

2. 항고비용 및 당심에서의 신청 추가로 인한 비용은 신청인의 부담으로 한다.

【신청취지 및 항고취지】 원심 결정을 다음과 같이 변경한다. 피신청인은 별지 목록 기재의 장부 및 서류를 부산 동래구 사직동 154-2 소재 피신청인의 본점에서 영업시간 내에 한하여 신청인 또는 그 대리인에게 열람 및 등사(사진촬영 및 컴퓨터디스켓의 복사를 포함한다)를 허용하여야 한다. 신청인 또는 그 대리인은 위 열람 및 등사를 함에 있어 공인회계사 기타 보조자를 동반할 수 있다. (신청인은 원심에서는 원심결정 별지 목록 기재의 회계장부 및 관련 서류에 대한 피신청인의 점유해제 및 집행관 보관명령과 열람 및 등사 허가를 구하다가, 당심에 이르러 위와 같이 신청의 일부를 취하하고 일부를 추가하는 내용으로 신청취지를 변경하였다.)

【이 유】

1. 기초사실

이 사건 기록에 의하면 아래 각 사실이 소명된다.

가. 당사자들의 관계

(1) 피신청인회사는, 1964. 12. 29. 설립된 이래 1989. 1. 21. 기업공개를 통해 주식을 상장할 정도로 꾸준히 성장해 왔으나, 유통, 건설, 컴퓨터 등으로의 무리한 사업확장을 꾀하다가 그 계열사들을 위하여 부담한 과중한 보증채무 등으로 인한 자금경색을 이기지 못하고 1997. 11. 28. 부도를 내고, 1997. 12. 1. 부산지방법원 동부지원에 화의개시신청을 하여 위 법원으로부터 1998. 5. 4. 화의개시결정을, 1998. 6. 29. 화의인가결정을 각 받아 현재 화의절차가 진행 중인 부산 지역의 대표적 주류업체이고, 신청인회사는, 1973. 9. 19. 설립된 이래 주로 경남 지역에 영업기반을 두고 성장해 온 주류업체로서, 두 회사 모두 소주 부문에 주력한 결과 부산·경남 지역 소주시장의 대부분을 점유하여 온 경쟁업체이다.

(2) 2001년도 기준 두 회사의 시장점유율은, ① 전국 : 피신청인회사 7.94%(업계 3위), 신청인회사 7.81%(업계 4위), ② 부산 : 피신청인회사 85.01%, 신청인회사 7.12%, ③ 경남 : 피신청인회사 13.01%, 신청인회사 83.51%이다.

나. 피신청인회사의 정관변경 등 및 상장폐지

(1) 피신청인회사는 2001. 12. 26. 개최된 임시주주총회에서 보통주식 2,783,000주에 대한 자본감소 결의(기준일 2002. 1. 27.)를 하고 2002. 2. 4. 감자등기를 마침으로써 그 발행주식총수는 666,469주, 자본금은 3,332,345,000원(종전 139억 1,500만 원)으로 감소되었다.

(2) 피신청인회사의 사업보고서상 2000년 말 기준 자산 836억 원, 부채 2,334억 원, 자본 -1,497억 원, 2001년 말 기준 자산 508억 원, 부채 1,144억 원, 자본 -636억 원으로서 자본전액잠식 상태가 계속되자, 증권거래소는 2002. 4. 27. 유가증권상장규정 제37조 제1항 제2호 다.목, 제43조의 규정에 의거하여 자본전액잠식 2사업연도 계속을 사유로 피신청인회사의 기명식보통주 2,783,000주에 대한 주권상장폐지를 하였다.

다. 피신청인회사의 경영권인수를 위한 신청인회사의 시도 등

(1) 위와 같이 피신청인회사의 감자 및 상장폐지 후 신청인회사는

2002. 6. 8.경 정00으로부터 피신청인회사의 발행 주식 25,470주(총발행주식의 3.8%; 1주의 액면 5,000원)를 주당 25,000원 합계 636,750,000원에 양수하였다. 그리고 신청인회사의 최대주주이자 대표이사인 최재호는 그 무렵 피신청인회사의 발행 주식 21.71%를 취득하였다.

(2) 그런 다음 신청인회사는 2002. 6. 11. '주주, 채권단의 이익보호 및 국민경제, 지역경제에 기여하고자 합니다. 신청인회사가 피신청인회사의 경영권을 인수하는 것은 생존권 차원입니다. 동일업종, 동일지역 간의 기업결합으로 시너지효과를 극대화하여 기업가치를 제고하고자 합니다. 투명하고 건실한 기업경영실현으로 종업원 복지증진 및 경쟁력을 확보하고자 합니다.'라는 목적을 표방하며, 같은 달 12.부터 28.까지 피신청인회사의 발행 주식 중 221,880주(총발행주식의 33.3%)를 25,000원/1주에 공개 매수한다는 공고를 하였다.

(3) 또한 신청인회사는, ① 대선주조그룹의 회장이던 최병석의 부정행위건{피신청인회사의 최대주주인 최병석은 피신청인회사의 부도 무렵인 1997. 4.경부터 같은 해 11.경까지 계열사의 임원들과 공모하여, 장부조작, 금융기관에 질권 설정된 최병석 소유의 대선주조 주식을 계열사들이 매입케 하는 등의 방법으로 최병석의 계열사들에 대한 채무를 상계처리하여 배임행위를 하였다는 내용으로 구속기소되었다가, 1심에서 2002. 5. 21. 일부 유죄(징역 3년, 집행유예 5년), 일부 무죄 판결을 선고받아 현재 항소 중이다}, ② 피신청인회사의 미수금채권건(피신청인회사의 2001년도 결산보고서 중 대손상각명세서에 EZC라는 회사에 대하여 4,780,428,727원의 미수금이 계상되어 있었다), ③ 상장폐지건 등을 거론하면서, 2002. 6. 8.경부터 주주명부 및 회계장부 열람청구, 대표이사 등 임원 해임을 안건으로 한 임시주주총회소집청구, 부실경영의 책임이 있는 경영진들에 대한 손해배상청구 요구 등을 통하여 피신청인회사의 경영진들을 압박하는 한편, 주주 및 채권단을 상대로 경영권인수의 당위성을 홍보하기도 하였다.

(4) 신청인회사의 청구에 따라 2002. 8. 10. 10:00에 이사 및 감사 해임의 건 등을 안건으로 한 임시주주총회가 개최되었는데, 당시 피신청인회사 발행의 의결권 있는 주식 666,438주 중 신청인회사가 13.01%(86,672주), 위 최재호가 28.20%(187,962주)를 각 보유하고

있었으나, 위 안건에 대한 찬성 주식수가 참석주식수 639,559주의 46.78%인 299,174주에 그쳐 정족수 미달로 부결되었다.

(5) 신청인회사는 현재 우호적 지분을 포함하여 피신청인회사의 발행주식 중 47.82%를 보유하고 있다.

2. 본안전 항변에 대한 판단

가. 피신청인의 항변

(1) 민사집행법 제15조 제3항 및 제5항의 규정에 의하면 항고장에 항고이유를 적지 아니한 때에는 항고인은 항고장을 제출한 날부터 10일 이내에 항고이유서를 원심법원에 제출하여야 하고, 항고인이 이와 같은 항고이유서를 제출하지 아니한 때에는 원심법원은 결정으로 그 즉시항고를 각하하도록 되어있다.

(2) 신청인은 항고장을 제출한 날로부터 10일이 지난 2002. 11. 11. 내지 11. 13.에 항고이유서를 제출하였다.

(3) 따라서, 이 사건 항고는 항고이유서를 법정기간 내에 제출하지 아니하여 부적법하다.

나. 판단

민사집행법 제15조 제3항 및 제5항은 같은 법조 제1항에서 정한 '집행절차에 관한 집행법원의 재판'에 대한 즉시항고에 대하여 적용되는 것이고, 가처분 신청을 기각한 재판은 민사집행법 제15조 제1항에서 정한 '집행절차에 관한 집행법원의 재판'에 해당하지 아니하므로, 민사집행법 제15조 제3항 및 제5항은 가처분신청 기각결정에 대하여 항고한 이 사건에는 적용이 되지 아니한다 할 것이다. 따라서, 피신청인의 위 주장은 이유 없다.

3. 신청인의 주장

피신청인 회사가 앞에서 본 바와 같이, ① 계열회사에 대하여 그 대손

발생 예상액이 총 1,921억 200여만 원에 이를 정도로 무리하게 대출 및 지급보증을 함으로써 부도를 초래하고 급기야 자본잠식으로 인한 상장폐지로 이어지게 된 점, ② 신용상태나 대금지급능력에 대한 충분한 고려 없이 EZC라는 외국회사와 거래하여 손실을 입은 점, 그밖에 ③ 위 최병석이 1981년경 피신청인회사의 김해공장 진입로에 해당하는 김해시 진례면 청천리 853 외 3필지를 회사 공금을 유용하여 그의 친족명의로 구입한 후 피신청인회사가 그 종합토지세를 납부케 하였는데 위 토지는 피신청인회사의 재산으로 계상되기는커녕 최근 타에 매각된 점 등에 비추어, 피신청인회사 현 경영진들의 위법행위 및 부실경영으로 인하여 주주들에게 부당한 손해가 예상되므로, 주주인 신청인회사로서는 현 경영진에 대한 이사해임청구 및 손해배상을 구하는 대표소송을 제기하기 위하여 사실관계를 검토, 확인할 필요가 있고, 이를 위하여 피신청인회사가 보관하고 있는 별지 목록 기재 이사회의록 및 회계장부 등에 대한 열람등사청구권이 있다 할 것인데, 그럼에도 불구하고 피신청인회사는 신청인회사의 정당한 열람등사청구를 거부하고 있고, 나아가 경영진이 그 책임을 회피하기 위하여 위 서류들을 은닉, 훼손, 파기, 조작할 염려가 있으므로 본안에 앞서 이 사건 신청에 이르렀다.

4. 판 단

가. 피보전권리의 존부

(1) 상법은 ① 주주의 이사회의사록 열람등사권에 관하여는 제391조의3에서 "주주는 영업시간 내에 이사회의사록의 열람 또는 등사를 청구할 수 있다(제3항). 회사는 제3항의 청구에 대하여 이유를 붙여 이를 거절할 수 있다. 이 경우 주주는 법원의 허가를 얻어 이사회의사록을 열람 또는 등사할 수 있다(제4항)."라고 규정하여 이를 단독주주권으로 보장하고, ② 주주의 회계장부열람등사권에 관하여는 제466조에서 "발행주식의 총수의 3/100 이상에 해당하는 주식을 가진 주주는 이유를 붙인 서면으로 회계의 장부와 서류의 열람 또는 등사를 청구할 수 있다(제1항). 회사는 제1항의 청구가 부당함을 증명하지 아니하면 이를 거부하지 못한다(제2항)."라고 규정하여 이를 소수주주권으로 보장하고 있다.

(2) 위 각 상법 규정에 따라 주주는 단독주주권 또는 소수주주권의 행사로서 회사에 대하여 이사회의사록 및 회계의 장부와 서류에 대한 열람 또는 등사를 청구할 수 있고, 이에 대하여 회사는 정당한 이유가 있는 경우 이사회의사록의 열람·등사를 거절할 수 있음은 물론, 주주의 열람등사청구가 부당함, 즉 정당한 목적에 기인한 것이 아님을 증명하면 회계의 장부와 서류에 대한 열람·등사 역시 이를 거부할 수 있다고 할 것이다.

그런데, 상법은 회사가 열람등사청구를 거부할 수 있는 사유로서 이사회의사록의 경우에는 아무런 규정을 두고 있지 아니하고, 회계장부 및 관련서류 역시 단지 '부당함'이라고 불확정적으로 규정하고 있어 구체적으로 어떠한 경우에 그 사유에 해당할 것인지 문제인바, 위 열람등사권은 주주의 회사에 대한 경영감독을 위하여 인정된 공익권의 일종으로서 대표소송 제기권 등 주주로서 가지는 다른 권리를 행사하기 위한 예비적·보조적 권리라 할 것이므로, 오로지 회사를 괴롭힐 목적으로 행사하거나, 주주의 자격에 관계없이 순 개인적 이익이나 정치적 목적을 위하여 행사하거나, 회사의 경쟁자로서 그 취득한 정보를 경업에 이용하려고 행사하거나, 회사에 지나치게 불리한 시기나 방법을 택하여 행사하는 경우 등에는 그 행사가 정당한 목적을 결하여 부당한 것이라고 보아야 할 것이고, 이의 판단에는 그 행사에 이르게 된 경위, 행사의 목적, 악의성 유무 등 제반 사정을 종합적으로 고려하여야 할 것이다.

(3) 이 사건으로 돌아와 보건대, 신청인회사가 2002. 6. 8.경부터 피신청인회사의 주식을 취득하기 시작한 이래, 신청인회사측이 현재 우호적 지분을 포함하여 피신청인회사의 발행 주식 중 47.82%를 보유한 제1주주가 된 사실은 앞서 본 바와 같으므로, 피신청인회사로서는 특별한 사정이 없는 한 신청인회사의 위 서류들에 대한 열람등사청구에 응해야 할 의무가 있다고 할 것이다.

그러나, 앞에서 본 바와 같이, 두 회사는 모두 부산·경남 지역에 영업기반을 두고 오랜 기간 경쟁관계를 유지해 오고 있는 점(신청인회사는 경남지역, 피신청인회사는 부산지역에서 우월한 지위를 영위하고 있으나, 이는 두 회사가 각자 해당 지역의 영업에 주력한 결과로 보일 뿐, 부산·경남의 지리적 관계, 소주시장의 특성 등에 비추어 비경쟁적 관계에 있다고는 보이지 아니한다), 신청인회사는 피신청인회사가 139억 원 남짓의 자본금을 33억 원 남짓으로 대폭 감자한 후 비로소 피신청인회사의 주식을 매입하기 시작하였고, 더구나 피신청인회사의 계속된 자본전액잠식으로 인하여 대부분의 보통주가 상장폐지 되었음에도 액면의 5배에 달하는 가격으로 그 주식을 매입하여 그 주주가 되었으므로, 신청인회사의 주식취득은 그 본래의 목적인 회사의 경영성과를 분배받고자 하는데 있지 않음이 분명한 점, 신청인회사가 피신청인회사의 주식 취득과 때를 같이하여 공개적으로 피신청인회사의 경영권인수를 표방하면서 50% 이상의 주식취득을 위한 주식공개매수에 착수함과 아울러 이미 신청인회사의 주식취득 이전에 드러난 최병석의 부정행위, 미수금채권관계, 상장폐지건 등을 내세워 이 사건과 같은 회계장부 열람청구 외에도 임원 해임 요구, 손해배상청구 요구 등을 통하여 피신청인회사의 경영진을 압박하는 한편, 피신청인회사의 주주 및 채권자들을 상대로 한 설득작업을 통하여 피신청인회사의 경영권인수를 시도하고 있는 점 등 두 회사의 관계, 신청인회사가 피신청인회사의 주식을 취득한 시기 및 경위, 주식취득 이후에 취한 신청인회사의 행동, 피신청인회사의 현재 상황 등 제반 사정을 고려할 때, 신청인회사는 주주로서 부실경영에 책임이 있다는 현 경영진에 대한 해임청구 내지는 손해배상청구의 대표소송을 위한 사실관계 확인 등 피신청인회사의 경영감독을 위하여 이 사건 서류들에 대한 열람·등사를 구하는 것이 아니라, 주주라는 지위를 내세워 피신청인회사를 압박함으로써 궁극적으로는 자신의 목적인 경영권인수(적대적 M&A)를 용이하게 하기 위하여 위 서류들에 대한 열람·등사권을 행사하는 것이라고 보아야 할 것이다.

나아가, 경영권인수가 신청인의 주장과 같이 기업의 구조조정, 기업지배구조의 개선, 주식시장의 활성화, 주주 중심의 가치경영의 촉진 등의 긍정적인 효과가 있고, 주식회사는 주주들에 의해 지배되고 주주들의 의사결정에 따라 운영되는 것이므로 적법한 절차를 통하여 다수의 지분을 취득한 신청인이 경영권 인수를 시도하는 것은 당연하다고 하더라도, 두 회사가 경업관계에 있는 것은 앞에서 본 바와 같으므로 이 사건 열람·등사 청구를 통하여 얻은 피신청인회사의 영업상 비밀이 신청인회사의 구체적인 의도와는 무관하게 경업에 악용될 우려가 있다고 보지 않을 수 없으므로(신청인은 이 사건 이사회의사록과 회계장부 등은 경업관계에 있는 소주의 판매영업과 아무런 관계없다고 주장하나, 앞서 소명된 제반 사정에 비추어 받아들일 수 없다), 결국 신청인회사의 이 사건 열람·등사 청구는 정당한 목적을 결한 것이라 보아야 할 것이다.

(4) 따라서 피신청인회사로서는 위 서류들에 대한 신청인회사의 열람 등사청구를 거부할 수 있는 것이라 할 것이므로, 이 사건 신청은 그 피보전권리가 인정되지 아니한다.

나. 보전의 필요성

신청인회사가 위 서류들을 열람·등사할 경우 피신청인회사의 영업상 정보는 물론 회사 내부의 여러 사정이 신청인에게 알려지게 되어 신청인회사는 경영권인수라는 그의 목적을 달성하기에 한결 쉬워지는 반면, 피신청인회사는 본안에서 다투어 보지도 못한 채 경영상 위기에 직면함은 물론 회사 갱생에도 큰 어려움을 겪을 것으로 보이는 등, 이 사건 가처분이 거부될 경우 신청인회사가 입을 손해에 비하여 이 사건 가처분이 발령될 경우 피신청인회사가 입을 손해가 훨씬 커 보이는 점, 신청인이 최병석 및 이사와 감사 전원을 상대로 제기한 부산지방법원 2003가합10660 손해배상청구 소송과정에서 신청인회사의 이 사건 신청과 거의 동일한 내용의 문서제출명령신청에 따라 한 법원의 문서제출명령에 따라 피신청인회사가 2003. 7. 23. 경 담당재판부에 해당 서류들을 제출함으로써 신청인회사로 하여금 이를 열람, 등사할 수 있도록 한 것으로 보이는 점 및 피신청인회사에 보관되어 있는 위 서류들에 관하여 훼손, 폐기, 은닉, 개찬 등이 행하여질 위험이 있다고 볼 사정에 대한 별다른 소명이 없는 점 등을 고려할 때, 이 사건 신청은 그 보전의 필요성도 인정되지 아니한다.

5. 결 론

그렇다면, 신청인의 이 사건 신청은 이유 없으므로 이를 기각할 것인바, 원심결정은 이와 결론을 같이하여 정당하므로 신청인의 항고를 기각하기로 하여 주문과 같이 결정한다.

저자 약력

한국 외국어 대학교 졸업 (법학, 신문방송학)

광운대학원 일반대학원 석사박사 통합 과정 수료 (민법)

중앙법률사무교육원 교수 (상업등기, 주식회사법)

법무법인 이현, 법무법인 대상 사무국장

광운대학교 법학과 강사 (민법)

㈜GNS하이넷 대표이사

현) 미소 부동산 중개투자 대표

현) ㈜바이코리아인베스트 대표이사

저 서

어디에 돈이 있는지를 알면 큰 돈을 벌 수 있다 - 크라운출판사 -

상업등기실무 - 법률&출판 -

채권실무총론(사모투자전문회사, 자본시장통합법 부분) -중앙법률사무교육원-

기업 법무실무자를 위한 **회사소송**

2020년 11월 05일 인쇄
2020년 11월 10일 발행

편저자 : 최 상 묵
발행인 : 양 갑 수
발행처 : 法律&出版
서울 서초구 법원로 2길 7-4, 104호(서초동, 동용빌딩)
전화 : 02-521-8199 팩스 : 02- 589-0332
등록번호 : 25100-2005-000110
www.법률서적.한국

ISBN : 978-89-97476-67-1 93360
가격\ 42,000원